国家社会科学基金项目（23BJL103）资助
四川农业大学研究生院案例库建设项目资助

U0514400

乡村振兴
案例与分析

申云　吴平 ◎ 主编

中国财经出版传媒集团

经济科学出版社

Economic Science Press

·北　京·

图书在版编目（CIP）数据

乡村振兴案例与分析／申云，吴平主编. -- 北京：
经济科学出版社，2024.7. -- ISBN 978 - 7 - 5218 - 5029 - 1

Ⅰ. F320. 3

中国国家版本馆 CIP 数据核字第 202454HM38 号

责任编辑：孙怡虹　刘　博
责任校对：隗立娜　齐　杰
责任印制：张佳裕

乡村振兴案例与分析
申　云　吴　平　主编
经济科学出版社出版、发行　新华书店经销
社址：北京市海淀区阜成路甲 28 号　邮编：100142
总编部电话：010 - 88191217　发行部电话：010 - 88191522
网址：www. esp. com. cn
电子邮箱：esp@ esp. com. cn
天猫网店：经济科学出版社旗舰店
网址：http：//jjkxcbs. tmall. com
北京季蜂印刷有限公司印装
787×1092　16 开　17. 25 印张　408000 字
2024 年 7 月第 1 版　2024 年 7 月第 1 次印刷
ISBN 978 - 7 - 5218 - 5029 - 1　定价：49. 00 元
（图书出现印装问题，本社负责调换。电话：010 - 88191545）
（版权所有　侵权必究　打击盗版　举报热线：010 - 88191661
QQ：2242791300　营销中心电话：010 - 88191537
电子邮箱：dbts@ esp. com. cn）

编委会成员

主　编

申　云　四川农业大学

吴　平　四川农业大学

副主编

陈　蓉　四川农业大学

李京蓉　四川轻化工大学

彭小兵　重庆大学

编　委

高　笛　西南财经大学

马俊龙　四川农业大学

宋嘉豪　四川农业大学

张　剑　四川农业大学

张帮正　四川农业大学

薛　蕾　中共四川省委党校

廖文梅　江西农业大学

杨洛梓　四川农业大学

前　　言

实施乡村振兴战略，是党和国家为实现中华民族伟大复兴和农业农村现代化发展而提出的重大战略，也是"百年未有之大变局"下实现农业农村现代化的重要战略举措。在决胜脱贫攻坚和乡村振兴有效衔接期，全国各地开展了广泛和深入的乡村振兴创新实践探索，取得了巨大的创新实践成果，但也面临着长期而艰巨的新问题、新挑战。2023 年 6 月，习近平总书记在二十届中央政治局第六次集体学习时指出，时代是思想之母，实践是理论之源。我们推进理论创新是实践基础上的理论创新，而不是坐在象牙塔内的空想，必须坚持在实践中发现真理、发展真理，用实践来实现真理、检验真理。为此，为更好地从实践中探索乡村振兴的理论创新发展，本书重点对乡村振兴战略提出以来中国的乡村产业振兴、人才振兴、组织振兴、文化振兴、生态振兴等创新实践典型案例进行深入分析，也对发达国家（美国、日本、德国、法国等农业强国）乡村振兴实践探索典型案例进行了深入剖析，为乡村振兴发展总结经验和更好地推进实践创新提供参考依据。

本书立足于巩固拓展脱贫攻坚成果同乡村振兴有效衔接期，结合乡村振兴实践创新案例，提炼总结出乡村振兴的有效经验和发展规律，既可以作为适合高年级本科生和研究生的案例分析教材，也可以作为乡村振兴实践者的指导用书和参考读物。全书分为导论篇、国内篇和国外篇三个部分，对案例分析进行方法论介绍、案例剖析和经验总结，揭示典型案例蕴含的理论内涵和实践认知中的"缝隙"和"黑箱"。本书侧重国内外乡村振兴实践，通过驻村调研和典型案例资料挖掘，基于中国丰富的乡村振兴实践案例"富矿"进行深度剖析，讲好中国故事，为探寻中国农业农村现代化进程中的道路自信、理论自信提供实践指导，也为人文社会科学研究走出模仿模式，并区别于计量实证分析方法，探索出一条适合中国案例研究的产教研协调创新道路提供借鉴。

目　　录

第一部分　导　论　篇

绪论 ·· 3

　　第一节　课程定位与目标 ·· 3

　　第二节　教学内容框架安排 ·· 4

　　第三节　学习本课程的意义 ·· 5

第一章　乡村振兴案例分析方法论 ····························· 6

　　学习目标 ··· 6

　　本章导读 ··· 6

　　第一节　何谓案例研究 ·· 6

　　第二节　案例研究范式 ·· 15

　　第三节　案例研究论文写作与规范 ····································· 22

　　第四节　案例研究理论框架构建与写作要领 ························ 31

　　本章小结 ··· 37

　　思考题 ·· 37

第二部分　国　内　篇

第二章　乡村产业振兴案例与分析 ····························· 41

　　学习目标 ··· 41

　　本章导读 ··· 41

　　第一节　乡村产业振兴概述 ·· 41

第二节　乡村产业振兴案例概况 ┈┈┈┈┈┈┈┈┈┈┈┈┈ 46

第三节　乡村产业振兴案例分析 ┈┈┈┈┈┈┈┈┈┈┈┈┈ 56

本章小结 ┈┈┈┈┈┈┈┈┈┈┈┈┈┈┈┈┈┈┈┈┈┈┈┈ 67

思考题 ┈┈┈┈┈┈┈┈┈┈┈┈┈┈┈┈┈┈┈┈┈┈┈┈┈ 67

第三章　乡村人才振兴案例与分析 ┈┈┈┈┈┈┈┈┈┈ 68

学习目标 ┈┈┈┈┈┈┈┈┈┈┈┈┈┈┈┈┈┈┈┈┈┈┈┈ 68

本章导读 ┈┈┈┈┈┈┈┈┈┈┈┈┈┈┈┈┈┈┈┈┈┈┈┈ 68

第一节　乡村人才振兴的内涵 ┈┈┈┈┈┈┈┈┈┈┈┈┈┈ 68

第二节　乡村人才振兴案例概况 ┈┈┈┈┈┈┈┈┈┈┈┈┈ 70

第三节　乡村人才振兴案例分析 ┈┈┈┈┈┈┈┈┈┈┈┈┈ 78

本章小结 ┈┈┈┈┈┈┈┈┈┈┈┈┈┈┈┈┈┈┈┈┈┈┈┈ 84

思考题 ┈┈┈┈┈┈┈┈┈┈┈┈┈┈┈┈┈┈┈┈┈┈┈┈┈ 84

第四章　乡村组织振兴案例与分析 ┈┈┈┈┈┈┈┈┈┈ 85

学习目标 ┈┈┈┈┈┈┈┈┈┈┈┈┈┈┈┈┈┈┈┈┈┈┈┈ 85

本章导读 ┈┈┈┈┈┈┈┈┈┈┈┈┈┈┈┈┈┈┈┈┈┈┈┈ 85

第一节　乡村组织振兴概述 ┈┈┈┈┈┈┈┈┈┈┈┈┈┈┈ 85

第二节　乡村组织振兴案例概况 ┈┈┈┈┈┈┈┈┈┈┈┈┈ 90

第三节　乡村组织振兴案例分析 ┈┈┈┈┈┈┈┈┈┈┈┈┈ 103

本章小结 ┈┈┈┈┈┈┈┈┈┈┈┈┈┈┈┈┈┈┈┈┈┈┈┈ 116

思考题 ┈┈┈┈┈┈┈┈┈┈┈┈┈┈┈┈┈┈┈┈┈┈┈┈┈ 116

第五章　乡村文化振兴案例与分析 ┈┈┈┈┈┈┈┈┈┈ 117

学习目标 ┈┈┈┈┈┈┈┈┈┈┈┈┈┈┈┈┈┈┈┈┈┈┈┈ 117

本章导读 ┈┈┈┈┈┈┈┈┈┈┈┈┈┈┈┈┈┈┈┈┈┈┈┈ 117

第一节　乡村文化振兴概述 ┈┈┈┈┈┈┈┈┈┈┈┈┈┈┈ 117

第二节　乡村文化振兴案例概况 ┈┈┈┈┈┈┈┈┈┈┈┈┈ 120

第三节　乡村文化振兴案例分析 ┈┈┈┈┈┈┈┈┈┈┈┈┈ 128

本章小结 ┈┈┈┈┈┈┈┈┈┈┈┈┈┈┈┈┈┈┈┈┈┈┈┈ 138

思考题 ┈┈┈┈┈┈┈┈┈┈┈┈┈┈┈┈┈┈┈┈┈┈┈┈┈ 138

第六章　乡村生态振兴案例与分析 ┈┈┈┈┈┈┈┈┈┈ 139

学习目标 ┈┈┈┈┈┈┈┈┈┈┈┈┈┈┈┈┈┈┈┈┈┈┈┈ 139

本章导读 ·· 139

第一节　乡村生态振兴概述 ······················· 139

第二节　乡村生态振兴案例概况 ·················· 141

第三节　乡村生态振兴案例分析 ·················· 146

本章小结 ·· 152

思考题 ·· 152

第三部分　国　外　篇

第七章　美国城乡共生型小城镇建设案例分析 ················ 155

学习目标 ·· 155

本章导读 ·· 155

第一节　美国小城镇建设案例概述 ··············· 155

第二节　美国小城镇建设案例分析 ··············· 161

第三节　美国小城镇建设案例镜鉴 ··············· 165

本章小结 ·· 171

思考题 ·· 171

第八章　日本因地制宜型造村运动案例分析 ················ 172

学习目标 ·· 172

本章导读 ·· 172

第一节　日本造村运动案例概述 ·················· 172

第二节　日本造村运动案例分析 ·················· 176

第三节　日本造村运动经验镜鉴 ·················· 192

本章小结 ·· 199

思考题 ·· 199

第九章　法国综合发展型农村改革案例分析 ················ 200

学习目标 ·· 200

本章导读 ·· 200

第一节　法国综合发展型农村改革案例概述 ···· 200

第二节　法国农村综合改革案例分析 ············· 209

第三节　法国农村综合改革经验镜鉴 ············· 216

本章小结 …………………………………………………………… 227

思考题 ……………………………………………………………… 227

第十章　德国循序渐进型村庄更新案例分析 ………………………… 228

学习目标 …………………………………………………………… 228

本章导读 …………………………………………………………… 228

第一节　德国村庄更新案例概述 ………………………………… 228

第二节　德国村庄更新案例分析 ………………………………… 234

第三节　德国村庄更新经验镜鉴 ………………………………… 247

本章小结 …………………………………………………………… 254

思考题 ……………………………………………………………… 254

附录：课后读本 ……………………………………………………… 255

参考文献 ……………………………………………………………… 256

第一部分

导 论 篇

绪　　论

第一节　课程定位与目标

一、课程定位

本课程坚持以立德树人为根本任务，以学生发展为中心，培养符合新时代农业农村现代化发展需求的复合型、应用型、创新型人才。《乡村振兴案例与分析》课程重点通过对中国乡村振兴改革实践创新典型案例的深入剖析，结合发达国家乡村振兴发展历程，全面系统地梳理乡村振兴发展和农业农村现代化实践中的典型做法和规律总结，将案例教学建立在国内外乡村振兴发展实践的基础上，为农村区域发展、农业经济管理、公共管理、乡村治理等专业学科的教学提供生动丰富的案例库，把"用脚丈量"乡村振兴实践与农业经济管理学科知识结合起来，提升学生对农业农村现代化发展的学科认知和实践能力，促进其全面立体地了解和感知脱贫攻坚与乡村振兴有效衔接期的创新实践探索，通过国内外案例对比来更好地讲述中国故事。本课程既可以将线下案例分析与线上案例视频授课相结合，通过真实的案例进行师生互动，也可以前往乡村振兴示范基地开展田野教学实践，结合线下学生翻转课堂的教学互动，通过课前、课中、课后学习并融合师生线上线下的交流与互动，彰显"学为中心、以例定教"的教学改革思路。

学生通过对《乡村振兴案例与分析》课程的学习，应学会分析乡村振兴战略背景下的创新实践模式，确定乡村振兴目标的理论依据，了解乡村振兴目标是如何确定的，掌握乡村振兴战略的主要内容，懂得如何执行乡村振兴的具体任务，以及如何对乡村振兴成果进行合理有效的评估考核。初步掌握我国乡村振兴战略的创新实践探索及面临的现实问题，掌握我国乡村振兴背后的理论基础和政策发展规律，理解乡村振兴现行相关政策实施的基本逻辑和主要成效，提升乡村振兴案例教学研究及写作，掌握中国乡村振兴发展运行逻辑和发展规律，为助力乡村振兴实践创新和经验总结打下坚实基础。

二、课程目标

培养学生基本的乡村振兴实践管理能力，为学生的终身学习和适应乡村振兴人才岗位需求奠定实践基础。本课程做到实践探索和理论创新相结合，强化学生对案例的调查和分析能力，利用国内外典型案例将教学与实践有机结合，强化学生在乡村实践管理和农业管理方面的认知和管理策略。通过深入校地、校企合作，与地方政府、农业企业以及村集体等共同探讨乡村产业、人才、组织、文化、生态等方面振兴的创新模式和典型做法，为农村区域发展、农业经济管理、公共管理和乡村治理等专业的本科生、研究生，以及新型农业经营主体等人才培养模式改革方向提供鲜活的、立体化教材，开发配套信息化资源，坚持动态更新教材内容，保证教学内容与时代同步，不断满足教与学的实际需要。

1. 知识目标。

通过对乡村振兴案例分析及方法论的学习，基于乡村振兴实践探索，掌握不同地区不同场域下的乡村振兴发展规律，并基于案例的分析规范，掌握高年级本科论文和硕士毕业论文的写作范式和要求。

2. 能力目标。

掌握必要的乡村振兴发展知识，能够对乡村振兴实践做法进行案例调查和分析，能够基于典型案例分析提升高年级本科论文和硕士毕业论文的写作能力。

3. 思政目标。

以习近平新时代中国特色社会主义思想为指导，坚持将知识传授与价值引领相结合，了解中国脱贫攻坚和乡村振兴的伟大实践，培养学生"三农"情怀，为中国式农业农村现代化探索培养适合中国特色并坚定理想信念，具备较强社会责任感和"懂农业、爱农村、爱农民"的"三农"人才队伍。

第二节　教学内容框架安排

本课程以中国乡村振兴实践探索为核心，以国外农业农村现代化建设为镜鉴，紧紧围绕乡村产业振兴、人才振兴、文化振兴、组织振兴和生态振兴的实践创新开展深入的案例分析。国外乡村振兴实践探索，重点针对发达国家（现代农业强国）所开展的乡村振兴改革创新实践进行了典型案例分析。具体而言，本书的教学内容分为导论篇、国内篇和国外篇三大部分，共十章。第一部分为导论篇，包括绪论和第一章，重点介绍乡村振兴案例分析方法论，为高年级本科生和研究生案例写作与分析提供方法论指导。第二部分为国内篇，包括第二章～第六章，分别对应中国乡村产业振兴、人才振兴、组织振兴、文化振兴、生态振兴等典型案例的概况、具体做法提炼、发展规律总结、有效模式归纳以及政策启示探讨等内容。第三部分为国外篇，包括第七章～第十章，分别对应美国、日本、法国、德国等发达国家和现代农业强国的乡村振兴发展实践历程及其典型经验做法，对于不同国别及资源禀赋条件下乡村振兴战略的路径选择具有一定的参考价值。

第三节　学习本课程的意义

本课程是针对在校高年级本科生和研究生在学习完《中国乡村振兴理论与实践》课程基础上的拓展课程。学习本课程的目的是深化对中国特色社会主义理论与实践问题的认识，掌握中国特色社会主义理论体系的主要内容，提高运用这一理论分析和解决实际问题的能力。在校硕士研究生学习这门课程应掌握中国特色社会主义理论体系，提高"三农"理论素养，基于研究思维和动机去思考本课程的理论和实践价值。

本课程将乡村振兴理论和实践相结合，对中国特色社会主义理论体系、当代中国基本国情和中国特色社会主义政治、经济、文化、社会、生态文明建设以及党的建设、国家战略等方面进行了专题阐述。学习本门课程，能更深刻地把握中国特色社会主义道路、理论体系和制度，认识和了解中国特色社会主义各个方面的建设，提高中国特色社会主义的"三农"理论水平和思想政治素质。学习本门课程，可以更好地把握中国特色社会主义的基本特征和主要特点，有助于融会贯通、学以致用。学习本门课程，应立足当代中国实际，认清中国面临的新形势、新任务和世界形势深刻变化带来的新课题、新挑战，了解中国特色社会主义取得的进展和成绩，认识发展中存在的问题和解决的对策，从而更好地把握关系中国特色社会主义发展的重大问题，牢固树立中国特色社会主义理想信念。

第一章　乡村振兴案例分析方法论

【学习目标】

通过本章的学习，应达到以下目标和要求：

1. 了解案例研究的科学内涵和基本类型。

2. 了解案例研究面临的核心问题及其优劣势。

3. 了解乡村振兴案例研究的基本范式。

4. 了解乡村振兴案例写作的基本技巧及其方法论要求。

【本章导读】

本章主要学习乡村振兴案例研究的方法论框架。第一节重点介绍案例研究的基本内涵、主要类型、适用领域及其优劣势、存在的问题等；第二节重点介绍案例研究的基本范式，包括案例研究选择过程、案例研究的注意事项等内容；第三节重点介绍案例研究的写作规范及流程等，包括案例研究论文的构成要素、写作技巧、写作步骤、结构范式等内容；第四节重点介绍中国乡村振兴案例方法论和写作实践，包括我国乡村振兴案例研究的理论框架构建、应把握的核心要点和面临的问题、对案例研究框架逻辑的提炼总结与思考。

第一节　何谓案例研究

一、案例研究的内涵

案例研究作为定性研究的重要方法，在社会科学研究中得到广泛应用，迄今为止已经得到社会学、人类学（包括民族学）、经济学、管理学、教育学、政治学等学科研究者的广泛认可。然而，究竟什么是规范的案例研究，国内外学者有不同的理解。因此，如何定义案例研究法？怎样确定案例研究法的适用范围？案例研究设计中有哪些规范性要求？这些是案例研究需要厘清的基础性问题。

案例研究法在社会科学研究领域的应用，最早可以追溯至 20 世纪初期人类学和社会学的研究。我国著名社会学家费孝通的《江村经济：中国农民的生活》被认为是案例研究的典范。对案例研究法的界定大致包括两种观点：一种观点是美国社会科学家德尔伯特·米勒（Delbert C. Miller）和内尔·萨尔金德（Neil J. Salkind）在《研究设计与社会测量导引》（*Handbook of Research Design and Social Measurement*）一书对西方社会科学研究中使用案例研究法的阐述，尽管文化共享群体或具体的个人会被视为一个"个案"，但是定性研究中的个案研究法不那么关注群体的模式，而更在乎对一个过程、事件或行动的深度描述。[①] 另一种观点认为，"个案"只是针对研究对象开展的一种研究方式，并不能单独作为一种研究方法来看待。[②] 然而，这两种观点都认为案例研究是通过多种信息来源和丰富的背景进行资料收集整理、依托深入详细的资料对一个或多个案例进行历史性研究。

案例研究相对于实证研究更加复杂，它在不脱离现实生活环境的情境下研究当前正在进行的现象，但研究的现象与其所处环境背景之间的界限并不十分明晰。案例研究法需要通过多种渠道收集资料，并且把所有数据资料汇合在一起进行交叉分析，且需要事先提出理论假设，以指导资料收集和资料分析，减少研究工作量。案例研究法涵盖了研究设计的逻辑、资料收集技术，以及具体的资料分析手段。案例研究既不是资料收集技术，又不仅限于设计研究方案本身，而是一种全面的、综合性的研究思路。

案例研究往往是探索难以从所处情景中分离出来的现象时所采用的研究方法。其是一种研究方法而不仅仅是数据的收集方式，在现代中国具有深远的影响。毛泽东同志在谈到调查研究方法时，曾形象地将案例研究法称为"解剖麻雀"，即通过对单一个体深入、全面地研究，来取得对一般性状况或普遍规律的认识。毛泽东通过对湖南农民运动和江西寻乌调查等案例研究，得出对 20 世纪初期中国农村现状的一般认识，对中国革命道路与战略理论产生了深远影响。中华人民共和国（以下简称"新中国"）成立后，"解剖麻雀"一直是毛泽东研究中国社会和改造中国社会的基本方法，合作化运动、人民公社、工业学大庆、农业学大寨等，都是先通过"解剖麻雀"认识特殊问题的经验做法，逐步探寻基本规律后再进行普及推广。

案例研究通过对个人、事件、社会或一个社区进行全面深入剖析，将社会生活的隐秘现象"微妙性"连根拔起，观察人们的社会行动，特别是由他们的行动所形成的事件与过程，即"过程—事件"分析。而案例研究的目的在于对这样的事件与过程进行叙事性再现和动态关联分析。关注、描述、分析这样的事件与过程，对其中的逻辑进行动态解释，反映"过程—事件"分析的研究策略和叙事方式。如果我们将社会学看作是一门科学，看作是一门揭示和解释社会生活中那些"隐秘"的科学，

---

① 米勒，萨尔金德. 研究设计与社会测量导引 [M]. 6 版. 风笑天，译. 重庆：重庆大学出版社，2004.
② 殷. 案例研究：设计与方法 [M]. 5 版. 周海涛，史少杰，译. 重庆：重庆大学出版社，2017.

那么"过程—事件"分析则是展示这种"微妙性"案例的一种合适的方式。

案例研究是社会科学以及其他科学研究中的一种独立的研究方法，是定性研究的一个重要组成部分，这种研究方法综合运用多种收集数据和资料的技术与手段，通过对特定社会单元（个人、团体组织、社区等）中发生的重要事件或行为的背景、过程的深入挖掘和细致描述，呈现事物的真实面貌和丰富背景，从而在此基础上进行分析、解释、判断、评价或者预测。在案例研究中，作为研究素材的一个或多个案例本身是研究的一部分，对案例的收集、整理和叙述本身体现着研究者的研究兴趣和研究立场。但是，案例素材本身并不是理论，在研究者对案例素材进行分析、解释、判断和评价时，不可避免地要回到自己的理论假设或者理论取向，从而形成特定的理论分析框架。因此，案例研究是从具体经验事实走向一般理论的一种研究工具。如果仅从上述界定来看，案例研究同历史文献研究、叙事研究、民族志研究和扎根研究似乎没有太大的区别。案例研究获取研究资料与数据的基本技术同这些研究方法之间或多或少有一些共同之处，相比其他研究方法而言，案例研究具有以下独特性：

第一，案例是一个有限的系统，受时间和地点的限制。

第二，案例可以是一个计划、事件、行动或个人。研究者需要通过多种方式收集资料，如观察、访谈、音频和视频、文献和报告等，也可以通过多种形式的资料如文字、图片、录音和电子邮件等来对个案进行深度描述。

第三，为了深度理解，只需要少量个案，研究者也不可能对很多个案进行深度研究。

第四，研究时需要交代个案的背景，如当时、当地的社会、历史和经济情况。

第五，研究者还需要将个案置于更大的背景中进行理解，如地理、政治、社会和经济条件。

在掌握案例相关的历史、文化与社会经济背景时，需要强调时段取舍的重点以及案例研究中案例素材同理论假设和理论取向之间的关系。为此，需要补充以下两个重要因素：

一是案例研究中的人物、事件、过程与背景主要是当前存在的状况，历史背景与历史文献主要用来丰富个案，提供更为深入和广阔的研究基础。

二是案例素材本身只是研究的依据，不能掺杂各种理论观点和先验评判。研究发现和理论观点必须从案例中形成，具有相同研究背景的其他人在对同一案例进行分析后应当可以得出基本相同或相似的结论。

总的来看，案例研究是一种从完整丰富的经验故事中提炼理论的研究方法，它是一个独特的研究体系。对于一些哲理性、思辨性研究，有些研究者为了增强自己论证或观点的说服力、生动性等，往往会引入简短的实例。以"例如，……"进行叙述，将这种论述策略或论辩策略当成案例研究，这种情况在教学过程中尤为普遍，但在学术研究中需要划清案例研究同举例说明之间的界限。案例研究是一套完整的研究方法，而举例说明是一种随机性的论述策略。

二、案例研究的主要类型、适用领域及其优劣

对案例研究的类型可以根据不同的标准进行分类。根据研究中使用案例的数量，可以分为单案例研究和多案例研究；根据研究中案例引入的不同功能，可以分为探索性案例研究、描述性案例研究和解释性案例研究。[①] 如果将这两种分类结合起来，建立一个 2×3 的矩阵模式，则可以形成 6 种不同的案例研究类型（见表 1-1）。

表 1-1　　　　　　　　　　　案例研究的不同类型划分

案例	探索性	描述性	解释性
单案例	探索性单案例研究	描述性单案例研究	解释性单案例研究
多案例	探索性多案例研究	描述性多案例研究	解释性多案例研究

单案例研究是运用一个案例（个案）进行研究，多案例研究是应用两个以上的案例进行研究。在这两种大类的案例研究中，各自包括探索性案例研究、描述性案例研究和解释性案例研究；如果将案例研究从功能上划分为探索性案例研究、描述性案例研究和解释性案例研究三种大的类型，则可以结合单案例研究和多案例研究进行组合分析。

单案例研究和多案例研究最主要的区别在于研究中使用案例的数量差别，而不存在本质上的差别。因此，研究者在什么情况下使用单案例研究还是多案例研究，主要取决于研究者获取案例素材的能力、时间、精力以及经费支持，还有就是研究团队的规模。如果这些条件相对比较欠缺，可以采用单案例研究；如果这些条件相对优越，则可以采用多案例研究。如果条件相对优越，也可以既采用单案例研究，深入持久地挖掘一个案例，通过一个案例把问题研究透彻，又通过案例的多样性和丰富性增强研究基础。相对而言，从两个或更多案例中总结出来的结论会比从单案例中总结出来的结论更扎实、更具说服力。多案例研究具有可以进行逐项复制的机会，分别独立地从多个单独的案例中得出结论来相互印证，甚至结合两个较强对比性的案例所涉及的理论假设进行差别化复制对比，研究效果也会更好。而单案例研究容易被批评为案例具有较强的独特性和产生人为改变案例环境的疑虑，最终演变为对结论的质疑。

从功能的角度来看，探索性案例研究、描述性案例研究和解释性案例研究存在明显的差别。因此，我们需要对这三种案例研究做进一步的分析。

探索性案例研究是在未确定研究问题和研究假设之前，凭借研究者的直觉线索到现场了解情况、收集资料形成案例，然后再根据这样的案例来确定研究问题和理论假

[①] 唐权，杨振华. 案例研究的 5 种范式及其选择 [J]. 科技进步与对策，2017，34（2）：18-24.

设。这样的研究往往不是最终的案例研究，而且有可能被其他研究方法所替代。因此，探索性案例研究是其他类型的案例研究或其他方法研究的前奏，而不是一种独立的研究方法。运用探索性案例研究的目的就是确定如何避免这样的结果，并且采用相应的政策策略。

描述性案例研究是通过对一个人物、团体组织、社区的生命历程、焦点事件以及过程进行深度描述，以坚实的经验事实为支撑，形成主要的理论观点或者检验理论假设。描述性案例研究主要应用于对个人、组织和政府部门等研究对象的研究。

解释性案例研究旨在通过特定的案例，对事物背后的因果关系进行分析和解释。在解释性案例研究中，案例中所包含的一些事实被当作自变量，另外一些事实被当作因变量，通过对案例背景的研究，寻找不同变量之间的相关性或因果关系。解释性案例研究一般适用于研究"为什么""怎么样"之类有关因果关系的问题。

除了上述实际应用之外，各种类型的案例研究也被应用于进行评估研究之中，案例研究发展成为评价研究的一部分。例如，世界银行在对援助中国的项目进行评估时，往往依靠当地社会学家和人类学家从某个地方的局部情况出发，通过实际案例来对援助项目的效益做出评估，确定援助资金的投入政策或投资领域。

作为一种定性研究工具，案例研究可以应用于许多领域，案例研究可以使我们增进对个人、组织、机构、社会、政治以及其他相关领域的了解。当然，同其他研究方法相比，案例研究法既有自己的长处，也有它的不足。为了有助于人们加深对案例研究的理解，消除人们对案例研究的传统误解，本书针对不同研究方法之间的特点，比较了不同研究方法的适用条件（见表1-2）。

表1-2　　　　　　　　　　不同研究方法的适用条件

研究方法	研究问题的类型	是否需要对研究过程进行控制	研究焦点是否集中在当前问题
实验法	怎么样、为什么	需要	是
调查法	什么人、什么事、在哪里、有多少	不需要	是
档案分析法	什么人、什么事、在哪里、有多少	不需要	是/否
历史分析法	怎么样、为什么	不需要	否
案例研究法	怎么样、为什么	不需要	是

从表1-2中可以看出，案例研究与其他研究方法相比具有较多相似之处，其研究问题的类型与实验研究法、历史研究法相同；与调查法、档案分析法和历史分析法一样，都不需要对研究过程进行控制；与实验法、调查法一样，都需要将研究焦点集中于当前问题。因此，一种特定研究方法（研究工具）的选择，主要与课题研究的实际需要以及研究者的研究兴趣有关，而与某种方法本身的优劣无关。

案例研究与其他研究方法相比，主要的优势在于：一是案例研究的结果能够被更多的读者所接受，而不局限于学术圈，给读者以身临其境的现实感；二是案例研究为其他类似研究提供了易于理解的解释；三是案例研究有可能发现被传统的统计方法忽视的特殊现象；四是案例研究适合于个体研究，而无须研究小组。

但案例研究也存在一些缺陷和不足：一是案例研究的结果不易被归纳为普遍结论；二是案例研究的严格性容易受到质疑；三是案例研究耗费时间长，案例报告也可能过于冗长，反映的问题不够明了。

尽管人们对案例研究的上述质疑和抱怨可以减少到最低程度甚至消除，但要完成一个高质量的案例研究确实不容易，因为我们无法对研究者完成案例研究的能力进行筛选或测试。案例研究最明显的长处是具有深入、全面的特点，能够抽象出一些有价值的命题，或者提出一些具有更深层理论价值的研究课题，为后续研究提供一些有启发性的思路和有价值的研究方向。而它最大的不足是难以从中得出具有普遍意义的结论，其结果也难以进行推广。[①]

三、案例研究设计中的主要问题

研究设计是用实证材料将需要研究的问题和最终结论连接起来的逻辑顺序。研究设计是一种进行论证的逻辑模式。研究设计是关于研究的蓝图，不同于工作计划，它的重点在于逻辑问题，而不是研究的后勤保障问题。案例研究设计的主要问题包括案例研究类型、案例研究设计模式、案例研究的资料收集与处理、案例研究中应当注意的学术道德以及案例研究设计的检验。

案例研究设计主要包括四种类型，表现为一个 2×2 的矩阵模式：第一个 "2" 是指单案例研究与多案例研究；第二个 "2" 是指研究中可能涵盖整体型和嵌入型分析，这两个维度排列组合，就形成了整体型单案例研究设计、嵌入型单案例研究设计、整体型多案例研究设计、嵌入型多案例研究设计四种研究设计类型。

不管什么类型的案例研究，研究设计应当有一个相对规范的设计模式：确定要研究的问题；提出理论假设；确定分析单位；形成连接数据与假设的逻辑；解释研究结果的标准。[②]

对一个有限系统进行深度研究；提出有关的研究问题；收集多种形式的资料来进行深度理解；详细描述个案并分析个案所反映的主题；无论描述个案还是论述观点，都要把它们置于背景之中；解释个案的意义。[③]

通过对比上述两种设计模式，总体遵循着 "提出问题—形成假设（或者提出理

① 风笑天. 社会学研究方法 [M]. 2 版. 北京：中国人民大学出版社，2005.

② 殷. 案例研究：设计与方法 [M]. 周海涛，史少杰，译. 重庆：重庆大学出版社，2005：25.

③ 萨尔金德. 研究设计与社会测量导引 [M]. 6 版. 风笑天，译. 重庆：重庆大学出版社，2004：150.

论依据）—描述案例—提炼主题—得出结论”的路径，成为各种类型案例研究设计的基本范式。

在案例研究中，资料收集和分析是非常重要的环节。案例研究中资料的收集必须遵循三条基本原则：一是使用多证据来源；二是必须建立案例资料库；三是形成完整的证据资料链。① 从这三条要求来看，案例研究中资料收集的主要特点包括以下几点：

第一，研究资料的多样性。案例研究的资料种类包括文件、档案、访谈记录、观察记录、图像等实物。

第二，收集资料技术的多样性。案例研究可以通过查阅档案、访谈、问卷、直接观察、拍摄照片或录像获得研究资料，以便形成案例素材。

第三，研究案例的选择性。在案例研究中，研究者可能收集到许多相类似或者不同的案例，但并非所有收集到的案例都要应用到研究之中，而是必须对案例进行筛选，只选择最有价值的案例。

第四，案例呈现的完整性。案例研究需要通过深入细致和全面的描述呈现研究素材，提供广阔、丰富和生动的细节与背景，让人有身临其境的真实感。

案例研究需要对资料进行分析。案例研究资料分析的主要内容和特点如下：

第一，有一套相应规范的分析过程。案例研究资料分析的基本构成是检验、分类、制表以及资料的其他组合方式，这是着手研究的重要环节。

第二，有一套具体的分析策略。案例研究资料分析的策略有三种：一是依据研究主题或理论假设，考虑研究资料是否符合需要；二是要考虑所提供的研究资料是否导致与之相反的竞争性解释，或者是否能够对以往的研究提出竞争性解释；三是进行案例描述，形成案例叙述的内在逻辑。

第三，有可供选择的具体分析技术。案例研究资料分析的具体技术包括模式匹配、建构性解释、时序分析、建构逻辑模型以及跨案例聚类分析。

为了确保高质量的案例分析，研究者还需要准备好以下五个方面：

第一，分析应明确显示考虑了所有的研究资料；第二，如果有可能，分析中应当指出所有主要的竞争性解释；第三，资料分析要清晰地说明案例研究中最有意义的方面；第四，案例研究应当运用自己原先具有的专业知识；第五，资料分析是案例研究中一项相当复杂而且难度较大的工作。

对于研究者而言，要想从纷繁众多的研究资料中提取最有价值的资料，形成完美的研究案例，不仅需要花费大量时间和精力，而且需要掌握合理恰当的分析技术。

在案例研究中，同样需要考虑研究的道德问题。根据国内外社会科学研究者的观点及相关经验做法，案例研究中需要遵守的道德原则包括以下几点：

---

① 应国瑞. 案例学习研究：设计与方法 [M]. 张梦中，译，广州：中山大学出版社，2003：98-106.

（1）自愿参与原则。社会研究总是不可避免地要介入他人的生活，或者影响他人的工作，例如访谈、问卷调查、座谈等。因此，在选取案例资料时，必须征得相关人员的同意，使他们知晓研究的意图、意义和作用，乐意提供支持与配合。在案例研究中，不能通过强制手段迫使他人参与研究、接受研究者的访谈或填写问卷。任何非自愿的方式都可能影响案例资料的可信度和研究质量。

（2）保护隐私原则。由于案例研究需要对研究对象进行深入细致的描述，广泛展示研究问题的背景，有可能公开案例所涉及地点、人物的隐私。因此，为了保护案例涉及人员或地点的隐私以及实际利益，避免造成不必要的伤害或社会负面影响，必须尽量采用学术化名处理相关地名和人名，除非当事人不介意研究者使用他们的真实名称。

（3）平等尊重原则。研究者应当从人格上真诚对待被研究者，平等对待参与研究的人，在访谈、对话和讨论中尊重他人的意见与看法，将自己与访问对象和参与讨论的人置于平等的地位，不居高临下、盛气凌人。研究者在实地考察中要尊重当地的风俗习惯与民情，理解和接受基本的人际交往规则甚至禁忌。

（4）合理回报原则。由于案例研究需要花比较长时间在一个地方对特定人群进行深入访谈、问卷调查、文献收集，需要占用别人许多私人时间。因此，研究者必须对参与研究的人给予适当的回报，包括金钱、物质等方面的回报。但是，这种回报必须是合理的，不能造成利诱，如果回报太多，有对参与者实行贿赂的嫌疑，而且容易引起其他人的竞争与攀比，对研究工作造成干扰。如果不给参与者适当的回报，对他们也是不公平的。因此，对参与者的回报应当恰如其分。近年来，社会科学研究领域关于保护隐私与信息公开、回报补偿与人际关系、研究者的融入与超脱等问题，也出现了不同的看法与争论，① 无论如何，这些争论对完善案例研究是有意义的。②

在案例研究中，案例分析的有效性（效度）和可靠性（信度）是常常受到广泛质疑的两个技术性问题，从单个或者多个特定的案例材料中能否得出具有普遍意义的理论观点，也常常是引起激烈争论的话题。

案例研究的质量同案例研究资料的质量有关。因此，评价案例分析的质量，特别要关注案例资料的信度与效度。我们可以根据案例研究资料的收集原则，从三个方面来检验案例研究资料的信度与效度：案例资料的来源是否具有多样性？是否建立了案例研究资料库？是否形成了紧密联系的证据链？通过这三个方面的原则，我们可以评价案例研究资料的信度和效度。

案例研究的质量同案例研究设计具有直接的关系。判断案例研究设计质量的主要标准包括：信任程度（trust worthiness）、信用（credibility）、可确定性（conformability）、

---

① 陈向明. 质的研究方法与社会科学研究［M］. 北京：教育科学出版社，2002：425-443.

② 巴比. 社会研究方法［M］. 10 版. 邱泽奇，译. 北京：华夏出版社，2005：62-79.

资料依赖性（data dependability）。为此，建立了一个测试案例研究的策略框架，包括构建的有效性、内在有效性、外部有效性、可靠性的研究策略（见表1-3）。

表1-3 案例研究具体策略

测试	案例研究策略	策略运用的阶段
构建的有效性	使用证据的多方来源；建立证据链；使关键信息的提供者阅读案例研究报告初稿	资料搜集、写作
内在有效性	做类型匹配；做解释构建；做时间序列分析	资料分析
外部有效性	在多案例研究中重复使用	研究设计
可靠性	用案例研究计划；发展案例研究资料库	资料搜集

资料来源：罗伯特·K. 殷. 案例研究：设计与方法（原书第5版）[M]. 周海涛，史少杰，译. 重庆：重庆大学出版社，2017：139.

构建的有效性是指对研究的现象建立正确的操作性测量。内在有效性是指建立因果关系，一定的条件导致其他条件的发生，区别于虚假的关系。这一指标只用于解释性或因果性研究，不适合探索性和描述性研究。外部有效性是指建立研究的发现能够被概括的领域。可靠性是指显示一项研究的操作，如资料收集程序能够被重复，并得到同样结果。

从整体上来看，评价一个案例研究的质量，主要考虑是否提出好的问题，是否有好的理论假说，是否有丰富多样的研究资料，是否建立严谨的逻辑框架，是否达到理论观点同案例素材相一致，是否考虑了所有竞争性解释或观点，是否提出了有价值和有启发性的结论发现。此外，从一个特定经验事实出发形成的理论观点还要经得起"反事实推论"，即从反例来寻求证实或证伪，只有排除了"选择性偏差"以后，才能形成贴近事实的合理解释或结论。因此，无论进行单案例研究还是多案例研究，都要注意进行"反事实推论"，消除选择性偏差，只有这样，才能提高案例研究的质量。

然而，由于对案例研究法掌握程度的不一，导致研究质量的参差不齐、良莠杂陈。部分研究仅从某个地方有限的案例资料出发，简单地得出具有普适性的判断与结论，没有进行规范的研究设计和资料检验，没有考虑更多的竞争性解释，也没有进行"反事实推论"，往往会掉入选择性偏差的陷阱，使基于局部地方案例素材得出的评价或结论具有明显的局限性，从而影响了研究的规范性和研究质量。

因此，在我国社会科学研究中，我们应当超越案例素材简单运用、理论观点简单表述的研究局面，走向更加严谨、规范和细致的学术境界。唯有如此，基于案例研究的社会科学理论研究才可能取得新的更大发展，产生真正具有理论品位和持久学术魅力的研究成果。

第二节　案例研究范式

方法论属性与数据搜集方式是划分人文社会科学研究方法的主要依据。按照方法论属性，可将其划分为定量研究法（搜集的是量化数据）和定性研究法（搜集的是质性资料）两种；按照研究数据收集方式，可将其划分为实证研究法（应用实地调查数据进行研究）和非实证研究法（应用二手资料进行研究）两种。将以上两者内嵌于以典型案例为研究对象的案例研究法中，就可以得到以案例为导向的文献计量范式（简称"文献计量范式"）、以案例为导向的文献荟萃分析范式（简称"文献荟萃范式"）、以案例为导向的实地观察与访谈范式（简称"实地观察与访谈范式"）、以案例为导向的问卷调查范式（简称"问卷调查范式"）、以案例为导向的混合研究范式（简称"混合研究范式"）五种（见图 1 - 1）。[①] 每种研究范式都需要经过表 1 - 4 所示的 12 个研究步骤，具体细分为提出问题、文献综述、明确研究目的、推测相关构念、（不）预设理论与假设、确定总体并进行理论抽样、研究设计、实地调查、数据分析、形成或检验理论与假设、文献对比和研究结论。

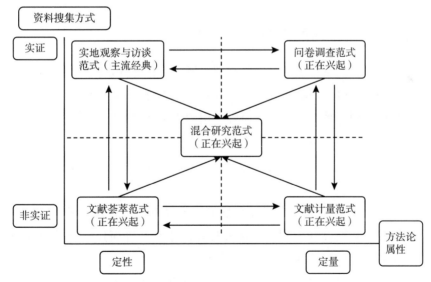

图 1 - 1　根据方法论属性和资料收集方法划分得到的五种案例研究范式及其关联

资料来源：作者根据井润田和孙璇（2021）的文献资料整理绘制得出。

---

① 井润田，孙璇. 实证主义 vs. 诠释主义：两种经典案例研究范式的比较与启示 [J]. 管理世界，2021 (3)：198 - 216.

表 1 - 4 五种案例研究范式的研究步骤及差异

研究范式	文献计量范式	文献荟萃范式	实地观察与访谈范式	问卷调查范式	混合研究范式
1. 提出问题	√	√	√	√	√
2. 文献综述	√	√	√	√	√
3. 明确研究目的	?	?	?	?	?
4. 推测相关构念	√	√	√	√	√
5.（不）预设理论与假设	?	?	?	?	?
6. 确定总体并进行理论抽样	√	√	√	√	√
7. 研究设计	?	?	?	?	?
8. 实地调查	×	×	√	√	?
9. 数据分析	?	?	?	?	?
10. 形成或检验理论与假设	?	?	?	?	?
11. 文献对比	√	√	√	√	√
12. 研究结论	√	√	√	√	?

注："√"表示某一案例研究范式需要经过这一步骤；"×"表示某一案例研究范式不需要经过这一步骤；"?"表示某一案例研究范式与其他范式在某一研究步骤上存在差异。

一、以案例为导向的文献计量范式

与文献综述不同，这一范式并不是对现有研究进行梳理，也不是对现有观点进行批判，而是应用定量研究逻辑和数理统计软件对所搜集到的二手资料进行计量分析，以得出新的理论知识体系。文献计量研究采用的步骤如下。

（1）提出问题。重点是从社会现象或社会问题中提炼自变量与因变量及其因果关系。此外，发现问题是做学术研究的起点，也是选择任何一种案例研究范式的必经之路。

（2）文献综述。要了解研究意义和价值，需要事先对相关文献进行梳理。其目的在于证明研究的新颖性和发现已有研究存在的不足，进而提炼有价值和科学的问题，并寻找研究问题的相关理论。所有案例研究范式均需要进行文献综述这一流程。

（3）明确研究目的。进行文献综述后，可明确该项研究所处阶段及其研究目的。就研究目的而言，可应用文献计量范式建构理论、检验理论与发展理论及其知识体系。明确研究目的既是文献计量范式的必经步骤，为研究者从事研究指明了方向，也是其他研究范式不可或缺的。

（4）推测相关构念。研究问题是由"核心词"及其概念构成的，即人们在其生活中对人物和事件的认识、期望、评价、思维所形成的观念。文献计量研究者需要推测与研究问题相关的构念。文献计量研究者需要推测与研究问题相关的构念，"对接"研究问题和假设，这也是其他研究范式的必经环节。

（5）预设理论与假设。对接"研究问题"与"推测相关构念"的重要成果就是预设理论和假设。一般而言，是否预设理论和假设存在正反两种观点。其中，反对预设理论和假设者认为，预设理论和假设会给研究者带来偏见，容易限制其发现新的理论；而支持预设理论和假设者认为，预先进行理论和假设可以获取很多好处，包括引导研究者关注所要研究的问题，而不会滑向与研究无关的内容，并为研究者指明研究方向，告诉研究者到哪里寻找相关证据等。因此，是否预设理论和假设应视情况而定。但通常而言，为保障研究结果的一致性和可预期性，往往采用预设理论和假设更加稳妥可靠。

（6）确定总体并进行理论抽样。框定文献总体，从中提取有代表性的文献"样本"。

（7）研究设计。进行案例研究规划，包括设计严谨、科学、环环相扣的研究步骤，综合考虑并配备研究所需人力、资金和物质支持等。

（8）无须进入"现场"，主要通过网络或图书馆等渠道搜集所需相关文献。

（9）数据分析。应用文献计量软件统计分析所搜集到的相关文献，如检验其效应量指数或进行显著性检验等。

（10）形成或检验理论与假设，在此基础上形成理论、检验理论与发展理论。如果是一项建构新理论的全新研究，那么就形成新理论；如果旨在检验已有理论，那么可进一步检验理论正确与否；如果旨在发展理论，那么可进一步改进已有理论。

（11）文献对比。将研究结果与已有研究进行对比，归纳其相同点和不同点，并解释其差异。

（12）达到理论饱和，结束研究。

这一范式的主要特点是并不必然通过"进入现场"来搜集研究资料，其随着文献计量软件的研发日益受到重视。但是，这也意味着这一范式的前提条件在于拥有并懂得应用研究所需的文献计量软件。

二、以案例为导向的研究范式

将文献荟萃范式与以上文献计量范式相比，除了调查范式属于定量研究；文献荟萃范式、实地观察与访谈范式均属于定性研究；混合研究范式既可以是定性研究，也可以是定量研究。

部分范式的资料搜集方式及其搜集结果相同。文献计量范式和文献荟萃范式主要通过虚拟网络或实体图书馆等渠道搜集得到用于研究的二手资料；混合研究范式通过实证或非实证方式，搜集得到用于研究的一手或二手资料。此外，应用实地观察与访谈范式、文献荟萃范式搜集到的主要是以文字为主的质性资料，应用问卷调查范式搜集到的往往是量化数据，而应用文献计量范式搜集的是可量化研究资料。

应用的前后顺序。由于二手数据比较容易获取，而且在文献综述时已经搜集到大量有关案例研究的二手数据。因此，在研究过程中，选用非实证倾向的案例研究范式一般先于选用实证倾向的案例研究范式。与此同时，质性研究资料来源较广，数量较多，呈现形式多样，而定量研究资料搜集渠道单一、难以搜集。因此，选用定性倾向的研究范式往往先于选用定量倾向的研究范式；进而，由于混合研究范式建立在两种及以上研究范式的基础上。因此，选用以属性与资料搜集方式划分得到的四种范式中的两种或两种以上范式，是选用混合研究范式的前提。然而，选用定性倾向或定量倾向、非实证倾向或实证倾向案例研究范式的先后顺序并不是单向的，也不是不可重复或不可跳跃的，在此只以一般情况下案例研究的难易性为依据提出研究思路。

三、案例研究范式选择过程

研究得到以上五种案例研究范式，是为了给案例研究者提供多种可供选择的案例研究方法。与此同时，以上归纳得到的有关各种案例研究范式的内在关联，已经部分揭示出案例研究者选择案例研究范式的多种限制性因素。将从选择的必要性、选择过程和注意事项三个方面探讨案例研究选择过程。①

（一）明确研究范式选择的必要性

1. 由不同案例研究范式的优劣势决定。

某一案例研究范式的优势是另一案例研究范式的劣势。例如，就方法论属性而言，选用定量倾向的案例研究范式可在短时间内通过"结构化"问卷收集大量研究数据，其研究结果也因研究程序的规范性和严谨性具有信度和效度，也因此具有"概推性"。与之相比，选用定性取向的案例研究范式则可以从现有的纷繁复杂的质性资料中建构新理论。就资料搜集方式而言，选用实证倾向的研究范式可收集到大量一手研究数据；与之相比，选用非实证倾向的研究范式则不用面对那么复杂的研究环境，也不会碰到不配合的调查对象。

2. 由研究者背景决定。

不同研究者具有不同的研究背景，他们所掌握的研究工具及技能也不相同。针对初级研究者而言，选用文献计量或者问卷调查范式相对稳妥，以便有成熟的理论或可信的调查问卷作为支撑，以弥补其理论知识或研究经验存在的不足。对于资深研究者，其研究所受局限较小，可选用多种案例研究范式。针对所掌握的研究技能而言，擅长数理思维逻辑并懂得应用统计软件的研究者，倾向于选用定量倾向的案例研究范式；相反，心思缜密但不擅长数理思维逻辑及应用统计软件者，可选用定性倾向案例

---

① 威廉·埃利特. 案例学习指南：阅读、分析、讨论案例和撰写案例报告［M］. 刘刚，钱成，译. 北京：中国人民大学出版社，2009.

研究范式。如果既擅长定量研究又擅长定性研究则可以选用混合研究范式。

3. 实现研究目的必然要求。

案例研究目的按研究阶段可划分为建构理论、检验理论和发展理论三种。其中，建构理论旨在通过研究前人从未研究的社会现象或社会问题，达到建构"元理论"或"全新理论"的目的；检验理论旨在检验已有理论的真伪或已有政策的适用性；发展理论是在检验已有理论基础上的"查漏补缺"，完善现有理论及其知识体系。因此，建构理论是一项全新性研究，其比较适合选用文献荟萃分析、实地观察与访谈这类探索性研究范式；检验理论或评估政策以现有理论或政策为前提，其可借鉴相关理论及知识体系，比较适合问卷调查或文献计量范式；发展理论旨在改进已有理论，其适用于选择各种研究范式，特别适用于选择混合研究范式。与不同研究目的相对应，研究者所处阶段可分为探索期、检验期和发展期。一般而言，建构理论往往处于理论探索期，检验理论处于理论检验期，发展理论处于理论发展期。因此，研究者需要综合考虑理论研究所处阶段来选择"较优"（将案例研究过程视为一个不断改进的过程）范式。

4. 支持性资源的限制。

不同研究者所拥有的时间、资金、团队支持和人际关系等资源是有限的。例如，在时间方面，课题结项有时间限制，但兴趣研究者则没有时间限制。在科研团队方面，科研机构与高校拥有专业性强、时间充裕、为数众多的科研人员，而兴趣研究者则随兴趣强弱而定。在人际关系方面，不同研究者的人际关系不同。一般来说，兴趣研究者缺乏人力、物力、财力资源，他们应选择要求较少的文献计量范式和文献荟萃范式；与之相比，专业研究者往往拥有自身科研团队，也拥有资金和人际关系网，可选用实地观察与访谈范式、问卷调查范式和混合研究范式。

5. 其他。

案例研究信度与效度、研究问题敏感性等也是限制案例研究者选择案例研究范式的重要原因。例如，为了弥补选用定性倾向案例范式在研究信度和效度方面存在的不足，或者弥补定量研究倾向案例范式在建构理论方面存在的不足，可选用混合研究范式。再如，对于一些政治敏感性较强的人文社会科学问题，以非实证的文献荟萃范式和文献计量范式为主。

（二）注重案例研究选择过程

案例研究者在选择案例研究范式时面临各种限制性因素，其不能选择"最优"研究范式，也不能选择最简单的研究范式敷衍了事，而是需要在综合考虑这些限制性因素的基础上，选用适合自身的科学研究范式。因此，可从案例研究者出发，建构选择案例研究范式的分析性框架（匹配案例研究范式与研究者的限制性因素）。这一分析性框架可分解为以下步骤：第一，从案例研究"行动者"（即案例研究者）出发。

第二，案例研究选择过程。具体包括：一是根据研究者背景进行选择。研究者能力决定其选用何种案例研究范式。例如，数理思维逻辑较强且擅长应用统计分析软件者，应该选用文献计量范式与问卷调查范式；思维缜密但又不擅长统计软件者，可选用实地观察与访谈范式、文献荟萃范式；案例研究资深人士应选用多种范式进行研究，从而得到具有信度和效度的研究结果。当前，我国大多数人文社会科学领域研究者掌握的数理知识及统计软件参差不齐，难以选用定量倾向案例研究范式加以解决。因此，选用定性倾向的实地观察与访谈范式、文献荟萃范式更为适合。这在一般案例研究实践中也较为常见，尤其是对初涉者而言。值得注意的是，选用定性倾向的案例研究范式看似容易，但要保证其研究信度和效度却比选择定量倾向的研究范式更难，因其理论功底要求较高，而业界又尚未形成一套统一的研究步骤与研究规则，只能依靠案例研究者所做的大量工作来评判其科学性。二是根据研究者的支持性资源选择。研究者应根据研究时限、科研经费、科研团队及人际关系来选择案例研究范式。对于有资金支撑、时限较长、拥有科研团队及较强的人际关系的学者，可选用实地观察与访谈范式、问卷调查范式及混合研究范式从事研究。反之，则选用其他范式。三是根据研究目的选择。如果从事的是一项全新研究，那么应该选用文献计量范式、文献荟萃范式、实地观察与访谈范式、混合研究范式。如果旨在通过新案例检验已有理论，或者应用新的研究方法检验已有理论，那么应该选用问卷调查范式或混合研究范式。四是根据研究范式的优劣进行选择。根据研究者背景及其有限资源进行选择，研究者很有可能选择"次优"案例研究范式。但是，这并不意味着研究者不能选取更好的案例研究范式，因为案例研究者选择案例研究范式是一个不断改进的过程。研究者通过学习和经验积累，可以找到较优的案例研究范式，以充分利用案例研究者资历来提高案例研究效率。与其他范式相比，多轮论证的混合研究范式具有信度和效度。五是根据其他限制性因素进行选择。为了弥补不同范式在信度与效度以及研究结果的"概推性"等方面存在的不足，应该选择以定量倾向案例研究范式为主、定性倾向案例研究范式为辅的研究思路。为弥补定量倾向案例研究范式在建构理论方面的不足，应该在之前就选用定性倾向的案例研究范式。如果所研究的是某些比较敏感的社会现象或社会问题，可以采用"定性研究为主、实证研究为辅"的混合研究范式。第三，研究结果评价与反馈。案例研究范式选择过程及其研究结果是否为"较优"，还需要通过评价环节来评判，也需要通过反馈环节来改进案例研究范式选择过程。因此，可选用效度和信度指标体系来评价，包括对构念效度、内在效度、外在效度和信度等的检验。"构念效度"体现在搜集三角证据及其核心方面，内在效度体现在理论与选用案例研究范式匹配方面，外在效度体现在研究设计与研究成果"概推性"方面，信度体现在研究资料搜集方面。其中，案例研究范式与研究者限制性因素匹配过程是案例研究者选择案例研究范式的核心环节，其决定着案例研究范式的选择质量。

（三）案例研究范式注意事项

案例研究的质量不能由研究者的主观意愿决定，也不能由研究过程的复杂性决定，而需要在研究过程中秉持科学的研究原则或研究程序。当前，案例研究领域既充斥着各种复杂的定量倾向的案例研究范式（将复杂的数理公式和统计软件不假思索地"搬套"到人文社会科学研究中），也充斥着各种简单的定性倾向的案例研究范式。"搬套"定量倾向的案例研究范式难以提出新理论，而简单选用定性倾向的案例研究范式则难以保证案例研究信度和效度。因此，为了保证案例研究的科学性和有效性，需要注意以下三个方面。

1. 注意案例研究的程序性、规范性和严谨性。

自然科学之所以被称为一门科学，在于其研究得到的理论及其知识体系可通过相同的研究步骤得出相同的研究结果。与之不同，人文社会科学领域的研究影响因素不可控，也未形成统一且固定的研究步骤。在影响因素不可控且研究步骤不统一的情况下，就更需要严格按照已有的、相对规范的研究步骤进行，以提高研究的规范性和科学性。就案例研究而言，是否践行科学研究步骤、研究是否规范严谨，是评判案例研究质量的三项主要指标。根据所研究的社会现象或社会问题的需要，严格选用上文提出的五种范式并按照每种范式的十二个步骤进行研究。

2. 进行研究设计，做实每项研究工作。

研究的程序性、规范性和严谨性集中体现在案例研究者所制定的研究设计上，具体包括明确研究现象或研究问题、进行详尽的文献综述、明确研究目的、推测相关构念、预设理论与假设、明确案例总体及其理论抽样方法、抽取样本以及周密安排案例研究资料搜集与分析过程等相关事宜，以使研究者有的放矢。进而，在研究过程中，不仅要做实每项研究工作，也要如实记录每个研究环节及其研究结果，从而使研究有史可查。人文社会科学领域的研究逐渐引入了自然科学领域的研究方法，注重科学研究的程序性、规范性和严谨性，从而提升了研究的科学性和有效性。因此，与自然科学领域的研究一样，人文社会科学领域的研究也要进行周密的研究设计，做实每项研究工作。

3. 进行"三角研究"。

为了得出具有信度和效度的研究结果，案例研究者应尽量选用多种方法从事研究，应用"三角研究"得出具有"概推性"的研究结果。所谓"三角研究"，就是通过研究者三角形、证据三角形和方法论三角形来研究社会现象和社会问题，并得出可信可靠的研究结果。"三角研究"的作用与以上提出的混合案例研究范式一样，既能弥补应用单一定性倾向案例研究范式在规范性、科学性等方面存在的不足，又能弥补应用单一定量倾向案例研究范式在建构理论方面存在的不足。

首先，从方法论属性与资料搜集范式出发，将案例研究划分为以案例为导向的文献计量范式、文献荟萃范式、实地观察与访谈范式、调查问卷范式及混合研究范式五种，以便为案例研究者从事研究提供多种可供选择的研究范式。其次，不同的案例研究者应根据自身实际情况选择适合自己的研究范式，而不是从理论上分析得到最优的研究范式。本书从案例研究行动者出发，归纳案例研究者从事研究的要点（至关重要的是要匹配案例研究范式与研究者限制性要素），为案例研究者选用适合自身的范式提供有益思路。此外，目前存在的"定性研究—定量研究"二分法是人为划分的，其使得当前人文社会科学领域的研究受到建构理论或研究科学性等方面的责难。本书提出的混合研究范式弥合了单一使用定性或定量倾向研究范式的不足，而内含定性范式、定量范式及混合研究范式的案例研究法很可能成为一种全新的研究方法。

第三节　案例研究论文写作与规范

案例研究论文，是以案例形式描述所要研究的主题和内容，基于理论进行分析，提出解决问题的对策或建议的论文，可以归属于应用性研究论文的范畴。虽然不同专业领域有不同的案例研究论文，对案例的选择、对格式模块的区分要求也各有所异，但本质上都存在一定的共通性，都是对案例表现出的内容进行描述、归纳、总结，或建立相关理论模型，从表象出发进行更深层次的研究分析。

一、案例研究论文构成要素与结构

（一）引言（案例前情/背景）

首先应对研究背景做出必要的交代，并由选题背景引出研究选题的必要性价值和实操可行性。针对现存问题和研究设想，需要提出明确的、有针对性的研究目标。此外，涉及实证等研究途径时，也可以对主要的研究方法与技术路线进行说明。其次是文献综述。文献综述也就是我们在查找、阅读和分析国内外相关领域的代表性文献之后对其进行的联结式整合与评价，具体包括研究问题的提出、研究课题的发展脉络，以及研究的最新进展等内容。

（二）案例主体（案例描述）

此部分可通过案例背景（包括行业背景、企业背景等）、案例具体情况、存在问题（需解决的问题）等几个方面分别展开。为了尽量保持案例数据的真实性，应该用纪实文体的形式来进行撰写，不要随意插入主观想象与看法评论。如果案例中出现或之后案例分析需要用到一些关键性的专业术语，最好提前对这些专业术语的概念进行界定，以免造成概念模糊、论述逻辑混乱等问题。对案例主体要素进行清晰、全面地介绍是呈现客观事实最重要的一部分。与此同时，在引用案例材料或相关言论时，应该提前求得相关机构的许可，并注明资料来源。

（三）案例分析

案例分析部分是论文的重点，可以通过理论介绍（解决上述问题所需相关理论的文献综述，说明本案例分析所采用的理论及方法）、具体案例分析（可根据案例分析需要，自拟题目）、原因/结果总结等几部分展开论述。在具体分析案例要素之前，可以将理论知识与现实情况结合起来进行研究假设，为案例实验或分析提供验证的参考对象，并在比较中发掘现实情况与理论设想之间的差异及原因。针对所选案例，可以从这几个方面进行分析：案例事件发生的内外部原因、案例事件所关联的自变量和因变量及其之间的函数关系、各研究主体的行为特征、变量测量、主要研究结论。只要是以案例为中心、不脱离研究选题的内容，都可以进行拓展性的考察与分析。

（四）建议与实施方案

针对案例中的一些高效措施，可以阐述从中得到的理论性启发。针对案例中出现的一系列问题，应根据案例的实际情况提出切实可行的方针策略和改进建议。在提出建议与实施方案的基础上，也可以进行一个总结，既可以指出建议策略的总体方向，也可以阐述研究的创新与贡献。

（五）结语（论）与前景展望

扎根研究主体，可以适度提出其他学者或自身研究的主客观局限性，这样可以体现出研究的客观性和科学性。此外，如果思维清晰、论据充分，可以对进一步研究方向进行拓展联想，对相关研究领域的发展前景进行展望。

（六）参考文献

此部分需要对引用材料（数据、图表、访谈内容、言论等）的来源进行明确说明，同时还要遵循学术论文中参考文献的统一格式规范。

二、案例研究论文写作要求与技巧

（一）案例研究论文写作要求

第一，注重目的性。案例研究的写作应充分将理论与实践相结合，重点在于解决问题和分析问题。第二，注重客观性。案例研究是针对实际发生的企业问题进行的记录与描述，需要客观、真实地反馈企业现状，不可为了追求写作效果，刻意夸大或者虚构不实信息。第三，注重相关性。所选取的案例研究必须与题目相契合，不可背道而驰，选择不相关的例子进行佐证。

（二）案例研究论文写作技巧

第一，收集案例资料。包括相关的数据、企业介绍、背景资料等。第二，确定案例标题。案例标题需要反映并突出典型情景或者论文主题。第三，介绍案例背景。通常为企业背景介绍。第四，描述案件与经过。这一部分主要是针对当前存在的问题进行阐述，不需要在此处提出解决方案。第五，案例的反思。这一部分是针对上面问题的解决方案。

案例型论文就是以一个或几个案例为线索，分析论文主要的观点。这些案例，可以结合每章的具体要求来分析。具体包括以下步骤：

1. 掌握案例研究论文的基本结构。

（1）绪论部分。绪论应包括论文的研究背景及意义、研究方法（含资料与数据的搜集方法和过程）、研究内容及思路（可包含案例内容结构与安排、技术路线图）等。

（2）案例正文，约占总篇幅的25％。此部分可通过案例背景（或者行业背景、研究对象主体的基本概况等）、案例具体情况、存在问题（需解决的问题）等几个方面分别展开。值得注意的是，其中存在问题（需解决的问题）这一方面为案例的主体内容，撰写可按照时间顺序进行，既分析案例的过去、现在与未来，也可按照所要分析问题的构成要素来撰写。

（3）案例分析部分，此部分为论文的重点，约占总篇幅的40％。此部分可以通过理论介绍（解决上述问题所需相关理论的文献综述，说明本案例分析所采用的理论及方法）、具体案例分析（可根据案例分析需要，自拟题目）、原因/结果总结等几部分展开论述。

（4）解决方案部分，约占总篇幅的30％。此部分根据案例分析部分所分析问题的成因，提出解决方案。

（5）结论与展望部分。这一部分总结全文，并在此基础上根据方案的规律性，提出具有普遍意义的管理实践建议，分析案例并判断其后续发展，给出对未来的展望。

2. 熟悉案例研究论文的写法。

案例研究论文的写法比较简单，一般按照案例研究论文的主要内容和组成部分来写即可，具体包括以下几点：

（1）案例标题。案例的标题应含蓄、客观、具有新意，应注意避免加入作者的主观倾向，也应避免带有不必要的感情色彩。

（2）案例正文。案例正文是案例主体部分的核心，应介绍案例的人物、机构以及事件的经过，可以按照时间顺序或事情发展的逻辑顺序组织案例的主要内容。尽量加入一些数字和图表，以加深读者对案例的理解。案例正文的叙述，要做到全面、周密、客观，避免加入作者的主观分析评价。同时，还要注重情节的真实感和生动性。

案例正文中涉及的机构、人物和统计数据等，可以作适当的技术性处理。例如，隐去机构和人物的真实名称而采用化名，对真实的统计数据作同比放大（或缩小）处理。案例正文中的内容也可根据编写需要进行适当标注。

（3）案例分析。案例分析是对案例正文进行的全面、系统、深入的分析。分析报告的内容必须针对案例正文。案例正文中的重要信息与内容应在分析报告中得到全面体现；案例分析报告中用到的素材都必须是案例正文中所提供的。对案例中某些有价值的问题可作适当的引申与探讨，但所作的引申与探讨必须与正文相关，不能脱离案例正文中的内容。

3. 案例研究论文撰写的注意事项。

论文要采用正确的理论方法对问题进行客观和深入的分析，避免仅基于自身的管理实践经验进行主观评价；描述案例时不要加入自己的想象、观点和评论，要避免空洞或泛泛而谈，不要拼凑字数；论文一定要避免出现如下两个方面的问题：一是理论的堆积。即没有理清如何运用理论解决问题的思路，直接把所选择的理论内容粘贴到论文中，或者把所有相关理论都堆积到论文中。二是分析过于浅显。即虽然理论和工具正确，也形成了一定的思路，但分析不到位，过于浅显，没有真正深入阐明问题的根源和解决的思路。

案例研究与计量研究类似，均属于实证类研究的范畴，其核心目的在于选择和分析案例来验证假说，进而推进理论认识。其中案例既是提出新问题的灵感和刺激，也是验证假说的经验证据。案例研究论文写得不好，常常会让人感觉文中的案例是作为例证出现的，更严重的是整个研究"两张皮"，理论与案例脱节，二者不存在什么关联。案例研究论文写得不好的原因主要有三：一是理论假说没有或者深度不够，无法形成理论拓展；二是案例不够精准，没有做到理论抽样，支撑验证假说和推进认识的实证研究；三是假说与案例之间的匹配性较差，缺乏一个分析框架将假说内容与经验证据对应起来。

三、专业学位论文写作类型及范式

2010 年 9 月，国务院学位委员会第 27 次会议审议通过的《硕士、博士专业学位研究生教育发展总体方案》中规定，专业学位论文，必须强化应用导向，形式可以多种多样。鼓励采用调研报告、规划设计、产品开发、案例分析、项目管理、文学艺术作品等多种形式，重在考察学生综合运用理论、方法和技术解决实际问题的能力。与此同时，全国农业推广硕士专业学位教育指导委员会《关于转发全日制农业推广硕士专业学位各领域培养方案的通知》中关于《农村发展硕士专业学位基本要求（征求意见稿）》也规定，农村发展硕士（专业硕士）学位论文工作时间应不少于半年；论文的具体形式可以是专题研究，可以是调查研究报告或农村发展现实问题诊断报告，也可以是乡村振兴实践探索性案例分析等。基于上述要求，专业硕士学位强调应用导向研究，论文形式暂定为案例分析报告型、企业咨询报告型和调查研究报告型三种基本类型。

专业学位硕士论文选题应来源于管理实践，要求从企业管理的实际需要中发现问题，提倡问题导向型研究。因此，从本质上案例分析报告型、企业咨询报告型和调查研究报告型论文都是问题导向型研究，但各自的侧重点有所不同（见表1-5）。案例分析报告型论文主要是对公司繁荣与失败提供合理解释，运用管理理论寻找最终结果背后存在的逻辑。因此，案例分析报告型论文的问题及成因比较清晰，属于"事后总结"，重在因果分析，核心是逻辑。企业咨询报告型论文则重在对企业面临的实际问题提供可行的解决方案，但问题及成因通常不太清晰；需要运用管理工具进行诊断，分析问题根源，明确决策标准，并由此提出1个以上的问题解决方案。与案例分析报告和企业咨询报告的"个案"特征不同，调查研究报告的研究对象具有"群体"特征。

表1-5　　　　　　　　　三种典型的学术论文案例分析侧重点

案例分析报告型	企业咨询报告型	调查研究报告型
问题、成因较清晰	问题、成因不清晰	兼有
事后总结	事前分析	就实陈述
个案	个案	群体
建议提解决方案	必须提解决方案	建议提解决方案
实地调研	实地调研	实地调研、问卷
绪论（文献综述）、研究设计、案例描述、案例分析、结束语	绪论（文献综述）、研究设计、诊断问题描述与分析、解决方案与实施建议、结束语	绪论（文献综述）、研究设计、调查结果与分析、调查结论与建议、结束语

案例分析报告型是对某一特定的事例，先将其写成案例，再运用规范的理论方法和实践知识对该案例进行系统性分析，从而得出富有启发性结论的论文形式的科研成果。案例分析主要是针对企业，也可以针对某一行业（协会）、某一科研院所、高等学校或政府的某一经济主管部门。

案例素材是专业硕士学生在对案例对象进行实地访谈、调查的基础上提炼获得，而不能仅靠他人提供的文字、音像资料或口头介绍等二手资料经整理、编写而成。在学术型学位论文写作中存在案例研究的论文类型，主要是以理论构建和理论检验等理论创新为主要目标，有严格程序和标准。与案例研究学术型学位论文不同，这里的案例分析报告型论文以解决企业（组织）实际问题或是总结企业实践为目标。

优秀的案例分析报告型论文可二次开发成教学案例。哈佛大学商学院将案例分为问题型、决策型和评估型三类（见表1-6）。案例分析报告型论文较适合开发为问题型教学案例，而企业咨询报告型论文较适合开发为决策型教学案例。

表1-6 　　　　　　　　　哈佛大学商学院三类教学案例的区别

问题型案例	决策型案例	评估型案例
产生重要结果或行为，没有明确解释	存在一个明确的决策	表达某绩效、举措等效果的看法
因果分析	决策过程	评估过程
逻辑	决策标准	评估标准
成功也是问题	有限信息下最优	分析完整、全面
问题界定、诊断、因果分析、概念和框架、举措	选项（备选方案）、决策标准（工具、案例情景）、选项分析、建议、举措	标准、措辞、评估分析、基本结论、限定条件、举措

资料来源：威廉·埃利特.案例学习指南：阅读、分析、讨论案例和撰写案例报告［M］.刘刚，钱成，译.北京：中国人民大学出版社，2009：126-167.

四、案例研究论文写作步骤

（一）写作步骤

案例研究论文写作通常会经历案例对象初访与案例聚焦的确定、背景资料准备与理论工具选择、现场调查与访谈、案例描述和案例分析等主要阶段，具体步骤如下：

第一，确定案例的主题。

第二，识别案例中的一个或多个主体所面临的一个或多个问题。

第三，进行资料收集、查找文献等。

第四，联系案例所在地（村庄、乡镇或县域等）或乡村振兴实施主体（农业经营主体或农户等）。

第五，到案例所在地或者案例主体所在地进行考察、调查、体验生活。

第六，安排几次谈话，同重要的"人物"沟通，从各个侧面了解情况，要准备详细的谈话提纲、问题或问卷数据搜集。

第七，根据所掌握的材料进行论文写作、构思论证和理论逻辑框架构建等。

第八，初稿形成后，请调研的主体或相关方进行阅读，征求意见，同时与自己导师或者学术同行进行讨论交流。

第九，进行案例分析报告修改。

第十，按规范格式印刷、排版。

（二）论文的基本结构及写作建议

1. 绪论。

绪论应包括如下内容。

（1）选题的背景和目的。案例的典型性、代表性和实用性对于评价案例分析报告至关重要，需要重点阐述。

（2）国内外研究现状（即文献综述）。介绍案例分析主题的国内外研究现状及评述，若篇幅比较长，建议单独成章。

（3）研究内容。介绍论文的基本行文结构及拟解决的关键问题，这里需要阐明案例描述和案例分析部分可能因篇幅需要分成若干章。

（4）研究的实践意义和应用价值。

2. 正文。

案例分析报告型论文的正文应至少包括研究设计、案例描述、案例分析和结束语四个主要部分，具体的写作建议如下。

（1）研究设计。研究设计是调查的计划和结构，用于得到研究问题的答案。研究设计一般由三部分内容构成：确定焦点问题、案例分析设计、理论工具介绍。

● 确定焦点问题

识别焦点问题是案例分析报告型论文写作的起点。"问题"一词有多重含义，意思比较模糊，常指某些难以处理和棘手的事情。它是这样一种情境：产生了重要的结果或行为；对于这些结果或行为还没有明确而详细的解释。简言之，"问题"就是产生了某种重要的事情，却原因未明的一种情境。如果案例中的某些举措、过程、行动或力量产生了人们尚未完全理解的效果或结果，就将此类案例归入"问题"情景的范畴。需要说明的是，这种"人们尚未完全理解效果和结果"本质上可以通过理论运用加以合理解释，即在案例分析部分通过逆向推理来完成的。案例分析报告型论文中的焦点问题和成因是比较明确的，而企业咨询报告型论文中问题及成因都不太清晰。企业的表象问题是销售上困难，通过系统性思考诊断工具分析后，深层次的根源问题可能是企业研发员工激励不足。实践中，成功"问题"的素材相对容易收集。

● 案例分析设计

案例分析设计实际上是对论文研究历程的再现。案例分析报告写作会经历案例对象初访与案例聚焦的确定、背景资料准备与理论工具选择、现场调查与访谈、案例描述和案例分析等主要阶段。在"案例分析设计"中，作者应简要叙述这些阶段是如何完成，资料是如何收集和分析，等等。对案例分析历程充分、客观和简洁地展现，是案例分析报告质量的重要保证。

- 理论工具介绍

在理论工具介绍中，作者应概括性地介绍案例分析中将会运用到的一些理论与分析工具，但对于教科书中的一般知识在论文中不宜赘述。此外，理论工具介绍绝不是所有理论工具的罗列，在案例分析中没有用到的理论工具则不需介绍。作者最好还能简要分析理论工具选择的理由。

（2）案例描述。案例描述是案例分析报告的一个主体部分，应讲述一个引人入胜的故事，对案例"人、地、时、事"等基本事实的真实、客观、生动和完整描述。案例描述一般由以下四部分内容构成：案例背景概况、案例构成要件及运作流程、焦点问题及发展脉络、案例描述的写作风格。在改编为教学案例时，还需要增加手段、备选方案、结语或政策启示等。

- 案例背景概况

案例背景概况部分提供焦点问题所处的环境，可能会涉及案例基本概况、运营主体、案例形成的历史背景等。这些背景信息与焦点问题都存在或多或少的联系。由于背景的信息量比较大，合理地详略布局是关键。与焦点问题越远，介绍相对简略，越近则描述详细。远近可以根据焦点问题所处的分析单元来确定。

- 案例构成要件及运作流程

具体关心的领域就是案例主角所在的主要职能部门或组织领域，也可以说就是焦点问题所处分析单元。作者应对该领域做出比较详细的描述，包括职能部门的历史状况、近期变化、与其他部门的关系、主要职责、面临的挑战等。此外，在这里还应对案例主角或其他重要人物的个人背景做恰当的描绘。

- 焦点问题及发展脉络

这是案例描述部分写作的重点，介绍组织面临的焦点问题及其发展脉络。这里应充分展现焦点问题中蕴含的冲突与矛盾。这种冲突可以是实践与理论、传统与创新、常识与理性的冲突，也可以是争议性的矛盾，这样才能写出精彩的案例"故事"。

- 案例描述的写作风格

案例描述最重要的是讲故事（story-telling）或画框图（picture-drawing），主要是对人、事件或情景的概况做出准确的描述。从故事的精彩角度来看，适当地转、承、起是非常必要的。但是，案例正文不仅仅是描述事例，而是作者"有意"地讲故事；换言之，作者将后面案例分析时需要用到的证明理论的证据或决策所需信息非常巧妙地隐藏在其中。在具体内容陈述时，要根据案例具体情况，灵活选择陈述方式。可以是一个完整的大故事，也可以是若干个小故事组合。可以以人物为主线、以事件为主线、以时间为主线等。案例描述最好以第三人称展开写作，只做描述，不做分析；分析和评价统一放到案例分析部分。此外，书写案例分析报告也不同于文学创作，不需要过多的修饰和华丽辞藻的堆砌。

（3）案例分析。案例分析是运用一定的理论框架对案例进行有逻辑的分析和判断，通过逐层剥茧，找到问题背后真正的原因。应依据案例分析设计部分提到的理论工具，围绕事件因果链条，将焦点问题分解成 5~8 个系列问题，将分析逐渐深入下去。案例讨论一般由案例分析思路和具体案例分析过程这两部分构成。案例分析是对案例正文所作的全面、系统、深入的分析。分析报告的内容必须针对案例正文。案例正文中的重要信息与内容应在分析报告中得到全面体现；案例分析报告中用到的素材必须是案例正文中所提供的。对案例中某些有价值的问题可作适当的引申与探讨，但所作的引申与探讨必须与正文相关，不能脱离案例正文中的内容。①

- 案例分析思路

案例分析就是要对"问题"做出基于因果分析的推理，找到最终结果背后存在的某种逻辑。案例分析思路主要介绍对焦点问题及其背后逻辑展开推理的思维过程。呈现焦点问题是如何分解成若干小问题，这些问题又是如何相互关联的，形成一个整体加深对焦点问题的理解。逻辑线、鱼骨图等是展现案例分析思路的非常有用的工具（见图 1-2~图 1-4）。

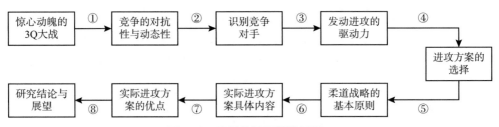

图 1-2 案例分析逻辑线示例一

资料来源：作者根据案例分析思路并结合《毅伟商学院案例写作》（第四版）的内容绘制得出。

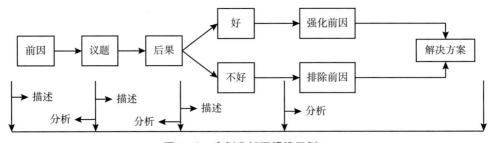

图 1-3 案例分析逻辑线示例二

资料来源：作者根据案例分析思路并结合《毅伟商学院案例写作》（第四版）的内容绘制得出。

---

① 林德斯，林德斯，厄斯金. 毅伟商学院案例写作［M］. 4 版. 赵向阳，黄磊，译. 北京：北京师范大学出版社，2011.

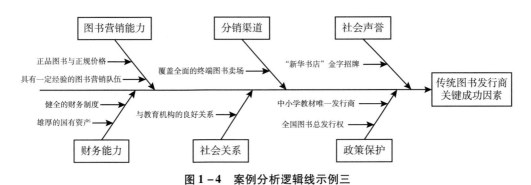

图1－4 案例分析逻辑线示例三

资料来源：作者根据案例分析思路并结合《毅伟商学院案例写作》（第四版）的内容绘制得出。

- 案例分析过程

这是论文的核心部分，"好的分析"胜过"好的故事"。案例分析型报告中导致相应结果的举措或行动已经完成，而结果也是记录在案例中。案例分析就是对焦点问题进行因果分析，是一种逆向推理。因果分析需要借助适当的因果框架（即理论工具）。在案例分析过程中，通常会使用1~2个理论工具，工具并不是越多越好。如何选择恰当的理论工具是案例分析报告写作的难点，这有赖于指导老师与学生的良好互动。学生的优势在于对案例非常熟悉，甚至是自己的亲身经历；而指导老师的优势是对理论工具理解更为透彻。分析过程中应掌握好理论工具与案例素材的良好匹配，使分析令人信服。

- 政策启示

明确焦点问题，找到问题背后的逻辑，自然可以提出相应的政策建议或改进措施。因此，如有需要，建议增加"改进措施或政策建议"的写作。在教学案例开发过程，这通常作为一个开放性问题放在最后，鼓励学生积极参与讨论。

（4）结束语。对上述研究的简要总结，并阐述在理论与实践方面的启示。

第四节 案例研究理论框架构建与写作要领

一直以来，社会科学的实证研究主要借鉴自然科学的科学研究范式，而后不断得到演化，因此目前学界对实证研究有一种相对狭隘的理解，陷入了实证研究就是定量研究的怪圈。面对真实世界的复杂性，如何设定研究对象就成为一个重要的问题。社会科学的研究对象不能通过简单的模型进行假设，"好的研究"需要在方法论使用上进行优化，尤其是农村发展相关领域的研究，要对研究的案例对象进行深入剖析。针对"社会科学究竟应该如何走"的问题，社会科学实证研究的三个出路：一是人类学的研究方向，通过个体的体验以洞察世界的复杂性；二是大数据研究方向，数字经济为乡村振兴发展提供了全新的研究范式；三是伦理学的研究方向，鉴于社会领域的复杂性必须进行伦理的考虑。

案例研究有两种态度——深描或证伪。其中，深描本质上是通过深入特定情境的复杂性接近真相的方法；证伪本质上是暂时性接近真相的办法，接近真相的道路总是迂回曲折的。另外，追寻意义可能是案例研究的目的之一。从意义构建的角度来讲，我们应当承认意义的构建虽然在研究的"观念投入—意义产出"上有其局限性，但不可否认其可能存在一种"自我实现性"，即在有限的意义上发散和延伸出新的价值和效益。

开展中国情境下农村发展的案例研究，提出一个好的研究问题是重点也是难点。面对复杂、独特的中国案例，如何发现一个有趣的话题，并在此基础上提出有新意、有深度的研究问题，与合适的理论进行有效的对话，形成一个"好研究"是研究困惑的主要来源。当前，研究者主要采取两种发问方式：过程性发问，包含较少的信息量，问题答案的开放性较大，缺乏理论关怀；差异性发问，通过构建类型学的思维提问，通常伴随着结构或机制性的因果关系假说和替代假说，容易出现用西方理论解释中国实践的现象。不论运用何种发问方式，把握差异性现象的同时，需要厘清背后的理论故事和因果机制，并对现象进行类型学的建构，从而通过差异性发问实现"从个别到整体逐步接近普遍规律"的研究目标。

一篇中国乡村振兴案例研究论文的写作过程，需要回答四个方面的问题：为何写、写什么、如何写、是什么。要立足个性、共性与时尚性找寻中国问题，既要找寻与西方存在差异的中国问题，又要找寻与公众认知存在差异的特殊问题；要保证研究问题既能引起读者共鸣又能实现理论对话；要紧贴学术热点议题。研究者需要走进田野、给予反馈、开拓视野与打开思路，要把握题目、结构、发现和语言四大要素讲好中国故事，要面向想象力、对话力与共情力凝练中国理论。好的案例研究一定是精彩的故事、有饱满的数据、有冲击力的发现以及累进的一般性知识；讲好中国故事一定要抛掉西方理论迷信，扎根中国田野、捕捉中国场景背后的潜藏规律。

如何从"好故事"升华为"好理论"，具体有四个步骤：提出好的问题、进行案例选择和资料收集、进行高质量案例分析、思考研究的理论价值。研究者在写作中首先要基于已有的理论概念或是案例研究后产生的新概念，对不同情境案例进行分析性归纳。然后从研究是否有突破某一案例的可能、研究是否处于超越案例的概念层次以及案例发现是否适用于新情境三个角度思考其是否具有、具有怎样的理论价值。

一、案例研究理论框架构建

（一）案例研究特殊性与普适性关系

特殊性和普适性对应着案例研究的两种世界观或哲学观，即诠释主义和实证主义。诠释主义强调理解，对应特殊性；实证主义强调主体与客体之间的客观分离，对应普适性。特殊性和普适性主要存在是否可以复制的区别，特殊性一般对应单案例研究，普适性一般对应多案例研究。我们不能否定案例背后揭示的机制具有一定的普适性。个案本身有一定的特殊性，但背后反映的机制在一定条件下具有规律性和普适性。一些学术论文被质疑过于"特殊"，可能不是案例本身的问题，而是因为研究内容中存在大量非农村发展的知识，如果在写作中呈现过多的跨专业内容，容易稀释掉农村发展领域的核心观点，从而被质疑案例过于特殊。事实上，普适性与特殊性的张力始终存在，也是案例分析的两个极端，我们只能尽力在其中定位好自己的研究，但很难证明有一个完美的点恰好平衡二者之间的关系。

（二）案例研究能否产生理论输出，进而与原有理论对话？

通常而言，只有好的案例研究才能产生理论输出，好的案例研究最终一定要产生理论输出和理论贡献。对于研究者来说，好的案例研究需要研究者秉持客观态度，研究设计要有科学性；对于研究对象来说，好的案例选择要存在公共性与价值性的关怀；对于读者而言，好的研究需要带给读者启发性。那么，好的案例如何进行理论输出？在宏观层面，需要提出研究框架与理论范式；在中观层面，需要对机制进行新的解读与构建理论模型；在微观层面，需要对议题进行多元维度的分析以推动现有理论。同时，需要反思案例研究在产生理论输出的过程中，是否真的立足中国本土情景？在理论构建过程中是否有创新性的提炼？这也是案例研究真正的魅力所在。

（三）怎样理解西方理论的标杆作用？

一些西方理论的发展早于中国，但与中国场景结合过程中也往往存在场景差异、制度体系差异和价值导向差异。因此，对待西方理论应保持不盲目崇拜、不过分排斥、不忘初心的态度。借鉴西方理论时，不应过分关注中西方之间的差异，而要关注其反映出来的共性问题，探讨一般性框架下运行的普适规律和特殊差异。研究学习西方理论是必不可少的，但西方理论并不是研究的标杆，研究中国实践并提供差异化的理论解释，是对现有理论的不断完善与补充，这一过程中，西方理论发挥着参照物的作用。

（四）是不是中国案例、中国故事就是中国方案？　就能构建中国理论？

案例研究必须兼顾普适性和特殊性，既不能研究不具有代表性的独特案例，又不能选择仅具有普适性而缺乏可研究性的案例。只有满足以上两点，才能真正地成为一个案例研究，才可以真正反映中国故事，进而成为"中国案例"。而真正地解决了中国问题，设计与推进了政策发展，才能成为"中国方案"。通过跨学科的视角对中国案例进行分析，产生多学科间的理论对话，进而从抽象化的、零散的、碎片化的信息中获得一定的收获。关于"如何构建中国理论"这一问题，不仅要具有中国特色更要具有全球意义，中国理论应该是多层次的、可供采纳的、具有解释力并可输出的理论。

二、如何科学有趣地撰写案例研究论文

（一）案例研究为什么写得无趣？ 可读性不强？

可以从以下几个方面提升案例研究的趣味性和可读性。一是故事说。案例的起源可能是"故事"，因此模仿"讲故事"的架构或许可以丰富论文写作的趣味性。同时，写作就如同讲故事一样要善于制造反差性与预期之外的事情。二是文学说。学术论文同样要优美、具有可读性。但一篇学术论文如果能够顺利地帮助读者将关键点总结出来就已经完成了最基本的任务，学术研究场域的语言风格不宜过于文学化。三是内容说。案例研究有趣的基本条件是案例本身内容的趣味性。研究者应该关注研究中的"异常值"，以获得更为有趣的选题，案例内容的丰富性可以支撑写作的严谨性。四是人性说。有趣是一种人的属性特征，如果人是有趣的，那么写出的文章也会具有趣味性。同时，无趣的案例并不是糟糕的案例，有趣的案例有可能是一个更好的案例，但我们不能把"有趣"作为学术写作的终极追求。

（二）案例研究作为一种实证研究，它与定量研究、规范研究有何关系？

规范研究既不是观点研究，也不是文字游戏，而拥有一套属于自身的写作逻辑，主要表现为段落之间、章节之间都存在逻辑的勾连。近年来，处于研究热点的大数据并不只是一个分析工具，其重要价值体现在从基于数据的因果推断，向基于全数据的全样本概括和提炼的转变。案例研究同样包含了定量研究，案例研究中涵盖了很多的情节和细节，对案例研究不断深挖，能发掘出具有理论意义的、好的量化的研究假设。案例研究是理解世界复杂性的方法，可以借助定量研究，通过大样本的统计检验，实现复杂性的知识向普适性知识的转变。因此，定量研究和定性研究之间是一种互补的关系。

（三）如何解决理论与案例"两张皮"的问题？

针对理论和案例"两张皮"的问题，一是需要搞清楚"两张皮"是什么、为何出现、如何改善等问题。理论和案例"两张皮"主要表现为理论难以指导实证研究或不足以解释现实，以及案例研究的写作未能有效与理论对话或不能发展理论、不能通过经验事实来建构或更新理论话语，其原因是社会现实的复杂性、研究规范的科学性要求和研究者能力的客观限制等。要解决理论与案例"两张皮"的问题，需要明

确研究问题，应用与问题契合的研究方法和理论。二是在研究设计中，建构逻辑清晰的分析指标体系，将研究的核心概念、理论框架与实证分析勾连起来。三是应当重视深入场域，获得翔实的实证资料。四是应重视理论和经验的磨合，通过思考研究的理论意义来审视研究问题、文献综述和研究设计的适当性，从而进一步完善观察和梳理经验事实的指标，实现案例与理论的相互融合，基于案例发展理论。五是要重视中国话语的建构，写好中国故事，抓住中国案例的特殊现象、典型现象和中国问题的解决方案，从移植西方理论解释中国案例，转变为以西方理论为"靶子"发展基于中国实践的理论体系，从而实现理论与实证的联结。

（四）我们的案例研究是否缺少理论的想象力？

这个大问题通常囊括了两个子问题：一是对于案例研究的理论本身来说，如何通过融合理论和实践提升案例研究的理论；二是我们应用的理论是否具有想象力的理论。一般而言，无论定量研究还是定性研究，是实证研究就应当具有理论的想象力，不存在孰优孰劣。案例研究是从讲故事到讲道理，再上升为理论的过程，理论的想象力空间发生在第二步到第三步之间。事实上，由于缺乏对研究对象、历史、现实甚至是社会的理解，当我们将片面的思考与西方理论相结合去阐释中国当下的现象时，就容易落入缺乏想象力的圈套。然而，在现实当中，案例是具有生命力的，在案例研究中最重要的想象力实际上是价值关联的能力。根据以往的经验积累是想象力的源头，要具有理论的想象力，首先，应当读万卷书，行万里路，积累足够的直接经验和间接经验。其次，应该在知识融合之处、学科的边缘之处去追寻和激活我们的想象力，根据研究需要从政治学、管理学、法学、经济学、社会学甚至是行为科学等领域去获取灵感和养分。

三、中国乡村振兴案例分析助推本土化理论构建的思考

运用案例研究建构中国本土的乡村振兴理论，其要义至少有五方面：一是更好的故事与更好的理论构念相结合；二是抛开理论禁锢并与文献对话，既直面现实又回应历史；三是科学的设计与规范的研究过程，使工具价值与理念价值并存；四是翔实的数据与扎实的证据链条，客观真实且严谨有力；五是夯实案例内在分析与发展跨案例研究，向内深描与向外发散。[①]

基于因果机制的推论、探索性研究的推论、"意义"的推论以及贝叶斯推论四个经典推论的再分析，结合案例研究的比较优势，实验与定量研究把"探索"世界多样性的任务留给了案例研究，案例研究把"验证"世界规律性的期待留给了实验与

[①] 黄欣卓，李大宇.中国场景公共管理案例研究的方法论与写作实践："如何构建中国场景的案例研究"青年研讨会会议综述［J］.公共管理学报，2022，19（1）：159-163.

定量研究。

"写得好"的案例标准或许是追求真相，但当真相存在质疑时，应该从现象的普适性特征和特殊性特征出发，达成理解与价值的共鸣。虽然研究案例在现象层面存在差别，但是案例研究的意义最终是殊途同归的。这就是案例"写得好"的终极标准。

当前案例泛在的现象和案例研究的需求之间是不对等的，我们可能处于一种"案例焦虑"中。案例具有助力人才培养、回应科学研究、致力社会服务、促进文化传承创新等功能，前两种功能更适合高校与科研院所，后两种功能则对于媒体、社会组织和智库而言更具针对性，功能的错配可能带来"两张皮"问题等各种各样的风险。案例视角是多层次的，应当根据学科领域和研究问题进行界定。要使案例研究有效，需要回到服务学术贡献的根本宗旨，使案例研究具有学科贡献、方法贡献、中国化贡献以及学术传承贡献。

案例研究可以从两方面入手进行深描，一是描"特殊性"，在特殊的经历中了解事物的本性，从特殊和多样走向本质；二是描"细节"，见微知著、以小见大，把握能够引起共鸣、冲击的细节以推动研究走向普遍。只有在中国情境下研究中国问题，才能讲好中国故事，并对外进行推广宣传。中国乡村振兴案例分析的研究者们应当从"是什么"做起、积累细节，在足够的本土认识和共识中实现文献的自我对话。

中国乡村振兴案例分析需要遵循两大潜在主线（即科学化和本土化）之间的张力。科学化的取向在于挖掘普遍规律，揭示普适性的因果关系，主要通过大样本的定量研究来实现；本土化的取向在于摆脱西方的理论束缚，总结和提炼中国特色实践，主要通过小样本的质性研究来完成。在当今这一时代背景下，如何应对张力已然非常迫切。从文化视角出发，解读乡村振兴案例有其必要性，一是避免极端科学主义对案例特殊性关注不足所造成的案例误读；二是避免纯粹人文主义对案例特殊性过于强调所造成的理论意义不够。案例研究追求的是价值上的普适性，即一个研究是否被国际接受不仅仅在于所谓的"科学化"，而在于这一研究是否可以关联到事关当下人类普遍存在状况的价值理念。

案例研究方法论的讨论得以沉淀于案例研究写作实践。在百年未有之大变局的历史背景下，中国乡村振兴案例分析亟须跨越三个研究障碍，即被简陋工具论"奴役"的现状，研究的方法论、认识论的训练严重不足，研究普遍缺乏"学术想象力"。要吸取传统经济学、管理学、社会学等相关理论的思想以及科学理论方法，重建中国乡村振兴案例分析的治理范式；充分利用中国特色社会主义乡村振兴实践进行学理探索，积极向国际社会讲好中国乡村振兴故事，寻求理论突破和提升理论总结能力，并在中国特色社会主义法治理论框架下讲好国别化的乡村振兴理论。

本 章 小 结

　　本章重点介绍了案例分析的基本概念、内涵、类型、写作流程和步骤及其主要范式，并对不同类型的案例分析优劣作了比较，指出案例写作中需要注意的重点和难点。此外，重点对中国场景下的乡村振兴案例论文撰写的技巧和写作基本理论构建、如何讲好中国故事进行了探讨，为乡村振兴案例分析提供了方法论支撑。

思 考 题

1. 案例研究的基本内涵是什么？
2. 案例研究包括哪些类型？不同类型的案例研究各有哪些优劣势？
3. 中国乡村振兴案例研究的基本步骤和流程是什么？
4. 中国乡村振兴案例研究需要把握的重点和要点是什么？
5. 我国乡村振兴案例如何有效地讲好中国故事，理论构建的重点和难点有哪些？

第二部分

国　内　篇

第二章　乡村产业振兴案例与分析

【学习目标】

通过本章的学习，应达到以下目标和要求：

1. 了解乡村产业振兴的理论基础。

2. 理解新时代乡村产业振兴的内涵与意义。

3. 了解并学习典型的乡村产业振兴做法。

4. 了解乡村产业振兴的政策、模式、路径等知识。

【本章导读】

本章主要学习乡村产业振兴典型案例概况及分析。第一节重点介绍新时代乡村产业振兴的基本内涵、主要内容、理论基础和发展困境；第二节重点介绍湖南省宁乡市、江苏省泗洪县和眉山市东坡区三个案例地区的乡村产业振兴基本情况和主要做法；第三节重点内容为乡村产业振兴模式创新与经验做法，不同乡村产业振兴模式对比分析，以及乡村产业振兴发展的政策启示。

第一节　乡村产业振兴概述

一、乡村产业振兴的基本内涵

乡村产业振兴是指在政府和社会力量的共同推动下，利用乡村地区的资源、人才和市场优势，通过产业结构调整、产业转型升级、技术创新等多种手段，促进农村经济的繁荣，加强乡村产业的发展，提高农民的收入水平和就业机会，增强乡村的竞争力，实现乡村振兴的目标。乡村产业振兴的重点包括发展新兴产业、优化传统产业结构、推动农业现代化、促进农村土地流转和农民专业合作社建设、发展乡村旅游、加强农村基础设施建设等，全方位综合推进乡村振兴。乡村产业振兴对于全面实现农业农村现代化意义重大。第一，有助于实现乡村振兴战略目标。乡村产业振兴是实现乡村振兴战略的基石，通过提高乡村产业发展水平，进一步提高农民收入和生活质量，加速城乡的融合发展，最终实现乡村振兴的目标。第二，推动农业现代化。乡村产业振兴可以促进农业现代化，通过加强农业科技创新和推广现代农业技术，提高农业生产效率和产品质量，推动农业现代化进程。第三，促进乡村经济发展。乡村产业振兴可以促进乡村经济发展，通过发展新兴产业和推动产业结构升级，从本质上提高乡村产业的经济效益和竞争力，推动乡村经济的可持续发展。第四，带动就业增收。乡村产业振兴可以带动就业增收，通过扶持乡村企业、农民专业合作社等形式，创造就业机会，提高农民收入和生活质量。第五，优化资源配置。乡村产业振兴可以优化资源配置，通过推动农村土地流转和农民专业合作社建设，提高土地利用效率，促进农村资源的合理配置。第六，促进乡村文化发展。通过发展乡村旅游和文化产业，保护和传承乡村文化，提高乡村居民的文化素质和幸福感。

二、乡村产业振兴的主要内容

推动乡村产业振兴，就是要构建现代农业生产体系、经营体系和产业体系，实现农村一二三产业深度融合发展，进一步提高国家粮食安全保障水平，牢牢把握国家粮食安全主动权；以农业供给侧结构性改革为主线，推动农业从增产导向转向提质导向，增强我国农业创新力和竞争力，为建设现代化经济体系奠定坚实基础，为农民增收拓展空间。

推动乡村产业振兴，必须构建新型农业生产体系，紧紧围绕发展现代农业，夯实农业生产能力基础，实施农业综合生产能力提升重大工程，确保国家粮食安全和主要农产品有效供给；加快农业转型升级，优化农业生产力布局，推进农业结构调整，壮大特色优势产业，保障农产品质量安全，实施质量兴农重大工程，培育提升农业品牌，更好地应对农产品进口冲击和国际农产品市场剧烈波动的不利影响，更好地满足居民食物消费升级需要。

推动乡村产业振兴，必须构建新型农业产业体系，紧紧围绕乡村一二三产业融合发展，促进农业内部融合、延伸农业产业链、拓展农业多种功能，发展乡村新产业新业态，壮大乡村产业，扩大农民持续较快增收渠道。

推动乡村产业振兴，必须构建新型农业经营体系，既要培育新型农业经营主体，又不能忽视以亿计的小农户，发展家庭经营、集体经营、合作经营和企业经营。新型农业经营主体带动小农户发展现代农业，主要是向小农户提供农机作业等社会化服务，解决农业生产面临的劳动力不足、要素缺乏和利用效率不高等难题。更为重要的是，让小农户分享现代农业发展增值收益。这就要求加快健全紧密型的利益联结机制，使小农户通过土地流转、要素入股、劳动力就业、产销对接等形式参与新型农业经营主体发展乡村产业，多途径高质量持续保障广大农民收入增长。

三、乡村产业振兴的理论基础

（一）乡村产业融合理论

乡村产业融合理论旨在研究乡村产业融合的途径、方式和效果，促进农村经济的发展和农民的增收。该理论认为，乡村产业的发展需要采取多元化的发展模式，避免单一农产品的生产模式，通过整合农业、畜牧业、渔业、林业等多种产业资源，实现产业互补、协同发展。在这种模式下，乡村产业之间可以形成产业链和产业集群，企业之间可以实现资源共享，优化生产结构，提高生产效率，从而实现乡村产业的可持续发展。

（二）多功能农业理论

多功能农业理论主要研究农业在社会、经济、生态、文化等多方面的功能。与传统意义上的农业不同，多功能农业理论认为，农业不仅是生产农产品的经济活动，还具有社会、文化和生态等多种功能，这些功能相互关联和支撑，构成了农业的多功能性。在这种模式下，政府、企业和农民发挥各自的作用，共同努力，实现农业的多元化和可持续发展。具体而言，政府需要制定相应的政策和法规，为农业的多功能性提供保障和支持。企业需要积极开展农业生产和经营，实现农业的多元化和可持续发展。农民需要提高生产技能和管理能力，积极参与农业生产和经营，实现农业的现代化和多功能化。多功能农业理论为农业的发展提供了理论基础和指导思想，为政策制定和实践提供了参考和借鉴。

（三）农业产业化理论

农业产业化理论最早是由美国哈佛大学的约翰·戴维斯和罗伊·戈尔德伯格提出，强调在农业生产的前、中、后期生产者与其他部门之间的联系，各部门形成一个整体，通过市场作用实现共同发展。我国农业产业化最早于1992年在山东省潍坊市提出，当时农民分散经营，农产品质量参差不齐，难以进入大市场进行大规模交易。[①] 与其他行业相比，农民收入较低，种地积极性不高，农产品市场供需不平衡，严重阻碍了农业的发展。在这种情况下，潍坊市提出农业必须走产业化发展道路，将农民组织起来，与市场形成产业化、规模化的生产经营体系。该理论的核心是通过因地制宜，明确主导产业，合理布局，划分各行业生产区域，龙头企业整合农产品，规范生产方式，统一销售路径，通过规模化生产，形成规模优势，降低生产成本，提高

---

① 潍坊新闻网.农业产业化在全国推广［N/OL］.潍坊晚报，（2022-01-27）［2024-07-10］.http://www.wfnews.com.cn/content/2022-01/27/content_2540797.htm.

生产效益。

（四）资源互补理论

资源互补理论由美国学者约翰·梅尔提出，认为农业从传统农业发展到现代农业要经历三个阶段：一是技术停滞阶段，农业依靠传统生产要素投入；二是劳动密集、技术进步阶段，生产方式逐渐改变，效率逐步提高；三是密集型资本技术阶段，随着科技的进步，农业生产中人力劳动投入减少，农业成为资本投资的一个重要领域。农业的发展需要资源投入，传统资源主要是看得见的资源，是对农业的直接投入，包括劳动力、土地、原料等；新型资源主要是看不见的资源，是对农业的间接投入，包括技术、教育、合作、体制、管理等。这些资源需按一定比例投入才能提高生产效率，有效推动农业发展，如果仅重视一种资源的投入，边际效用会很小，对农业发展的作用微乎其微。[①]

四、我国乡村产业振兴发展困境

（一）乡村产业人才短缺

目前，我国广大农村地区年轻人外流、农村人才流失严重，成为制约乡村产业振兴的重大难题。在一些偏远农村，农业产业日渐式微、农村人口"空心化""老龄化"现象严重。即便是在一些相对富裕地区，乡村与城市在享受公共服务和文化生活上也存在不小差距，难以吸引和留住优秀人才，很大程度上制约了乡村产业振兴。主要表现为：一是乡村人才数量不足。各类人才占农村常住人口的比例较低，其中绝大部分只参加过短期的技术培训，没有接受过中专以上的系统教育，农村实用人才队伍中绝大部分没有获得专业技术职务评定，现有人才队伍规模和素质难以带动乡村全面振兴。二是乡村人才流失严重，入不敷出。由于农业农村吸引力不强，公共服务缺乏，创业创新环境差，资金、风险保障、技术服务等配套支撑不足，使得农村外出务工人员持续增加，大量农村人口流入城镇工商业，引进的人才往往留不住，造成了农业技术人员的短缺。

（二）产业选择缺乏特色及规划

特色产业是在特定的生产条件下赋予农业独特的价值，而在其他地区无法复制的产业。特色农业产业的发展往往需要与当地的地理环境和地方特点相融合。在乡村产业振兴实施后，许多农村寻找自身特点发展"人无我有"的特色产业，效益显著，社会反响较好。但也有部分农村在吸取了成功经验后，不考虑本地特色，盲目模仿，

[①] 约翰·梅尔. 农业经济发展学［M］. 何宝玉，王华，等译. 北京：农村读物出版社，1998.

农民缺乏相关的知识和观念，当地政府也没有对乡村产业发展进行全面规划，导致乡村产业的发展未能达到应有的效果。

（三）乡村产业发展融资困难

长期以来，乡村产业振兴受制于金融的赋能不足以及"金融贫困恶性循环"陷阱的约束，使得乡村产业发展融资困境一直存在。一是当前乡村产业发展所需的金融支持与目前在农村流通的金融产品不匹配。随着我国经济的快速发展，出现越来越多的金融机构与不同的金融产品，但由于农村地区经济的不发达，实际出现在农村街头的金融机构仅存在银行与少数的保险公司，且银行仅以提供日常存取款服务为主，而农业保险的整体发展水平偏低，围绕乡村产业发展创新的金融产品不足。二是由于我国目前的农村经济发展水平较低，加之缺乏有效的经营管理，许多外来企业并不愿意向其投资，甚至避而远之。三是政府的资金主要用于城镇的发展，造成了农村地区的基础设施和产业发展资金不足。

（四）农村基础设施建设相对滞后

农村地区基础设施不健全也阻碍了乡村产业的振兴。一是农村网络基础设施建设相对滞后。部分偏远地区的网络因其特殊的地理位置，无法实现网络的全面覆盖。二是农村地区的道路交通不便，影响产品的运输销售，农村物流成本较高。三是农村的整体人居及生态环境较为脆弱，农村生活污水和生活垃圾排放未能有效处理，整体人居环境仍待进一步提高。

（五）乡村产业特色不明显，难以形成产业发展优势

目前，在我国乡村地区，乡村产业同质化现象还较为严重、产业特色不鲜明等问题仍然突出。在加快发展乡村特色产业的过程中，一些地区不结合实际，不重视调查研究，盲目选择特色产业并大量投入资金、人力、物力和政策倾斜，从而无法在市场经济中占据优势，甚至造成资源的不合理分配和使用。乡村产业发展优势不突出的另一个表现便是乡村产业特而不强，须进一步扩展、延伸产业链条。乡村特色产业在做好"土特产"文章的同时，也应加快构建特点鲜明、融合发展的现代乡村产业体系。总体而言，我国乡村特色产业仍处于分散发展的状态，其经营主体大多缺乏产业经济思维，并未将乡村特色资源转变为市场优势，产业链短，产业规模小，难以通过市场化方式进一步发展壮大特色产业，做到"人有我优"，实现特色产业的蓬勃发展。

（六）乡村产业融合存在要素约束

目前，我国乡村一二三产业融合发展尚处于初级阶段，仍然存在产业结构单一、利益联结较为松散、产业融合存在要素约束等问题。一是产业结构有待优化。一方

面，大部分地区在空间规划中"重城市、轻村镇"的思想，在一定程度上减少了乡村产业获取优质资源的机会，还导致出现区域产业发展不平衡的现象；另一方面，农村种植业、养殖业虽然规模大，但缺乏规模化、产业化、现代化经营理念。二是利益联结机制不健全，融合发展支撑不足。乡村一二三产业融合发展的经营主体大部分采取以订单农业为主的利益联结机制，股份制、股份合作制等较为紧密的联结机制尚在探索阶段，农民与企业间权益共享、风险共担的良性互动关系尚未完全建立，这就导致部分主体在追求自身利益最大化时，不履行合同契约，从而产生争议纠纷。除此之外，农民在产业链中处于弱势地位，如何保证其利益不被边缘化也是个问题。三是产业融合发展中要素保障不够到位。产业发展离不开土地、资金、人才及能源要素的大量投入，但在推进乡村一二三产业融合发展的实践中，土地的不合理规划、资金紧缺、劳动力外流等因素都导致产业发展后劲不足，缺乏可持续发展能力。

第二节　乡村产业振兴案例概况

一、湖南省宁乡市产业振兴案例概况

（一）案例背景①

湖南省宁乡市地处湖南东偏北的洞庭湖南缘地区，位于长沙市西部，市域面积2 906平方千米，是全国闻名的"鱼米之乡""生猪之乡"和"茶业之乡"，其下辖4个街道、21个镇、4个乡，共有278个村（社区），常住人口126万余人，有长株潭城际铁路、石长铁路经过，与高速公路、国道、机场共同构成了宁乡市城市交通网。宁乡撤县设市之前，是湖南省的农业大县和中国重要的经济强县。宁乡市属中亚热带向北亚热带过渡的大陆性季风湿润气候，四季分明，寒冷期短，炎热期长，境内有沩水、乌江、楚江、靳江四条主要河流，拥有丰富的动植物资源，独特的地理位置造就了宁乡独特的自然风貌和浓厚的历史文化气息。截至2022年12月，已建成13个国家级环境优

---

① 今日宁乡．湖南宁乡：蹚出三产融合新路子　乡村振兴启新程［EB/OL］.（2022－07－13）［2024－05－10］. http://www.nxcity.gov.cn/szf/zfdt/nxyw436/202207/t20220713_10674963.html；宁乡市人民政府网．湖南宁乡：巩固脱贫攻坚"好成果"跑好乡村振兴"接力赛"［EB/OL］.（2024－01－19）［2024－05－10］. https://news.changsha.cn/zt2021/html/114037/20240119/7135.html；修国华，品．湖南省宁乡市产业振兴助推乡村振兴［N/OL］.经济参考报，（2021－06－07）［2024－05－10］. http://www.jjckb.cn/2021－06/07/c_139993769.htm；刘建华．宁乡：积极探索乡村振兴新路径［J］.小康，2020（36）：73－75；郑建军，唐全华，周璐．宁乡市休闲农业产业发展路径探析［J］.湖南农业科学，2019，408（9）：88－90，95；李华林．宁乡：一二三产业融合探出条条大路［J］.发明与创新（大科技），2017（6）：18－19；宁乡市现代农业产业园［J］.湖南农业，2018（12）：5.

美乡镇和 5 个国家级生态村，当地的围鼓子戏、观音殿额戏、故事会和宁乡花鼓戏每年吸引众多游客前往参观。此外，宁乡土花猪、沩山毛尖等特产为宁乡打造了一张独特的名片。2021 年宁乡市入选"2021 年度全国综合实力百强县市"，2022 年获得"2022 年中国最具幸福感城市"荣誉称号，全市拥有"三品一标"认证产品 108 个，获评"中国全面小康十大示范县市"。2018 年，宁乡市政府提出要大力发展优质水稻、花猪和烟叶三大主导产业，推出农旅融合的产业振兴模式，多措并举助力实现乡村振兴战略的实施。

（二）主要做法

1. 利用特色自然资源，大力发展绿色休闲农业。

宁乡市独特的气候和优越的地理位置为发展旅游休闲农业提供了先天条件。自 2010 年起，宁乡沩山、关山、灰汤温泉等旅游景点逐渐走进大众眼中。随着旅游环境的逐步优化，宁乡的旅游产业也吸引了大量投资。以关山方圆山庄为首的星级、省级乃至国家级休闲农业模式得到蓬勃发展。四通八达的交通网络将灰汤温泉、刘少奇故居、沩山密印禅寺、宋城炭河古城等旅游景点连接起来。当地政府迎合游客的需求和喜好，陆续举办各种特色文化节和旅游节，给游客留下良好且独特的旅游体验。宁乡不拘泥于单一的农业产业模式，近年来兴起农家土菜馆、农家乐、生态休闲农场和垂钓中心，提升顾客的参与度和体验感。宁乡市的休闲农业正在逐步改变以往单一化、分散化的模式，开始走向集约化、规模化、现代化和共享化的道路。通过寻找各个景点的契合点，将宁乡市的旅游产业融合为一个整体，打造知名度，提升游客的忠诚度，创造更多的回头客，逐步提升绿色休闲农业的收益，为当地的农业产业振兴打下基础。①

2. 农业不再孤军奋战，探索产业融合的新路径。②

宁乡市探索出"水稻 + 生态"的种植模式，部分村落将耕地划分成不同的生产片区，租赁给新型职业农民进行耕种，将各类水产鱼类与水稻混合种养，建立特色农业产业基地。将花猪养殖与沼气池、污水处理池和蔬菜林地联系起来，构建内部循环系统，最大限度降低成本，减少对环境的污染。除此以外，宁乡积极探索延长农业产业链，将工业理念与农业理念融合，通过加工平台联系下游企业，通过种子售卖平台联系上游企业，再加上生态旅游农业的作用，有效打通了一二三产业融合贯通的新路径，有力的政策支持、逐渐发展壮大的产业集聚以及宁乡特有的优势资源吸引了众多知名企业到宁乡投资建厂。近年来，宁乡市为打通市场与销售渠道，让更多人了解到宁乡优质农产品、体验宁乡特色文化和旅游景点，当地居民利用电商平台进行广泛宣传，让更多人了解到宁乡，前往宁乡亲身体验，将第三产业理念更加直观地应用到宁乡

---

① 郑建军，唐全华，周璐．宁乡市休闲农业产业发展路径探析［J］．湖南农业科学，2019，408（9）：88 - 90，95.

② 经济日报．宁乡：把力气花在"做平台"上［EB/OL］．(2017 - 04 - 07)［2023 - 07 - 31］．http：// www. ce. cn/xwzx/gnsz/gdxw/201704/17/t20170417_22004328. shtml.

的产业振兴发展之中。为解决物流配送"最后一公里"问题，宁乡市建设了长沙大河西农产品物流中心，是目前湖南省规模最大的农产品一级批发市场，内部有淘宝、京东等大型线上销售体验平台，该中心为湖南省各个贫困县提供门面以销售农产品，将销售端和生产端直接联系起来，让各县市优质农产品有机会走出当地，实现"湘品出湘"。[①]

3. 建立国家现代农业产业园，助力实现宁乡乡村产业振兴。

宁乡市现有 1 个国家级农业科技园，该产业园立足于本地花猪和优质水稻，将"宁乡花猪"打造成知名农产品品牌，并以此为切入点，向上向下延长花猪生产产业链，采取"猪—沼—粮"三方循环的发展模式，利用先进的科学技术、鲜明的产业特色、安全绿色的生产方式，辐射带动整个宁乡农业的发展，并在产业园内部逐步推进乡村一二三产业的融合高质量发展，适度推广规模经营，优化宁乡市农业种植结构，将种植业和养殖业进行有机结合，吸引社会资本促进产销游的共同发展，用集约经济、环境友好、安全绿色的发展方式助推宁乡市产业发展迈上新的台阶，实现永久可持续发展。[②]

4. 基层党组织发挥模范带头作用，成为乡村振兴的中坚力量。[③]

宁乡市陈家桥村在践行乡村振兴战略的过程中，十分重视加强农村基层党组织建设，村书记、主任作为"带头人"，和村委领导班子一同狠抓党员队伍建设，努力改变村民陈旧的思想观念，摒弃陈旧思想、老化知识，让村民了解到乡村产业振兴需要每位村民的共同努力，把能够增强领导班子凝聚力、战斗力的村民聚集到一起，每月学习新时代农村改革、现代农村建设、实用技术等知识，挖掘和培养更多懂农业、爱农村、有知识的时代青年，并逐步将他们培养成领导班子的后备人才，为村子各项工作顺利有效开展奠定坚实的基础。

二、江苏省泗洪县乡村产业振兴案例概况

（一）案例背景[④]

江苏省泗洪县位于该省西北部，毗邻洪泽湖，与安徽接壤，处于长三角经济区和

---

① 李华林. 宁乡：一二三产业融合探出条条大路 [J]. 发明与创新（大科技），2017（6）：18–19.

② 宁乡市现代农业产业园 [J]. 湖南农业，2018（12）：5.

③ 刘建华. 宁乡：积极探索乡村振兴新路径 [J]. 小康，2020（36）：73–75.

④ 江苏省农业农村厅. 书写新时代乡村振兴的泗洪画卷 [EB/OL].（2021–05–27）[2024–05–10]. https：//nynct. jiangsu. gov. cn/art/2021/5/27/art_13276_9828646. html；彭雷，王永. 特色农业托起泗洪产业转型新高地 [J]. 群众，2020（22）：40–42；荔枝网新闻. 宿迁泗洪：乡土人才为乡村振兴添活力 [EB/OL].（2023–07–12）[2024–05–10]. https：//news. jstv. com/a/20230712/1689126839964. shtml；许建，吕伟. 江苏宿迁：乡土人才联村强农 [N]. 中国劳动保障报，2021–07–23（04）；中国江苏网. 聚焦"强农""靓村""富民"泗洪"三篇文章"，写就乡村振兴答卷 [EB/OL].（2020–12–11）[2024–05–10]. https：//jsnews. jschina. com. cn/hxms/202012/t20201211_2687121. shtml；中国共产党新闻网. 江苏泗洪县："五赛五比"扎实推动抓党建促乡村振兴 [EB/OL].（2022–07–28）[2024–05–10]. http：//dangjian. people. com. cn/n1/2022/0728/c441888–32488078. html.

江苏沿海经济带的辐射区域。目前，泗洪县隶属于江苏省宿迁市的一个下辖县，总面积为2 731平方千米。截至2023年底，泗洪县辖3个街道、12个镇和4个乡。该县的户籍总人口为108.71万人，常住人口达到86.09万人。泗洪县地理位置优越，交通便利，自然资源丰富，尤其是洪泽湖的存在为当地农业、渔业和旅游业提供了巨大的发展机遇。

改革开放后，江苏省在经济发展方面取得了显著进步，不断培育并形成了一系列独具特色的优秀产业群。在这些产业中，泗洪县独具特色的农业产业脱颖而出，成为全省扶贫开发的重点地区。泗洪县特色农业产业的发展不仅为当地带来了经济增长，更为脱贫攻坚提供了新的成功路径。在过去的许多年里，泗洪县一直被看作是经济滞后的"洼地"，工业总量少、规模小，传统农业发展相对落后，农作物产量低、效益不高，这给农民带来了较大的挑战。截至2023年，泗洪县村集体经济收入低于50万元的村占比达30%。尽管在追求乡村振兴目标的过程中取得了一些进展，但仍存在相当大的差距。然而，作为一个具备良好资源禀赋的农业大县，泗洪县积极迎接乡村振兴的引领，以农民增收为重要目标，着重发展生态友好、高效经营、独具特色、现代化的农业。通过加大农业结构调整力度，不断提升农业产业的质量和效益，实现了后发快进和"洼地"崛起的特色农业转型发展。泗洪县的农业发展成果为乡村振兴战略注入了新的活力，也为当地农民增加了收入，促进了可持续农业发展。

（二）主要做法

1. 全面推进特色农业，打造高品质农产品强区。

泗洪县始终坚持以科学合理的规划来全面推进全县的特色农业发展，制定完善的农业发展规划及定位，明确农业综合生产能力的提升和乡村振兴的目的。泗洪县一贯秉持"生态友好、高效经营、独具特色、现代化"的定位，同时借助省级现代农业产业园和省级现代渔业产业园两大载体平台，积极优化农业产业结构，并重视重大农业项目的引入，致力于构建"高品质稻米、高效水产、健康蔬果、生态养殖"四大主导产业的特色农业新发展格局。

（1）着眼"双体"建设，由"个体化"向"网络体系化"转型。一手抓农业园区载体建设。泗洪县围绕园区载体建设和发展主体两方面，加快推进农业全产业链发展，实现农产品种植、加工和服务的有机衔接和协同发展。这样的模式旨在打造稳定、持久和不可替代的特色农业产业基地，以支撑和推动整个农业的可持续发展。在园区载体建设方面，重点是建设现代农业产业园和渔业产业园两个大园区平台。这些园区以良种化、设施化、信息化和生态化为要求，通过引进尖端农业技术和设备，积极推进农业科技示范推广，提升品牌价值，并促进农业与相关产业的联动发展。与园区载体建设相辅相成的是主体的发展。在特定区域内，重点发展特定的主导农业产业，以实现优势互补和协同发展。同时，在西南岗地区构建绿色林果主产区，注重发展水果和其他经济林种植，以提升农业产值和经济效益。此外，在环洪泽湖地区，提升高效水产主产区，通过科学养殖和高效管理，在提升水产品产量和质量的同时，坚持推动水产养殖业可持续发展，保护水域生态环境，合理利用资源，实现水产养殖业的长期稳健发展。一手抓农业重大项目建设。泗洪县专注于农业重大项目建设，并持续引进和积极推动这些项目。在推进这些项目时，县内着重选择投资规模庞大且具有较大带动力的重点项目，以最大程度地推动当地农业经济的发展。同时，坚持"农业大招商"理念，重点发展农业设备相关产业、深度加工农产品、三产相融和产学研融合四个领域，以激发农业潜力，推动农业产业的升级和转型。泗洪县持续发挥此类农业龙头企业的主体及助推作用，加速推进农业"接二连三"并发展产业链条。

（2）积极培育新型经营主体，推动农业产业多元化发展。泗洪县大力实施家庭农场培育行动计划，积极推动家庭农场的发展，取得显著成效。截至 2020 年，已累计培育发展各类家庭农场 1 639 户，占农户承包面积的 23.75%，经营面积达到 40.49 万亩。其中，县级以上示范和星级家庭农场共有 192 户。[①] 为推动农业产业化发展，泗洪县还创建了江苏美阳万亩红薯种植、缤纷泗洪小龙虾养殖、苏北粮油优质稻米种植、泗洪金水大闸蟹养殖四个产业化联合体。通过建立产业联合体，各农户能够在规模化经营、品牌建设、市场开拓等方面进行合作，共同提高农产品的质量和竞争力，推动农业产业化进程。在经营方式上，泗洪县采取"政府引导 + 合作社带动 + 农户参与"的模式。政府提供政策支持和引导，合作社充当农业生产组织者和经营者的角色，农户参与其中并享受相应的权益。这种模式有助于调整农业生产结构，尤其在蔬菜种植产业方面，根据当地需求和市场情况进行有针对性的发展，以确保城乡蔬菜供应的稳定性和质量安全。2020 年，泗洪县获批成为"省级家庭农场高质量发展试验区"，进一步促进了家庭农场的发展。在试验区的支持下，家庭农场得到了更多的政策支持和资源投入，为其提供了更好的发展环境和机会。

（3）农产品品牌建设与产业融合，助推品质发展。泗洪县通过一系列举措不断提升农产品的品牌影响力，以推动品牌经济的发展。县级农产品质量安全示范县的创建和推广"洪"字头特色农业产品品牌等举措，为农产品树立了良好的质量和安全形象，增强了消费者的信任感，进一步推动了品牌经济的发展。为全面加强品质提升，泗洪县聚焦产品质量，建立完善的质量体系，加强监督管理，提升特色农产品品质，确保农产品安全与可持续发展，同时满足市场的需求。在宣传方面，泗洪县采取线上线下同步推广的策略。利用各类展销博览会、招商会等和新媒体资源，加深与电商企业间的合作，打造泗洪特色农产品的线下实体店和线上销售渠道，以全方位的宣传手段提升农产品的市场影响力。同时，泗洪县每年拨出专项资金，推动农村电子商务的发展，确保"一村一品一店"的全面普及和达成率。通过举办农业产业相关文

---

① 江苏省农业农村厅. 书写新时代乡村振兴的泗洪画卷 ［EB/OL］.（2021 - 05 - 27）［2024 - 05 - 10］. https://nynct.jiangsu.gov.cn/art/2021/5/27/art_13276_9828646.html.

娱活动，以及实施休闲观光农业优质景点建设行动，推进乡村的旅游发展。并积极组织企业参加农产品品牌建设暨营销大赛和各类展销会，使得宣传渠道得以拓宽，提升农产品的热度和市场竞争力。着重培养农产品区域公用品牌和农产品品牌，通过品牌建设提升农业产业的层次和综合竞争力，推动乡村振兴。[①]

2. 打造农村人才新引擎，促进乡土智慧助推农业产业创新发展。

为了促进农业的发展和乡村振兴，乡土人才的培养和评价成为重要的板块之一。泗洪县致力于培育和激励乡土人才，使他们成为农业创新和发展的关键力量。

（1）智慧荟萃，培育乡土人才助推农业创新。泗洪县根据技艺技能、技术应用与推广、经营管理等类型，对乡土人才进行排查登记，并实施入库乡土人才动态管理制度。截至2020年，全县已经汇总了1000余名乡土人才的信息，其中237名乡土人才获得了职称。同时，县内还建立了2个省级乡土人才大师工作室和1个省级专家服务基地。[②] 这些举措为乡土人才提供了更好的发展平台，促使他们在各自领域中取得更高的成就。

（2）激发活力，乡土人才引领农业产业多元化发展。泗洪县进行了多场培训活动，这些培训涵盖了粮食高效种植技术、绿色防控、带状复合种植等课程，并邀请了市级推广研究员、省级机构等经验丰富的专家进行授课。通过这些培训，乡土人才的专业知识和技能得到了提升，为农业朝着多样化方向前进提供了有力的支撑。例如，乡土人才探索开展了稻虾共作的项目，通过技术支持和智能化养殖方式，带动农民增加收入。稻虾产业基地也实现了从传统种植向智能化转变，吸引了当地农户的参与，进而实现了增收致富。这样的案例不仅提高了农民的生活水平，也推动了当地农业产业的发展。

（3）荣誉耀乡村，激励乡土人才成就辉煌。泗洪县创新性地引入职称评定体系，让乡土人才能够充分展示自己的才能。2022年，该县争取到了乡土人才初、中级职称的评审权限。通过职称评审激励措施，乡土人才的责任感不断增强，其职称的含金量也得到提高。此外，为了激励乡土人才，泗洪县对获得高级职称的乡土人才给予2万元奖励，获批省级乡土人才大师工作室给予3万元奖励，获得正高级职称给予4万元奖励。[③] 同时，乡土人才也纳入了金融支持范围，可以获得创业贷款的支持。通过这些激励措施，泗洪县提高了乡土人才的社会地位和影响力，并鼓励他们在农业创新和发展中发挥更大的作用。

（4）智慧引领，乡土人才助力农业产业创新。泗洪县设立了乡土人才大师工作室，这些工作室由乡土人才带领农民传授技艺、普及技术成果的应用与推广。乡土人才大师工作室成为乡村振兴发展的探路者和引路人。此外，泗洪县还定期举办乡土人才特色赛事，提升乡土人才的技能水平，并激励他们在乡村振兴中发挥引领作用。通

① 彭雷，王永. 特色农业托起泗洪产业转型新高地［J］. 群众，2020（22）：40 - 42.
② 江苏省农业农村厅. 书写新时代乡村振兴的泗洪画卷［EB/OL］.（2021 - 05 - 27）［2024 - 05 - 10］. https：//nynct. jiangsu. gov. cn/art/2021/5/27/art_13276_9828646. html.
③ 宿迁泗洪：乡土人才为乡村振兴添活力［EB/OL］.（2023 - 07 - 12）［2024 - 05 - 10］. https：//news. jstv. com/a/20230712/1689126839964. shtml.

过这些努力，泗洪县在 2021～2023 年新增了 1 576 个由乡土人才牵头开创的创业项目，直接带动了 18 000 余名农民致富。①

3. 乡村致富光景：创业创新引领农民增收。

泗洪县秉持"村强才能民富"的理念，通过制定政策文件和推行创新试点项目，2020 年，全县所有涉及农业产业的集体经营性收入均突破了 20 万元，其中 130 个村居的经营性收入更是超过了 50 万元，这标志着农村经济实现了显著增长。为了拓宽增收渠道，泗洪县采取了多种帮扶模式，如"产业扶持""就业创业帮扶"和"合作社扶持"，从而拓宽了低收入农户的收入来源。此外，泗洪县还积极推广农产品，提供政府采购便利，为农民提供更多的销售渠道和机会。同时，资金支持是乡村振兴的重要保障，泗洪县通过政策红利和财政专项帮扶资金投入，为乡村发展注入了 3.8 亿元的资金支持。② 这些资金用于实施多个帮扶项目，直接惠及乡村经济，为农民提供了更多发展的机会和条件。县政府还积极进行革新变革，推动了农村的"两权"抵押贷款试点，为农民提供金融支持，并推广了旅游、农家乐和农业保险等服务，为农村经济发展提供了保险支持。这些改革创新举措为农民创造了更多的发展机会，进一步推动了乡村经济的繁荣。泗洪县还积极推动产业结构的调整，发展创业项目和合作社，培育特色产业，并创办了"三来一加"项目③，为农民提供了更多的就业机会，同时也促进了当地乡村经济的发展。泗洪县还通过推进"支部擂台赛项目"和村企联建，推广新的村集体经济发展模式，实现了全县涉农村居的集体经营性收入显著增长，进一步提升了乡村经济的整体水平。另外，泗洪县还采取了创业富民行动，支持农民在乡村度假旅游、特色种植和网络电商等领域创业，④通过提供创业贷款和增加市场主体的方式，促进了就业增长和乡村经济的发展，使更多的农民受益于乡村振兴的成果。⑤

三、眉山市东坡区泡菜产业发展模式案例概况

（一）案例背景⑥

东坡区位于四川省眉山市，是该市的政治、经济和文化中心。这里位于四川盆

① 许建，吕伟. 江苏宿迁：乡土人才联村强农 [N]. 中国劳动保障报，2021 - 07 - 23 (04).
②④ 江苏省农业农村厅. 书写新时代乡村振兴的泗洪画卷 [EB/OL]. (2021 - 05 - 27) [2024 - 05 - 10]. https：//nynct. jiangsu. gov. cn/art/2021/5/27/art_13276_9828646. html.
③ 即来料加工、来件装配、来样定做、农产品加工。
⑤ 江苏泗洪县："五赛五比"扎实推动抓党建促乡村振兴 [EB/OL]. (2022 - 07 - 28) [2024 - 05 - 10]. http：//dangjian. people. com. cn/n1/2022/0728/c441888 - 32488078. html.
⑥ 中华人民共和国农业农村部. 让东坡泡菜走向全国香飘世界：四川省眉山市东坡区现代农业产业园创建纪实 [EB/OL]. (2019 - 02 - 25) [2024 - 05 - 10]. http：//www. ghs. moa. gov. cn/xdnyjs/201905/t20190510_6303409. htm；南宁新闻. 四川省眉山市推动泡菜产业提质升级：小菜坛里的百亿产业 [EB/OL]. (2023 - 06 - 11) [2024 - 05 - 10]. https：//new. qq. com/rain/a/20230611A02M1C00. html；陈健，龙泠宇. 四川眉山："小泡菜"如何做成"大产业"[N]. 中国质量报，2023 - 05 - 09 (06).

地，坐落于成都平原西南侧和岷江中游地段。它与丹棱县和仁寿县毗邻，并且接壤于邛崃市和彭山区。东坡区的总面积为 1 330.81 平方千米，南连青神县和夹江县，西北与蒲江县接壤。"东坡泡菜"这一称呼是为了向北宋时期的杰出文学家苏东坡致敬，而该泡菜其实源于眉山，其制作技术可追溯到 1 500 年前。自 2005 年起，眉山市委、市政府将泡菜产业确定为重点扶持的农业拳头产品，并明确东坡区作为龙头，加速泡菜产业集群化发展。随后陆续出台了《强力推进泡菜产业发展的决定》《关于扶持中国泡菜城泡菜产业发展的意见》等重要文件，同时拨出超过 10 亿元人民币建设"中国泡菜城"园区。2021 年，眉山市东坡区长期努力推动泡菜食品产业高质量发展，使得东坡泡菜在全省泡菜市场中处于核心地位，也在全国市场上拥有三分之一的市场份额。因此形成了"中国泡菜看四川，四川泡菜靠眉山"的发展格局。

2014～2019 年，东坡区利用总计 9.5 亿元的资金，成功建立了占地数万亩的 12 个泡菜原料基地，并推动了 33.5 万亩蔬菜种植基地的标准化发展。[①] 同时，这个区域也构建了 18.4 万亩的国家级绿色食品（蔬菜）标准化生产基地，使得东坡区获得了四川省唯一的国家级绿色食品蔬菜标准化生产基地示范县（区）的荣誉。这一系列举措，有效地支持了区域内外的 15 万农户，增加了他们的年度种植效益，总计达到 7.7 亿元。此外，还促使了 2.6 万农民在家乡找到了就业机会，总工资收入高达 10 亿元。[②] 这些成绩不仅有力推动了东坡区农业产业的发展，也为当地农民的收入增长和就业提供了坚实支撑。"东坡泡菜"的蓬勃发展不仅助推了整个区域经济的增长，还带动了百姓的增收致富。这个小巧的餐桌美食"小泡菜"已经成为支撑"大产业"的重要支柱。通过农业产业的融合发展，东坡区的泡菜产业成为区域经济的强力引擎，为当地民众创造了更多的就业机会和增收机会，形成了积极向好的经济发展态势。

（二）主要做法

1. 科研创新助力高质量发展。

产业高质量发展离不开科研创新。为了促进泡菜产业的科技发展与提高，眉山市建立了一个以"民办公助"方式运作的四川东坡中国泡菜产业技术研究院。该研究院以泡菜研究为核心，以企业为主体，构建了一个科研创新体系。这个体系以泡菜研究院为龙头，带动和支持各家企业参与科技创新和技术研发。通过研究院与企业的紧密合作，推动了泡菜产业的技术进步和产业升级，为眉山市乃至整个四川省的泡菜产业发展注入了新的动力。研发"稳态发酵""浅发酵"等技术，全市泡菜行业荣获四

---

①②　中华人民共和国农业农村部. 让东坡泡菜走向全国香飘世界：四川省眉山市东坡区现代农业产业园创建纪实［EB/OL］.（2019 - 02 - 25）［2024 - 05 - 10］. http：//www.ghs.moa.gov.cn/xdnyjs/201905/t20190510_6303409.htm.

川省科技进步奖一等奖 3 项。传统的制作工艺受环境因素影响大，用于发酵的乳酸菌活性低、发酵稳定性差，使得企业发展面临诸多技术难题。企业出题，研究院答题。为破解相关技术难题，眉山市组建了技术研究院，深化院企合作，企业的需求方向成为研究院的主攻研究方向。在东坡泡菜研究的实验室里，经过反复实验，制备出了"高活性、高稳定性"的复合微生物发酵剂。该成果累计新增产值 3.16 亿元。① 2021～2023 年，四川东坡中国泡菜产业技术研究院为眉山市泡菜厂商提供了全面的科技援助和服务，帮助了超过 30 家泡菜业务实体。通过不断进行泡菜相关领域的研究，研究院取得了 50 多项技术转化成果。这些成果的应用和推广为泡菜产业带来了显著效益，直接带动了 10 亿元以上的经济收益。② 研究院的努力也为泡菜产业的高质量发展提供了强有力的支持。

自动化技术广泛应用于企业的生产线上。在四川李记乐宝食品有限公司生产线上，除了削皮和择菜两道工序需要人工操作外，其余的浸泡、清洗、拌料、包装等工序，均由智能化设备、机械臂等自动完成。③ 眉山市的企业实现了传统工业和现代科技的结合，实现自动化、标准化生产，提高了产品质量，推动了产业的高质量发展。

2. 绿色发展夯实产业融合基础。

东坡区作为我国泡菜的故乡，被认定为国家级现代化农业模范区，也是四川省现代农业改造的重点县及现代农业和蔬菜产业基地。近年来，东坡区顺势推动实现"保障粮食供应、发展蔬菜产业、提高农民收益"三大目标，致力于蔬菜产业的迅速发展，取得了显著成就。通过整合资源、实施有效政策措施，东坡区大力发展蔬菜产业，提升产业竞争力和市场地位。这些努力使得该区蔬菜产业成为全国典范，为农民增收和地方经济发展做出重要贡献。该地区以泡菜产业的独特地位、现代农业示范区的标志及在蔬菜产业领域的重要地位而闻名。秉持着为人民群众提供安全健康粮食和蔬菜产品的使命，东坡区持续加大对蔬菜产业的投入和支持，推动其健康、高效、可持续发展。得益于政府的引领扶持，自 2005 年以来，大量资金用于"中国泡菜城"产业园区建设及泡菜产业发展相关研究，东坡区探索出"粮经"复合模式促进产业发展。根据气候条件和实际生产状况，采用灵活应变策略，探索并提出了一系列高效轮作模式，如"菜—稻—菜""菜—菜—稻"等，不仅保证了粮食产量的稳定性，还增加了泡菜的供应量。

坚持绿色发展提高生产水平是产业发展的基石。通过有机蔬菜的生态化种植、采收、储运标准的制定，配套设施的不断完善和品种结构的持续优化，提升了生产水平。此外，采取一系列措施鼓励生产者采用节地、节水、节能、节肥等技术推进蔬菜

①② 南宁新闻. 四川省眉山市推动泡菜产业提质升级：小菜坛里的百亿产业 ［EB/OL］. (2023 - 06 - 11)［2024 - 05 - 10］. https：//new.qq.com/rain/a/20230611A02M1C00.html.
③ 陈健，龙泠宇. 四川眉山："小泡菜" 如何做成 "大产业"［N］. 中国质量报，2023 - 05 - 09 (06).

基地建设。四川省的东坡区独一无二地被确定为国家级的绿色食品蔬菜标准化生产基地。

3. 工农合作保障原材料供给。

眉山市引导泡菜企业与农户大力发展"订单农业"，确保蔬菜生产品质。过去，每到蔬菜成熟季节，要么供给太多导致价格低，农民辛苦种植一年却挣不了多少钱；要么受天气影响，蔬菜产量不足，企业采购困难，价格高还买不到。如何让农民和泡菜企业稳定获利，一度成为制约泡菜产业发展的难题。为此，眉山市采取了两大措施来解决难题。政府投入超过 10 亿元，完成了 12 个拥有田网、渠网以及路网相互连通的万亩泡菜原料基地建设，形成了超过 40 万亩的优质蔬菜基地。同时，通过执行"订单 + 保单"策略，确保原料稳定供应，建立起工农互利发展模式。企业直接和农户签合同，农户的菜品质有保障，企业的货源也有了保障。通过"订单 + 保单"模式，当地泡菜产业带动了 20 万农户种植蔬菜，年种植收入达 9 亿元。[①]

4. 农旅、文旅融合促进城市建设。

东坡区积极推动农旅融合和文旅融合，以促进城市建设和产业发展。通过建立泡菜原料产地，发布农村建设规划，推动新农村建设，发展农业旅游业，积极推广泡菜工业文化。另外，东坡区还将泡菜工业和游客的旅行活动结合，成功实现从普通农场到景区，从田间到公园的转变。在这个过程中，"中国泡菜城"工程获得了全国农业休闲创新产品竞赛的设计创新金奖，并且成功地被评为国家 4A 级旅游景点。泡菜博物馆、泡菜广场、泡菜风情街等旅游观光景点吸引了 20 余万名游客，推动了城市建设和旅游业的发展。东坡区坚持不断创新，充分发挥泡菜产业的优势，将文化、旅游与产业有机结合，实现了农业、文化与旅游的交叉融合。这一模式为东坡区的产业发展和城市建设带来了新的动力，也为其他地区提供了有益借鉴。

东坡泡菜，这一融合了东坡文化要素和美食传统的特殊美食，正利用无尽的吸引力向世界迸发，进入全球市场。在中国泡菜食品国际博览会的第十三届"健康食品·世界共享"主题活动中，国家经理人采购联盟和巴黎东方中心的电子显示屏循环播放宣传片，向巴黎市民介绍四川美食的独特之处。东坡泡菜的故事也在"新华社—巴黎东方中心"的四个海外社交媒体账户上，通过海报和推文向全球网民宣传。自 2018 年 11 月以来，东坡泡菜行业除了传统宣传方式外，还在巴黎举办了一场名为"汉服出行节"的活动，一名身着华贵汉服、手持中国红泡菜的参赛者引发了国际时尚圈关注。2020 年 11 月，东坡泡菜的大型宣传活动在纽约时代广场的大电视屏幕上首次亮相，再次展示了东坡泡菜的强大魅力，引发广泛关注。东坡泡菜产业的成就有目共睹。眉山已连续举办十三届泡菜博览会，说明东坡泡菜在我国泡菜产业中拥有显

---

① 南宁新闻．四川省眉山市推动泡菜产业提质升级：小菜坛里的百亿产业 ［EB/OL］．（2023 - 06 - 11）［2024 - 05 - 10］．https：//new.qq.com/rain/a/20230611A02M1C00.html.

著地位。2022 年 9 月 5 日，"东坡泡菜"在"2022 年中国品牌价值评估信息发布"活动中，被评为中国地区品牌（地理标志）百强第 29 名，品牌价值已经达到 108.1 亿元。[①] 通过各种有力宣传手段以及坚实的产业实力，东坡泡菜正以充满活力的姿态在国际舞台上展现中国美食的魅力，成为东坡文化与泡菜产业有机融合的成功典范，引领眉山市农业产业走向更广阔的未来。

东坡泡菜产业正在向国际市场拓展，并在国外取得了一定的成绩。当地的吉香居、川南、李记等企业也在努力打入国内外市场。截至 2022 年，眉山的泡菜事业实现了 217.8 亿元的销售记录，其中约 3 亿元出口收益来自第三方的转口贸易。[②] 眉山不仅通过策划泡菜展示等活动来宣传商品，还充分利用眉州东坡·中国川菜创意产业园、千禾产业园等平台，提升品牌影响力。眉山泡菜事业不仅在国内飞速发展，也在国外市场获得好评。吉香居、川南、李记等本土企业的努力为泡菜产业的迅猛发展作出了重要贡献。未来，东坡区将坚定目标，持续推动泡菜产业发展。东坡区将利用眉州东坡·中国川菜创意产业园、千禾产业园等平台，持续提升"味在眉山"的知名度和品牌力量。同时，眉山泡菜产业在国际市场的成功拓展也将为东坡区带来更多机遇与挑战，为中国泡菜产业增光添彩，向世界展示中国独特的美食文化。

第三节　乡村产业振兴案例分析

一、乡村产业振兴的模式创新分析

（一）科技创新引领，打造乡村产业瑰宝：构筑强大产业集群

科技创新与构建乡村产业集群密不可分。通过科技创新，乡村产业能获得技术支持和创新动力，提高竞争力和附加值，促进产业集群的形成和发展。科技创新推动乡村产业间的互联互通，实现信息共享、合作创新和资源整合，加强乡村产业的融合发展。同时，科技创新为产业集群升级提供新机遇，通过引入先进技术和数字化解决方案，乡村产业实现转型升级，吸引更多企业、投资和人才参与，进一步壮大和巩固产业集群，推动乡村经济的繁荣，科技创新与构建乡村产业集群相辅相成。

构建产业集群可以整合资源，在保障原有特色产业基础上，重点发展特色产业，形成强大的产业集群优势，提高地区生产效率，并产生正向增长的聚集效应，吸引更

---

① 中国食品报网. 四川眉山：科技引领泡菜转型升级与高质量发展［EB/OL］. (2024 - 01 - 15)［2024 - 05 - 10］. http://www.cnfood.cn/article? id = 1746724623414951937.

② 蒙蒙. 眉山东坡：餐桌"小泡菜"做成支柱"大产业"［N］. 四川日报，2022 - 11 - 28 (08).

多相关公司加入乡村产业集群。乡村产业集群应基于特色农产品资源禀赋优势，打造完整的产业链、供应链与价值链融合，推动一体化的农业"三链"融合发展，提高综合收益，让农户分享产业增值收益。随着互联网技术的飞速发展，我国农业产业链正朝着合作共赢的方向迈进，这对于促进农业经营主体之间的平等合作和资源共享具有重要意义。未来，互联网技术将成为农业产业链创新的核心方向，通过更广泛地应用互联网信息技术，实现农业产业链上下游之间的信息共享和协同，推动农产品供应链效率和质量提升，进而推进农业产业链的升级和转型。在农业产业链的建设过程中，必须确保互联网技术嵌入链条中各个环节，以强固农业产业链，从而保障我国农业产业链的可持续发展。

乡村产业集群建设还强调依托培育产业龙头，扩大生产基地，带动广大农户，打造区域品牌。龙头企业在乡村产业集聚中发挥着重要的引领作用。首先，政府应加大对龙头企业的支持，以发挥其在推进乡村产业发展中的关键支撑作用，带动各个农业产业主体共同发展。充分发挥龙头企业在推进乡村产业发展中的关键支撑作用。其次，选取市场潜力大、经济收益高、资源丰富、比较优势显著的特色产业来发展，进一步实现资源优势到产业优势再到经济优势的逐步转移变化。另外，政府应在乡村产业集群建设中展现加大政策支持力度的决心，聚焦重点产业并充分利用本地资源优势。通过农业全产业链的发展，引导各个环节之间的协同发展，提高农产品附加值和市场竞争力。在政府的支持和引导下，乡村产业集群逐渐形成区域农业产业品牌，这些独特品牌有效地提升了地方农产品的知名度和市场份额。通过构建全产业链，使农业功能得以发挥，提升乡村多元价值，实现农业基础和产业链的现代化发展，为农民提供更多就业机会和致富渠道，实现共同富裕的目标。同时，政府部门应制定并实施农业全产业链培育发展方案，支持农业产业化龙头企业担当产业链中关键节点的角色，推动由销售初级产品到销售加工制造品再到销售品牌和服务的逐步转化。通过农业产业集群建设推动乡村经济持续发展，为乡村振兴注入新的活力。

（二）乡村产业融合激发振兴力量：融合创新助力乡村振兴

三产融合是乡村产业发展的"火车头"，是乡村振兴的重要抓手。扎实推动大数据、物联网技术与传统农业相融合，帮助农民建立农业数字化信息平台，促进产销一体化高质量发展，使农民、村集体、企业以及政府深度合作，充分发挥各主体的差异化作用。围绕特色产品、乡土文化，利用"互联网＋农业"模式，积极推进"三产"融合、"农旅"结合。三产融合发展可将产业多个环节在乡村落地，丰富产业内涵，提升产业竞争力，打造乡村全产业链，实现乡村产业可持续发展，有效提升乡村产业效益，提高农民收入水平。各地乡村应充分深化三产融合，激发三产融合的内部活力，实现乡村的可持续发展。

加强农业基建工程对推动乡村产业融合发展具有重要意义。为了支持和保障农业产业融合发展的基础条件，农村地区需要改善道路交通，确保农产品顺利运输和流通。同时，完善农田灌溉系统，提高水资源利用效率，加强供水供电设施建设，为农业生产和农村居民生活提供可靠的基础设施保障。此外，注重环境保护和土壤改良，以确保农业的可持续发展，并加强排污工程建设，防止农业生产对环境造成负面影响。通过加强基础设施建设，乡村产业融合发展将得到有效支持。

农业科技创新是推动乡村产业融合发展的重要动力。通过培育具备较强综合实力的创新主体，推动科技创新在农业生产中的广泛应用。同时，深入强化农业技术的研发，建设农业科技创新项目，促进成果转化应用，提升农业生产效率和质量。

为了实现乡村产业融合发展的协同互补、风险分担和利益合理分配，农村地区需要培养多元融合主体和多样化融合业态。一方面，应全力助推农业产业中的领头企业发展，并引导其向主要农作物产地和特色农产品优势区汇集。另一方面，可以创新性地培育家庭农场等新型农业经营主体，以帮助农民提高生产管理和市场运作能力。此外，鼓励发展农业产业化联合体，由龙头企业带动农民合作社和家庭农场的发展，促进各种主体的合作与协同发展。同时，支持具有高度产业关联度和辐射带动力的融合模式，在县域范围内打造具有核心竞争力的乡村产业融合载体。这些措施将有助于提高农业产业效益、农民收入和农村经济发展。

在产业融合过程中，建立利益联结机制至关重要，以实现农业企业与小农户的合作关系和利益共享。为实现农民持续增收，必须着眼于深度合作模式，确保农业企业与小农户之间建立多样且紧密的合作关系。尤其应重点关注产业链上游，重塑利益分配机制，确保农民在其中得到合理回报。只有如此，农业发展才能实现全面提升。另外，亦需完善相关股份合作制企业利润分配机制，广泛推广各种激励模式，以鼓励更多农民积极融入农业产业化的大潮。同时，鼓励龙头企业带动其他农业主体的发展，如农产品精深加工领域，通过引领作用实现农业产业链的优化和延伸。

推动全产业链的发展是乡村产业融合的关键。为此，农村地区需要加快建立产业融合示范区，建立起前中后各产业链环节之间的协同合作机制。同时，打造多维、多参与方、多行业、多样化的产业融合体系。通过延长产业链和供应链，实现农产品从生产到加工、流通和销售的全链条覆盖，以提高农业效益和经济效益。这样的发展模式也能够调整产业结构，提升产业聚集程度，为农村地区的可持续发展提供坚实支撑。

（三）乡村产业腾飞：金融创新引领模式革新

金融创新模式可以概括为多因素的融合。其中，金融创新作为核心要素，特色产业主导持续推动发展，科技创新和共治共享保障作为驱动要素。在该模式中，重点乡村突破和绿色发展统筹则是乡村产业振兴的有力保障。通过引导金融资源向具有增长潜力的农村领域倾斜，可以实现资金的合理配置和有效利用，从而推动农业升级、农村进步和农民发展。此外，在利益共享和风险共担的原则下，金融创新展现出巨大潜力。它可以提供更多样化的产品及服务，满足农村各板块差异化的融资需求，为乡村振兴提供可持续的金融支持。

金融创新在乡村振兴中还具有引导资源配置的重要作用。通过设立产业基金和投资基金等金融机构，可以发挥其作为平台和桥梁的角色，促进生产要素的集聚和创新。这些金融机构可以为乡村振兴提供风险投资、股权投资和债务融资等方式的资金支持，帮助乡村产业进行技术改造、设备升级和市场拓展，提升主要生产要素的质量和效益。除了资金的作用外，金融公司、土地和高素质人才也在乡村振兴中发挥着重要作用。金融公司通过提供专业的金融产品和服务，为乡村振兴提供融资支持和金融创新的驱动力。土地作为乡村资源的重要组成部分，通过土地流转、土地经营权确权等方式，为乡村产业的发展提供土地保障。高质量人才的引进和培养，则为乡村振兴注入了智力和人力资源，推动乡村产业的创新和发展。实施金融创新引领乡村振兴需要构建专业化的金融平台，开辟多样化的融资渠道，争取政府支持和信用保障，解决融资抵押担保问题，并吸引多元化的专业化人才。专业化的金融平台可以提供针对乡村产业特点的金融产品和服务，满足乡村振兴的金融需求。多样化的融资渠道可以为不同类型的农村领域提供灵活和定制化的融资方式，促进资源的有效配置。政府支持和信用保障可以提供政策支持和风险保障，减少金融创新过程中的不确定性。同时，吸引多元化的专业化人才可以为乡村振兴注入更多的创新思维和实施能力，推动乡村产业的发展。

（四）因地制宜：发展乡村特色产业是乡村产业振兴的关键

建立乡村特色产业优势是获取竞争优势的重要途径。由于农村在生产技术、人力资源等因素上与城市相比优势薄弱，因此，走差异化竞争路线，建立乡村特色产业就显得格外重要。乡村必须深入挖掘自身资源优势，因地制宜，发展乡村特色产业。总之，农村要想发展经济，必须发展有特色的产业。由于每个地区的硬件条件与基础设施不完全一样，其特色产业也有所差异，必须以当地的优势资源为基础，深入挖掘当地特色，立足本地比较优势，制定切实可行的发展规划，将资源优势转化为产业优势，发展具有区域特色的乡村产业。

政府行为是乡村产业发展的"定星盘"，在乡村振兴中发挥了重要引领作用。纵观上述典型案例可以看出，新时代背景下乡村产业振兴意味着对传统农业生产模式的重组，这一过程离不开有为政府的引领。乡村产业振兴需要激活市场、激活乡村振兴中的经营主体、激活土地等生产要素、激活政策、激活组织等，通过改革推进乡村振兴目标的落实。乡村产业振兴需要对乡村的资源进行整合，通过统一规划，实现资源的科学、高效利用，这就涉及产权制度、要素市场化配置等操作，通过政府引领改革进而实现要素的自由流动，更好地发挥产权的激励作用，实现现代农业经营体系的构建。总而言之，发挥政府在乡村产业振兴中的引领作用，从国家制定宏观战略到基层党组织服务群众，因地制宜、循序渐进地推进乡村产业振兴。

产业振兴离不开政府主导，更离不开社会力量的共同参与。因此，各地乡村产业发展过程中也需要充分利用好国家的优惠政策，同时借助社会团体，多方合力，共同推动本地产业的进一步发展：一是利用现代农业产业园优惠政策，积极争取产业项目落地，借助本地自然资源优势，顺势而为，以产业为基础，以现代产业园为导向，坚持将产业发展、绿色生态相融合，科学合理地进行区域布局，做强做大现代产业园，带动地区经济整体发展；二是积极挖掘开发本地历史文化特色，种植经济收入高且具有观赏价值的产业，并以产业发展为引领，促进多层次的产业融合，延长产业链；三是进一步鼓励企业雇用农民群众，激发农民乡村振兴积极性。让农民群众能够在家门口就业，引导和激励农民群众参与和促进发展本地特色产业，增加农户经济收入。在乡村产业发展的过程中也要积极调动农民的积极性，了解农户参与乡村振兴的意愿以及影响参与度的因素，从而有针对性地解决他们心中的疑虑，让更多的劳动力和劳动经验积极参与进来。同时加大投入培训资金，组织农民学习先进的种植方法，让专家给予全程的种植服务，在思想上坚定致力于成功推动乡村振兴战略，让农民摒弃等一等、看一看的思想并积极参与到乡村振兴中来。

二、不同乡村产业振兴模式对比分析

在发展定位方面，宁乡市、泗洪县和眉山市东坡区的不同发展定位反映了各自地区的资源禀赋和特色产业。湖南省宁乡市以优质水稻、花猪和烟叶为三大支柱产业，充分利用天然禀赋资源，同时发展农村生态旅游和乡村观光休闲，实现农业产业结构调整和优化升级。江苏省泗洪县以"生态、高效、特色、现代"为导向，着重培育高品质水稻、高效水产、健康蔬果和生态养殖四大主导产业，强调提高农业产业的质量和效益。四川省眉山市东坡区立足本地泡菜文化和资源优势，将泡菜产业打造成当地的支柱产业。东坡泡菜得益于政府引导和资金支持，在市场占据重要地位，形成了与地方特色相匹配的发展格局。这为东坡泡菜产业的持续健康发展奠定了坚实基础，同时也为地方农产品在全国市场上的竞争赢得了更多优势。

在技术支撑方面，三个地区都采用了现代科技手段，推动农业产业的现代化和高效化。宁乡市通过"水稻+生态"种植模式，实现农业产业与生态产业的有机结合，建立国家级农业科技园，依托现代科技手段提高农业生产效率，采用"猪—沼—粮"三循环发展模式，实现资源循环利用，降低生产成本，减少环境污染。泗洪县依托现代农业产业园和渔业产业园两大载体平台，推进农业产业结构调整和引进先进农业技术，推动农业科技示范推广，提高农业生产效率。眉山市东坡区成立了泡菜产业科技研发中心，构建以泡菜科研所为主心骨、企业为主体的科研创新体系，通过科技创新解决了泡菜制作中的技术难题，提升了产品质量和生产效率。

在组织形态方面，三个地区都强调产业融合和优化农业经营模式。宁乡市鼓励不同产业的有机结合，形成互相促进的产业链条，建立国家现代农业产业园，推广家庭农场、专业合作社等适度规模经营模式，发展新型职业农民，实行土地规模经营和重组。泗洪县积极培育新型经营主体如家庭农场和农业产业化联合体，发展专业大户和家庭农场，实现适度规模经营，通过政府引导、合作社带动、农户参与的模式推动农业产业的发展。眉山市东坡区采用工农合作模式，建设泡菜原料基地，同时实施"订单＋保单"模式，确保原材料供给稳定，推动工农互补发展。

在市场运作方面，都注重农产品的营销和品牌建设。宁乡市通过电商平台广泛宣传，增加农产品的知名度，建设农产品物流中心推动农业转型。泗洪县通过农产品品牌建设和产业融合，提高产品质量，提升品牌影响力，结合线上线下拓宽销售渠道。眉山市东坡区通过"农旅"和"文旅"融合，将泡菜产业与城市建设相结合，推动旅游观光和文化体验等模式的发展，提升了泡菜产业的附加值和综合效益。

在产业融合发展方面，都将农业作为核心，与其他产业相互渗透、相互促进，形成了互补效应和协同发展的局面。在宁乡市，农业与旅游、生态、工业等产业相融合，充分利用本地资源，提高农产品附加值，促进农村经济发展。泗洪县在农业与渔业、旅游、加工业方面进行多方位融合，优化产业结构，推动产业链条延伸，促进农民增收和农产品市场化。而眉山市东坡区通过农业与旅游、文化的融合，提升了泡菜产业的附加值和综合效益，形成了独特的泡菜文化，推动了泡菜文化的国际传播和泡菜产品的国际市场拓展。

综合来看，三个案例中的产业融合为地方经济提供了多样化发展路径，充分展现了产业融合在促进经济增长和可持续发展方面的潜力。以上三个地区在农业产业发展中都依托本地资源，借助科技支撑和优化组织形态，不断开拓市场，使各自优势产业蓬勃发展。这些积极举措为地方经济增长和农民收入提升作出了积极贡献，同时也为其他地区提供了有益的参考。在未来的乡村产业发展中，持续创新和资源合理整合将是推动农业产业进一步升级和持续繁荣的关键要素。

三、乡村产业振兴发展政策启示

（一）培育提升乡村产业协同意识

随着经济和社会的不断发展，产业协同成为实现高效、可持续发展的重要路径之一。在产业协同的推动下，各企业间建立了更加紧密的合作关系，形成了产业链、供应链的有机衔接。不同产业之间也开始相互融合，形成新的产业融合模式。通过合作与合理分工，促进生产效率提升，推动产业链的协同发展。首先，不同行业在技术和市场需求面前互相合作，以提供更全面和丰富的商品及服务，从而提升产业竞争力。其次，旧有产业与新兴产业相互衔接，达到双赢局面。传统产业通过融入新兴产业的技术和创新，焕发出新的生机，而新兴产业则得到传统产业的市场支持与经验积累。这种相互促进与融合，推动整个产业体系不断优化升级。最后，技术创新能力和动力持续增强，成为推动产业发展的不竭动力。通过不同产业间的技术交流与合作，不断创新和提升技术水平，使产业体系保持持续活力。

产业兴旺的关键在于培育乡村产业的协同意识。在乡村产业发展过程中，不能仅局限于一元产业主体，而是不断将产业导向多元融合主体。支持乡村产业化龙头企业发展，鼓励其聚焦粮食主产区和特色农产品优势区。推动乡村家庭农业培育计划启动，积极推进农村集聚人口合作社规范提升。推动农村中的主导企业发展，引领农户协会和家庭农场共享产业联盟成果。支持具有产业相关性、辐射影响力，包含多元参与主体的县域内联动模式，以达到互利共赢、分担风险、共享收益。鼓励发展各种融合业态，推动农业和现代产业的跨领域配置，实现产业层面的深度交融，塑造多元的"农业＋"发展格局。致力于推动大规模农作与林牧渔业的融合，拓展稻田养鱼、林下种植养鱼等新模式。这样的融合方式将进一步提高资源利用效率，促进农业与林牧渔等产业的联动发展，实现生态效益与经济效益的有机结合。同时，努力推动农业与加工流通业的融合，发展中央厨房、直供直销、会员农业等新模式。这种融合模式有助于提高农产品附加值，拓展农产品销售渠道，推动农业产业链延伸，实现农民增收和农业持续发展。应持续推进农业与信息产业的聚合，进一步推动数字化农业、智能农业等发展。搭建产业联合平台，最大化利用县域优质资源，专注主导性产业，设立现代农业园以及农业有力之镇。同时，建立一系列乡村产业融合发展示范区，形成多元体参与、多种元素集结、多类型业务发展的框架。

泗洪县为了刺激乡村产业化的进步，实施了一系列创新措施。其中包括建立四个产业化联盟，涵盖江苏美阳的红薯种植业、缤纷泗洪的小龙虾养殖业、苏北粮油的稻米种植业以及泗洪金水的大闸蟹养殖业。通过举办稻米文化节、休闲垂钓赛等赛事节庆活动，以及实施休闲观光农业精品景点建设行动，积极推进乡村旅游发展。宁乡市实施了"水稻加生态"的农耕方式，将农田区分为各类生产板块，租赁给新兴职业农民种植。通过融合水产鱼类和水稻的共同种养，打造专属农业产业基地，将育种花猪与沼气池、污水处理池及蔬菜林地结合，搭建起内循环机制，达到资源最大化利用，降低开支，减缓环境污染。眉山市东坡区充分挖掘文化产业、旅游产业以及泡菜产业潜力，通过泡菜原料基地建设为纽带，推进村镇规划、新农村建设和休闲观光农业发展。全面促进泡菜制造业的多元化发展，结合休闲度假和文化体验，进而实现从农业园林到旅游休闲区，从乡田到公共公园的转型。眉山市东坡区通过推动乡村产业协同进步，充分利用地方资源，并依据地理环境调整产业结构。通过产业改造和提升，增加对贫困地区产业发展的支持，提升产业挣钱的能力和持久发展的力量，从而稳固农业产业发展的基础，推进城乡融合发展的步伐。通过协同合作，将文化产业、旅游产业和传统产业相互融合，构建多元化的乡村产业体系，推动乡村产业化发展走向更加繁荣昌盛的未来。

发展具有特色的优势行业，是乡村振兴成长的根基。但要在成长途中塑造主导产业，并让主导产业作为扩展的优势产业链。同时，也需要乡村的领导团队发挥关键作用，将扶贫行业提升到更高层次，积极强化技术服务与产品销售对接，构建相对完善的农业行业体系，更好地保障乡村产业链的协调发展。

最大限度发挥农业的多元性并深挖农村的合成潜力，提升农产品处理、乡村旅游、农业电子商务等行业的领导地位，尤其是重点发展对县级地区具有显著优势、可以激发农业和农村增长并提供丰富就业机会的致富行业。在产业发展过程中，科学安排生产、加工、销售以及消费等多个环节，以实现县城、乡村以及主要农村之间的职责分配和产业空间布局的合理性。重视以市乡互动为特征的优势产业群的建设，以帮助农民在当地就业并增加收入。应致力于加强市场体系的建设和完善，关注农村专业合作社的制度化建设，并优化农业保险保障系统，以提升市场主体的风险防御能力。通过农业供应链的结构改造，推动农业产业向高端发展，将更多劳动力、土地、资本等生产资源用于增值性高的绿色、高质量、安全且特色的农产品，以满足人民对优质农产品持续增长的需求。总的来看，推动乡村产业的融合发展，发掘农业和乡村的多元化价值，强化市场架构并进行农业供需端的结构改革，都将助力农村经济的茁壮成长，对乡村振兴战略的实现产生积极影响。

（二）创新乡村产业振兴发展体制机制

推动乡村振兴发展需要持续进行体制机制创新，确保乡村振兴战略的顺利实施。为此，必须着力加强乡村振兴制度性供给，将制度建设贯穿整个发展过程。

乡村产业振兴不仅仅是单一产业的发展，还要注重乡村产业整体协同发展，充分发挥一二三产业融合的优势，促进产业链的延伸和产业的转型升级。加强农业科技创新，推广现代农业生产技术，提高农业的生产效率和产出质量。眉山市打造以东坡文化为特色的"东坡泡菜"，立足于特色产业，实现产业发展的同时，带动百姓增收，加快推进城市建设。尤其是在推动特色农业和文化旅游业的发展方面，把生态价值和泡菜产业有机融合并转变为旅游经济收益。通过以农民为发展主体，优先保障农民的利益，使得产业发展带来的经济回报更大程度地惠及农民。产业兴旺是乡村振兴的首要之义，其中蕴含着人民至上的根本方法。

乡村产业的高质量发展依赖科技的不断创新。通过不断加大科技创新的力度，快速提升农业设备及生产质量的水平。四川东坡中国泡菜产业技术研究院攻克传统制作工艺带来的技术难题，研发出新型的复合微生物发酵剂，实现成果转化和经济效益的提升。创新成果的实现，需以培育全产业链人才为重点，夯实产业强劲之基。许多泡菜公司在眉山市从最初的手工小作坊成长为目前广泛运用自动化生产流程和工业机器人的企业，将传统技术与现代科技融合，达成了自动化及规范化的生产，从而推动了行业的高品质发展。产业的高质量发展和科技创新紧密关联，强化科技创新支撑，加快提高农业物质装备水平和生产水平是乡村振兴的重点。

我国各地乡村在自然环境、资源、生产方式、生活方式上差异较大。其中，资源差异决定了我国乡村地区要重点发展新型经营主体的模式，推动实现与现代农业的有机衔接和良性互动。许多地区发展文旅融合拓展产业链条就是文化和建设相互促进的成功应用。建立健全农村治理结构和治理体系，坚持以城乡融合发展为原则，根据地情进行决策，明确目标，优化布局，同时找出并确立切入点，坚持具体问题具体分析的导向，是稳健有效实施乡村振兴战略的科学指引。[①]

（三）优化乡村产业高质量融合发展制度

乡村产业融合发展成为乡村振兴战略的重要支撑和推动力。通过将不同产业领域有机结合，促进资源优势互补，实现协同发展，乡村产业融合能够形成更加高效、灵活和创新的产业体系，为乡村经济发展注入新动力。政府部门高度重视乡村产业融合发展，并颁布了相关政策与制度，这些制度的规范作用使得乡村产业融合取得显著成效。各类融合主体不断成长壮大，同时涌现出新的业态、载体和模式。通过整合农村经济的各个环节，提高资源的配置效率，实现乡村产业的优势互补和跨界合作，从而推动乡村经济的全面发展。目前，我国乡村产业融合发展进入了新阶段。在现行的经济环境中，需要针对五个主要领域展开工作，全面加快乡村产业融合的步伐。这五个领域包括发掘功能性价值、培养多样化主体、孵化新的业务形态、创建新的运营载体、建立新的运作模式，目标是要保证乡村产业融合能够以高品质并持久的方式发展下去。

全面开发农业多元价值以及农村各种功能效益，对于推动乡村产业的多元化发展和建立现代乡村产业结构具有重大意义。农业作为乡村的主要支撑，不仅供应农产品和生态产品，还具有许多其他衍生功能，如文化保护、景观造型、休闲娱乐等，赋予乡村在政治、经济、社会、文化、生态等领域的独特价值和多样性。乡村作为农业生产的基地和城市的绿色后院，在现代社会中仍然扮演着至关重要的角色。充分运用农业的各种功能和乡村的多元价值，是构建独特现代乡村产业链的关键环节。这样的发展模式使得乡村产业不仅能够满足农产品需求，也能在文化、景观、休闲等方面为城市居民提供丰富体验。如果乡村产业未能充分展示其农业农村的价值，而只是简单模仿城市的策略，那么其将不再具有特别的、具有竞争力的发展规划。为了确保乡村产业的一流发展，必须推动乡村节约资源并实现功能多样化，从而实现乡村产业的价值多元化。应当高度重视农产品加工、乡村旅游、乡村电商等产业的发展。大型企业在此过程中起着关键的推动作用，必须提倡农业发达的县级集聚资源发展农产品加工

---

① 王伟. 统筹协同推进产业振兴 [N]. 经济日报，2023 – 01 – 09 （05）.

业，以引导农产品加工企业在产地和县级产业园区出现更多，从而推动农产品加工业的高质量发展。同时，充分发挥农业农村的功能价值，将农业生产、农民生活、农村景观等资源与休闲旅游相融合，创造更多吸引力和价值，使乡村旅游成为丰富游客体验的新选择。

培育乡村产业融合的多元主体是实现乡村产业振兴的关键措施。相比于城市产业融合，乡村产业融合的独特之处在于它不仅包含企业和机构，还涵盖了家庭农场、农民合作社以及广大农民。随着社会发展和科技进步，农业生产正在逐步转向新型生产经营和服务方式。这种转变推动了农业生产朝着集约化、规模化和社会化的方向迈进。在乡村产业集成发展的推动过程中，商场和政府都是举足轻重的角色，须大力培养多元化的产业集成主导者。我们应该激励龙头公司在追求"扩大力量"时也持续追求"优化提升"，并成为带领乡村产业集成发展的领导者。同时，需要不断强化对"空壳"农民协作社的整顿和清理，推动家庭农场朝着规范化的方向发展，加速农民协作社和家庭农场的改革升级。另外，新型农业运营主导者间的协同合作也非常关键。采取互相持股、成立新主体等策略，通过构建多领域、多级别、多样式的产业化联盟，从而推动各主导者之间的协同和合作。这种举措将有效培育乡村产业融合的多元主体，进而推动乡村产业融合持续健康发展。

新兴产业的涌现为乡村振兴注入了新的活力，现代科技也在乡村产业中得到了广泛应用，这进一步推动了农村一二三产业的融合发展。技术创新和模式创新为产业融合提供了科技支撑，孕育出了智能农业、可视化农业、休闲农业等众多新的业态。这些新业态的出现，为农村经济的多元发展提供了新的契机，不仅丰富了乡村产业结构，还促进了农民增收和农村社会的可持续发展。通过不断推动新兴产业新业态的发展，乡村产业振兴获得了新的动力和活力。优化乡村高质量融合制度，需要紧密关注城镇和乡村居民消费需求的转型升级，运用科技进步和模式创新推动产业的融合。在各地发展乡村产业融合新业态时，需要结合当地实际情况，积极探索适合本地的发展路径。同时，必须注意新业态的发展也存在一些问题。由于这些产业融合新业态相对较新，相关标准和规范还不够完善，因此需要加强管控和监管，确保其健康有序发展。

构建乡村产业融合的新平台。乡村产业的整合是一个全方位的融合过程，包含多个领域和各个层次，可以在市级和县级规模上进行，也可以在乡村甚至村落的层面施行。因此，不同行政区域的层级成为推动乡村产业融合的重要空间平台。通过打造更有利于乡村产业深度融合的产业集群和示范园区，消除地理障碍，推进乡村产业的高质量发展，为乡村振兴战略注入新的活力和力量。以农业产业群、乡村旅游产业群、农产品加工产业群等为核心的乡村产业群，成为推动乡村产业的优质混合发展的重要阵地。这些创新性的平台通过催化各行业间的协作共进，实现了资源的共享和优势的互补，从而促进乡村经济的多样化发展，为乡村振兴带来了全新的生机。[①]

（四）构建乡村产业高质量发展体系

坚持可持续发展，推进乡村产业建设。一是要以本土资源为基础，因地制宜发展"特色产业"。二是要在百姓可接受和资金可持续的基础上，优先发展便利生活和利于生产的产业，结合自身优势引导产业发展，就地增加就业和创造多元化收益的宜业空间，聚力发展产业。随着经济不断进步，人们对优质生活的需求日渐增大，生态、环保以及休闲的环境因此转变为产业建设的关键重点。乡村产业和其他产业的结合满足人民的新需求，如工业、电子商务、生产加工行业、旅游业与乡村产业的融合，助力乡村振兴高质量发展体系的构建。[②]

增强农产品产加销一体化水平，实现农业产业建圈强链。乡村产业生产加工水平的提升依靠科技创新的强大动能，而人才是创新的根基。一方面，要实现传统产业与现代科技的融合，加快提升生产效率。企业在创造收益的同时，也带动地区经济发展和科技创新能力的提升。另一方面，要加强人才赋能在科研中的核心地位。

将科技与传统乡村文化相结合，为创意乡村文化产业融合发展提供新增长点。通过探索乡村文化内涵，加强对传统技艺的传承与创新，并与其他产业进行协同创新，特色产业得以蓬勃发展。以"东坡泡菜"为标志的眉山市，"首创"了全国第一个泡菜产业园区、最早的国家级泡菜质量检验中心、第一个泡菜产业科技研究所、首个中国泡菜展览馆、首个针对泡菜行业的标准以及第一个达到4A级旅游景区标准的泡菜主题景区。这些举措将原本只是"小泡菜"的产业发展成了高质量的"大产业"。以科技创新促发展，以文旅融合拓发展，以科技和文化的融合激活产业发展的同时，让乡村产业走向更大的市场，在国际市场中扩大影响力。顺应国家高质量发展的需求，满足人民群众关心的利益问题。

制度建设为乡村产业高质量发展提供支撑。将国家制度和地方实践相结合，把对政策的理解与产业发展面临的实际情况灵活运用。作为政策的执行者和建设的落实者，需做到跨领域的综合考虑与统筹。从宏观角度看，推进乡村振兴战略是涉及全面建成社会主义现代化强国的总体和历史使命。如果缺乏农业和农村的现代化，整个国家的现代化就无法实现。从中观角度看，基于系统方法认识乡村振兴，要把农业、农村、农民视作一个有机整体，把城市和乡村视作不可分割的社会生态系统，突出城乡融合发展，开辟中国式农业农村现代化道路。从微观角度看，乡村产业高质量振兴发展体系的构建关乎百姓对新生活、新奋斗的殷切期盼。巩固现有成果的同时，又要推动更好的乡村产业发展。乡村振兴是全局性的振兴，要加强制度性保障，整合人力

---

① 魏后凯. 高质量持续推进乡村产业融合发展 [J]. 农村工作通讯，2022，817（5）：30-32.
② 李丽君. 乡村振兴背景下我国乡村建设的实践及经验启示 [J]. 当代农村财经，2023（7）：12-14.

投入、财力保障、物力配置和注意力资源聚焦。①

本 章 小 结

　　建设现代农业强国的重点和难点在于乡村振兴和乡村产业融合发展。如果没有产业的高质量融合发展，乡村无法实现真正的振兴，也不能增长财富，缺乏内生动力。本章详细阐述了乡村产业振兴的内涵和实践逻辑，并深入分析了相关理论内涵。通过选取湖南省宁乡市、江苏省泗洪县和四川省眉山市东坡区的不同产业振兴实践，进行案例剖析和深度分析，提出了乡村产业振兴发展面临的问题，总结其共性规律，为我国乡村产业振兴发展提供了经验借鉴和启示。

思 考 题

1. 新时代乡村产业振兴具有哪些特征？有哪些主要做法？
2. 乡村产业振兴对于我国乡村全面振兴有哪些意义？
3. 我国乡村产业振兴政策实施目前面临哪些困境？
4. 应该从哪些方面对乡村产业振兴绩效进行评价？
5. 本章的乡村产业振兴案例政策有哪些启示价值？

---

　　① 何得桂，邓涛. 习近平乡村振兴重要论述所蕴含的方法论及启示 [J]. 江南论坛，2023（5）：8－12.

第三章　乡村人才振兴案例与分析

【学习目标】

通过本章的学习，应达到以下目标和要求：

1. 了解乡村人才振兴的时代内涵。

2. 掌握乡村人才振兴的主要类型。

3. 了解乡村人才振兴的经验做法与启示。

4. 了解乡村人才振兴的创新路径及趋势。

【本章导读】

本章主要学习乡村人才振兴相关案例内容。第一节重点介绍新时代乡村人才振兴的内涵，理解乡村人才振兴的战略价值与意义；第二节重点介绍陕西省咸阳市永寿县常宁镇新型乡村人才培育、四川省成都市金堂县"金雁工程"项目和山东省济南市"乡村人才振兴专员"三个地区的乡村人才振兴案例的基本情况、主要做法、经验启示等；第三节重点介绍乡村人才振兴的现实挑战及优化路径。

第一节　乡村人才振兴的内涵

乡村振兴，关键在人，乡村人才振兴是保证乡村振兴战略实施的关键。要充分发挥各类主体在乡村人才培养中的作用，完善高等教育对乡村人才的培养体系，加快发展面向农村的职业教育，依托各级党校（行政学院）培养基层党组织干部队伍，充分发挥农业广播电视学校等培训机构的作用，支持企业参与乡村人才培养等。乡村人才振兴在整个乡村振兴系统工程中占有十分重要的战略地位。具体表现为：

一是乡村人才振兴确保了乡村产业振兴的劳动力和人力资本需求。推动乡村产业振兴的核心是建立现代化的农业产业体系，实现乡村一二三产业的深度融合，促进农业内部整合，延伸农业产业链，发掘农业的多功能性，开发乡村新产业和新业态，从而增强乡村产业的实力，为农民提供持续且快速的增收渠道。同时，构建新型的农业生产体系，增强农业生产能力，实施农业综合生产能力提升的重大工程，确保国家粮食安全和主要农产品的供应。此外，构建新的农业经营体系，既要培育新型的农业经营主体，也不能忽略亿万小农户和普通农民，推进家庭经营、集体经营、合作经营和企业经营，而人才振兴是创新生产经营体系的重要基础。

二是乡村人才振兴为乡村文化振兴提供了领导者和目标群体。中华文明深深植根于农耕文化，乡村是这种文明的重要载体。为了推动乡村文化的振兴，需要以乡村公共文化服务体系建设为主轴，培育出文明的乡土风情、优良的家庭风气、淳朴的民风。我们需要使中华优秀文化的精华，如邻里守望、诚实尊重、勤俭节约的文明风尚在乡村得到充分的发展。乡村文化振兴，一方面，需要大量既懂得中华优秀传统文化，又熟知现代科学文化的文化工作人才；另一方面，也需要以各类人才为目标群体，宣传、培育、弘扬社会主义核心价值观，为人才的成长和发展提供精神支柱。此外，更需要大量的乡村优秀文化传承人才、文化产业人才和文化旅游人才。因此，乡村人才振兴是乡村文化振兴的关键因素。

乡村人才振兴在推动乡村生态振兴中发挥着至关重要的作用，它不仅提供了建设者，还为生态产品供给提供了关键的力量。乡村生态振兴是实现乡村全面振兴的重要组成部分，涉及生态农业、生态旅游、生态环保等多个领域。在这个过程中，各类人才的作用不可忽视。他们在乡村生态振兴的各个环节中担任着核心角色，不仅是建设者，更是生态产品供给者。首先，乡村人才是乡村生态振兴的建设者。乡村生态振兴需要从规划设计开始，包括生态农业、生态旅游、生态环保等各个方面的规划设计，都需要有专业知识和实践经验的人才来完成。不仅需要理解生态环保的理念，还需要具备现代科技知识，能够将生态理念与现代科技结合，为乡村生态振兴提供科学的指导和实践的方案。其次，乡村人才也是乡村生态产品的供给者。他们通过自身的努力，将乡村的自然资源转化为各种生态产品，如生态农产品、生态旅游产品等。这些生态产品不仅能够满足市场需求，也是乡村经济发展的重要支撑。最后，乡村人才还可以通过培训和指导，带动更多的乡村居民参与到生态产品的生产中来，从而实现乡村人才的自我增长和乡村经济的持续发展。

乡村人才振兴为基层组织提供了各类人才，成为推动乡村组织振兴的关键力量。乡村组织振兴是乡村全面振兴的重要组成部分，涉及农村基层组织、农民合作社、村企合作等多个领域。他们在乡村组织振兴的各个环节中担任着核心角色，不仅是组织的建设者，更是组织的运营者和发展的推动者。首先，乡村人才是乡村组织振兴的建设者。他们通过自身的专业知识和实践经验，参与和引导乡村组织的建设工作。他们不仅需要理解农村基层组织的运作机制，还需要具备现代管理知识，能够将传统的组织方式与现代的管理理念结合，为乡村组织的建设提供科学的指导和实践方案。其次，乡村人才也是乡村组织的运营者。他们通过自身的努力，将乡村组织运作起来，为乡村社区提供各种服务，如农业技术服务、农产品营销服务等。这些服务不仅能够满足乡村居民的实际需求，也是推动乡村经济发展的重要手段。最后，乡村人才是乡村组织振兴的推动者。他们通过自身的影响力，带动更多的乡村居民参与到组织的建设和运作中来，从而实现乡村组织的自我增长和乡村社区的持续发展。

第二节　乡村人才振兴案例概况

一、陕西省咸阳市永寿县常宁镇激活新型乡村人才创新实践案例①

永寿县常宁镇位于陕西省咸阳市，通过坚持党管人才原则，用好用活人才资源，让各类人才在农村广阔天地大展所能、大显身手，实现了乡村人气"旺"、振兴步伐"稳"的乡村人才集聚创新。

选优"头雁人才"，积极培育"新农人"夯实基层人才基础。2020 年全面决胜脱贫攻坚战之后，常宁镇结合村"两委"换届，坚持优化村级班子结构，选优配强村"两委"班子成员，重点吸引各村的种植养殖大户、专业合作社负责人、复转军人、经商能人、返乡大学生等优秀人才进入村"两委"班子。全力推进村党支部书记、村委会主任和村级集体经济组织法人"一肩挑"。全镇 175 名村"两委"中有种植养殖大户 13 名、专业合作社负责人 21 名、复转军人 4 名、经商能人 20 名、返乡大学生 8 名，为全镇各村打造了一支"永远不走"的乡村振兴人才队伍。

注重"乡土人才"，助力"田秀才"成长激发振兴动能。常宁镇自古以来就是渭北地区的商贸和农业重镇，从事农业生产、商贸交流和各行各业的"乡贤能人"人才济济。近年来，常宁镇立足实际，大力挖掘本土各行各业的能人志士，充分发挥"乡土人才"的号召力和凝聚力优势，带动群众发展各类产业增收致富。能人牵头，政府助力。常宁镇培育了果业生产、畜牧养殖、蔬菜生产、技能型务工等本地"乡土人才"261 名，遍布常宁镇的每个村落，为乡村振兴提供了良好的"乡土动能"。

扶持"创业人才"，形成"乡创客"示范产业人才集聚地。在脱贫攻坚和乡村振兴等政策的激励下，越来越多的农村群众选择立足农村、自主创业。芦笋是一种原产于欧洲的蔬菜，在国际市场上享有"蔬菜之王"的美称。2015 年由本地农民刘涛、张昊等首次在常宁镇引进试种，2019 年该产业初具规模，并成立了富涛、昊天芦笋种植专业合作社。镇政府牵头成立了常宁镇芦笋产业协会，确保芦笋从选种、育苗、

---

① 咸阳市农业农村局. 培育"五类人才"赋能乡村振兴：咸阳市永寿县常宁镇人才振兴典型案例 [EB/OL].（2022 – 09 – 06）[2024 – 05 – 10]. http：//nyj. xianyang. gov. cn/nyxw/ztzl/xczx/202209/t20220906_1138285. html；永寿党建网. 永寿县常宁镇：乡土人才在乡村振兴中"破土飘香"[EB/OL].（2023 – 03 – 07）[2024 – 05 – 10]. https：//www. sohu. com/a/651024992_121106869.

移栽、病虫草防控、施肥、采笋等生产全过程达到标准化、规范化。① 先后为富涛合作社争取国家扶持资金 360 余万元，建成标准化综合示范园、芦笋研发中心、冷鲜恒温气调库，争取行业部门资金建成温室育苗棚 550 平方米，四联动温室种植棚一座，拱棚 22 栋，大田芦笋 2 000 亩。2019 年成功引进本土创业青年王文升成立秦槐合作社发展芦笋种植，争取国家资金 126 万元，建成芦笋种植园 300 亩，配备现代化滴灌设施。目前芦笋产业已经成为常宁镇"一镇一业"的主导产业。常宁镇已累计投入产业扶持资金 6 000 余万元，扶持本地种植养殖合作社和各类种植养殖大户 1 300 余户。②

招引"返乡人才"，注入返乡致富振兴活力。自 2018 年开始，常宁镇坚持每年春节前后组织召开全镇返乡人员座谈会，向在外返乡人员通报一年来的工作成效，推介常宁产业项目。通过几年的不懈努力，常宁镇共吸纳招引在外返乡创业人才 30 余人，从事的行业有规模化种植养殖、农副产品加工、商贸服务等。通过"返乡走亲"活动招引回的"三兄弟"西安餐饮有限公司，投资 3 000 余万元在上邑街道建成了永寿县秦福园食品厂，总占地面积 7 500 平方米，建设包子生产线两条，现有员工 105 名，生产管理人员 25 名，年产值达到了 3 200 万元以上。2021 年全年共采购镇区内种植的辣椒、茄子、大葱等新鲜蔬菜价值 600 余万元，发放务工人员工资 420 万元。截至目前，全镇返乡青年创办农产品加工企业 5 家、肉牛养殖场 3 个、蛋鸡养殖场 1 个，发展大棚蔬菜 190 多座。③

用活"驻村人才"，提升治理能力。常宁镇立足镇域实际，充分发挥派驻工作队员的行业优势，为基层有效治理、乡村全面振兴注入了新的活力。县交警队派驻果纳村工作队，在全镇开展为期一个多月的交通安全宣传月活动，在镇区集中开展机动车违停整治 10 多次，有效杜绝了农用车载人、车辆乱停乱放等交通安全隐患。县财政局派驻南章村工作队结合行业部门优势，为村上争取资金 50 多万元，将村上多年的"垃圾沟"进行了规范化治理。市统建办派驻良左村工作队先后 6 次组织群众赴咸阳市民文化中心参观学习。县医保局派驻和平村工作队在全镇各村组织开展健康知识宣传 60 余场次。县林业局派驻陈家村工作队为本村协调各类绿化苗木 1 500 余株。通过各驻村工作队的辛勤付出，使基层治理能力和治理水平得到了有效提升。④

①② 永寿县常宁镇：乡土人才在乡村振兴中"破土飘香"［EB/OL］.（2023 – 03 – 07）［2024 – 05 – 10］. https：//www. sohu. com/a/651024992_121106869.

③④ 咸阳市农业农村局. 培育"五类人才"赋能乡村振兴：咸阳市永寿县常宁镇人才振兴典型案例［EB/OL］.（2022 – 09 – 06）［2024 – 05 – 10］. http：//nyj. xianyang. gov. cn/nyxw/ztzl/xczx/202209/t20220906_1138285. html.

二、四川省成都市金堂县实施"金雁工程"人才振兴实践①

金堂县位于成都市东北部，紧邻成都国际铁路港和天府国际机场，是成都辐射川东北的重要门户。近年来，随着县域工农业经济快速发展、生活配套设施不断完善、东西部务工收入差距逐步缩小，外出务工人员不断带着技术、资金等返乡创业，省外转移就业人数由 18 万余人降至 5 万余人，正逐渐由"外出打工大县"转变为"返乡创业大县"，为乡村振兴注入强劲动力。金堂县通过大力实施"金雁工程"，促进各类人才向农村汇聚。打造形成一支懂农业、爱农村、爱农民的"三农"工作人才队伍，引领和推动乡村振兴战略落地见效。先后荣获"全国农村创业创新典型县""全国乡村一二三产业融合发展先导区""全省返乡下乡创业工作先进县"等荣誉称号。

（一）实施"金雁回巢"行动

以成都（金堂）籍外出务工人员、创业经商人员、高校毕业生、退役军人等群体为重点，通过政府引导、政策支持、搭建平台等举措，鼓励和吸引广大优秀人员返乡创新创业，形成了人才回引、智力回归、资金回流的"归雁效应"。

一是开通归雁返乡"导航"。利用好外出集中地党组织，统筹农民工服务中心、驻外机构、商会等资源，在北京、东莞等外出务工农民工集中地建立农民工党组织，每年给予一定经费支持，在东莞、福州等地建立农民工服务站，加强外出农民工管理服务，做好优秀农民工的回引培养。建立优秀农民工人才库，通过县、镇、村、组联动，流出地与流入地互动，以村（社区）为单位，全面摸清本地农民工情况，根据工作经验、所在行业、技能特长以及回乡意愿等情况，建成县、镇、村三级农民工人才库，入库人员达 1 600 余人。强化优秀农民工精准回引，每月定期发布投资机会清单、创业机会清单、就业机会清单"三张清单"，对有意向回乡创业就业优秀农民工，按照"一人一策"精准回引。累计开展"春风行动"、网络"云招商"、直播带岗等线上线下招聘会 215 场，提供就业岗位 2.91 万余个，吸引求职者 1.45 万余人（次）。

二是发布归雁创业"红利"。强化创业政策扶持，依托政务服务大厅开通农民工创业绿色通道，在公司注册登记、社保医疗、住房保障、子女入学等方面高标准、全方位为返乡创业者保驾护航。向首次创业且正常经营 1 年以上的返乡农民工，给予10 000 元的一次性创业补贴。做好创业税费减免，对返乡下乡创业人员创办的企业符合小微企业、涉农企业、养老服务企业等优惠政策条件的，给予相关税收优惠。对符合条件的军队转业干部从事个体经营的，自领取税务登记证之日起，免征 3 年增值

---

① 中共金堂县委组织部. 四川金堂县：实施"金雁工程"做强乡村振兴人才支撑［EB/OL］. (2022 – 08 –
09)［2024 – 04 – 01］. http：//dangjian. people. com. cn/n1/2022/0809/c441888 – 32498377. html.

税。为全县 3 217 家企业阶段性降低失业保险费率，减轻中小微企业社保、稳岗负担。落实金融扶持政策，推出"振兴贷""农 e 贷""蓉易贷"等信用贷款产品，向村组干部、返乡农民工、退伍军人等致富带头人办理创业担保贷款 516 万元。对以个体身份参加企业职工基本养老保险的农业职业经理人给予 60% 的缴费补贴，2021 年为 481 名农业职业经理人给予社保补贴 191.1 万元。

三是提升归雁创业"能量"。实施学历提升计划，依托县委党校、农广校资源，开设优秀农民工学历提升班，鼓励农民工报读专科及本科学历在职教育，对取得相应学历的予以学费补贴。提升基层"两委"干部学历水平，对参加大专及以上学历班的村组干部，给予 80% 的学费补助，累计为 786 名村干部提升学历。提升创业本领能力，实施"返乡创业培训专项行动"，对有培训意愿的返乡人员至少开展一次"创业＋技能"培训，取得培训合格证书的，按每人 1 600 元标准给予补贴，已累计培训 5 000 余人。引导返乡创业企业职工参加技能提升培训，培训合格并取得职业资格证书或职业技能等级证书的，按 1 000～6 000 元/人的标准一次性给予培训补贴。搭建创业服务平台，依托现有农业产业园区、闲置厂房等库存资源，融合发展返乡创业孵化基地。优化返乡创业服务，根据返乡创业者需求，开展项目开发、方案设计、风险评估、跟踪扶持等"一条龙"创业服务。目前全县已创建全国农村创业创新基地（园区）3 个、院士（专家）工作站 1 个。

（二）实施"金雁领飞"行动

以村（社区）党组织书记、农业企业负责人、家庭农场主、农民带头人、乡村合伙人等群体为重点，通过实施能力培育、政策支持、服务保障等举措，形成了组织带领、骨干带头、能人带富的"头雁效应"。

一是实施农村"好支书"培育。遴选培育对象，镇（街道）深入开展调研走访，结合村（社区）党组织书记综合能力及现实表现，遴选 30 名"好支书"培育对象，每年评选表扬 20 名"金堂县新时代担当作为好支书"，计划用 5 年时间，培育锻造 100 名"好支书"。实施精准培育，在城市重点培养善治理的社区党组织书记，在农村重点培养懂发展的村党组织书记。通过开展引领能力提升、发展能力提升、治理能力提升、服务能力提升、创新能力提升五大行动，分批分类培育能带头、懂经营、善治理、有情怀、会创新的五型"好支书"。建立培育机制，明确 1 名镇（街道）领导班子成员联系指导 1 名"好支书"培育对象。开展村（社区）党组织书记"擂台比武"，对"好支书"培育对象实行动态管理，培育期间出现违规违纪等负面情况的，取消培育资格。

二是实施农业"好老板"培育。加强农业企业家培育，建立形成领导挂钩服务机制，制定"一企一策"帮扶措施，及时解决企业发展遇到的困难和问题 300 余个。支持企业申报国家级、省级农业产业化重点龙头，推动企业做大做优做强。全县已培育市级以上农业产业化龙头企业 34 家。以农业龙头企业老板、农业公司负责人等为重点，每年评选 10 名对全县农业产业带动能力强的"十佳农业企业家"。加强家庭农场主培育，鼓励各类人才创办家庭农场，支持乡村本土能人、有返乡创业意愿以及科技人员等人才创办家庭农场。全县累计发展家庭农场 1 073 家，农业专业合作社 1 168 家。以家庭农场主、农民合作社理事长等为重点，每年评选 10 名在带动小农户发展等方面发挥示范作用的"十佳家庭农场主"。加强乡村合伙人培育，深入开展"乡村振兴合伙人"行动，在农业生产和农产品加工流通等领域，采取资金合作、技术入股、专业服务等形式，组织引导 300 余名民营企业家、创业者、金融投资者等各类人才与村（社区）开展"一对一"结对合作，带动乡村经济发展。以民营企业家、各类帮扶人才为重点，每年评选 10 名为我县乡村振兴贡献力量的"十佳乡村合伙人"。

三是实施农民"好榜样"培育。加强新型职业农民培育，创新培训模式，年均培训农户 4.5 万人次以上，突出产业导向，培育壮大乡村产业人才队伍，全县累计培育持证农业职业经理人 2 441 人、高素质农民 3 348 人，形成了一支有文化、懂技术、善经营、会管理的农村实用人才队伍。以新型职业农民、农业职业经理人等群体为重点，每年评选 10 名在全县乡村产业振兴方面起带头表率作用的"十佳职业农民"。加强农村技能人才培育，依托培训机构、职业院校的资源优势，加大农村高技能人才和乡村工匠培养力度，全县累计培育乡村工匠 600 余人。认定国家级农村人才 1 人，省级农村人才 12 人，"成都十佳农业职业经理人"等市级农村人才 30 余人。以"土专家""田秀才"等农村技能人才为重点，每年评选 10 名在乡村创新创业方面起示范带动作用的"十佳乡村工匠"。加强本土乡贤人才培育，传承发扬优秀传统文化，建立以优秀基层干部、道德模范、身边好人为代表的乡贤队伍，绘制金堂籍外出乡贤人才分布地图，建立 2 000 多人的乡贤人才库。以群众口碑好、社会影响力大的人群为重点，每年评选 10 名在乡风涵养、矛盾化解、乡村治理中发挥积极作用的"十佳最美乡贤"。

（三）实施"金雁丰羽"行动

以农村青年群体为重点，通过高质量发展农村青年党员、广泛储备村级后备干部队伍等举措，推动形成乡村青年人才回流、素质提升、共谋发展的"群雁效应"。

一是高质量发展农村党员。把好入口精选苗，注重从村组干部、返乡毕业生、优秀农民工、致富能手中发展党员，每年拿出 50% 以上农村党员发展名额优先发展农民工党员，2021 年发展优秀农民工党员 42 人。规范流程不走样，坚持发展党员由镇（街道）党（工）委和县委组织部"双重预审"制度，严格按照《党章》和《中国共产党发展党员工作细则》有关规定，做到五个阶段 25 个步骤程序不简化、不变通、不走过场。创新机制求实效，坚持把发展党员作为书记工程，健全结对联系、双向培养等制度，强化部门协作，联动抓好农村人才培养、推荐。推行入党积极分子积分制管理，制定量化考核细则 4 个，实行正向加分和反向扣分，择优按照程序从优秀等次人员中确定发展对象。

二是广渠道储备后备队伍。组建青年人才党支部，在 16 个镇（街道）全覆盖建立青年人才党支部，镇（街道）党（工）委副书记兼任支部书记。将 992 名青年人才纳入青年人才党支部管理，通过见习跟班、设岗定责、定期培训等方式，集中培养村级后备干部。实施优秀大学生下乡计划，开展青年创新创业就业筑梦行动，建立引导和鼓励高校毕业生到基层工作长效机制，做好新录用选调生到村任职工作，将新录用选调生优先安排到乡村振兴重点村任职，实现每个村至少有 1 名大学生村干部。实施村级干部储备工程，注重拓宽选人视野，持续选拔优秀农民工、退役军人、致富能手等进入村（社区）"两委"班子，推行新进"两委"人员试岗制度，防止"三分钟"热度。将优秀的乡土人才优先列为村级后备干部培养人选，实行镇村班子成员"一对一"结对联系培养，累计储备 610 余名后备力量。

三是多举措培育乡土人才。分类识别选才聚才，深入农村、基层一线摸底调研，以回乡知识青年、复员退伍军人和带富能力强、政治素质高的村民、大学生村官等为主要对象，建立乡村创业就业人才管理库，目前已录入人才档案信息 200 余条，分类别、分领域实行跟踪培养和管理服务。精准施策培才育才，整合人社、农业农村、文旅等部门培训资源，采取外出培训、参观考察、田间课堂、网络教室等培训方式，根据不同人才的培训需求，分门别类地对乡土人才实施精准培育，增强乡土人才引领发展的新优势。多管齐下留才用才，加强乡村人才工作力度，建立农村人才工作站，做实一线服务保障工作。组织驻村第一书记和工作队员与所驻村干部相互学习提高，分别联系 1 名以上党员致富带头人，示范带动广大党员群众增收致富。

三、山东省济南市"乡村振兴工作专员"选聘案例①

自 2019 年以来，济南市通过市场化机制选聘乡村振兴工作专员，已为本土人才回流搭建了制度平台，成为政府主导下的市场化选聘机制建构的实践典型。

乡村振兴内源式发展是乡村内生力量和政府、社会组织、市场等外生力量有机结合的结果，而推进政府主导下的市场化选聘机制探索，是实现乡村人才振兴内源式发展的重要实践路径。自 2019 年以来，济南市面向全市 35 周岁以下、大专及以上学历的原籍大学生，集中选聘 2 790 名乡村振兴工作专员（以下简称"专员"）到村任职，已覆盖全市 58.2% 的村庄。济南市乡村振兴工作专员队伍不断发展壮大，已成为影响未来村庄治理结构和治理能力、推进乡村振兴的重要力量来源。济南市选

---

① 常明杰. 从嵌入到融入：政府主导、市场机制协同与乡村人才振兴：基于济南市选聘"乡村振兴工作专员"的案例分析［J］. 农村经济，2022（7）：129－135.

聘"乡村振兴工作专员"的具体运作既要受到基层政府部门的规范,又要受到村庄治理结构的影响,还要受到市场化、社会化导向的约束。从具体运行来看,已经形成了不同于派驻工作队制度(如"第一书记""三支一扶"等)的实践特征。

1. 实行政府主导下的市场化运行机制,构建"去科层化"的实践路径。

济南市选聘"乡村振兴工作专员"是由政府部门委托第三方人力资源服务机构,组织考录、签订聘用合同的市场化探索,其目的是培育能够融入乡村社会、推进乡村振兴的内生力量。特别是针对当前农村两委班子后继乏人、青黄不接,单靠村级自身培养已不能满足班子建设的现实需要,乡村振兴工作专员的逐步融入,可以为乡村社会发展提供稳定的人员支撑和力量来源。相较于"三支一扶""第一书记"等驻村工作队的选派式、嵌入式实践,乡村振兴工作专员不是单纯以公共权力和行政推动为基础的运动式、动员式治理,而是以去科层化、市场化方式实现人员由嵌入到融入的衍进实践,目的是通过市场化途径建构村庄内源式发展的动力机制。因此,其具体运行过程具有从嵌入到融入的引导、演化、过渡、衍进的特点,这"较好地诠释了身处制度体系与农村社会双重场域下"的专员实践路径,而专员能否实现由嵌入到融入的跨越,则要受到个人因素、村庄治理结构以及公共政策引导等多方面因素的影响。

2. 探索人员的结构性融入机制,培育乡村振兴的内生力量。

就岗位性质而言,"乡村振兴工作专员"被明确界定为"村级组织特聘岗",实行市场化、社会化选聘,进行合同制管理,由镇(街道)和村党组织安排,合同期内所聘用人员须在村全日制工作,这从政策上明确了专员的身份归属和角色定位。就其职责和任务而言,专员全面参与本村治理事务,具有与村两委协同一体的特点,他们共同致力于党务、村务、社务,做好本村乡村振兴、脱贫攻坚、基层治理、基层党建等工作,这从根本上有别于"驻村第一书记"、扶贫书记等标签化的外来"帮扶力量",并逐步发展成为一种行政推动与内源发展有机结合的"内生型"乡村振兴实践模式。就其培养使用而言,乡村振兴工作专员由选聘单位结合实际工作作出安排,一般回原籍或户籍所在村任职,具有正式党员身份的一般任村党组织书记助理,非正式党员一般任村民委员会主任助理,也可担任村级其他组织负责人。同时,明确了乡村振兴工作专员全部纳入区县"村干部后备人才库"的原则,实质上为其打通了融入村庄权力结构的通道,强化了专员的身份归属。对于具有党员身份且表现优秀的专员,上级党组织亦可通过指派形式使其加快进入村支部委员会,形成了发展党员与选聘任职"双优先"的运行机制。从岗位性质、职责任务和培养使用等基本向度上来看,乡村振兴工作专员的实践模式避免了外部力量机械嵌入造成的"结构性排斥"现象,而专员在形式上、结构上的初步融入是推进其实质性融入的基础和前提。

3. 提升村民对乡村振兴工作专员的政治信任度。

乡村社会是以血缘、地缘、风俗文化等要素为基础的"人情社会",在差序格局鲜明的乡村社会圈子中，长期以来村庄原生权力结构成为制约村民对外来力量政治信任度的重要因素。从政策取向来看，乡村振兴工作专员的选拔在选拔标准、选拔范围、岗位性质、工作职责、角色定位等维度上强化了乡土情怀、本土元素，专员回户籍所在村任职也为其融入村庄治理结构奠定了基础和前提。尤其是从选拔标准和选拔范围来看，乡村振兴工作专员的选拔突出了热爱农村工作，志愿长期扎根基层一线的政治情怀和乡土情结，而且也将"原籍或户籍一般为报考岗位所在镇（街道）"纳入招聘条件进行特殊考量，明确从本土本乡大学生中选聘乡村振兴工作专员，这在一定程度上契合了地缘政治、乡土政治运作的一般规律，形成了与当地本土文化模式相契合的市场化选人用人机制，推进了乡村人才选拔的本土化社会动员机制建构。这种基于熟人关系网实现的人才选用，不仅可以识别村庄发展所需的人力资源，降低资源识别成本。同时，从实践取向来看，专员工作的日常化、常态化、长期性，有利于密切专员与群众之间的关系，实现专员与村民、村庄的良性互动，提升村民对专员的政治信任度。综上，由政府主导、市场机制协同促进乡村人才振兴的具体探索，已经构建起了"政府市场行动目标"的实践机制（见图 3 – 1）。

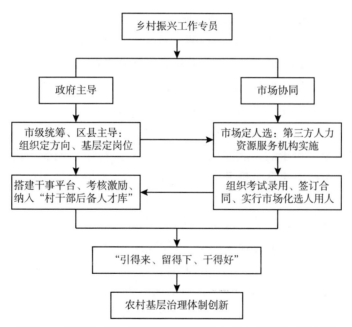

图 3 – 1　政府主导与市场机制协同下的乡村人才振兴实践机制

　　资料来源：常明杰. 从嵌入到融入：政府主导、市场机制协同与乡村人才振兴：基于济南市选聘"乡村振兴工作专员"的案例分析［J］. 农村经济，2022（7）：129 – 135.

第三节　乡村人才振兴案例分析

实施乡村振兴战略，人是第一要素，必须破解人口、人才"瓶颈"制约。实施乡村人才振兴，首先，要调整优化人口政策，让农村有人气；其次，要把乡村人力资源开发放在重要位置，汇聚全社会的力量，强化乡村振兴的人才支撑；最后，要畅通智力、技术、管理下乡通道，造就更多乡土人才，聚天下英才而用之。

一、乡村人才振兴的实践创新经验启示

通过市场化机制完善乡村人才振兴选聘路径，经过近几年的探索已经取得了一定成效。从济南市选聘"乡村振兴工作专员"的实践探索来看，专员的选聘已经对乡村振兴和基层治理产生了积极影响。

（一）为优化村"两委"班子成员配置提供了直接力量来源

从嵌入到融入的市场化运行机制，使得乡村振兴工作专员成为优化村"两委"班子成员配置最稳定的力量来源，并日渐发展成为未来村庄治理的内生力量。这一探索有效解决了村干部老龄化严重、能力弱化、思维模式固化、后继乏人等问题，对于促进村干部队伍转型升级产生了积极影响。据调查，目前济南市在岗的乡村振兴工作专员平均年龄约为29岁，比现任村干部平均年龄低20岁，全市在岗的乡村振兴工作专员均为大专及以上学历，比现任村干部大专以上学历比例高87%。专员嵌入乡村，逐步融入村"两委"班子后，能够从根本上改变很多村庄"两委"班子老龄化严重的问题。特别是在村"两委"班子换届选举过程中，鼓励专员积极参选，充实进入村级班子，更能激发专员们的工作热情，发挥其服务"三农"的作用。根据调研数据统计，目前已有366名专员进入村"两委"班子，部分村庄实现了"60后""70后""80后""90后"老中青梯次配备、新老搭配，不仅优化了村"两委"班子成员的年龄结构，而且渐次改善了村庄治理结构。总的来说，专员的嵌入与融入将会使得村"两委"班子成员在年龄结构、知识结构、能力结构等方面实现优化重组，并从长远上对乡村社会治理的行为方式、思维模式和实践机制产生积极的影响。

（二）乡村人才的市场化选聘是对国家派驻工作队制度的有益补充

国家派驻工作队制度可以追溯到苏联社会主义建设时期的探索和示范，是以政治动员为根本特征的外力型嵌入机制。20世纪80年代中期，党政机关抽派干部深入基层参与扶贫，形成了具有中国特色的扶贫工作队制度和国家派驻工作队制度。党的十八大以来，国家派驻工作队延伸到乡村社会治理的各个层面，国家派驻工作队制度在

助力农村脱贫、村庄治理、基层组织建设等方面发挥了重大作用。但是，派驻工作队等外力型政治动员机制，工作人员往往具有"双轨身份"，常常形成派出单位"鞭长莫及"、授包单位"不易管理"的"自由人"，而且外部力量的机械式嵌入，往往依靠外部资源注入为乡村发展提供动力，不利于乡村振兴社会动员机制建构。相比而言，乡村人才的市场化选聘则采用能进能出的市场化、本土化、专职化选人用人形式，注重培育能够融入乡村社会的内生力量。这既可以将市场化治理方式融入乡村治理网络，又可以有效地通过市场化机制实现人员的激励和优胜劣汰，避免留下"包袱"，给基层政府造成负担，因而这一探索已经成为对国家派驻工作队制度的重要补充。

（三）提升了乡村治理能力，解决了村干部能力不足问题

乡村治理的信息化时代已经到来，推进村级干部队伍进行结构整合与能力提升，已经客观地成为乡村社会治理转型升级的时代诉求。实践中，乡村振兴工作专员充分发挥了年纪轻、观念新、干劲足的优势，积极投身基层党建、脱贫攻坚、环境整治、矛盾调解、疫情防控、农村电商等工作，促进了乡村工作转型升级。据统计，在乡村振兴工作专员的推动下，济南市已经有1 000多个村建立村级标准化档案，300多个村成立了村级电商平台。专员为乡村治理带来了生机活力，一定程度上解决了村干部思想观念陈旧、创新意识薄弱、能力不足的问题。近两年的实践探索，济南市乡村振兴工作专员队伍中涌现出了一批先进典型，他们在建立村庄改厕台账、基层党建工作、建立"便民服务站"和清理农村"三资"（资金、资产、资源），以及把多处荒片荒地收归村集体管理等方面的工作，得到了所在村村民和基层政府的一致认可，成为逐步融入村庄治理结构的骨干力量。

（四）畅通了人才返乡渠道，为乡村人才振兴搭建了平台

农村的空心化和年轻人的流失是制约乡村社会发展的根本性障碍。一方面，各级党委政府大力呼吁年轻人才到广大农村施展才华、建功立业，为乡村振兴贡献力量；另一方面，实践中缺乏人才融入乡村的平台和渠道，特别是对年轻人而言，回乡发展缺少合适的通道。选聘乡村振兴工作专员可以为大学生和青年人回村发展打通渠道、搭建平台，推进形成引导大学生扎根基层、奉献农村的重要政策机制。从2019～2020年济南市乡村振兴工作专员的招录报名的情况来看，有近2万名大学生报名参与招录考试，这一举措为人才回流畅通了渠道，搭建了干事创业的平台，在一定程度上解决了人才返乡渠道不畅、平台不优的难题。同时，专员在实际工作中也借助此平台实现了自身价值，得到了村民和社会的认可。

（五）强化激励机制，提高职业农民参与规模经营积极性

主动适应新型职业农民队伍建设的需求，积极支持新型职业农民直接投身农业生

产经营活动，重点推进农民职业化，夯实发展农业适度规模经营的基础。一是对职业经理人加大扶持力度。对本县（市）有一定贡献的农业职业经理人，可享受粮食规模种植补贴、城镇职工养老保险补贴、信用贷款贴息扶持等，健全产业、社保、金融等扶持政策体系。农业职业经理人领办、新办土地股份合作社、家庭农场，符合农机购置补贴的，除享受国家农机购置补贴政策外，优先享受本级财政追加补贴；评定为初级、中级、高级农业职业经理人的，金融机构分别给予不同层次的信用贷款支持。二是加大规模经营扶持力度。农业职业经理人领办或新办农民合作社、家庭农场，发展农业适度规模经营的，优先推荐享受相关专项资金扶持；对中级以上农业职业经理人开展粮食规模化生产，优先享受粮食烘干设施项目立项和补贴；鼓励农业职业经理人受聘或领办土地股份合作社、家庭农场，带动不同市场主体发展多种形式的农业适度规模经营。三是加大创新创业扶持力度。实施农业创新创业引领行动，鼓励农村高校毕业生回乡创业，对毕业 5 年内的高校毕业生取得农业职业经理人证书，首次受聘或领办新型农业经营主体 6 个月以上，一次性给予 1 万元奖励。

二、推进乡村人才振兴的有效路径

（一）加快乡村人才资源的开发和培育

1. 调整优化人口政策，让农村有人气。

没有乡村人口数量的基本稳定，乡村衰落不可避免；如果仅靠留守在乡村的老人，乡村振兴显然不可能实现。要解决我国大规模城镇化过程中日益严重的乡村人口流失和结构失衡问题，需要在稳定"三孩生育政策"的基础上，构建农村人口有序流动的调节机制，保证人口流向的正确性、流量的适度性、流速的可控性和结构的合理性。应深化户籍制度改革，让农民可以从容地在城市落户，推动城市人口流向乡村，使乡村既留得住美景又留得住人。更重要的是，让乡村的创新、创业变得更为便利，让那些走出去的乡村人才带着城市的经验、能力和理念返回乡村，结合乡村的优势资源进行创业，从而为农村带来生机和活力。

2. 把人力资源开发放在重要战略位置。

乡村振兴说到底是亿万农民自己的事业。人才振兴正是亿万农民素质提升的一次巨大变革，劳动力综合素质的提升，是衡量乡村振兴成效的重要尺度。在推动人才振兴中，任何时候都要坚持以农民为主体，树立科学的人才观。既要重视人才培养和引进，为乡村振兴提供强大的人才支撑，也要重视劳动力资源开发和利用。要不断加强和改进党对"三农"工作的领导，真正把党管人才工作覆盖到农村，并把农村人才队伍建设纳入考核体系。把人力资源变成人力资本，打造一支推动农业农村发展的主力军。

3. 打造强大稳固的乡村人才队伍。

乡村振兴既离不开土生土长的乡土人才，也离不开四面八方的返乡人才；既要抓好科技人才、管理人才的振兴，也要注重挖掘能工巧匠和乡土艺术家。构筑"内外"结合、多层次的人才梯队，让愿意留在乡村、建设家乡的人留得安心，让愿意"上山下乡"、回报乡村的人更有信心。让那些有号召力的带头人、懂技术的"土专家""田秀才"、善经营的"新农人""农创客"，在乡村振兴进程中起到实质性带头作用。把到农村一线锻炼作为培养干部的重要途径，形成人才向农村流动的用人导向，造就一支懂农业、爱农村、爱农民的稳定工作队伍。

（二）培育新型职业农民，夯实乡村人才基础

建设一支爱农业、懂技术、会经营的新型职业农民队伍，是率先实现四川省农业现代化的基础和保障。在职业农民培育过程中，应由各县农业主管部门牵头，联合人力资源和社会保障、教育、财政等多部门，实行部门联动、多路并进的联合培养机制。在解决"谁来种地"的问题上设定一定的准入门槛，逐步实行职业资格准入制度，探索从低到高依次有农业职业教育证书、农业专业证书、农业技术员证书、高级技术员证书的层次分明、逐级晋升、职业准入模式。新型职业农民培育既要符合当地农村发展实际，又要符合农民的实际需求，应分类施策。

一是强化技能培训，提升传统务农型人才的从业水平。提升一批对农业有经验、爱农业的"老农"的从业水平。针对目前四川省农村劳动力老龄化的现状，对这部分年龄偏大、文化水平不高但实际农事操作经验丰富的农民，按照"干什么、学什么，缺什么、补什么"的原则设计课程，以"课堂讲授＋学习观摩＋实际操作"相结合的方式开展培训，提高他们的专业技能和业务水平。

二是半农半读，提升农民学历层次。充分利用国家涉农中专免学费政策，积极发动各县（市区）农业类学校开展招生，按照"招得进、留得住、学得会、用得上"的办学精神，坚持紧跟产业、贴近农民的原则开设专业。做到因地、因时、因需制宜，与现代农业发展和农民的实际需求无缝对接。在教学形式上做到下沉重心，就近办学，送教下乡，送教进企，把优质的教学资源送到农村，把学校办到家门口，改"黑板上种庄稼，教室里养牛羊"为"家门口学理论，种养场里学技术"。让农民不离土不离乡，学习生产两不误，边学习边实践，边生产边示范，学以致用。

三是开展创业培训，提高返乡创业型人才的从业能力。有志于农业的返乡创业新型农民将成为农业生产的主力军，他们中的一些已经成为种养专业大户、家庭农场主、农民合作社的带头人或农业企业的负责人。这类返乡创业新型农民中有一定文化水平的返乡农民工、退役士兵或在外发展的成功人士。对这类人员采用综合课程、专题课程、专业课程相融合的课程体系，以"课堂教学＋现场教学＋结对服务"的三

段式模式开展培训，提高他们的生产经验、管理水平以及创业致富能力，并起到引领作用，推动农业的健康发展。

四是联合定向培养，提供未来职业农民的来源。新型职业农民是未来现代农业经营的主导力量，他们事关未来"谁来种地"的问题。致力于培育"学历＋技能＋创业"型农民大学生，聘请知名院校教授、省内科研院所专家、农技推广人员和具有丰富实践经验的种养经营大户为新型职业农民培训师资。围绕地方农业主导产业发展需要，选取自愿从事农业的优秀初高中毕业生，采取政校合作、定向招生、定制课程、定岗培养的方式，参照近年来培养公费师范生、医学生的政策，在农业院校、农科类专业中探索开展公费农科生招生试点，对贫困家庭学生给予适当资助，为四川省提供未来职业农民来源。

五是壮大新型农业经营主体，培育内容重点向提升管理能力倾斜。当前新型职业农民的培育重点是选出一批长期从事农业生产、有一定产业规模、文化素质较高的专业大户、家庭农场主、农民合作社带头人、农业企业负责人等，将其作为生产经营型职业农民的培养对象。在培育内容上不仅要注重农业生产技能，更要注重提升其农业经营管理能力，如承担涉农项目的能力、农产品加工仓储冷链物流管理能力、大宗农产品订单收购服务能力、土地资源生产经营保护管理能力、营销贷款管理能力、个体信用管理能力、风险管理能力及保险产品管理能力等。这些能力是创新农业经营方式、培育壮大新型农业经营主体的基本要求。

（三）构建乡村人才振兴市场化协同选聘机制

乡村人才振兴的市场化协同机制建构及其规范化、常态化、制度化运作，是对驻村工作队等政治动员机制的市场化补充，在实践中发挥了先进典型示范引领作用，能够推进建构村庄内源式发展的社会动员机制，具有较强的可复制性、可推广性、可持续性。为此，要突破压力体制下外源型政治动员的路径依赖限度，在派驻工作队制度的基础上，建构与乡土逻辑相契合的村庄内源式发展的社会动员机制，在科层化派驻的实践探索与去科层化的路径建构中，寻求内生性融入与外力型嵌入的有机结合，通过进一步加快实现政府机制与市场机制的有效互补，建强村干部后备储备队伍，努力打造一支整体素质不断提升、老中青梯次配备、后备力量储备充足的乡村干部队伍，为持续推进乡村全面振兴提供坚强的组织保障，形成以组织振兴引领推进乡村振兴的实践格局。

1. 强化市场化选聘人员的顶层设计，建立一套可持续的制度安排。

在经济社会转型、推进经济社会进步的过程中，政府的主要手段之一就是公共政策。因而，完善的顶层设计不仅可以为乡村人才振兴市场化选聘提供一整套政策支撑，还可以为推进乡村振兴市场化选聘实践奠定基础和前提。一方面，从选拔任用、管理监督、教育培训、激励保障、考核评价等方面形成制度化、规范性、宏观性的政策指导，加快建立一整套完善、可持续的制度安排，为区县和乡镇展开基层实践提供指导。另一方面，从总体上建立健全"省级规划、市级统筹、区县主导、第三方实施"的政策支撑体系，把市场化手段引入乡村治理，在政府机制与市场机制的协调作用下推进乡村人才振兴。

2. 促进市场化选聘人员政策设计与政策宣传的对称性。

公共政策设计与公共政策信息宣传的不对称，常常会造成人们的非理性选择，导致个人预期与政策效果不一致的偏差，最终影响政策目标的有效实现。在政策设计与政策宣传中，市场化选聘人员要凸显其市场化运作的特点，同时又要充分考虑乡村社会的具体情况，突出选人用人的乡土情怀和本土化取向。乡村振兴通过市场化机制选聘人才并不是"三支一扶""大学生村官"等政府动员制度的延续，更不是驻村"第一书记"等工作队制度的变体。其选聘条件相对于事业编制和公务员编制人才选拔相对较低，选聘范围框定为本土本乡大学生，目的是要确保选聘人员能够引得来，更能留得下。因此，市场化选聘人员政策设计的初衷要与政策宣传形成一致性，避免基层政府和选聘人员对政策的误读，导致选聘人员心理预期较大、工作不安稳、流动性较强等问题。

（四）创新市场化促进人才振兴的选聘分类管理和保障机制

1. 为市场化选聘人员建构完善的激励保障机制。

建立健全乡村人才振兴的市场化选聘机制，要以建构完善的激励保障机制为基础。通过加快建立省市县（区）分级负担的激励保障机制，为保障市场化选聘人员能够引得来、干得好、留得下提供物质保障。具体而言，首先，要完善专员工资正常增长机制。在建立基本工资正常增长机制的基础上，要加大绩效工资比重，探索设立针对市场化选聘人员的专项奖励，让选聘人员的工作实绩在待遇上得到充分体现，发挥激励作用。其次，要拓宽市场化选聘人员的收入渠道。对进入村"两委"的人员，要保留其原有待遇，同时允许其享受村干部绩效奖励和各种单项奖励，并鼓励有条件的农村集体经济组织根据实际情况为市场化选聘人员提供相关的福利待遇。最后，要推进市场化选聘人员的社会保险落地落实。鼓励县区为市场化选聘人员缴纳"五险一金"，省级、市级财政按照一定比例进行专项配套，切实建立健全市场化选聘人员的保障机制。

2. 对市场化选聘人员实施精准化分类分区管理和动态监测。

首先，在完善顶层设计基础上，各区县、街镇要根据村庄发展实际对市场化选聘人员建立数据库，实施分层分类管理，建立市场化选聘人员与村庄联动考核机制，摒弃"一刀切"的考核评价体系，对表现优秀的人员进行跟踪管理、重点培养。其次，要加强市场化选聘人员的教育培训，特别是要加快建立"市级抓示范培训、区县抓提升培训、街镇抓日常培训"的分级分类培训体系，提升市场化选聘人员熟悉乡村、融入基层、推动振兴的能力。再次，要建立市场化选聘人员数据库，对人员实施动态监测，及时了解不同区县市场化选聘人员的薪资待遇（基本工资、绩效工资、单项奖励、社会保险）、工作实际（驻村情况、工作情况、工作成效、民主评议）、工作环境（工作压力、加班情况）、心理状态，为乡村振兴培育稳定的村级干部队伍。最后，利用大数据技术重塑人力分析和人力资源管理，实现对乡村振兴市场化选聘人员的科学化管理，加快网络化、信息化、数据化管理机制的重塑。

本 章 小 结

乡村振兴，人才为先。人才是乡村振兴的关键要素，人才振兴是乡村振兴的重要支撑。本章重点通过对陕西省咸阳市永寿县常宁镇新型乡村人才、四川省成都市金堂县"金雁工程"乡村人才和山东省济南市"乡村振兴工作专员"选聘三个典型案例进行分析研究，通过创新性开发乡村各类特色优秀人才，因地制宜制定适合的乡村人才振兴的有效策略。针对农业生产经营人才、农村二三产业发展人才、乡村公共服务人才、乡村治理人才、农业农村科技人才等不同类型的乡村人才培养，需要因地制宜、各有侧重，根据自身发展方向有的放矢地引育适合人才。解决基层乡村"引不进人、留不住人"等现实难题，找准产生问题的根源，深化乡村人才发展制度改革，完善人才服务乡村激励机制，让农村的机会吸引人，让农村的环境留住人。

思 考 题

1. 新时代乡村人才振兴有哪些类型，不同人才振兴的着力点是什么？
2. 新时代乡村人才振兴对于我国乡村发展具有哪些重要意义？
3. 本章三个乡村人才振兴案例各有哪些特色？
4. 我国乡村人才振兴还面临哪些困境？
5. 乡村人才振兴案例的经验启示价值有哪些？

第四章 乡村组织振兴案例与分析

【学习目标】

通过本章的学习，应达到以下目标和要求：

1. 了解乡村组织振兴发展历程及乡村组织创新模式。
2. 了解乡村组织振兴的时代背景及其核心载体。
3. 了解农村集体经济发展助力共同富裕的理论逻辑和现实做法。
4. 了解新型农村社区"三社联动"治理的背景、典型模式及转化机理。

【本章导读】

本章主要学习乡村组织振兴相关案例内容。第一节重点介绍乡村组织振兴的时代背景与核心载体、我国乡村组织发展基本历程；第二节重点介绍村社集体经济促进共同富裕的实践背景、"共有·共建·共治·共享"的理论分析框架、趋势研判与实践机制，以及崇州市集体经济实现共同富裕的运作模式和组织架构流程等的案例对比分析；第三节重点介绍新型农村社区"三社联动"治理实践的背景、转化机理，"三社联动"治理模式及其选择标准和治理效能的比较分析以及对我国新时代乡村组织振兴工作的启示。

第一节 乡村组织振兴概述

一、乡村组织振兴发展历程

（一）人民公社前期的乡村组织发展

人民公社前期主要依靠党政权威建立农村基层组织，这些乡村组织主要包括三类：自上而下的农会和工作队为代表的政权组织、以互助组与合作社为形式的农业生产组织、运用政治动员和宣传教育等方法建立共青团、妇联和民兵等群众性组织。国家通过政治权力在农村社会建立了多层级、多层次的管理制度，将农民组织起来纳入国家发展的轨道，因而乡村组织主要集中在政府组织、农业生产组织与群众性组织。

就乡村基层政府组织而言，一方面，新中国成立初期建立的农会、工作队等新式权力机构向乡镇政府、党支部等基层政权组织转变。村庄往往包括自然村与行政村两种，自然村是一个或者多个以家庭或氏族等以血缘关系为基础自然形成的居民聚居点，是农民日常生活和交往的基本单位；而行政村是国家根据相关法律法规而建立的农村基层管理单位，一般情况下由多个自然村组成，也有较大的自然村为了便于管理划分为多个行政村。另一方面，乡村党组织建设也随着合作化运动的开展向基层深入，实现"将支部建在村庄"和"将支部建在生产单位"。将大量青年农民与妇女积极分子组织起来，使其成为农村社会事务治理的重要力量。

就农业生产组织而言，这一时期的农村基本经济制度作为国家制度在农村生产领域的体现必然受到其影响；土地由农民私有向集体所有转变，农业生产开始由个体化向集体化转变，其生产组织形式开始由互助组到初级农业合作社逐步过渡。在政策文件的指导下，初级农业生产合作社和高级农业生产合作社的数量激增，到1955年农业互助组不再存在，其全部转变为初级农业生产合作社或者高级农业生产合作社。农民开始从"个体"意义上的自身转变为"集体"意义的组员或社员，被纳入国家发展整体规划之中，在一定程度上克服了马克思所说的"口袋中一个个零散的马铃薯"的弊端。

（二）人民公社后期的乡村组织发展

人民公社后期，根据"我们的方向，应该逐步地、有次序地把工（工业）、农（农业）、商（交换）、学（文化教育）、兵（即民兵，全民武装）组成一个大公社，从而构成我国社会的基本单位"，这一论述继续推进农业生产工作，掀起农业合作化的高潮并在极短的时间内迅速进入人民公社化阶段。这一阶段，乡村组织化的主体呈现单一化趋向。随着三大改造的提前完成，1958年人民公社在全国范围内迅速建立，人民公社的规模一般是一乡一社，包括两千户左右，选举成立社、队管理委员会，统一经营、分级管理，国家强化对农村社会的管理，实行"全能型政府"，通过人民公社组织制度对农民进行政治、经济与社会的全面管理，对农村社会进行经济与社会管理。这一过程中，政府作为农村社会单一的治理主体，既是政府的生产者，也承担着监督者与控制者的角色。人民公社成为农村社会治理发展的单一主体，而农民被无条件地整合进入公社这一集体之中。

党委在人民公社体系中处于核心地位，对工、农、商、学、兵的发展具有绝对领导权，直接领导公社行政管理委员会工作并对其负责。在人民公社体制内部，人民公社、生产大队、生产队三级行政管理机构分别设有党组织机构，如公社党委、生产大队党支部、生产队小组，各级党组织之间的关系是垂直隶属关系，下级受上级领导并对上级负责，其中人民公社的党委书记与生产大队党支部书记是农村党组织工作的核心。这一时期的农民组织化实行政社合一，党、政、经三位一体的管理体制和"公社—大队—生产队"三级制的组织形式，在农业生产方面全面将农民组织起来，人民公社将原属农业合作社所有的土地、生产资料与公共财产、社员私人所有的私有财产以及原属全民所有的粮食、银行与其他企业等全部转变为公社所有与管理，实行公社所有制、统一核算；在其劳动分配方面，实行以供给制为主、供给制与工资制相结合的分配制度，1962年颁布的《农业六十条（修正草案）》将其调整为按照劳动工分实行按劳分配取消供给制，工分制见证了这一时期乡村组织的形成与发展；在农民社会生活方面，农村集体农业活动与政治动员活动代替原有的公共生活方式。乡村的政治、经济、社会等各个方面都被管理控制起来，失去其自身发展的自主性与个体性；而乡村组织化的主体呈现单一化与行政化，片面地依靠国家的政治与行政指令治理乡村社会。

（三）"两权分置"时期的乡村组织发展

"两权分置"时期，计划经济体制向市场经济体制转型，极大地促进了生产与资本要素的自由流动。农村社会领域以家庭联产承包责任制为核心的经济体制改革激发了人们劳动的积极性，产生多元利益主体与多种组织形式，从改革开放前党和政府主导与控制的单一主体，转变为党和政府、村民自治以及市场与社会组织等多元主体。不同主体之间以利益为核心形成不同的主体关系，结成不同的组织形式，包括村民委员会、农业经济合作组织、农村民间组织与其他社会组织。因此，这一时期农民组织化的主体呈现多元化的趋势。

乡镇政府代替人民公社管理农村社会公共事务，成为农村基层政权的组织单位；而当前乡镇政府的管理内容与范围与原来的人民公社相比存在明显的不同，不能较好地发挥整合农民的作用。面对农村社会一系列组织重新整合的问题，村民自治作为农民自发探索、适应农村社会发展的新整合机制应运而生。1982年《中华人民共和国宪法》第111条规定"村民委员会是基层群众自治性组织"，明确其法律地位；① 同时1983年《关于实行政社分开建立乡政府的通知》、1988年《中华人民共和国村委会组织法（试行）》，逐步确定了村民委员会的产生、职能与法律指导；1994年村民自治的内容进一步丰富，将其确定为一种民主形式，即民主选举、民主决策、民主管理、民主监督。

政社分开意味着计划经济为主的基本经济制度解体，市场经济为主的新的基本经济制度逐渐确立。随着改革开放的实行，人民公社时期的家庭小经济随着家庭联产承包责任制的确立成为农村的显性要素，家庭重新成为农村生产、生活的基本单位。这一时期的农民摆脱土地的束缚，出现转业或兼业的特征，利用自身资源进行小商品经

---

① 中共中央文献研究室. 十二大以来重要文献选编（上）［M］. 北京：中央文献出版社，2011：210.

济或者外出打工等多种形式的家庭经营方式，这也触发了以农村土地为特征的农村新的经营方式。为解决因农村转业而产生的土地闲置问题，农村社会出现农业合作社、土地出租等新农业经营主体。同时，随着农民加入市场经济，生活水平显著提高、需求更加多样化，基于自身发展需求而产生的农村民间组织和适应社会发展而产生的社会组织在政府与市场无法发挥作用的地方产生了重要影响，如红白理事会、志愿者服务组织、社会服务组织等。

（四）"三权分置"时期的乡村组织发展

2014 年 12 月发布的《关于农村土地征收、集体经营性建设用地入市、宅基地制度改革试点工作的意见》掀起了新一轮的土地制度改革，使我国农村社会发展进入新阶段。在这一阶段，农村土地在原来的土地所有权和土地承包经营权的两权分置基础上，将土地承包经营权划分为土地承包权和土地经营权，流转经营权，因此称之为"三权分置"时期。"三权分置"作为农村基本经济体制，从现实意义上以经营权流转的方式改变了农村原有的利益关系，为更多人才、资本、信息、技术进入农村社会提供了可能性，在此基础上重塑了农村社会的多元格局，使农村社会的发展呈现新的治理模式。

这一时期的农民组织化的主体主要包括乡镇政府、村集体组织、农民与新型经营主体以及农村社会组织；各行为主体在两权分置时期的基础上进一步发展，各主体之间发生了明显的变化，彼此之间资源互补、利益共享，形成多元主体共存的格局。

随着国家治理现代化的深入发展，乡镇政府作为基层政权其职能角色的定位更加清晰，更加规范化、制度化与科学化。在职能角色方面，主要起着承上启下的作用，一方面，承担国家政权自上而下地实施其政治经济统治的根本职能与社会保障的基本职能的角色；另一方面，承担农民自下而上地反馈其生存与发展需求并予以满足的角色。

村集体组织是在农村这一场域中，基于地缘关系和经济利益关系内生发展出来的各种群体或组织，主要是指村集体经济组织、村民自治组织。村集体组织作为农村社会的组织形态，往往起着凝聚力量、满足农民基本需求的作用。其中，村集体经济组织、村农民委员会或村民小组分别在农村经济发展与农民自治方面发挥着重要作用，并且伴随着村民自治制度不断发展与完善、农民权利意识与参与意识更加强烈。

新型农业经营主体如家庭农场、农民专业合作社与农业规模经营企业不同于村集体经济组织、村农民委员会或村民小组，是"三权分置"以来农业现代化发展过程中出现的符合现实需要的新型组织形式，能够有效地将农民组织起来以实现农村农业的有效发展。

农村社会组织不同于政府与市场的社会组织，在农村社会发展中充当公共事务和公共服务供给的补充作用，能够在一定程度上弥补公共服务的不足。这一时期社会组织在农村仍处于发展阶段，多以非正式的组织形式出现，其正式的组织数量较少，常与其他行为主体合作提供服务。另外，正是由于其非正式的形式，农民对组织的认同度不高，同时，农村社会组织也面临行政化、资金不足以及政策规章不健全等问题，以致其长效运行与互动成为发展的重要方面。

二、乡村组织振兴的主要载体

（一）乡村政治组织

乡村政治组织主要包括乡镇党委政府、村级党组织和自治组织。乡镇党委政府包括乡镇党委和乡镇政府。乡镇党委负责乡村经济、政治、文化、社会、生态"五位一体"的建设，并引领党的建设和统筹处理乡村振兴中的各类问题。乡镇政府在乡镇党委的领导下，管理乡镇的经济、教育、文化、卫生、体育事业和财政、民政、公安、司法、行政等工作。

村级党组织是党在农村全部工作和战斗力的基础，是村级各种组织和各项工作的领导核心，领导本村工作，支持和保证村民委员会和本村各种经济组织、社会组织、群众组织充分行使职权。2018 年 7 月 3 日至 4 日，习近平总书记在全国组织工作会议上的重要讲话中指出："党的基层组织是党的肌体的'神经末梢'，要发挥好战斗堡垒作用。"农村基层党组织与基层群众距离最近、联系最广、接触最多，是党在农村全部工作和战斗力的基础。要推进乡村振兴，必须紧紧依靠农村党组织和广大党员，使党组织的战斗堡垒作用和党员的先锋模范作用得到充分发挥，带领群众同频共振，推进"五大振兴"。

村级自治组织主要是指全体村民进行"自我管理、自我教育、自我服务"的基层群众自治组织，主要包括村民委员会、村民会议以及村民代表会议。村民委员会作为村民自我管理、自我教育、自我服务的基层群众性自治组织，是乡村组织振兴必不可少的重要力量和组成部分。作为群众性的自治组织，村民委员会长期扎根乡村社会，对村庄的村情民情和社会文化等有着深刻的了解和把握，在促进乡村自治，调解乡村矛盾纠纷，促进乡村事业发展方面发挥着重要作用。乡村政治组织主要负责引领其他组织和自我管理的功能。

（二）乡村经济组织

乡村经济组织主要是指农村集体经济组织。所谓农村集体经济组织，是指村一级的全体成员共同参与劳动，共同拥有生产资料和共享劳动收益的一种经济组织形式。农村专业合作经济组织是推进农业现代化、规模化、效益化的有效组织形式，在保护农民合法经济利益，提高应对市场风险能力方面作用突出。2007 年我国出台了《中华人民共和国农民专业合作社法》，2018 年 7 月修订后的《中华人民共和国农民专业合作社法》正式施行，进一步规范了农民专业合作社的发展。2019 年发布的《中共中央、国务院关于坚持农业农村优先发展 做好"三农"工作的若干意见》就巩固和完善农村基本经营制度明确指出："突出抓好家庭农场和农民合作社两类新型农业经营主体，启动家庭农场培育计划，开展农民合作社规范提升行动，深入推进示范合作社建设，建立健全支持家庭农场、农民合作社发展的政策体系和管理制度。"要激发乡村发展活力，促进农业现代化发展，在目前小农户生产经营长期存在的情况下，要提高农民的组织化程度，就要充分发挥农村专业合作经济组织的龙头带动作用，推动多种形式的适度规模经营。① 乡村经济组织主要承担"造血"功能。

（三）乡村社会组织

乡村社会组织主要是指以乡村社会为基础，以承担社会服务功能和公共利益为目的，逐步满足乡村公益需求的非营利性组织。社会组织作为充满活力和创造力的非官方组织是乡村组织振兴的重要组成部分，在改善乡村单一治理主体状况，促进多元共治，构建新时代乡村治理体系方面发挥着不可忽视的重要作用，主要包括以非营利为核心的医疗、教育、文化、法律服务、宗教等组织。

第二节　乡村组织振兴案例概况

一、新型农村社区治理"三社联动"实践探索案例

新型农村社区是在新型城镇化进程中，通过合村并居发展起来的，兼具传统农村与现代城市双重属性的新型社区形态。这是农村基层社区治理主体结合自身发展需要进行的重要实践探索。然而，中国农村社区治理仍面临治理人才匮乏、治理主体角色缺失、社区组织发展滞后、基层社区治理法治建设不完善等问题。为更好适应新时代基层社区治理需要，党的十九届四中全会提出加强社区治理体系建设，推动社会治理重心向基层转移，发挥社会组织作用，实现政府治理和社会调节、居民自治良性互动，强调建设多元主体共同参与的基层社区治理体系。"三社联动"作为中国社区治理创新模式的重大探索，是推动形成新时代基层社区治理体系的重要动力。

新型农村社区"三社联动"是指在基层社区治理中，以居民需求为导向，以社区公共利益为纽带，以各种社会组织为载体，以资源整合为保障，逐步构建政府组织、社会组织以及公民个体共同合作、互联、互动、互补的社区公共管理和公共服务体系。"三社联动"实质是社会组织培育、社区建设与现代化的社会工作机制构建的

---

① 中国理论网. 组织振兴是乡村振兴"第一工程"［EB/OL］.（2021－02－22）［2024－05－10］. https：//www. ccpph. com. cn/xjpxsdzgtsshzysx/202102/t20210222_344873. html.

三大要素的联动。目前，新型农村社区治理"三社联动"模式主要包括"嵌入型""内生型""融入型"三种。"嵌入型三社联动"模式是指基于社区自治无法取得有效成果的社区治理，引入政府、社会等外部推动力，在以社区居民为服务中心的基础上形成政府主导、社会组织和社工参与的互动格局。该模式主要通过政府向社会购买服务来引导社区治理。"内生型三社联动"模式是指以社区治理为主，以居民需求为系统运转的内部推动力，通过汇集意见、诉求，选择专业社会组织和社会工作者介入并提供服务，再通过政府或其他社会力量提供政策、服务、资金等方面的支持。"融入型三社联动"模式是以居民需求为导向，以为居民"增能"为重点，由社区"两委"组织（社区工作者）、社区社会组织（居民）、社会组织（社会工作者）共同策划、运作项目以促进各类行动主体合作的增能式服务模式。因此，正确认识新型农村社区治理"三社联动"不同模式之间的异同及其转换机制，并寻找农村社区"三社联动"治理模式创新及其转换过程中存在的问题和治理短板，有效识别不同新型农村社区治理"三社联动"模式选择标准及转化机理，探究各治理主体在不同阶段的角色扮演，成为合村并居后新型农村社区治理主体（农民个体、社区工作者和社会管理者）与新社区秩序调整、农村社区治理能力提高和治理体系完善必须直面的核心问题。

（一）"嵌入型"农村社区治理"三社联动"模式：天乡路社区[①]

天乡路社区是成都市温江区按照"城乡统筹、四位一体"的发展要求建立起来的新型社区，位于温江城区以北。社区主要依赖政府以购买服务的形式引进和培育孵化 8 支社会组织，为社区提供一站式服务，属于典型的"嵌入式"社区治理模式（见图 4 - 1）。主要做法如下：一是农村集体资产股份合作改革。在区、镇政府和区原农村发展局的指导下，天乡路社区率先探索"两股一改"工作。按照依法、自愿、民主、公正的原则，将集体的经营性资产和集体土地所有权量化确权到个人，将股权分为"土地股""资产股"和"商铺股"，并向持股成员出具统一印制的记名证书，作为享受收益分配的凭证。在充分尊重农民意愿的基础上，成立天乡路社区股份经济合作社。二是培育社会组织，提高服务能力。社区积极引进和培育专业社会组织，组织引导其开展公共服务配套设施（如居民活动中心）建设，构建"15 分钟社区便民生活服务圈"。三是提高居民自治能力和"三社联动"能力。社区联合国色天香控股有限公司，动员 200 余名居民开展老旧院落升级改造工程，成立 6 支定期开展文化活动的群众性特色文化队伍，提高居民参与社区治理能力。在党委核心领导下，天乡路社区开展"两股一改"和"六项权能"改革，盘活集体资产，壮大集体经济。通过"社区＋景区＋小区＋居民"的"三社联动"模式，使"三社"资源有效融合，提高

---

① 申云，潘世磊，吴平. 新型农村社区"三社联动"治理：模式转换与创新路径：基于多案例比较分析[J]. 农村经济，2021，（6）：87 - 95.

社区治理效能。天乡路社区先后获得"全国民主法治示范村（社区）""全省法治文化家园""四川省乡村旅游示范村"等殊荣。

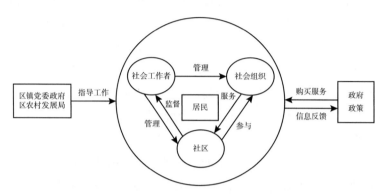

图4-1　天乡路社区"嵌入式三社联动"治理模式

（二）"内生型"农村社区治理"三社联动"模式：岷江社区①

岷江社区位于成都市温江区寿安镇北部，距镇政府3公里。在基层社区治理中，形成党建引领、村两委引导、村民积极参与的内生型"三社联动"模式。主要做法如下：一是加强组织领导，强化带动作用。在政府相关部门和政策支持下，村"两委"加强基层党组织建设。岷江社区获得"阵地提升改造专项资金"用于建设党建阵地。村干部发挥模范带头作用，争取镇政府专项资金，投资建设"盆景集市"，发展集体经济。二是坚持市场导向，引进培育社会组织。为提高村集体经济发展水平和服务质量，岷江社区坚持市场导向，积极引进驻村企业，采用"合作社＋农户＋公司"的模式，发展"淼兮野奢帐篷酒店""桂香九坊宿墅"等乡村旅游项目，增加集体经济收入。利用集体经济收入引进社会组织，为村民提供帮扶重病老人、照看留守儿童等服务，形成"互帮互助，和谐融洽"的社区氛围。三是发挥党建引领作用，全面提升居民自治能力。为整合农村宅基地资源，打破组间界限，村民采取民主自治原则，就近将散居村民划分为不同院落，分设院落管理协会，并由村民推选院落长负责管理。村"两委"在政府"阵地提升改造专项资金"支持下成立院落党支部，完善社区建设工作，为提高村民自治能力提供组织保障（见图4-2）。在基层党组织尤其是村委引领下，村民自治意识和自治能力显著提升。社区居民先后自主成立老龄文化协会、爱心互助会等公益组织，提升文化素养和道德风范。通过党组织领导和群众广泛参与，岷江社区通过打造"缝纫居家灵活就业基地""盆景集市""阳台经济""尾箱经济"等特色产业，岷江社区已从落后的"尾巴村"变为远近闻名的"先进村"。

---

① 申云，潘世磊，吴平．新型农村社区"三社联动"治理：模式转换与创新路径：基于多案例比较分析［J］．农村经济，2021（6）：87-95.

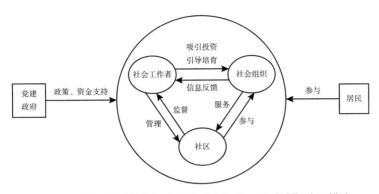

图4-2 岷江社区党支部引领的"内生式三社联动"治理模式

（三）"融入型"农村社区治理"三社联动"模式：幸福社区①

幸福社区位于成都市温江区万春镇，距温江城区约6千米。在社区治理中形成群众主导、村委推动、外部社会组织参与联合共治的"融入型三社联动"模式。主要做法如下：一是以居民需求为导向，充分发挥居民自治能力。社区以居民需求为导向，在社区项目建设、社区发展规划等方面充分考虑居民需求，采取"三自两化"的方式，即自发、自愿、自主、市场化和专业化的方式，通过"百姓代表大会"对居民提出的项目、宅基地和承包地等事项进行表决。居民通过自建自营自管的方式开办"陌见"民宿，实现在家门口就业，增加经营性收入。二是强化组织保障，充分发挥村委基层领导作用。在充分发挥居民自治基础上，以村两委为代表，带领居民以入股的方式组建幸福田园投资发展有限公司，以新村内产业发展和旅游景观项目为推介重点，吸引社会企业投资1.23亿元，参与合作开发，形成政府搭台、村委代表、企业开发、居民参与的多元共治模式。通过"集体经济组织+企业+高校+农户"合作运营机制，创建乡村音乐节、倾听幸福田园等幸福文化品牌。三是完善多元共治体系，提升综合治理效果。社区以幸福田园投资公司为依托，村委会牵头，联合外部投资公司在社区五个项目园区内成立由子公司、社区委员会和巾帼志愿者组成的五个景区管理委员会，制定规章制度，做到权责分明。子公司负责景区、社区总体环境管理，社区委员会和巾帼志愿者负责日常管理监督（见图4-3）。随着社区自治组织的介入，社区自治力量、社区居民和社区工作者之间形成了良好的利益联结机制，多元共治体系逐渐形成，综合治理效能显著提升。幸福社区在充分发挥居民自治的基础上，利用村集体建设用地招商引资，建设游客中心、幸福驿站、幸福民俗、田园客栈、主题乡村度假酒店等休闲旅游项目，逐渐形成集特色美食、传统养生、农耕体验、高端酒店等产业为一体的新农村综合体。

---

① 申云，潘世磊，吴平. 新型农村社区"三社联动"治理：模式转换与创新路径：基于多案例比较分析[J]. 农村经济，2021（6）：87-95.

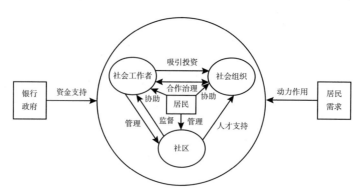

图4-3　幸福社区"融入式三社联动"治理模式

二、村社集体经济组织助力农民农村共同富裕的实践案例

为缩小城乡差距和加快城乡融合发展，打造村社集体经济共同体助推农民农村共同富裕成为新时代的必然要求。村社集体经济共同体是指基于农民农村集体产权共同所有、共同经营、共同治理、利益共享的原则，将农村集体资产经营与农民合作社股份经营有机结合，强调村社集体资源和资产的股权量化、灵活经营、利益共享，实现农户群体的有效组织化。通过"共建"来"做大集体蛋糕"，通过"共有"集体产权"分好蛋糕"，通过"共治"乡村和"共享"利益，实现农业产业兴旺、农民生活富裕、农村治理有效的局面，最终实现共同富裕的目标。为此，本书构建村社集体经济共同体"共有·共建·共治·共享"为分析思路框架，意在维护小农户权益，促进村社集体内部一二三产业融合发展，实现农业生产经营的组织化、规模化和高质量，进而促进乡村治理体系和治理能力的现代化。

（一）村社集体经济促进共同富裕的实践做法

1. 盘活农村闲置资源实现产业"共建"融合发展。

长期以来，我国实行农村集体土地所有制，使得村社组织具有土地资源要素整合的制度优势。加之村级组织领办的村集体合作社更容易得到政府的扶持，在土地流转过程中也能够利用其集体优势提高议价能力，相比新型主体直接面对分散小农户时拥有更低的交易成本，从而使得其流转收入更可靠、更有保障。村社集体组织牵头领办村集体合作社等经营主体更容易得到农户的信任，特别是对于部分脱贫农户但贫困脆弱性依然较高的农户。由于村民外出打工带来部分耕地抛荒或者无法出租等情况，通过承包地流转到村办合作社或村集体组织，再由村集体合作社规划自行经营或者进行"二次流转"，将整治后连片转包给新型农业经营主体（种田大户、家庭农场和相关农业企业）进行规模化经营，从而有效盘活土地资源，减少农地抛荒现象。此外，土地的大规模成片流转也有利于促进农业的规模化经营和现代化管理。并且，村社集体经济组织作为对本村情况最为熟悉的主体，能够根据农业资源现状，对所流转的土地资源进行统筹规划，实现多样化乡村产业融合发展，从而促进农村集体资产价值转化，通过"共建"来"做大蛋糕"的具体体现。

2. 维护小农户权益保障集体资源"共有"正义。

由于农民专业合作社往往存在精英社员引领下的"精英俘获"现象和资本侵占等现象，[1] 使得精英社员农户（种植大户）以及工商资本下乡更加关注自身的经营效益，普通社员农户或股份较小的农户往往缺乏话语权和经营主动权，小农户利益往往被忽视甚至其正当权益被侵占，其本质在于私有产权下的利益驱使和理性选择。而村社集体经济共同体的构建能够强化农村集体经济的公有和共有性质，强调集体资源资产在经济组织中的"统"的作用，超脱个体私有产权下利益最大化的选择困境。通过发展集体经济实现与农户多样化的联合，提升小农户组织化程度，走集体化发展道路，以集体意识克服村内少数精英谋利的冲动。[2] 此外，村级组织领办的集体股份合作社通过相对完善的股权管理制度，对内保障村社成员的知情权、民主表决权、监督权、收益分配请求权等各项权利，促进集体福利、集体经济盈余分配以及与村社成员利益密切相关事项更趋于合理化、规范化；对外制定适当限制条件，如限制持股比例（比如非本集体经济组织成员实际持股累计不高于30%）、限制参股条件（仅限于生活在本村的工作人员入股）、限制股权权能（限制非本集体成员的部分股权权利）等，[3] 避免集体经济发展被内部少数人控制，切实保护农户合法利益，是通过"共有"集体产权下来"分好蛋糕"的有效体现。

3. 推进乡村治理体系和治理能力现代化的"共治·共享"。

大多数地区的乡村治理主体与村社集体经济组织负责人都是同一主体，即村两委。加之村社集体经济共同体构建过程也是对村两委增权赋能的过程，有利于塑造治理主体的合法性和权威性。在村社集体经济发展过程中，治理主体以集体经济发展为纽带，能有效联动分散的农户，共同推进乡村治理体系的建设。依托村社成员代表大会、村社成员议事会、村社成员理事会、村社成员监事会等治理结构的完善，强化村社成员自我管理、自我教育、自我服务和自我监督的能力，提升乡村治理水平。此外，村社集体经济壮大也能够增强乡村的公共财力，提升村集体为村民提供就业、农业社会化服务、共享集体福利等乡村治理功能，从而加快乡村治理体系和治理能力现代化进程。简言之，村社集体经济共同体是乡村治理现代化的重要组织者和载体，是

① 温涛，朱炯，王小华. 中国农贷的"精英俘获"机制：贫困县与非贫困县的分层比较 [J]. 经济研究，2016，51（2）：111-125.

② 李祖佩，钟涨宝. 乡村振兴战略背景下的村社集体：实践境遇与再造路径：治理视角下对四类发展典型村的实证分析 [J]. 公共管理学报，2022（3）：1-12.

③ 高海. 农村集体经济组织与农民专业合作社融合发展：以党支部领办合作社为例 [J]. 南京农业大学学报（社会科学版），2021，21（5）：75-85.

村社集体经济共同体"共治"和"共享"的集中体现。村社集体经济共同体为村社内部成员的有效管理提供了有力的经济纽带,一方面,加强了村社成员之间的利益联结,激发了村社成员积极参与乡村治理的内生动力;另一方面,村社集体内部成员依托村社经济资产收益分红及公益金,为乡村有效治理提供强有力的资金支持。村社集体经济共同体成为乡村治理体系和治理能力现代化的重要组织者和载体,是村社集体经济共同体"共治"和"共享"层面的集中应用体现。

(二)村社集体经济共同体促进农民农村共同富裕运作模式

按照村社集体经济共同体的建设主体进行分类,将其分为村社党支部主导、村社能人(企业)主导、乡镇政府主导三种类型。在此基础上,重点从村社集体经济共同体的运营特征与经营方式、组织架构和运作流程以及对农民农村共同富裕的影响等几个方面进行阐述。

1. 村社党支部引领的"内生式"村社集体经济共同体:大雨村。①

该模式是在实行集体经济占主导的统分结合的双层经营体制下,村党支部领导集体经济组织,发挥党的组织优势和政治优势,在"自愿、有偿、公平、有序"的基础上,将分散在农户手中的资源通过组织再造联结成村社集体联合资产,成立股份经济合作社,统一经营村社集体土地或壮大形成村社集体资产。村社党支部主导的村社集体经济共同体在发展农村集体经济过程中突出公平共享理念,更容易得到村民的拥护和支持,能够更好地引导群众参与集体经济的发展,让村社集体经济发展成果惠及更多集体成员。但在集体资产运行过程中,缺乏有经营能力和投资能力的乡贤能人参与,集体资产增收渠道较为匮乏,运行效率较低。

大雨村位于崇州市白头镇,地处崇州都市农业功能区产业核心区域。大雨村坚持党建引领产业社区建设,确立"林盘+"经济发展定位,以川西林盘生态价值转换为核心,探索建设农商文旅体融合发展的标志性产业社区。通过"区社合一"改革制度,探索零星散乱建设用地综合利用模式,深化"投资商+村集体"利益联结机制,集聚产业发展高端要素。通过成立"产业发展党建联盟",由"党组织+集体经济组织+社会组织+非公自治组织+自治组织"构成,通过产业落地考评、产业问题联解、社区活动联建等方式让产业、资源、服务"联"起来。通过注册"鲜道·幸福里"统一运营管理,吸引崇州餐饮带头人返乡投资,每年负责700万元的保底营收,通过"保底承租、二次分红"社企合作模式运营,并不断营造主题氛围,打造餐饮、民宿、旅游、研学于一体的新产业新业态,发挥企业资源优势,不断强化产业融合与村社治理的协同。大雨村在党建引领下,党支部领头号召村民多次开会,成立

---

① 申云,景艳茜,李京蓉. 村社集体经济共同体与农民农村共同富裕:基于成都崇州的实践考察[J]. 农业经济问题,2023(8):44-59.

集体经济股份合作社，建立"33211"利益分配机制，合作社收益的30%上交村集体、30%用于入社农户分红、20%作为管理成本、10%作为产业发展公积金、10%作为公益金，构建起企业、村集体、农户三方利益共同体，带动群众致富增收。依托本土自然资源，探索"林盘＋"治理模式，发展出兼具美食餐饮、休闲民宿等宜人宜居的新型产业社区，完美诠释"大美田园"的公园城市示范区。经过多年的发展，大雨村从2013年精准脱贫阶段的末位贫困村逐渐跃升为乡村振兴示范村，并被授予"成都市先进基层党组织"称号。

2. 村社能人（企业）引领的"嵌入式"村社集体经济共同体：联义村。①

该模式是在土地经营所有权细分并物权化，生产资料向少数人集中的前提下，由乡村精英、龙头企业牵头联合农户建立专业合作社。该模式更加注重运行效率，经营方式更加灵活，具有更强的市场竞争能力和市场适应力。农民专业合作社的民主管理、盈余分配与出资制度更具多样性，② 有利于吸引有经营能力的能人参与，从而提高经济收益。但该模式下农户对能人、龙头企业的信任度较低，导致组织农户的成本过高。并且，由于农户缺乏组织性，其违约成本也较低，导致农户与企业合作过程中常常出现农户临时收回土地的现象，造成农户与合作社关系稳定性较差。此外，村社能人企业主导村社集体经济共同体容易忽视农户的剩余索取权，进而带来村社集体资产经营权与分配权均逐步向少数人集中，精英社员农户与普通社员农户之间的利益分配差距受村社能人对剩余索取权的占有份额决定了共富成果分配的差异性。

联义村位于四川崇州市观胜镇西北面，离成都市主城区约40千米，临近旅游胜地都江堰市。联义村集体经济发展的核心领办主体是以村社集体经济为载体，村社家庭农场或专业大户为核心的能人及农业企业为主导。自2008年汶川地震受灾影响之后，由于村社集体资源非常有限，依托受灾捐赠物资和部分建设款项为基础，村社能人张某通过成立花卉苗木专业合作社为起点，将成都温江和郫都区等地的花卉苗木种植引入到联义村，并邀请相关专业种植大户和农技人员进行技术指导和培训。自2015年之后，张某等人还积极邀请本村在外务工人员返乡创业，特别是在外地具备一定经营规模和资本的企业老板，村社能人在当地建立生产基地，吸纳本地村民从事花卉苗木的种植、生产、盆景设计、电商销售等就业，促使当地村民经营性收入和工资性收入均保持年均10%以上的增速。另外，村社集体还在能人的带头引领下，将本地的闲置村落林盘、宅院、农业用房等统一规划设计，并逐步将部分微盆景、直播带货等方式引入到村社集体经营销售过程中，同时通过统一的盆景品牌和地域标识集中打造微盆景IP，带动当地乡村旅游的发展。在分红和利益分配层面，村社集体采

---

① 申云，景艳茜，李京蓉. 村社集体经济共同体与农民农村共同富裕：基于成都崇州的实践考察［J］. 农业经济问题，2023（8）：44 – 59.

② 高海. 农村集体经济组织与农民专业合作社融合发展：以党支部领办合作社为例［J］. 南京农业大学学报（社会科学版），2021，21（5）：75 – 85.

用 7∶2∶1 的方式，即 70% 的经营收益归个人，20% 的收益归村社集体统筹分配，10% 作为公益金纳入到村社集体经济的长期发展中。此外，村社集体还将成都市的耕保基金补贴和公服基金等纳入村社集体经济的公共服务配套当中，村社集体在利益分配中发挥更大的作用，经营管理权由村社能人引领，而剩余索取权则由村社集体协商分配，但受限于村社能人对村社集体发展的贡献和话语权，使村社集体剩余索取权益的分配存在一定的差异。此外，村社集体经济共同体还采取公益金、项目激励和村社熟人网络的信誉等作为激励措施，强化村社集体经济的壮大和村社间的良性竞争。

3. 乡镇政府统筹协调引领的"融入式"村社集体经济共同体：五星村。[①]

该模式是以乡镇为单位来统筹组织各村社集体经济组织，形成村社集体经济联合共同体。股权量化扩大到乡镇集体经济层面，不断壮大村社集体经济规模，增强乡镇的统筹协调和市场抗风险能力。该模式强调以联村共建为前提，由乡镇政府统筹引领，整合村级现有资源，成立以各村社集体经济组织为主体的村投公司，吸引社会资本参与乡村振兴。该模式有利于利用村投公司的平台功能，多方融资资金发展壮大各村集体经济，推动资源整合，实现乡镇范围内乡村集体资源要素的优化整合配置、集体资产的统一经营、集体成员的统一服务。然而，该模式要求各村产业发展规模化、标准化较高，所投资资产具有较强的专用性，难以用作他途或进行转移，经营风险相对较高。乡镇政府主导型村社集体经济共同体大多基于村社集体内部规划协调，已形成初具规模的农业产业区再联合成立。

五星村位于崇州市白头镇，离成都市城区约 30 公里，五星村的发展经历了"起步—发展—壮大"的过程。在起步阶段（2008～2013 年），由于五星村紧邻桤木河湿地公园，当地乡镇政府为了将桤木河湿地公园打造成生态休闲旅游 4A 级景区，将五星村纳入产村融合的新村建设中，成立了"五星土地股份合作社"。以"景农一体村庄、产村相融单元"为规划定位，通过整合林盘，受制于缺乏主导产业支撑，白头镇政府联系村干部引进"盘古"和"柏萃"两个农业项目，流转上千亩土地发展现代农业，搭建"农民就业超市"解决当地就业问题。土地股份合作社采取农民职业经理人管理模式，将土地入股和经营绩效联动起来，建立粮食规模种植、种养循环、立体养殖、育秧中心、农机、粮食烘干加工中心等经营小组。在发展阶段（2014～2018 年），五星村在原有农业产业联结的基础上，注册"白头五星"农产品品牌，推行 O2O 模式，形成完整产业链，逐步扩大土地股份合作社的范围，毗邻村庄农户也可加入。通过新一轮入股分红，新开发的项目包括特色餐饮、技能培训、党建基地建设、休闲度假、快乐体验项目，形成完整有机产业链，逐渐形成三产为主导带动一产的"逆向产业融合"发展之路。在壮大阶段（2019 年至今），随着五星村社集体经济

① 申云，景艳茜，李京蓉. 村社集体经济共同体与农民农村共同富裕：基于成都崇州的实践考察 [J]. 农业经济问题，2023（8）：44-59.

规模不断壮大，五星村联合周边毗邻村社发展集体经济，以公司运营方式通过股份联合，形成村社集体经济共同体，不断承接国家和地方政府项目，甚至吸引社会资本参与村社集体经济运营。公司化运营使得五星村超脱了乡村地域限制，村民成为公司运营的股东，在"三权分置"基础上实现经营权和所有权分离，村社集体性质保证了村民剩余索取权的利益。

不同主体领办下的村社集体经济共同体的各种特点如表 4 – 1 所示。

表 4 – 1　　　　　　不同主体领办下的村社集体经济共同体比较

项目	村社党支部主导型	村社能人/企业主导型	乡镇政府统筹协调型
产生条件	实行村社集体经济占主导的统分结合的双层经营体制为前提	土地经营所有权细分并物权化，生产资料向少数人集中	乡镇不同村社集体经济组织能够发挥"统"的作用，农业产业初具规模，具有联村共建的可能性
村社集体资源禀赋	资源禀赋较弱，政府项目资源充实，土地整治和内部调整改革比较顺利	资源禀赋中等，能人社会资源较好，村社集体社会网络关系较好	资源禀赋中等偏上，乡镇发展基础较好，政府输入资源不断壮大
组织形式	村党支部领导集体经济组织＋合作社＋农户	龙头企业（村社能人）＋农户	乡镇政府＋各个村集体经济组织＋农户
产权结构	集体所有与个人享有相结合	个体享有	各村集体所有
利润分配	按成员权分配，集体经济组织按照股份收益分配给集体经济组织成员	企业（合作社）内部成员按成员权分配资产增值收益	集体经济组织内部按成员权分配，各村之间按股份分配
集体与农民关系紧密度	高	较高	高
优势	（1）利于发挥党组织的组织凝聚优势，强化农户与村社间的利益联结 （2）利于村社集体经济发展成果惠及更多集体成员	（1）利于吸引并集聚能人参与，提高运行效率和收益 （2）经营灵活，具有更强的市场竞争能力和适应力	（1）利于整合各村资源，优化乡镇村集体资源配置 （2）利于利用和壮大村投公司平台赋能多功能发展和提升融资能力
困境	（1）运行效率较低 （2）集体资产增收渠道匮乏	（1）精英社员与普通社员农户之间的贫富差距依然较大 （2）组织农户成本过高，违约风险较大，稳定性较低	（1）对各村产业发展规模化、标准化要求较高 （2）所投资的资产具有较强的资产专用性，难以用作他途或进行转移，经营风险较高

（三）村社集体经济共同体促进农民农村共同富裕的组织架构及流程

综合崇州市不同主体领办下的村社集体经济共同体实践，各村社集体经济共同体总体遵循村社代表大会、村民理事会、村民监督委员会以及村集体经济股份合作社下设的"一社 N 部"的组织架构（见图 4-4）。村社代表大会为最高权力机构，由村两委成员和村民代表组成，对村集体股份合作社的运行具有集体表决权。村民理事会为执行机构，由社员代表大会推选具有经营头脑、有管理能力、有奉献精神、德才兼备的社员农户代表组成，对村集体股份合作社具有实际经营权，执行各项决策计划。村民监督委员会由社员代表大会选举产生，对村集体股份合作社运转、财务管理等情况进行监督，受理和收集村民有关意见建议，坚决维护集体利益。所有村社成员享有剩余索取权，在村集体经济的增值过程中产生的净收益（剩余索取权），村社成员均会获得属于他们的份额利润。此外，集体经济股份合作社可因地制宜内设土地合作部、资金互助部、社会服务部等多个部门，拓展土地、资金、生产技术、保险、社会服务等合作领域，多环节联结分散小农户共同组建村社集体经济共同体。

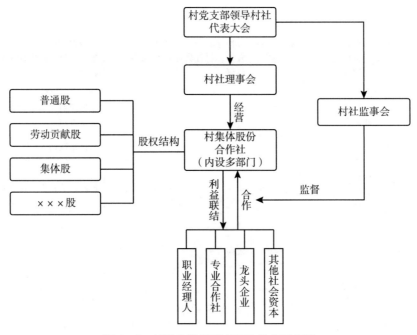

图 4-4　村社集体经济共同体的组织框架

资料来源：申云，景艳茜，李京蓉. 村社集体经济共同体与农民农村共同富裕：基于成都崇州的实践考察［J］. 农业经济问题，2023（8）：44-59.

在具体运作流程方面，首先，建立健全村社集体经济共同体的内部框架。由村党支部牵头成立股份经济合作社，并规范管理股份合作社，健全"村社代表大会、村社理事会、村社监督会"的三会组织架构，成立内部工作例会、工作督办等配套制度，构建协同治理的共治共商机制，形成多元主体的共商共治平台。完善股份合作社制度，一方面，在股权结构上设立普通股、劳动贡献股、集体股等多种类型股权，赋予村社成员对集体资产的收益、分配等多项权能，从而有效调动多元主体参与集体资产的经营、管理、监督权利的积极性。其中，普通股突出公平原则，指村民以土地、劳动力、资金等入股村集体股份合作社而量化形成的股份；劳动贡献股突出效率、共享原则，依据劳动年限（劳龄）或农龄（村龄）以及对村社集体经济发展贡献值而设立的股份；集体股突出公平原则，通常以壮大村集体经济、扩大集体福利为主要目的。另一方面，在股权管理上与村社成员民主协商完善股份合作社股权管理制度，进一步明确股权增发、非本集体成员股权限制、股份转让以及有偿退出方式、集体新增收益股权量化、股权权能具体设置、股份抵押贷款等问题，确保集体成员与非集体成员的合法权益，发挥各方主体的积极作用。比如设立"人口股""农龄股"，实施多元化股权管理模式，通过预备社员制度（户口报入本村持续一段时间后才能转为正式社员），解决新增人员成员资格认定问题。有些取消"集体股"，设立多元"个人股"，实施静态股权管理（股权不随人口变动而立刻调整），保障集体收益不外溢，集体成员可以以村集体资产股份向其他机构进行抵押和担保贷款。

其次，整合乡村内部劳动力、土地等资源以及政府的财政资金等外来输入资源。一是清产核资厘清集体所有的资产，摸清区域内资源底数，明确村内的山水林田湖草等生态资源、历史文化遗产资源、农村闲置宅基地、村集体经营性土地、可用于经营的公益性资产等集体资产的位置及数量大小。二是凭借村社集体经济共同体的"二合一"社会优势和政治优势动员村民积极以土地、劳动力、资金等入股参与村社集体经济发展，从而整合村民手中的资源。三是由村社领办的股份合作社整合财政资金等资源或者承接上级扶贫项目，破解分散农户无法有效配置外来输入资源的难题。

再次，创新资源利用模式，多渠道壮大集体资产。一是集中整治，实现资源合理配置；由村集体经济组织或者借助农林院校、农业规划设计院、扶贫资金协会等第三方外部智力资源在村域范围内对村内资源利用进行合理规划。通过集中闲置土地资源，运用互联网等数字技术开展农业生产经营管理，实现农业产业的增值增收，并将本村已有的自然资源、产业、历史文化基础，发展具有本村特色的生态旅游、休闲农业、文化体验等新产业。二是借助外部资源，发展新产业新业态；通过建立职业经理人聘请机制和科学合理的村集体经营管理人员年薪制度，搭建广阔平台，吸引更多有经营头脑、有管理能力、有奉献精神的年轻农民充实到村股份合作社管理运营的队伍中，以此带动农村集体经济的高质量发展；通过政府优惠政策以及完善的利益分配机制，促进农业龙头企业、金融企业与村股份合作社紧密合作，延长农业产业链，推动乡村产业融合发展。

最后，联村共建，实现产业升级。当村社集体经济发展具有一定成效后，逐步建立乡镇政府主导下以行政村为单位的乡镇级村集体合营公司，将各村从单一发展转变为抱团取暖。一方面，强村通过产业转移、技术支持、信息共享、经验共享等多方面带动弱势村经济发展，逐步实现先富村带动后富；另一方面，通过统一规划管理各村集体经济资产，充分整合各村的资金、产业基础、农产品品牌、劳动力、技术等生产资源，实现村与村之间优势互补，从而实现乡镇内的产业升级，最终通过三产融合逐步实现"四生共赢"，即走向一条集生产、生活、生态、生命为一体的乡村产业发展新路。

（四）村社集体经济共同体发展趋势研判

村社集体经济共同体虽然由不同主体领办，出现不同的发展路径，但不同主体领办下的村社共同体可以进行优势互补和精准共建。以村社党支部为主导成立股份合作社，对村集体集中土地整治或建设形成村集体共有资产，并聘请能人（职业经理人）经营管理，或者以集体资产入股参与龙头企业等经营组织进行委托经营管理，多渠道发展壮大村社集体经济。党支部领办的村社集体经济共同体基础条件相对较差，但当本村社集体经济发展取得一定成效后，可以聘请具有经营管理和市场开拓能力的能人（企业）、职业经理人负责统筹。随着村社集体经济规模的不断壮大，需要乡镇资源的统筹协调，再由乡镇政府主导形成乡镇层面的村社集体经济共同体，或联合成立村投公司，将村投公司作为统筹乡镇村社集体经济规模化经营的重要抓手。通过项目资金多方融资、要素资源的统筹配置、产业结构的整体规划、基础设施布局优化等途径，确保先富村集体资产资源不断保值增值增效。针对村社集体资源禀赋的差异性，村社集体经济发展总体上呈现出"村社党支部主导→村社能人（企业）主导或与村社党支部共建→乡镇政府统筹主导"的演进趋势（见图4-5），通过渐进发展，逐步壮大村社集体产业，实现各村集体经济的可持续发展和资源优化整合，最终实现村社集体经济在农民农村的共同富裕。

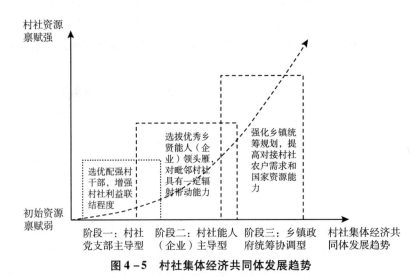

图4-5　村社集体经济共同体发展趋势

资料来源：申云，景艳茜，李京蓉.村社集体经济共同体与农民农村共同富裕：基于成都崇州的实践考察[J].农业经济问题，2023（8）：44-59.

第三节　乡村组织振兴案例分析

一、新型农村社区治理"三社联动"案例分析

（一）新型农村社区治理"三社联动"模式选择标准

1. 实施条件基础各异。

实施条件基础决定"三社联动"治理模式的选择。天乡路社区的"嵌入型三社联动"模式主要是政府主导，社区、社会组织和居委会难以形成有效力量对社区事务进行治理，政府以购买服务的形式或组织居民参与社区治理。这种模式通过政府主导，组织社会组织进行社区事务治理，对政府决策、社会组织服务能力等有较高要求。岷江社区施行的"内生型三社联动"模式主要依靠社区和社区居民共同参与治理。这种模式对社区居民的自治能力、社区事务参与度和积极性要求较高，通过社区搜集居民意见，借助社会组织和社会工作者实现对社区的有效治理。幸福社区的"融入型三社联动"模式主要是政府负责、居民主导、社会组织参与，多主体共同协作参与治理。该模式要求社区居民对社区事务有很高的参与度，基层政府组织有较强的组织管理和制度保障能力，社会组织和社会工作者有较强的专业性。

2. 治理主体利益联结。

虽然"三社联动"不同模式的治理主体在分类上基本相同，但不同模式治理的主导主体不同。在天乡路社区实施的"嵌入型三社联动"模式中，政府是治理主体，主导社会组织的引进、管理以及社区居民意见的搜集和表达等。在岷江社区实施的"内生型三社联动"模式，治理主体是村两委领导下的村民，该模式以村两委作为引导，充分发挥村民的自治意识和自治能力，以村民自治作为社区治理的主导力量。在幸福社区实施的"融入型三社联动"模式中，治理主体是社区居民，政府作为组织管理和制度保障的提供者，在以社区居民为主导的情况下，联合社会组织和社会工作者共同实现社区治理。

3. 治理形式多元丰富。

治理形式是治理模式在社区治理中的具体表达，治理模式是治理形式在实践基础上的规律性、方法性以及经验性的总结提升。因此，由于社区情景存在差异，"嵌入型三社联动"模式的天乡路社区采取基层党委核心引领下的"社区 + 景区 + 小区 + 居民"的农村社区治理形式；"内生型三社联动"模式的岷江社区采取村两委引导下的社会组织参与的院落式管理；"融入型三社联动"模式的幸福社区采取政府保障下的"三自两化" + "百姓代表会"的治理形式。

4. 治理效能各具特色。

三种治理模式施行的基础条件不同，产生的效果也存在一定的差异性。一是天乡路社区的"嵌入型三社联动"模式通过开展"两股一改"和"六项权能"改革，盘活、壮大集体经济；通过"社区+景区+小区+居民"的农村社区"三社联动"治理形式，使"三社"资源有效融合，提高社区治理效能。天乡路社区先后获得"全国民主法治示范村（社区）""全省法治文化家园""四川省乡村旅游示范村"等殊荣。二是岷江社区的"内生型三社联动"模式，通过党组织领导和群众广泛参与，打造了"缝纫居家灵活就业基地""盆景集市""阳台经济""尾箱经济"等特色产业，使岷江社区从落后的"尾巴村"变为远近闻名的"先进村"。三是幸福社区的"融入型三社联动"模式通过充分发挥居民自治，利用村集体建设用地招商引资，建设游客中心、幸福驿站、幸福民俗、田园客栈、主题乡村度假酒店等休闲旅游项目，幸福田园景区逐渐形成集特色美食、传统养生、农耕体验、高端酒店等多个产业为一体的新农村综合体。

通过对比以上三种新型农村社区治理"三社联动"模式发现，天乡路社区的"嵌入式"治理模式更多集中于城镇化覆盖区域，部分原属农村区域被纳入城镇化建设规划范围，其治理主体大多是以基层政府行政主导为核心，政府扮演着决定性的作用。在幸福社区的"融入式"治理模式中，相应区域大多处于城郊接合部，仍属于农村地区，城镇化规划尚未纳入其中。但由于城市化的辐射带动作用较强，村庄市场化发展动机和需求也较迫切，这种近郊村庄主要以自治主导为主，通过村民协助社区的内部治理，并共同为有效治理社区提供更好的外部环境来提升社区的市场吸引力和竞争力，这种市场意识的强化使得村民对社区自我管理的动机更强。在岷江社区的"内生式"治理模式中，由于这种农村社区相对远离城区且大多处于农村区域，市场化程度和政府推动强度均相对较弱，村庄为强化自身发展更多地需要聚焦农村社区的内生治理能力的提升，而党员及村干部成为内生治理的核心，这种半行政半自治的治理方式使得社区工作者的职能和作用更加明显，党建引领和村干部带头示范促推社区的有效联动治理。由于不同类型的治理模式受制于发展背景和自身禀赋的差异性，不同社区之间的禀赋也可能发生相应的转变，因此，农村社区内部治理的"三社联动"也存在相应的转化基础和条件，其转化的作用机制显得尤为关键。新型农村社区治理"三社联动"模式比较如表4-2所示。

表4-2　　　　　　　新型农村社区治理"三社联动"模式比较

项目	"嵌入式"治理模式（天乡路社区）	"融入式"治理模式（幸福社区）	"内生式"治理模式（岷江社区）
地理区位条件	城镇化覆盖区域	城乡接合部	城市远郊和农村地区
治理主体	政府	村民	村干部

项目	"嵌入式"治理模式（天乡路社区）	"融入式"治理模式（幸福社区）	"内生式"治理模式（岷江社区）
治理形式	行政主导型治理	自治主导型治理	半行政半自治型治理
社会组织扮演角色（政府）	决定性作用：引导社会组织，购买服务嵌入社区	间接调节协助作用，不直接参与社区具体事务	引领推动作用：强化内生社区工作者
社区工作者扮演角色（居委会/村干部）	协助作用，在政府引导下为居民服务	协助作用，负责小部分社区管理事务	主导作用，负责大部分社区管理事务
社区居民扮演角色	被动参与，参与度低，不负责社区管理，被动接受服务	积极主动参与，参与度高，负责大部分社区管理	部分主动参与，参与度不高，基本不负责社区管理
治理问题	居民积极性难以调动	主体利益难以协调	界限不清，权责不明

（二）不同新型农村社区治理"三社联动"模式效能比较

"三社联动"的三种模式源于新型农村社区治理创新实践。天乡路社区的"嵌入型三社联动"模式主要基于基层组织行政主导，居民被动接受政府和社会组织提供的服务。居民参与社区治理的自治意识亟待提高，自治能力急需增强。由于社区自治力量的缺乏以及行政主导下的居民过度依赖政府、社会组织和社会工作者的情况长期存在，影响了社区治理效能的提升。

岷江社区的"内生式三社联动"模式一定程度上依托宗族网络、地缘因素和道德约束基础上建立起来的一种半行政半自治型的农村社区治理模式。由于农村长期以来形成的相对稳定的社会人情关系，在社区治理中难免出现权责界限不清，治理专业性不强，治理效率不高的现实困境，进而导致部分责任主体"悬浮"，治理效能尚待提升。

幸福社区的"融入式三社联动"模式是以村民自治为主导的一种治理模式。社区居民、基层政府组织、社会组织以及社区工作者在社区治理中，不同治理主体间利益诉求存在差异，形成利益联结机制以降低矛盾冲突。

新型农村社区治理"三社联动"模式创新在一定程度上是基层群众自我管理、自我服务意识和能力提高的表现，村民自我管理意识提高，在大部分利益诉求上具有同质性，容易结成利益共同体，形成基层群众自治组织，这也是"三社联动"模式自下而上产生的部分原因。利益群体之间在其联结过程中，容易激化与不同群体之间的矛盾，造成一定的社会问题。

（三）新型农村社区治理"三社联动"模式转化机理

通过对比不同模式下新型农村社区"三社联动"的治理效能，明确各治理模式的适用条件及各治理主体相应的角色定位。明确各模式之间的转化机理对农村社区因地制宜管理、依据外部环境及内部条件变化及时调整治理模式尤为重要。为此，本书从地理区位条件、市场化程度、社区居民参与度、社区治理能力四个维度对其转化机理进行分析。

1. 根据地理区位条件进行转化。

地理区位条件是指社区与城镇核心区域或区政府之间的距离，属于社区的外部环境。地理区位条件的不断改变决定了社区治理的不同选择。自党的十六届五中全会明确提出"建设社会主义新农村"以来，户籍制度、土地使用制度等配套政策逐步完善，大都市圈周边农村地区的城镇化进程不断加快。随着农村城镇化的不断发展，农村社区地理区位条件呈现出"远郊地区→近郊地区→城镇地区"的动态变迁，并相应地呈现出依据城乡地理区位而表现出"内生式→融入式→嵌入式"的治理模式转化路径。位于远郊地区的岷江社区，其与城镇核心区域距离较远，地理区位条件决定了政府无法成为其城镇化规划的主要治理力量，而处于"三社联动"治理的初级阶段使得社区自治力量较为薄弱。因此，政府通过引导社区工作者作为主要治理力量并提供资金和政策扶持成为其最优选择。位于近郊地区的幸福社区，距离城镇核心区域相对较近，这种地理区位优势使得社区居民自身可以借助政府、银行等外部社会组织力量和培育社区自治力量，以此形成社区、社会工作者、社会组织之间互联互通、共建共治共享的多元治理模式。纳入城镇规划范围的天乡路社区属于典型的新型农村社区，符合"城乡统筹，四位一体"的要求，农村城镇化进程的成熟性在此得以体现。在城乡融合发展的趋势下，新型农村社区直接接受政府购买引入的各项服务，逐步达成与城镇地区互为资源、互为市场、互相服务的目标。

2. 根据市场化程度进行转化。

社区利用市场化手段来化解社区内部治理困境，也是农村社区"三社联动"的重要体现。政府对农村社区集体经济的不同干预程度决定了政府这一治理力量所起的不同作用。为顺应农村社区治理的市场化趋势，农村社区"三社联动"治理也逐渐由政府主导向市场主导过渡，而社区治理的市场化程度高低也决定了农村社区"三社联动"模式转化的趋势，市场化程度由高到低依次表现出"嵌入式→融入式→内生式"的发展趋势。由于天乡路社区已经纳入城区规划范围，市场化程度相对较高，地理区位优势也较为明显，但由于政府的统一规划也直接导致政府对社区的统一治理更为有效，特别是在天乡路社区"两股一改"试点工作中，区镇党委政府对其进行工作指导并负责绩效监督；政府积极采用购买服务等方式向社区引入社会组织、社区工作者参与社区治理。此外，市场化工具如委托经营、"建设—经营—转让"模式（build-operate-transfer，BOT）经营等也作为辅助工具运用到集体经济的壮大过程中。但相较而言，政府行政手段仍是社区治理的主要方式。在幸福社区，由于处于城郊接合部，市场化程度相对适中，由于暂时未处于政府城镇化统一规划的范畴，幸福社区积极利用市场进行社区资源配置，而"民营化"和集体经济股份化公司运营成为"三社联动"社区治理的重要手段。在幸福社区"三自两化"社区治理体系中，村民自主成立幸福田园投资发展有限公司并自愿入股实现集体经济资源整合。同时，社区采取"特许经营"手段吸引外聘专业管理人才，有效解决社区管理层专业性不达标的困境。岷江社区由于远离城区，市场化程度最低，社会资本和市场化力量介入难度较大，依托外部资本来带动社区的有效治理和社区发展相对困难。为此，社区依托村干部和党员的引领示范，通过贯彻落实合同外包、产权交易等措施寻求与外部企业的合作。一方面，吸引外部企业投资成为驻村企业从而获得资金支持；另一方面，将社区特色产业微盆景、缝纫基地、九坊宿墅等集体经济使用权、部分收益权、占有权等与社区居民进行利益联结，实现党建引领与社区居民利益有机融合，提升当地农村社区"三社联动"的治理能力和治理水平。由于市场化程度与城镇化发展趋势密切相关，农村社区"三社联动"模式也可能存在动态转化，当市场化程度较弱的区域被纳入城镇化建设范围后，相应的社区治理模式也呈现出从市场化程度由低到高的"内生式→融入式→嵌入式"转化趋势。

3. 根据社区居民参与度进行转化。

居民参与度是指居民在农村社区治理中的介入程度，即社区自治力量的强弱。居民参与度是影响社区治理模式的决定性因素。社区自治力量作为新兴治理力量，自"诞生"以来便快速发展，逐渐成为社区治理主体。随着居民参与度的逐步提升，农村社区治理模式也呈现出"嵌入式→内生式→融入式"的发展状态。在居民参与度较低的天乡路社区，由于地理条件及政府"行政化"治理的影响，居民长期依赖政府及政府引入的社会组织提供服务，逐步形成被动接受服务的习惯，自治意识相对薄弱。而社区自治力量缺乏将进一步强化行政力量，如此循环导致"嵌入式三社联动"治理使得行政主导社区内部治理更加集聚，最终使得"嵌入式"社区治理模式更加稳固。在居民参与度居中的岷江社区，由于政府管控力度减弱，社区工作者作为治理主体开始积极调动社区自治力量共同参与治理。一方面，将社区划分为不同院落并要求各院落自主推选村民为院落长，实现分权管理与监督；另一方面，协助村民成立"爱心互助协会""老龄文化协会"等社区组织，充分调动居民积极性，以此形成半行政半自治型的"内生式"社区治理模式。在居民参与度较高的幸福社区，随着社区自治力量不断发展以及社区的不断鼓励，居民自身需求不断强化，实现需求的动机不断增强，促使居民参与度显著提升，逐步代替社区工作者成为社区治理主体。在村委会搭建的"百姓代表会"居民自治平台上，村民自发成立、自愿参与、自主决定，为壮大村集体经济提供了可靠的解决路径与经济支持；同时，推选村民成立社区委员会、巾帼志愿者参与社区及景区治理，从而形成自治型治理的"融入式"治理模式。

4. 根据社区治理能力进行转化。

每种治理模式都存在各自的治理缺陷，而社区治理能力和治理体系的异质性也使不同农村社区的"三社联动"治理模式存在差异，相应的转化机理也可能不同，它并不呈现某种特定的发展趋势或状态，而主要体现为三种治理模式之间的相互转化（见表4-3）。在天乡路社区的"嵌入式"治理模式中，当政府与外部社会组织高度介入社区治理时，居民积极性难以调动，成为长期积压、亟待解决的治理难题。此时，政府和社会组织通过有意识地调整行政干预方式，降低社区行政管理的强度，增强社区工作者、社区居民等内部力量的措施，鼓励居民参与社区治理，激发居民产生实现自身需求的动机，从而转化为社区居民参与度更高的"内生式"或"融入式"社区治理模式。在岷江社区的"内生式"治理模式中，社区自治力量处于初级阶段，往往面临着社区治理主体之间界限不清、权责不明的问题。社区不仅需要加强社区治理人才队伍建设，提高社区治理人才的专业素养，优化社区治理体系，减少管理幅度，通过一系列措施避免陷入界限不清的困境，从而稳固内生式治理根基。还需要通过一系列分权措施将社区治理各项权力细化分配给社区居民，促使社区居民成为治理主体，从而实现向融入式治理模式的过渡。在幸福社区的"融入式"治理模式中，社区自治力量与社区工作者之间形成的利益联结不仅有利于提高治理效能，而且通过引入政府力量进行宏观调控与调节，建立完善的规章制度，将情感约束转化为制度约束，为基层工作的推进疏通渠道。此时，"融入式"治理模式向政府驱动式程度更高的"内生式"或"嵌入式"的转化机理也可能更加有效地实现。

表4-3　　　　　　　农村社区"三社联动"治理模式转化机理分析

转化条件	发展趋势	转化路径
地理区位条件	远郊地区→近郊地区→城镇地区	内生式→融入式→嵌入式
市场化程度	政府行政化→市场化发展	嵌入式→融入式→内生式
社区居民参与度	参与度逐渐提高	嵌入式→内生式→融入式
社区治理能力	有所差异	相互转化

新型农村社区治理"三社联动"模式之间的相互转化，由于基础条件、区位优势、居民参与程度以及治理能力方面的差异，带来了社区资源禀赋和发展条件的异质性。因此，需要结合各农村社区自身的治理能力水平，来选择适合当前社区最优的治理模式。然而，由于每种农村社区"三社联动"治理模式本身与其所处的发展阶段和资源禀赋存在较为紧密的联系，不同模式之间的阶段转化需要坚持循序渐进的原则逐步推进，不能跳跃式地进行农村社区"三社联动"治理模式的转型，同时需要配套相应的政策体系和治理规范，以强化农村社区"三社联动"治理的自治和行政有机协同。

（四）新型农村社区治理"三社联动"模式创新实践启示

1. 因地制宜选择农村社区"三社联动"治理模式。

一是针对不同农村社区治理现状与背景，开展新型社区治理"三社联动"的实践创新，因地制宜选择适宜的模式，考虑社区治理的形成条件、转化路径、作用机制、制度保障等。二是深入了解社区实际情况，厘清社区组织架构和各利益主体关系。由于每个社区的政治、经济、文化、历史和社会风俗等存在差异，在"三社联动"模式的选择和实际应用中也不尽相同。因此，深入了解社区实际情况是开展"三社联动"实践的基本前提，厘清社区组织架构和各利益主体关系是优化"三社联动"模式治理效果的必要条件。

2. 合理定位各治理主体角色，加强自身能力建设。

一是转变政府治理理念，实现由管理型政府向服务型政府的转变。基层政府在社区治理中应起到引导、监督、保障的作用，引导社区居民、社会组织和社会工作者参与社区治理，监督各治理主体依法、依规行事，制定政策制度保障基层社区治理的顺利施行。合理定位自身角色，明确职责，推行权力清单制度。在此基础上，深化"放管服"改革，将治理重心向社区下移，提升社区自治权限。二是提升社区自治能力。在基层政府职能转变的过程中，社区居民利益的代表，即居委会和街道办事处等应以提高自治能力、强化自身发展能力为重点，提升社区自治能力。三是社会组织的引进和本土化组织的培育。引进、培育提供专业化服务的社会组织以满足社区多样化服务需求，公平对待各种社会组织，加强其融入社区各个团体的培育，引导社会组织本土化以促进其发展壮大。四是加强社区工作者的培训和培养。建立社会工作者职业发展规划制度，加强职业进入退出制度建设与技能考核，增强与社区各组织的融合，提高社会工作者专业化、职业化服务社区、扎根社区的能力。五是建立社区各组织间有效对接、协调发展的机制。界定各组织在社区工作中的权责，建立服务检查监督机制和矛盾冲突解决机制。

3. 建立健全新型农村社区"三治"融合的治理体系。

一是需要提高基层治理主体法治意识，提高治理主体的法治能力。通过法律知识的宣传、教育和培训，厘清基层社区治理中的问题、权责，杜绝治理中的缺位、错位和越位，依法行政保障社区居民的合法权利。二是完善自治、法治、德治建设的体制机制。自治要实现居民自我管理、自我服务、自我教育、自我监督，实现由治理对象向治理主体转变的全面发展的自我治理过程。法治通过法律、制度建设，实现普适性的标准化、正式化的行为规范。德治通过乡风民俗、村规民约、内心信念等引导人们的价值取向和行为方式。建立健全自治、法治的监督与考评体系、机制，完善德治软约束和引导机制，将起到切实维护居民正当权益的作用。三是建立自治、法治、德治相结合的协调机制。在农村社区"三社联动"治理中，根据各社区实际情况（自治型、法治型、德治型和综合型）平衡自治、法治和德治之间的关系和权重，是"三治结合"有效实施的前提，而构建"三治结合"的协调机制是"三治结合"顺利开展的基础保障。建立居委会或村民代表大会、基层政府、乡贤连接沟通平台，依据社区实际修改与完善自治体系、法律法规和乡规村约。同时，根据基层社区治理自治、法治和德治相结合的要求进行补充完善，为国家治理体系和治理能力现代化进程中的"三社联动"提供机制体制保障。

二、村社集体经济共同体促进农民农村共同富裕的案例分析

通过对崇州市不同村镇的实践考察，基于村社集体资源共有为基础，建立村社集体股份合作社，通过村社集体经济利润共享来联动村社成员，尤其是内生发展动力不足的农户。创新集体经济发展模式，让村社成员形成共同所有、共同治理、成果共享的村社集体经济发展理念，从而破解农村经济发展"小散弱"和集体资源"精英俘获"现象，最终实现农民农村的共同富裕。在村社集体经济共同体内部，产权共有是多边主体共建共治的前提，多边主体共建是实现乡村产业发展的重要基础，多边主体共治是促进共建通往共享的重要保障。村社集体经济共同体促使发展成果共享是多元主体共建共治的原始动力，"共有共建共治共享"机制的联动，是实现农民农村共同富裕的有效机制。

（一）村社集体经济促进农民农村共同富裕的作用机制分析

1. 村社集体经济共同体产权共有协同机制。

崇州市在城乡融合发展实践中，通过村社集体经济共同体再造，以集体产权共同所有为基础，发挥集体产权与经营管理的"适度分离"，以及剩余索取权（利益分配）与示范引领激励的统一协商。这种"既分又统"的协同有效激发了村社成员共同参与村社集体经济的内生动力（见图4-6）。首先，针对村社资源禀赋相对稀缺的现实条件，大雨村以村社党支部建设为抓手，借助地震受灾援建的契机，当地挑选"精兵强将"的本地乡镇干部担任村支部书记，引领村社集体经济共同体通过清产核资厘清村社集体资产，明晰村社集体产权的边界、范围以及资产共有者的人数。同时，对接国家资源项目，并通过资产"股份"量化形式和扶困济弱相结合的方式分配给村社集体成员；各成员可自愿通过"土地、劳动、资金、技术"等要素作价资产入股合作社，这不仅包括集体资产产权，也包括村社成员个人产权及其权能，从而重新构建了以村社集体所有权为基础的村社成员产权共有关系。其次，针对村社具备一定资源禀赋条件的村庄，村社能人（企业）引领型的村社集体经济共同体可以在集体产权共有的基础上进一步放活经营权。尤其是在当前农村劳动力大量流出、进城务工经商的背景下，越来越多的土地经营权退回到村社集体。村社集体经济共同体再造可以多渠道盘活农村不动产与动产资源，增加居民财产性收入与经营性收入。一方

面，盘活村内不动产资源。在乡村熟人社会中，村集体经济组织的介入更易获得农户的信任，能够有效助力土地顺利流转至股份合作社或村社间的"二次流转"，确保农户土地流转收入可靠稳定。同时，随着乡镇政府统筹下的村社集体经济共同体将农业整体长远发展目标和农业产业布局规划纳入整体谋划，整合新建农村居民聚居点，并将农户闲置耕地向村集体流转，实行"两分两换"的改革（即宅基地和承包地分开、搬迁和土地流转分开，以宅基地置换城镇或新村房产，以土地承包经营权置换社会保障权或养老权），从而推动农户在聚居点集中居住，更好地整合资源集约利用土地。另一方面，盘活村社集体动产资源，强化农村集体农产品、林木、机器设备、畜牧产品、农村知识产权等动产资源的合理配置，[①] 甚至乡镇统筹村社集体经济共同体牵头推广家畜、农用机具等动产抵押信贷业务，丰富集体经济发展的融资渠道。

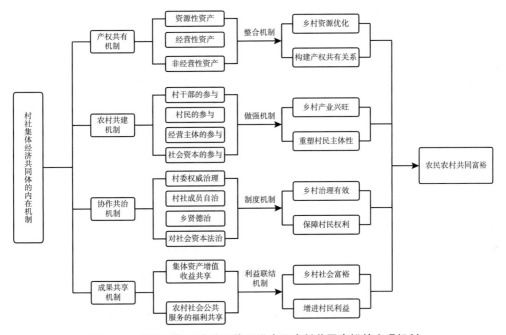

图 4-6　村社集体经济共同体促进农民农村共同富裕的实现机制

资料来源：申云，景艳茜，李京蓉. 村社集体经济共同体与农民农村共同富裕：基于成都崇州的实践考察 [J]. 农业经济问题，2023（8）：44-59.

2. 村社集体经济共同体的农村共建机制。

针对不同村庄资源禀赋的差异，村社集体经济共同体通过"村社党支部领导下的村社集体经济组织＋股份合作社＋村民＋龙头企业（或农民合作社）"的方式，基

---

① 简新华，王懂礼. 农地流转、农业规模经营和农村集体经济发展的创新 [J]. 马克思主义研究，2020（5）：84-93.

于利益联结机制联动乡村多元主体共同参与村社集体经济发展，促进乡村产业融合发展。第一，村社集体经济共同体再造需要发挥农民的主体地位，但村干部和村社能人仍是领导村集体股份经济合作社发展的关键。其中，联义村依托该村在外务工人员较多和个体工商户较多的资源禀赋，以当地返乡创业的乡贤能人为核心，乡贤能人与村庄具有紧密的血缘、亲缘、地缘关系，返乡创业并担任村社集体经济共同体负责人更能获得村民的信任，认同感与治理权威也较高，并且有能力、有德行、有知识的乡贤能够凭借其专业技术、人脉资源、工作经验等发展壮大村社集体经济，实现农民增收致富。大雨村由于资源禀赋基础较差，初期只能依靠"选优配强"村社党支部领导干部，并身体力行地将村社集体经济共同体再造作为产业融合发展和村社治理的关键，特别是村党支部对本村集体资源的统筹能力和对接国家资源项目的能力较强。第二，村社集体经济共同体将村委与村集体经济组织"二合一"的社会优势和政治优势充分发挥，能够有效动员村民积极参与村社集体经济发展。一方面，村社集体经济共同体在村内实行清产核资，整合村社集体资金、资产以及相关扶贫资源，成立村集体股份合作社，并将村社集体经营性资产折股量化到集体成员，农户也可通过个体"土地、劳动力、资金、技术"等生产要素资源作价资产入股合作社增加股份份额，以集体资产收益激励农户积极参与，相关村社农户的动员均需要村社集体强大的组织再造能力。另一方面，通过管理参与来完善村集体股份合作社的"三会"制度，引入普通社员、脱贫户代表进入监事会或理事会，代表社员对合作社的经营管理情况进行监督，增强集体股份合作社运行的透明度，确保股份合作社共同参与下的规范化运行。第三，通过经营主体的参与促进村社集体经济共同体在集体资产经营管理上实行所有权与经营权分离。比如，五星村委托有经营才能的人（农民职业经理人）来经营村社集体资产，村社集体经济共同体通过利益联结和利益分配机制激励新型经营主体实现专业化分工参与其中。第四，通过社会资本的参与促使村社集体经济共同体建设过程中营造良好的村内投资环境。例如，五星村为吸引社会资本融入，通过建立健全社会资本融入村社集体经济发展的合作共建机制，鼓励社会资本投入乡村产业发展。对于构建村社集体经济共同体过程中出现的信息不对称、公共物品等市场失灵以及集体资产委托运营中出现的委托代理问题，乡镇政府主导下的村社集体公共服务资金和农业生态环境维护等资金能够为村社治理提供必要的资金支持和共建管理上的协同。

3. 村社集体经济共同体的协作共治机制。

村社集体经济共同体通过不断强化村社内部的治理能力和治理水平，发挥村社集体目标导向与村社内部成员的共治共享，不断增强和优化乡村治理体系和治理能力的现代化。一是村委内部治理的法治规范。比如，村社党支部主导下的大雨村村社集体经济共同体集合村内各种社会资源和经济关系，村干部以身作则，通过建立村社集体经济共同体章程和社员内部法治规范化治理细则，并以村社集体 IP 进行对外宣传，对违规和屡次不遵守的社员进行集体惩戒和加入黑名单，在餐饮、民宿、农民培训等多种渠道进行公告，提高违约成本和强化村社集体经济共同体的凝聚力，这种协作共治有效保障了村社集体经济管理和治理体系的规范化和常态化。二是村社成员自治的有力衔接。村社集体经济共同体再造过程中会围绕村社成员切身利益的重要事项，从农民的知情权、决策权、监督权和收益权入手，建立健全村社成员民主管理、信息公开、农户监督投诉等权利保障机制，能够有效增强农民的治理话语权。比如，五星村在乡镇政府主导下，不同村社集体经济组织与村社成员个体结成紧密的利益联结关系，五星村带动毗邻乡村联合共治把村社集体经济共同体发展壮大，品牌凝聚力和知名度越高，村社集体成员获得经济收益也越高，村民对村集体的荣誉感、归属感和责任感越强，其乡村自治的主动性与积极性也就越高，华西村的实践也比较类似。三是发挥乡贤德治的激励约束相容。比如，联义村的村社集体经济共同体通过动员发掘本村乡贤能人，以完善利益分配机制激励他们积极参与本村的公共事务以及村集体经济的发展。乡贤能人作为乡村发展的智囊团在乡村治理中往往可以作为村民自治的补充，借助其在血缘、地缘及宗族网络关系上的影响力，在济困扶弱、维护公共秩序、处理集体纠纷等方面有的放矢，促进村社集体经济发展和社会稳定和谐。此外，能人（企业）主导下的村社集体经济共同体在引导社会资本稳妥有序进入、建立健全监管机制和法律法规制度、有效规避资本过度侵入等方面也扮演着积极角色，有利于协同共治促进乡村治理体系和治理能力的提升。

4. 村社集体经济共同体的成果共享机制。

村社集体经济共同体在产权共有基础上整合集体本身资产规模，凭借村集体股份合作社平台通过村企合作、村村合作等方式做大做强村集体经济，再依托集体经济内部资源的共同股和个体股的有效分配，实现村社集体经济发展成果的共享。一是集体资产增值收益共享。崇州的实践均表明，村社集体经济共同体坚持把经营收益多方共享、分配方式灵活多样作为共同富裕建设的基本原则，实现村社成员、村集体、龙头企业（或专业合作社）等多方主体的成果收益共享。一方面，在股权管理上构建适当的限制制度，如限制非本集体成员参股条件、持股累计比例及股份权能，非本集体成员转让股份时本集体成员享有优先购买权等，防止外部人损害农村集体内部成员的权益。另一方面，在村集体经济收益的分配上强化扶贫导向，集体利益适度向相对贫困群体倾斜，保障贫困户能够持续共享集体经济发展的实惠。如将集体部分净收益设立"扶贫公益基金"，专项用于定向帮扶村内贫困户，带动贫困户持续性增收。二是农村社会公共服务的福利共享，农村公共服务普遍存在政府投入不足、供给效率较低等问题，而村社集体经济共同体不仅具有经济属性也具有社会属性，集体经济发展壮大后其部分收益会用作集体提留，与政府财政投入相互补充共同用于完善村内各项基础设施、公共服务体系的建设以及乡村各项公益性支出。一方面，通过就业服务实现村集体经济组织会为农户提供职业技能培训、资金支持与就业指导，同时，也会通过促进乡村产业融合，延伸农产品的产业链，吸纳更多农户就业。① 另一方面，通过社会公益救助和福利保障来实现公平正义。村集体经济壮大后在一定程度上可补齐农村社会福利的短板，如高龄老人生活补助、失业补贴、自然灾害受损补助、本村大学生的入学奖励以及乡村各项公益性支出等。

（二）村社集体经济共同体促进农民农村共同富裕的启示

我国正处于全面推进乡村振兴与实现农民农村共同富裕的关键阶段，通过再造村社集体经济共同体发展壮大集体经济资产，通过产权共有、多方主体共建共治、集体经济发展成果共享的机制，成为加快集体经济高质量发展是实现乡村振兴和农民农村共同富裕的重要途径。

1. 深化村社集体经济产权"公有制＋分配制"改革，促进集体资产保值增值。

开展多元化的集体资产股权设定探索，建立村社集体经济"共有"产权的制度顶层设计，通过基本股、土地股、贡献股、资金股、奖励股、老龄股等形式，赋予农村集体成员对集体资产股份的收益分配权和剩余索取权，并强化村社集体资产管理的内部监督职能。抓好清产核资和股份合作制改革两个关键环节。同时，探索村社集体资产的"分配制"改革，将村社集体经营性资产折股量化到人、确权到户，发展多种形式股份合作。经营管理上的"两权分离"（村社集体所有权与经营权分离）和利益联结上的"两权协同"（股权收益与剩余索取权的协同），委托有经营才能的人来经营集体资产，构建集体经营性资产保值增值和集体成员财产权益联结机制，让集体成员共享经营性资产收益。健全和完善集体资产股份的价值评估机制，开展农村集体资产产权、股权的抵押、担保及有偿退出，最大限度提升农村集体成员财产权能。

2. 创新村社集体经营管理模式，增强村社集体资源整合和组织保障能力。

村社集体经济共同体再造的核心在于对接农户需求、市场和国家资源，盘活农村各类资源及利用效率，推动土地有序流转，创新村社集体经济合作模式，完善群众利益联结机制显得尤为关键。针对资源禀赋稀缺的村社，通过强化村社党支部选优配强领头雁，再造村社集体经济共同体来增强土地股份合作和土地流转管理，采取投资、入股龙头企业等方式，通过撂荒地整治和土地流转方式，按照土地类型和区域招引业主，并与村集体经济组织签订流转协议，集体组织向业主收取适量管理费，打造村社集体产业和发展入股分红型集体经济。② 充分发挥村社集体所有的土地、山林、水面等资源优势，将其转化为经济优势。针对资源禀赋较好、产业基础雄厚的地方，通过乡镇政府统筹规划走产业主导型村社集体经济之路，在耕地较多、适合农户发展

---

① 王长征，冉曦，冉光和. 农民合作社推进乡村产业融合的机制研究：基于生产传统与现代市场的共生视角 [J]. 农业经济问题，2022（7）：1-13.

② 王博，王亚华. 县域乡村振兴与共同富裕：内在逻辑、驱动机制和路径 [J]. 农业经济问题，2022（6）：1-9.

规模化生产经营的地方，引导农民成立以集体经济组织为龙头的合作服务实体。对闲置村办公用房、学校、加工房等不动产，山坪塘、水库等资源，采取出租、入股分红、联合经营等方式，依托本地山岭、河流、滩涂等独特自然资源优势，与龙头企业等进行合作经营，增加集体收入。以村集体盈余资金作为启动资金，在项目支持下加大与公司企业合作，采取"村集体＋村股份合作社＋公司＋农户"形式强化农户与村集体经济的利益联结。对村级集体所有的经营性资产，采取村级集体直营、承包、租赁、外租、参股、税收分成、资产置换等，提高村级集体资源变现能力。

3. 强化村社集体"共建共治"人才培育赋能村社集体经济发展。

以培育和吸引村社集体经济领头雁为抓手，强化职业农民技能培训，增强构建村社集体经济共同体引领能力。通过培养一批"一懂两爱"并愿意驻扎乡村建设的村社集体经济工作队伍，探索村社集体管理人才与村干部的适度结合与分离机制，打造一批高素质的村集体经济经营管理人才队伍。比如，建立乡贤能人聘请机制和科学合理的村集体经营管理人员年薪制，储备乡贤人才库，吸引更多有经营头脑、有管理能力、有奉献精神的年轻农民充实到村社集体经济组织队伍中，并在教育、医疗、社会保障等多维度提供配套人才扎根乡村振兴的土壤。建立以"政府主导＋企业参与＋院校与专合社协同"的新型职业农民培育模式，利用"工学一体化""职业培训包""互联网＋"等先进培训方式，积极搭建网络和移动学习培训平台，开展农民工专业技能培训、返乡创业培训过程监管，提升培训质效。

4. 优化村社集体经济资产的经营管理机制与利益共享机制。

充分发挥基层村社党组织的领导作用，加快研究出台村社集体经济组织法，健全集体经济组织的特殊法人治理结构，加快提升集体经济运营的合作化水平。创新混合所有制形式，采用抱团发展模式以集体资产入股参与乡村振兴龙头企业的村企合作、跨行政区域的村村集体经济合作形式，将村民利益、集体利益和其他社会参与主体利益捆绑在一起，形成村社集体利益共同体。[①] 健全公务公开和民主管理制度，村集体经济组织运用互联网技术和信息化手段推进政务公开、事务公开以及财务公开，将涉及农村集体经济发展相关的政策文件、法律法规、经营情况以及运行的财务活动及时、准确地向全体成员公开。健全村社集体经济共同体内部的问责机制。确定农村集体经济组织的问责对象、内容和程序，明确各方责任的依据和大小。对于集体经济组织工作人员不履行职责，利用职务之便谋取私利，损害农户权益的行为，严格落实责任追究制度。在财富分配共享机制方面，探索分配方式更加灵活的集体收益分配机制，在公平和效率兼顾的条件下协调村民的股权收益和剩余索取权的分配，不断改善农村生产生活条件和环境，让农民在更好的公共服务、更有品质生活的共享中激发内生活力。

---

① 郝文强，王佳璐，张道林. 抱团发展：共同富裕视阈下农村集体经济的模式创新：来自浙北桐乡市的经验［J］. 农业经济问题，2022（4）：303－316.

本 章 小 结

新中国成立后，乡村组织的发展过程可分为四个阶段：人民公社前期、人民公社后期、"两权分置"时期和"三权分置"时期。在不同阶段，乡村发展面临的政治经济形势各不相同，乡村组织的形态和作用也有所变化。党的二十大以来，大力推进我国的乡村振兴战略。乡村振兴事关我国发展的战略全局，乡村组织振兴在乡村振兴中占有重要地位。本章重点对村社集体经济发展促进农民农村共同富裕和乡村"三社联动"治理进行分析，聚焦组织治理创新与村社集体经济发展在乡村振兴中的积极作用和创新实践，提出了优化村社集体治理和组织振兴的有效路径。

思 考 题

1. 新中国乡村组织发展历程包括哪几个阶段？
2. 乡村组织振兴的核心载体有哪些？

第五章 乡村文化振兴案例与分析

【学习目标】

通过本章的学习，应达到以下目标和要求：

1. 了解乡村文化振兴背景。

2. 了解乡村文化振兴相关案例分析。

3. 掌握乡村文化振兴的现实难题与优化路径。

【本章导读】

本章主要学习乡村文化振兴的相关案例，第一节重点阐述了乡村文化振兴的基本内涵，以及乡村民俗文化向文化振兴的转变趋势；第二节重点以陕北、江西井冈山和四川蒲江明月村等乡村文化振兴的发展模式及其有效路径为例进行案例概述；第三节重点围绕乡村文化振兴案例中的政策推进、模式创新、现实难题等内容进行分析思考。

第一节 乡村文化振兴概述

一、新时代乡村文化振兴的基本内涵

新时代中国乡村文化振兴是全面推进乡村振兴和建设社会主义文化强国两个维度的交汇点，既是全面推进乡村振兴的铸魂工程，也是建设社会主义文化强国的必经阶段。"乡村文化"表明了这一概念涉及的主体。所谓"文化"，广义上指人类在社会实践过程中所获得的物质、精神的生产能力和创造的物质、精神财富的总和，狭义上指精神生产能力和精神产品，包括一切社会意识形式：自然科学、技术科学、社会意识形态，有时又专指教育、科学、艺术等方面的知识。"乡村文化"是村民在农业生产与生活实践中逐步形成并发展起来的道德情感、社会心理、风俗习惯、是非标准、行为方式、理想追求等，表现为民俗民风、物质生活与行动章法等，以言传身教、潜移默化的方式影响人们，反映了乡民的处事原则、人生理想以及对社会的认知模式等，是乡民生活的主要组成部分，也是乡民赖以生存的精神依托和意义所在。

我国乡村文化有其鲜明特征，具体表现在其蕴含的乡土性、封闭性、多样性、地域性、传承性等方面。一是乡土性。传统乡村是以农业为主的自给自足自然经济生产方式，乡土性是乡村文化的底色。费孝通在《乡土中国》中指出："乡下人离不开泥土，因为在乡下住，种地是最普通的谋生办法。"① 这以"地缘"关系为基础形成的朴素道义和情感义务，通过物质和精神的方式传达出来的乡土观念和心理情感，并在长期发展中渗透到人们思想意识的深处，成为中国文化传统中最根深蒂固的观念。二是封闭性。乡村文化的乡土性底色决定了其封闭性的特点。从农民的交往圈来看，一般限于一个村落或相邻的几个村落；从市场交换的角度来看，农民进行产品交换的初级市场是他们的交往范围。中国传统乡村的基本社会结构是地方市场共同体，农民在这个市场范围内进行活动。因此，农民的活动范围较小，无法形成开放性的城镇文化。三是多样性。俗话说，"百里不同俗"，不同地区的乡村文化在表现形式上具有较大差异，呈现多样性的特点。由于我国幅员辽阔、民族众多、差异明显，各地农民创造了丰富多彩的乡村文化，主要表现在音乐、民俗、舞蹈、人文、传统、绘画、宗教信仰等方面。四是地域性。乡村文化是特定地域的产物，各地区的乡村文化有各自的特色和风格，不同地方的自然环境、气候、地理条件和历史背景等都会对乡村文化的形成产生影响。五是传承性。乡村文化承载着丰富的传统价值观和习俗，是传统文化的重要组成部分，融汇了历史、宗教、伦理道德等方面的传统元素，通过代代相传得以保留和传承。

从根本上看，新时代中国乡村文化振兴应立足当代中国时代背景和乡村现实，推动以中华优秀传统文化、革命文化和社会主义先进文化为主要内容的中国特色社会主义文化繁荣兴盛，构建起与新时代乡村不断提升的经济基础相适应的思想文化方面的上层建筑，实现乡村地区在思想文化上的现代化。同时，进一步发挥思想文化上层建筑的反作用，推动乡村经济基础的持续健康发展，推进乡村地区的全面振兴，促进社会主义现代化强国的建设和中华民族伟大复兴的实现。

二、乡村民俗文化建设向文化振兴转变

乡村文化振兴是乡村振兴的重要内容，也是乡村治理的重要组成部分。加快推进乡村文化建设，让传统文化焕发新活力，使民俗文化成为乡村经济发展的内生动力，让广大农民享受到更加丰富多彩、积极向上的精神食粮，是推进乡村文化振兴的关键。民俗文化，又称为传统文化，是指民间民众的风俗生活文化的统称，是在长期历史发展过程中，在民众中自发产生和传承的一套神灵崇拜观念、行为习惯和相应的仪式制度；也是在普通人民群众的生产生活过程中所形成的一系列非物质文化民俗及民众的日常生活体现。

---

① 费孝通．乡土中国（经典珍藏版）［M］．上海：上海人民出版社，2013：6.

（一）乡村民俗文化具有很强的地域性

在我国广大乡村地区，各地区民众在长期生产生活中形成了独具特色的风俗习惯。如南方一些地区的农民喜欢插秧、采茶、采摘等农事活动，在节日里会舞狮舞龙，祈求风调雨顺、五谷丰登；北方一些乡村则喜欢打秧歌、唱二人转，表达人们对生活的热爱和对美好未来的向往。这些不同地域乡村民众特有的风俗习惯和文化艺术，都是本地区人民在长期生产生活中创造的宝贵财富，具有鲜明的地方特色，也是中华民族传统文化不可或缺的一部分。这些传统乡村民俗，初衷多是解决现实问题，多采用群众喜闻乐见的艺术形式，有助于促进社会和谐。通过集体活动潜移默化地影响人们，起到倡导文化认同、内化伦理规范、增进社会团结的柔性治理作用。因此，加强民俗文化建设，是弘扬优秀传统文化、促进民族团结和乡村文化振兴的重要内容。

（二）乡村民俗文化具有强大的生命力

中国民间信仰与民俗文化源远流长，博大精深，凝结着中华民族数千年来的文化心理积淀，是中国传统文化的重要载体，并随着时间的推移、社会的进步及中外文化的交流而不断嬗变和演进。因此，民俗文化是历史的积淀和人民生活智慧的结晶，具有强大的生命力。一方面，民俗文化能够满足人们的精神需要，特别是随着经济社会发展，人们在满足物质需求的同时，更加注重对精神层面的追求；另一方面，民俗文化是传统社会在长期生产生活中逐渐形成并不断发展演变而来的。乡村民俗文化作为一个地方或民族在长期生产生活过程中积累、沉淀下来的文化形式和精神财富，其生命力是持续不断、生生不息的。

（三）乡村民俗文化对维系民众乡村情感至关重要

一是传统民俗文化在乡村社会中有其自身的价值和功能，能够为当地村民提供生产、生活所需的实用技能，同时也是维系人民群众感情联系的重要纽带，有助于维护社会秩序稳定。二是传统民俗文化作为公共文化活动的重要组成部分，对提高村民文化素养和思想道德水平、增强村民的凝聚力与向心力具有不可替代的作用，为乡村振兴提供了内生动力；另外，在传统民俗活动中，村民之间多以互助方式开展民俗活动，在维护社会和谐稳定、增进民族团结进步等方面发挥着重要作用，充分彰显了新时代乡村文化振兴的独特优势与作用。三是民俗文化作为维系社会团结、国家统一的纽带，保护、挖掘、开发与创新传统民俗文化，对激发人民群众参与公共文化活动的热情、促进乡村振兴发展具有重要作用。

（四）乡村民俗文化是乡村治理的重要内容

在乡村，民俗文化是农民在长期生产生活实践中形成的精神财富，是广大农民的价值认同和集体记忆，承载着乡村社会的历史、文化和情感，是乡村社会的内在文化基因，具有强大的凝聚力、向心力。民俗文化是乡村社会治理的重要内容，是乡村振兴的内在动力。一方面，民俗文化凝聚着广大农民群众对美好生活的向往和追求，承载着乡村文明进步发展的历史记忆；另一方面，民俗文化具有较强的包容性和适应性，对村民个人发展具有很强的促进作用。因此，在乡村振兴中要注重以优秀传统民俗文化为引领，充分发挥其在凝聚村民共识、强化村民自律、促进社区和谐等方面的作用。只有这样，才能不断提高农民群众素质、提升农民群众幸福指数。

随着乡村传统社会关系的变化，很多乡村民俗在逐渐消失。结合当代技术条件和社会条件，对传统乡村民俗进行创造性转化、创新性发展，创造出契合当下社会需求的新民俗，成为保护传承乡村历史文化的一种选择。基于中华优秀传统文化的传承，基于社会主义核心价值观的培育，基于社会主义先进文化的涵养，以新民俗实践活动为切入点，不断提升乡村居民文化认同，有助于涵养向上向善的文化风尚，赋予乡村文明新的时代内涵。增强新民俗活动的艺术感，更好地让村民在交际互动中体验到信任、快乐、归属感等，才能增进团结、达成共识，提升他们参与乡村振兴的积极性。要加强对传统民俗文化的保护、挖掘和开发，推进乡村特色文化产业，不仅可以继承和弘扬中华优秀传统文化，而且能够丰富乡村文明建设内涵，促进美丽乡村建设可持续发展。同时，加强传统民俗文化产业规划与建设，是发展美丽乡村的重要途径。要以本地特色民俗文化为载体，统筹规划、有序推进乡村传统民俗文化产业建设。可以以优秀传统民俗文化为核心，通过创意设计、艺术加工等方式开发出具有地方特色的传统民俗工艺品、旅游纪念品等产品，并通过旅游活动和节庆活动宣传推介，形成品牌效应，从而推动传统民俗文化产业的发展。

充分发挥优秀传统民俗文化在乡村振兴中的积极作用，打造乡村新民俗，让乡村新民俗拥有更好的艺术表达，提升新民俗的文化魅力、审美趣味和精神内涵。有利于塑造社会文化认同，增强乡村文化活力，为乡村善治夯实文化基础。以实现中华民族伟大复兴为目标，在新时代背景下发展好中国特色社会主义先进文化，使优秀传统民俗文化成为社会主义核心价值观的重要源泉，为实现乡村振兴战略提供强大的精神动力，为推进乡村文化振兴提供更多源头活水，注入更多新动能。

第二节　乡村文化振兴案例概况

一、陕北民俗文化建设案例概况

陕北是中国陕西省北部的一个地理和文化区域，也是中国重要的历史文化名片之一，包括陕西省的榆林、延安、安康等地区。陕北地区以其独特的地貌、丰富的历史文化和壮丽的自然景观而闻名。地貌以黄土高原为主，地势较为平坦，有着广袤的黄土地貌和壮丽的沟壑风光。在这里，你可以看到起伏的黄土丘陵、奇特的峡谷和沟壑、悬崖峭壁，以及广袤的农田和村庄。独特的地理与环境造就了陕北不一样的民俗文化。

（一）"窑洞艺术馆"点亮大山深处的乡村振兴[①]

窑洞是陕北地区特有的建筑形式，是一种利用黄土地质条件的住宅建筑，通过在黄土地中挖掘洞穴，然后在洞口搭建房屋，形成一种独特的地下居住空间。黄土具有较好的隔热性和保温性，因此古人开始挖掘黄土洞穴作为住宅。窑洞建造方式简单、成本低廉，能够抵御严寒的冬季和酷热的夏季，为居民提供了相对稳定的生活环境。窑洞民居可分为地坑式、沿崖式和土坯式三种。地坑式窑洞在地面挖坑，内三面或四面开凿洞穴居住，有斜坡道出入；沿崖式窑洞是沿山边及沟边一层一层开凿窑洞；土坯式窑洞以土坯砌拱后覆土保温。此外，还有砖石砌的窑洞式民居。地坑式窑洞也见于黄土层厚的豫西平原地区，如河南巩义的地坑式窑洞，常常是整个村庄和街道建在地坪以下，远远望去，只见村庄的树冠和地面的林木。地坑式窑洞顶上的土地，仍然可以种植庄稼。在西方环境建筑学家看来，这种地坑式窑洞建筑是完美的不破坏自然的文明建筑。

随着经济社会发展和城镇化步伐加快，年轻人逐渐离开农村地区，迁往城市寻求更好的就业和生活机会，农村地区的人口减少现象加剧。这导致窑洞的使用率下降，一些窑洞因缺乏居民居住而被废弃，传统文化和建筑形式面临着丧失和遗忘的风险。窑洞作为陕北地区独特的建筑形式和文化符号，需要得到适当的保护和传承。保护窑洞不仅是保护建筑本身，更是保护和传承陕北地区丰富的历史和文化。例如，庆阳市出台了庆阳市窑洞民居传承保护和开发利用相关政策，加大招商引资力度，实施窑洞民居文化项目，形成窑洞民居文化与文化旅游产业融合发展、相互促进的良性循环机制，奏响美丽乡村建设文化音符，为乡村振兴战略实施助力。

窑洞作为陕北地区独特的建筑形式和文化遗产，具有优秀的旅游发展潜力。窑洞提供了一种与传统陕北生活方式和文化相连接的体验，游客可以在窑洞中感受到独特的建筑结构、家居陈设和生活方式，了解当地人的生活习俗和传统工艺品。同时，许多窑洞分布在风景优美的乡村地区，周边环境常常有田园风光、山水景观等，这使得窑洞旅游能够结合自然环境，提供给游客享受乡村生活、远离城市喧嚣的机会。一些窑洞已经被改造成为民宿，为游客提供独特的住宿体验。住进窑洞民宿，游客可以亲身体验传统的陕北生活方式，感受到不同于传统酒店的特色住宿体验。窑洞旅游也提

---

① 杨晓翔，李欢，张鑫. 美丽乡村我的家［N/OL］. 延安日报，2023 - 11 - 01（8）［2024 - 05 - 10］. https：//paper. yanews. cn/yarb/20231101/mhtml/page_07_content_20231101008001. htm.

供了文化交流和教育的机会。游客可以通过参观窑洞了解陕北地区的历史、文化和人文景观，促进不同地域之间的文化交流与理解。因此，许多窑洞被改造，取暖改造了火炕，水泥地变成了木地板、氛围灯贴在了炕头上，隔断里建了卫生间、屋子里挂上了电视墙、墙角安了图书柜、玻璃面装在头顶上，老屋子焕发了新活力，土窑洞变成了阳光房。

因为窑洞冬暖夏凉的独特魅力得到外地游客的青睐，这一新型产业的发展带动了农村诸多产业进入新的循环与发展，推动了农村创业创新，促进了传统农业转型升级，同时，在传承乡村优秀文化、改善人居环境、提升农村人口素质、促进农民增收致富等方面发挥了积极作用。如陕北地区延川县的甄家湾村是目前保存最完整、规模最大的古窑洞群。村庄秉持着"农村的外表、城市的内涵、文化的精髓、生态的根基"的建设理念，致力于保护和开发利用传统村落，以保留乡土风貌为原则。为此，甄家湾村，一是鼓励村民将废弃和未利用的土地使用权和窑洞使用权转让给村集体经济组织，实现由村庄统一管理经营。这一举措旨在打造四个主要功能基地，包括影视拍摄基地、教育研学基地、写生创作基地和文化体验基地。甄家湾村提供独特而原汁原味的背景场景，吸引了许多电影和电视剧的制作组前来取景拍摄。这不仅促进了当地的旅游业发展，还为村民创造了就业机会。二是将闲置的窑洞和传统建筑改造成具有特色的民宿，吸引游客前来体验乡村生活。通过规划和打造旅游景点，村庄吸引了更多的游客前来观光旅游，从而带动了当地的经济发展。这种形式的经济发展不仅为村民提供了额外的收入来源，还增加了村庄的知名度和吸引力。甄家湾村在保护和利用传统村落的同时，积极引入新兴经济，为村民提供了更多的发展机会和收入来源，这种可持续的发展模式不仅促进了经济繁荣，还有助于保护和传承当地的历史文化遗产。

陕北富平县新庄村通过修复传统窑洞资源，充分发挥窑洞冬暖夏凉的特点，先后设计打造休闲休憩体验窑洞民宿40孔，并命名为何家大院。通过"以农促旅、以旅促农"模式，致力于发展集观光度假、民俗文化、休闲游憩、乡村民宿、特色美食、节庆活动为一体的乡村生态游，逐步发展壮大村集体经济，全面改善农村生态环境，助推乡村振兴。

（二）民间文化艺术引领乡村振兴

陕北地区具有丰富多彩的民俗文化，如秧歌、腰鼓、皮影、剪纸等。这些艺术形式富有独特的民族特色和地方特点，为乡村注入了浓厚的文化氛围，对于激发农村活力、传承优秀文化、促进乡村振兴具有重要意义。

1. 绥德县文化艺术大赛助力文化振兴。①

为了更好地践行习近平总书记到陕西考察期间对于非物质文化遗产保护工作的重

---

① 中国农科新闻网. 绥德县将举办陕北民歌、剪纸艺术、石雕艺术系列大赛 [EB/OL]. (2023 – 05 – 12) [2024 – 05 – 11]. http://www.nkb.com.cn/2023/0512/448512.html.

要指示，同时促进文化自信和自强，巩固国家级陕北文化生态保护区的建设成果，绥德县积极组织了一系列陕北民歌、剪纸艺术和石雕艺术大赛。绥德县被誉为中国民间文化艺术的"秧歌之乡""唢呐之乡""民歌之乡""石雕之乡"和"剪纸之乡"，是全国唯一一个拥有这五个民间文化艺术称号的文化大县。① 举办这一系列大赛的目的是充分发扬绥德中国民间文化艺术的传统底蕴，充分利用陕北文化资源和人才优势，进一步推动陕北民歌、剪纸艺术和石雕技艺的保护、传承、创新和发展，从而更好地推进乡村振兴。这些民间文化艺术的举办不仅是对当地文化特色的宣传和推广，也提高了绥德县的知名度和吸引力，更是对传统文化的传承和促进文化振兴起到了重大作用。

2. 安塞腰鼓——激荡文化振兴的节奏。②

安塞腰鼓是中国民间艺术形式之一，起源于中国陕西省安塞区，具有悠久的历史和独特的文化内涵。腰鼓是一种手持乐器，由一个圆形的鼓体和一条长长的鼓带组成，表演者将鼓带绕过腰部，通过手腕的摆动和鼓带的牵引来敲击鼓面，发出有节奏的声音。关于安塞腰鼓的起源，其中一种说法是安塞腰鼓起源于古代军事演习，据说在古代战争时期，安塞地区的士兵常常利用腰带敲击身上的盔甲，以传递信息或发出信号。随着时间的推移，这种敲击演变成了一种特定的鼓点和节奏，形成了腰鼓的演奏方式。另一种说法是安塞腰鼓用于民间庆祝活动，在中国的农耕社会中，人们常常利用节日庆典来表达喜庆和祈福之情。安塞腰鼓可能最初是作为庆祝仪式中的一种表演形式，通过敲击腰鼓的声音和舞蹈动作来祈求丰收和吉祥。

安塞位于陕西省延安市，以其独特的原生态特色和卓越的非物质文化遗产资源而闻名全国。安塞被誉为"腰鼓之乡""剪纸之乡""民歌之乡""绘画之乡"和"中国曲艺之乡"，这五个称号成为安塞的文化名片，有助于实现非物质文化遗产的活态传承，同时也树立了地域民间艺术的品牌形象并使其更具市场竞争力。安塞以其得天独厚的资源条件和丰富的文化内涵，打造"千人腰鼓"文化村。"千人腰鼓"需要团队协作和默契配合，这种团队精神不仅促进了社区成员之间的交流和合作，还强化了他们对自己文化身份的认同感。通过传承和演出，安塞腰鼓将这些宝贵的文化元素传递给后代，使他们能够更好地了解和尊重自己的传统。安塞腰鼓作为一种独特而精彩的民间艺术形式，正以其独特的节奏和魅力，为文化振兴注入新的活力。

---

① 绥德县人民政府办公室. 绥德县情简介 [EB/OL]. (2023 – 05 – 05) [2024 – 05 – 11]. http：//www.sxsd.gov.cn/html/mlsd/sdgk/201908/22806.html.

② 杨磊. 冯家营村以"鼓"做起产业兴 [N/OL]. 陕西农村报，2020 – 04 – 24（4）[2024 – 05 – 11]. http：//sxncb.joyhua.cn/sxncb/20200424/html/page_03_content_001.htm.

二、江西井冈山乡村文化振兴案例概况

井冈山是中国革命的摇篮，红色印迹如星星之火一样洒落在五百里井冈，堪称一座没有围墙的红色博物馆。

（一）井冈山茅坪村延续红色文化①

井冈山茅坪村在 20 世纪初期成为中国共产党的红色革命根据地之一。1927 年，毛泽东带领一支农民军队来到井冈山地区，选择茅坪村作为基地，组织了一系列的农村革命斗争，推行土地改革和农民自治，建立农村革命政权。茅坪村成为中国共产党最早的农村根据地之一，也是中国农村革命的摇篮。

在脱贫攻坚和乡村振兴的号召下，茅坪镇成为带头示范单位。通过建设美丽乡村和发展红色旅游，茅坪村焕然一新。如今，整洁的柏油马路、潺潺流淌的小桥流水、农家小院里飘出的炊烟成为常态。为了传承红色文化并推动乡村文化振兴，茅坪村充分利用资源优势，承托红色基因，以组织诵读《红色家书》，讲述精彩红色故事等活动，加强干部队伍的忠诚和坚定信念。与此同时，茅坪村还创建了新时代红色讲习所，填补干部群众教育培训的短板，传承并弘扬井冈山精神。这些红色经典激励着乡村干部积极投身"五型"政府建设，从而打造出一支适应新时代的红色服务队。茅山沟不再贫穷，变成了"聚宝盆"，茅坪村也成为热门的"旅游村"。

茅坪村为传承红色文化、延续红色基因，深入挖掘了十余篇红色故事，其中包括《八角楼上》《谢甲开英勇牺牲》《坚定执着追理想》等。这些故事通过生动的叙述方式，唤起了人们对红色故事的回忆，成为茅坪村红色文化传承的鲜活教材。除了文化故事，茅坪村还通过保护红色文化遗址的方式来传承红色文化，开辟了一系列历史遗址，包括毛泽东旧居、中共湘赣边界"一大"会址、陈毅旧居等。这些历史遗址成为人们感受茅坪村红色文化的重要景点，让来访者能够亲身感受和了解这些重要历史事件的发生地。茅坪村通过挖掘红色故事和保护红色文化遗址，不仅传承了红色文化的精髓，也为后代提供了学习和了解红色历史的机会。这些举措不仅让茅坪村的居民自豪感倍增，也吸引了更多的游客前来参观和学习。同时，这些红色文化的传承也激励着茅坪村的人们，让他们更加坚定地追求自己的理想，并将红色精神融入乡村振兴的进程中。茅坪村的红色文化成为乡村发展的重要支撑，为实现乡村的繁荣和进步注入了强大的动力。

---

① 乡村干部网. 角楼的灯光照四方：江西省井冈山市茅坪镇茅坪村红色美丽村庄建设见闻［EB/OL］.（2023－03－30）［2024－05－11］. https：//www.dxscg.com.cn/zt2022/wcx/xw/202303/t20230330_7884753.shtml.

（二）井冈山神山村党建引领乡村振兴[①]

神山村位于江西省井冈山市，是中国革命的重要历史遗址之一。神山村因其在中国共产党领导下的农村革命斗争中的杰出表现而闻名。近年来，神山村坚持"党建为先、产业为根、立志为本、机制为要"，走出了一条"党建优、村庄美、经济强、乡风好"的乡村振兴新路子。神山村将党建工作与基层工作相结合，充分发挥党组织的战斗堡垒作用和党员干部的先锋模范作用，建立健全的党组织和村民自治组织，发挥党员干部在产业发展中的作用，使党建工作成为推动乡村振兴的重要引擎。在神山村产业发展过程中，村党支部领办黄桃、茶叶合作社，发展黄桃460亩、茶叶200亩，引进茶树菇种植和"神山鸡"养殖产业项目，搭建神山村电商平台，销售40多种土特产，全村发展农家乐、特产销售、民宿等34家。2021年神山村村集体经济经营性收入达33.5万元，农民人均可支配收入达2.4万余元。在产业发展过程中，神山村通过多种方式为每户贫困户筹集2.2万元入股到黄桃、茶叶合作社，每年对贫困户分红收益的15%，积极通过发展产业推进脱贫攻坚任务，不仅完成了脱贫任务，还使人们富裕了起来。[②]

党建工作助力了神山村的红色文化，神山村充分利用当地丰富的"红色资源"，积极传承和弘扬红色文化，致力于建设红色文化教育基地，将红色文化融入矛盾纠纷的调解过程中，红色教育活动不仅限于知识的传授，更注重于深入人心，浸润基层社会治理。神山村努力培育邻里互助、家庭和睦、敬老爱幼以及移风易俗的文明乡风。同时，通过参观红色旧址、参观历史实物以及听取红色故事等多种方式，开展红色教育活动。这些活动让村民们能够近距离接触红色历史，接受红色精神的熏陶，引导他们树立爱党、爱国和爱社会主义的情感，红色基因的浸润增强了神山村的凝聚力和向心力。

（三）井冈山古田村红色文化研学引领乡村振兴[③]

古田村位于江西省井冈山市，是一个历史悠久、风景秀丽的村落。古田村以其丰富的革命历史和独特的自然风光而闻名，是中国共产党领导的井冈山革命根据地的发源地之一。

古田村以其丰富的红色文化资源和绿色自然环境，充分发挥自身的优势，致力于改善农村人居环境。通过独特的发展模式，即"企业（公司）+集体+农户"，古田

[①] 江西省文化和旅游厅. 传承红色基因　践行"两山"理念：江西省吉安市井冈山市茅坪镇神山村旅游扶贫案例［EB/OL］.（2021 - 11 - 12）［2024 - 05 - 11］. http：//dct. jiangxi. gov. cn/art/2021/11/12/art_14513_3718510. html.

[②] 村里喜讯捎北京｜神山村："神气"村庄的"红绿梦想"［N］. 江西日报，2023 - 09 - 23.

[③] 江西省乡村振兴局. 井冈山小山村　大思路［EB/OL］.（2023 - 06 - 26）［2024 - 05 - 11］. http：//fpb. jiangxi. gov. cn/art/2023/6/27/art_30230_4512458. html.

村在研学和乡村旅游产业方面取得了显著进展，为村民提供了多元化的收入来源。通过建设红色教育基地和旅游景区，学生和游客可以在这里深入了解中国共产党的革命历史，聆听革命故事，亲身感受红军的奋斗精神。实施"企业（公司）＋集体＋农户"的模式，鼓励村民参与乡村旅游和研学产业的经营管理，村集体与企业合作成立了旅游公司或合作社，通过规范化的管理和专业的运营，提升旅游产品的质量和吸引力。一些村民也可以成为合作社的股东，分享经济发展的红利，获得股金收入。2023 年，井冈山红色研学实践教育基地的接待能力每日可达 1 200 人次，这一举措不仅增加了古田村的旅游收入，也使村民们受益。每年，全村的收入增加了 200 万元，这让村民们过上了更加富裕的生活，也增强了集体的实力。① 如今，古田村的面貌焕然一新，民宿、直播等产业兴起带来了古田村的振兴。

古田村大力发展精品民宿和红色研学旅游，也促进了绿色生态农业的发展。形成了以"一带、一路、三点、三片区"为布局的研学旅游景点。经过两年的精心打造，古田村已经成为红色研学特色村和全面小康示范村。这一成就不仅为村庄带来了经济效益，也让更多的人了解和认识了井冈山这个具有重要历史意义的地方。

三、四川蒲江明月村乡村文创旅游案例概况

四川省蒲江县甘溪镇明月村响应国家的乡村振兴战略方针，利用当地的地理及产业优势开启了文旅发展之路，带领明月村走上了乡村振兴致富之路。文化创意旅游已成为加快"文旅融合"实现旅游产业转型升级、提升旅游竞争力的新趋势。蒲江县明月村正是抓住了这一时代新趋势，走出了属于自己的乡村振兴之路。蒲江县明月村位于该县甘溪镇，全村人口 2 000 余人，面积 6.78 平方千米，森林覆盖率 46.2%，距离成都市区约 90 千米。该村依托茶山、竹海、森林等良好的生态环境打造出了乡村休闲旅游之村，同时，明月村陶艺文化底蕴深厚，该村有一口约 300 余年的"明月窑"，借助该村历史优势产业，打造了陶艺艺术村。

（一）明月村乡村文创旅游产业项目

1. 明月国际陶艺村项目——一口老窑撬动的艺术链。②

明月村位于蒲江县西北角，多年来就是一个普通的村落，过着日出而作、日落而息的生活。但在 2012 年，民间陶艺师李敏经过实地调研，向蒲江县人民政府提交了一份《邛窑修复报告》。该报告考证了明月村的老窑，发现其始于隋唐，是四川为数不多的"活着的邛窑"，完整保存了唐代技艺，却在"5·12"汶川地震中垮塌后停

---

① 江西省乡村振兴局. 井冈山小山村 大思路［EB/OL］.（2023 - 06 - 26）［2024 - 05 - 11］. http：// fpb. jiangxi. gov. cn/art/2023/6/27/art_30230_4512458. html.

② 四川蒲江有个文创田园"明月村"［EB/OL］.（2017 - 08 - 18）［2024 - 05 - 13］. https：//www. sohu. com/a/165604483_155679.

止烧制。因此，李敏建议修复以保存文脉。蒲江县政府对此报告十分重视，引进民营资本，策划并启动了"明月国际陶艺村项目"。2014 年 6 月，以明月窑为核心的"明月国际陶艺村项目"正式启动。自此，明月村挂上了"明月国际陶艺村"的新招牌，走上了乡村旅游发展的道路。游客可以在明月村体验手工制陶的乐趣，感受乡村艺术田园生活。明月国际陶艺村的核心区域是明月窑，现在配套打造了古窑保护区、陶艺博物馆、陶艺家工作室、陶艺体验区等游玩区域。这条艺术链的诞生，使明月村逐渐脱贫。从 2013 年开始，人均可支配收入从 11 146 元增长到 2022 年的 27 876 元，[①] 实现了巨大的变化。这是乡村振兴带来的实际效益，使人民的经济条件逐渐好起来。

2. 茶山竹海景观。[②]

在政府的带领下，明月村的农业生产活动也发生了变化。明月村以前的优势项目茶山文化通过乡村振兴政策，从"茶山水田景观"发展成为"茶山竹海景观"。明月村建成了 2 000 余亩有机茶叶基地，6 000 余亩雷竹园区。"茶山竹海"既是明月村的特色景观，又是村民的收入来源，构成了良好的生态基础。通过茶山，使当地的产业实现了转型升级，同时也使农村大量闲置的土地得到了利用。当地村民在家门口就能实现经济富裕，同时吸引大量的青年劳动力回乡创业，实现个人理想。这是新农村发展的典范案例。

（二）明月村乡村文创产业支撑及经济效益

明月村以传统农业为基础，延伸产业链，构建多层次生态产业圈。通过"筑巢引凤"的形式引入陶艺、篆刻、草木染等文创项目，建设蜀山窑陶瓷艺术博物馆、明月轩篆刻艺术博物馆、明月剧场等文创建筑。同时也打造了旅游环线，为游客提供徒步、骑行等便利条件，将旅游环线周边的林盘院落改造为文创工作室、乡村博物馆等。在旅游产品方面，研发了茶、竹、陶、印染等特色旅游产品，让游客体验多姿多彩的文化情境。

明月村的乡村振兴战略还促进了村民就业和创业，并吸引外来人才。通过完善的基础设施和人才吸引政策，引入人才为乡村振兴提供智力支持。2019 年，明月村接待游客 24 万人次，文创及乡村旅游总收入达 1 亿元，全村人均可支配收入达 24 282 元，获得了中国乡村旅游创客示范基地、全国百佳乡村旅游目的地、全国文明村等荣誉称号。[③] 2020 年接待游客 23 万人次，乡村休闲旅游收入达到 3 300 万元，带动全村

---

① "明月村"5 年引进 40 多个外来项目，从原来的贫困村发展到现在的网红村 [EB/OL].（2023 - 08 - 13）[2024 - 05 - 13]. https：//www. sohu. com/a/651423071_121123885.

② 走进省级乡村振兴示范村：甘溪镇明月村 [EB/OL].（2020 - 05 - 01）[2024 - 05 - 13]. https：//www. sohu. com/a/392484061_120205623.

③ 从"贫困村"到"理想村"，解锁明月村摇身一变的背后奥秘 [EB/OL].（2022 - 10 - 29）[2024 - 05 - 13]. https：//travel. sohu. com/a/600871326_121123903.

农民人均可支配收入达 2.7 万元。2021 年，明月村接待游客 26 万人，实现旅游总收入 1.03 亿元，旅游产业带动当地经济增收 5 300 万元。[①] 村集体、村民和财政产业扶持资金各出资三分之一成立了明月乡村旅游专业合作社。聘任返乡青年担任经理，解决了乡村服务建设的管理资金；与市县水利局合作，通过水利工程示范项目建设，改造了明月村的河渠……通过这些方式，明月村探索了一条"自下而上"、以社会资本为主的乡村振兴资金筹措模式。

明月村的发展势头也为年轻人创造了返乡创业机会。明月村先后孵化了"明月天成果园""青黛""门前椿宿"等返乡大学生创业项目，吸引 150 多名村民返乡创业就业，带动全村 1 200 多户、4 000 多人共同参与明月村的发展。其中，国际贸易专业出身的返乡大学生江维，2015 年参加新型职业农民培训，成为中级农业职业经理人。他流转经营 40 亩生态柑橘，将艺术元素融入农业生产过程，把农产品做成了精美的礼品。[②] 新村民的加入，无论是在规划、建筑创新、文艺活动或是文创产业的发展上，只有获得原有居民的认同，容纳原有居民的想象，激发原有居民的参与，才能获得在地的生命和发展。明月村在新旧村民的融合方面下足了功夫，从书院到讲堂再到演艺，从田园到文化再到艺术，随着新旧村民的不断融合，明月村的文创乡村发展之路也越来越宽广。

第三节　乡村文化振兴案例分析

一、乡村文化振兴的模式创新

文化繁荣是乡村振兴的保障。乡村文化也是过去农村发展的痛点所在。弘扬中华优秀传统文化，应立足乡村文明，汲取城市文明及外来文化优秀成果，在保护传承的基础上，创造性转化、创新性发展，不断赋予时代内涵、丰富表现形式，为增强文化自信提供优质载体。面对当前形势下的新问题、新要求，只有深入拓展文化振兴模式，才能唤醒乡村发展的活力和生机，孕育出更深沉、更持久的内生力量，使乡村文明焕发新气象。本书立足于乡村文化发展的丰厚实践，对其发展模式进行了如下探索：

（一）文旅融合发展模式

文旅融合发展模式是将文化产业和旅游产业相融合，通过整合文化资源和旅游资

---

① 从"贫困村"到"理想村"，解锁明月村摇身一变的背后奥秘 [EB/OL]. (2022 - 10 - 29) [2024 - 05 - 13]. https://travel.sohu.com/a/600871326_121123903.

② 人民网. 成都蒲江明月村：聚积"统战之力"打造乡村新范式 [EB/OL]. (2022 - 10 - 20) [2024 - 07 - 10]. http://sc.people.com.cn/n2/2022/1220/c345167 - 40238185.html.

源，创造具有文化内涵和旅游吸引力的产品和服务，以推动旅游业的发展和提升文化产业的影响力。

第一，将具有历史、人文、艺术等文化价值的景点打造成具有旅游吸引力的景区。同时，通过丰富的文化活动、展览和演出等，提升游客的文化体验。

第二，将某一特定的文化主题贯穿于公园的规划、建设和运营中，创造具有文化特色的主题公园，如古代文化主题公园、民俗文化主题公园等。

第三，将传统的文化村落进行保护和改造，打造成具有浓厚文化氛围的旅游景点。通过展示传统文化、手工艺品制作、文化活动等方式，吸引游客体验与学习。

第四，举办以文化为主题的旅游活动和节庆，吸引游客前来参与，如举办文化艺术表演、非物质文化遗产展示和传承、文化体验等。

第五，将文化元素融入设计和制作，开发具有文化内涵的创意产品和旅游商品，满足游客的消费需求，如特色手工艺品、文化衍生品等。

第六，将文化景点和旅游景点相连接，打造精品旅游线路，让游客在旅游的过程中有机会感受到历史、艺术和传统文化的独特魅力。

文旅融合发展模式有助于提升旅游目的地的吸引力和知名度，促进文化产业的创新和发展。这种模式下，文化和旅游相辅相成，发挥互补优势，提升了整体的经济效益和社会效益。当前的旅游模式已经不再仅仅注重景点和自然风光，而是要求提供更多元化的活动和体验，以满足不同游客的需求。①

文旅融合发展模式鼓励创意和创新的应用，因此旅游目的地需要不断推陈出新，设计和开发具有吸引力的文化和艺术项目，以吸引游客并增强他们的体验感，不断创新和注重创意是推动文旅融合发展的关键。② 文旅融合发展模式强调互动和参与，游客不再是被动地观摩和欣赏，而是可以积极参与到文化和艺术活动中。旅游目的地需要提供各种互动的机会，让游客成为体验的一部分，增强游客的体验感和忠诚度。文旅融合发展模式鼓励旅游目的地的全域发展和整合资源，这意味着不仅要发展景点和文化项目，还要发展相关的基础设施和服务产业，如交通、酒店、餐饮等。旅游业的发展需要与其他产业相互融合，实现协同发展。

可采用"互联网＋文化"的融合模式。文化振兴"互联网＋"模式是指通过互联网和数字技术的广泛应用，推动文化产业的创新发展和传统文化的传承与普及。它将互联网、大数据、人工智能、社交媒体等前沿科技与文化产业相融合，拓展了文化的传播渠道、提升了消费体验、促进了创作创新。

第一，通过建设在线文化平台，如数字图书馆、网络博物馆、在线文化艺术展览

---

① 龙井然，杜姗姗，张景秋. 文旅融合导向下的乡村振兴发展机制与模式［J］. 经济地理，2021，41（7）：222－230.

② 钟华美. 文旅融合背景下乡村旅游产业融合发展理论分析［J］. 资源开发与市场，2020，36（4）：421－426.

等，提供数字化的文化资源，方便公众随时随地进行文化学习、欣赏和交流。

第二，通过网络和社交媒体等渠道，推广优秀传统文化和创新文化内容，如微博、微信公众号、短视频平台等，将文化知识、故事、表演等以新的形式呈现给公众。

第三，促进文化产业与互联网、科技公司的合作，共同探索新的商业模式。如文化企业与电商平台合作，共同推出文化 IP 衍生品；在线教育平台与文化机构合作，提供文化课程。

第四，借助互联网平台，支持文化创业者和创意人才的创作和发展。通过众筹平台，提供资金支持；提供合作机会和资源共享。

第五，利用虚拟现实（VR）和增强现实（AR）技术，将用户带入虚拟的文化场景，提供沉浸式的文化体验，如通过 VR 技术参观历史遗址、参与传统艺术表演等。

文化振兴"互联网＋"模式的推广推动了文化产业的数字化转型与创新，拓宽了文化的受众群体，增加了文化的传播效果和商业价值。同时，也需要充分考虑文化产业的特点和需求，保护好文化的原创性和多样性。

"互联网＋"模式使得文化资源能够以数字化形式保存和传播。通过将文化遗产、艺术作品、文学作品等数字化，可以将其推广到更广泛的受众中，超越时空的限制。这使文化资源的传播更加高效、便捷，激发了公众对文化的兴趣和参与热情。[①]借助互联网平台，文化创意产业、数字创意产业等新兴产业得以兴起，为文化振兴注入了新的活力。创新的技术和商业模式可以推动文化产业的多元化发展，提供更多的就业机会和经济效益。"互联网＋"模式通过数据分析和挖掘，为文化振兴提供了有力的支持。通过收集和分析用户数据、文化消费数据等，可以更好地了解用户需求和市场趋势，为文化振兴提供科学的决策和策略。这使得文化振兴可以更加精准地满足用户需求，提供个性化的文化产品和服务。

（二）社区参与文化传承模式

文化振兴社区参与模式通过鼓励社区居民的参与和合作，推动文化振兴的过程。它强调社区作为文化传承和创新的基础单位，积极参与文化活动、文化项目的规划、组织、推广和实施。[②]

第一，组织丰富多彩的社区文化活动，如传统节日庆祝、文艺演出、手工制作工坊等，激发社区居民的兴趣和参与热情，促进邻里间的交流和文化传承。

第二，组织或培养文化志愿者队伍，鼓励居民参与文化项目的策划、组织和推广工作。文化志愿者可以为社区居民提供各种文化服务，如导览、讲解、展览引导等，

① 宫倩. 乡村振兴视域下农村社区公共文化服务建设探析 [J]. 辽宁行政学院学报，2020（3）：91－96.
② 丁世华. 数字文化治理赋能乡村文化振兴 [J]. 湖北文理学院学报，2020，41（4）：33－38.

推动文化的普及和传播。

第三，鼓励社区居民组建文化创意团队，包括艺术家、设计师、文化工作者等，共同参与文化项目的策划与创作。这些团队可以开展公共艺术创作、社区文化装置艺术等，为社区增添文化氛围与特色。

第四，通过组织文化教育和培训活动，提高社区居民的文化素养和创意能力。如开设绘画、音乐、舞蹈等课程，培养艺术爱好者和文化从业人员。

第五，整合社区内的文化资源，如传统技艺传承人、老照片、有历史价值的建筑等，对其进行收集、保护和利用。通过展览、展示、故事讲解等方式，向居民展现社区的文化历史和特色。

第六，促进社区居民参与文化规划，鼓励居民提出意见和建议，推动文化项目的落实与实施，以确保文化项目符合社区居民的需求和利益，增加居民的参与感和认同感。

社区参与文化传承模式的核心是鼓励社区居民的积极参与和合作，使文化成为社区凝聚力和社会认同的重要组成部分。[1] 通过社区居民的参与，文化振兴可以更好地贴近实际需求，并促进社区文化的可持续发展。该模式强调充分挖掘和发扬社区的文化资源。每个社区都有独特的文化背景和传统，通过鼓励社区居民参与文化振兴活动，可以重新挖掘和赋予社区文化资源更多的价值。社区居民可以通过共同参与文化活动和项目，形成社区共识、加强社会关系，提高社区的凝聚力，促进社区精神的培育。社区参与应该通过协作和合作的方式，形成集体智慧和集体行动的力量。社区参与模式强调文化的教育和传承。社区居民可以通过参与文化活动和项目，学习和传承社区的文化传统，增强对文化的认同感和自豪感。文化振兴不仅要推动文化创新和发展，还要注重文化的传承和教育，培养文化传承人才。社区居民的参与不应仅仅是一次性的短暂行为，而是要形成长期的文化参与习惯。[2] 文化振兴需要建立良好的制度和机制，鼓励社区居民持续参与，并为其提供支持和激励，以实现文化振兴的可持续发展。

二、乡村文化振兴的现状与困境

（一）乡村文化建设主体亟待壮大

人是乡村发展的关键因素，更是乡村文化建设的重要引领者和乡村传统文化的传承者与宣传者。近年来，我国乡村文化建设取得了显著成效，引进了大量的专业技术人才，但从总体来看，建设主体的缺失仍然是乡村文化振兴中的薄弱环节之一。

① 张宗芳. 乡村文化振兴下农村社区的文化治理研究［J］. 云南农业大学学报（社会科学），2022，16（4）：60-66.
② 周彬. 乡村振兴战略背景下农村社区文化建设路径研究［D］. 长沙：长沙理工大学，2021.

一是村民主体日渐减少。村民是乡村文化建设的核心。随着城市的快速发展，大量农村青壮劳动力选择离开家乡去城市务工，乡村"空心化"现象严重。留在乡村的多是一些思想观念较传统的老年人，或是既要教育孩子又要照顾老人的妇女，他们没有时间和精力投入乡村文化建设，且对乡村文化发展趋势把握不准，无法承担乡村文化建设的重任。此外，虽然引进了一些外来建设人员，但由于乡村环境相对城市较为恶劣，很多人吃不了苦，最初的热情和积极性也随之消失，出现了"逃跑"现象。因此，乡村文化建设主体流动性较大，呈现不稳定特征，阻碍了乡村文化建设的发展。

二是乡村传统文化的传承人逐渐流失。乡村优秀传统文化是乡村文明的底蕴，是乡村经济社会发展的动力源泉。但目前，乡村传统文化的继承与发展面临传承人缺失的困境。原有的乡村文化传承人往往因年龄、身体等原因被迫退出传承队伍，而年轻的文化传承人却少之又少。在外来文化冲击和现代商品挤压下，人们容易忽视传统文化，对非遗文化活动和传统手工艺品没有兴趣，导致大量文化传承人因心理失落或经济原因不得不放弃传统手艺。

（二）村民整体素质制约了乡村文化的传承与传播

作为乡村文化振兴进程中的重要主体，村民的整体素质直接决定着乡村文化建设的质量与成效。但是，从目前的情况来看，乡村村民的自身发展还存在很多问题。

一是村民整体思想政治素质还不强。乡村社会往往呈现相对封闭和保守的特征，这影响了村民对外部世界的了解和思考能力。乡村地区的信息传播和社会互动渠道相对有限，缺乏多样化的信息来源和交流平台，使得村民难以接触多元化的观点和思想，限制了思想境界的开阔和深化。此外，乡村社会结构相对稳定，缺乏多样性和包容性，社会范围有限，导致村民对不同观点和价值观的接触和理解不足，容易产生对异质文化的偏见和排斥。在一些乡村地区，村民政治教育和意识形态教育的普及程度较低，村民缺乏对政策制度和国家发展方向的充分理解。由于政治参与意识薄弱，村民对政治议题和公共事务关注不足，政治参与积极性不高，思想政治素质的提升受到限制。同时，缺乏深入的意识形态教育也使得村民对新时代政治思想理论的理解不够深入，思想政治觉悟的提高受到一定阻碍。

二是村民的科学文化素质不高。改革开放以来，我国加大对乡村教育的重视，资金投入翻倍，支持政策倾斜，基础设施积极完善等，但与社会发展进程相比，个别乡村的整体科学文化素质仍有提升空间。首先，在部分乡村，青少年辍学赚钱的现象仍然存在，由于小学初中成绩不理想，家长认为孩子没有学习天赋，不如务工赚钱补贴家用。其次，对于已过读书年龄的村民，由于肩负养家糊口的重担且思想僵化，没有时间和精力接受良好教育，错失提升自我的学习机会。最后，全国乡村普遍存在留在乡村的村民受教育程度偏低，而外出求学的大学生中愿意回家建设家乡的少之又少情况，目前开展文化建设工作的人员主要是一些了解乡村情况但没有专业知识支撑的本地居民和少部分靠"输血式"引进的流动性人才，这样的人员结构导致乡村文化建设难以高效、健康地进行。

（三）乡村文化市场发育不足

科学有序的文化市场对于文化发展发挥积极作用。近年来，虽然我国整体文化市场体制逐渐完善，但乡村的文化市场发育还不够成熟，存在一系列问题。

一是乡村文化结构失衡。基于地理、历史、环境等因素，各地乡村的文化发展不同，区域的差异性和不均衡性是其显著特征。首先，从城乡对比来看，城市居民的文化娱乐生活丰富且多元，可以参观博物馆了解历史、去革命遗址感受红色文化等。而乡村村民因要解决生存发展的问题，无力参与文化活动。这导致城乡之间的文化差距进一步拉大，乡村文化建设进程缓慢。其次，不同地区的乡村文化建设也存在较大差别。位于我国东部沿海地区的乡村文化建设工作开展得有声有色，村民建设乡村的热情饱满、参与文化建设的情绪高涨。但我国西部地区经济发展较为落后、村民思想观念较僵化、文化创新意识不强，受教育程度普遍较低，文化建设总体落后于东部地区。

二是文化创新意识缺乏。当前，大多数乡村村民缺乏构建乡村文化的主动意识。村民的文化娱乐需求呈现出简单化、单一化特征，深层次的精神文化追求活动严重不足。具体来看，一方面，乡村的文化创新能力较弱，文化活动主要依靠政府组织，村民没有自发组织文化活动的意识。即使开展了一些文化活动，也是形式单一、内容陈旧，很难调动其他村民的参与积极性；另一方面，村民对乡村文化建设的消极态度尚未改变，在教育文化消费领域的投入仍然较少。

（四）文化基础设施建设亟待加强

乡村文化基础设施是否完善关系到能否满足村民日益增长的美好生活需要，乡村的文化基础设施建设相对薄弱，不能很好地推动乡村文化振兴。

一是乡村文化基础设施短缺。村民开展文化活动、丰富精神世界需要一定的场所和基础服务设施，这些设施的数量和质量对乡村文化建设发挥重要作用。虽然近几年我国在乡村文化硬件设施方面投入力度有所加大，但是当前乡村文化服务设施仍无法完全匹配村民的实际需求。个别乡村的文化服务设施仍存在数量不足的情况，甚至有些乡村只有"文化广场"的牌子，而无实际的文化广场。文化基础设施的不足会降低村民的文化活动需求，导致村民丧失文化建设的积极性和自信心，使乡村文化建设陷入恶性循环。

二是乡村文化服务设施利用率低。文化设施使用越频繁，越能证明乡村积极开展文化活动，越能加快培养村民的文化建设意识。但目前一些乡村的文化场所虽然数量达到标准，但都处于空置状态，并没有充分利用起来。有些乡村的文化活动广场还成为当地村民晒谷物玉米的地方。同时，有些乡村的文化活动室资源配备不丰富，例如图书馆藏书有限且常年不更新，无法满足村民。此外，部分乡村不重视文化设施的保护工作，任其损耗，最终导致人们想开展文化活动却没有场所，使乡村文化处于贫瘠状态。

（五）优秀传统文化保护问题严峻

优秀传统文化是乡村文化的精神支柱，孕育了乡村的精神风貌和文化内涵。但当前我国乡村优秀传统文化的传承与发展面临一些亟待解决的问题。

一是乡村文化的传统载体逐渐消失。乡村作为文化的摇篮与重要载体，随着时代发展和城镇化进程的推进，一些乡村开始消失，一些古宅和古街道被改造成商业楼。乡村数量的减少意味着村民的迁移，延续几千年的风俗习惯不断流失，民间信仰不断摇摆，对乡村文化发展极为不利。

二是乡村传统文化逐渐衰落。在各种因素影响下，当前我国乡村的优秀传统文化正在逐渐走向衰落。首先，受城市文化生活的影响，村民开始抗拒乡村传统生活模式，对几千年才逐渐形成的乡村文化产生否定、忽视和丢弃的想法和行为。其次，由于西方文化和城市文化中部分不良思想的冲击与影响，如过度追求享乐、自私自利、不劳而获等，部分村民抛弃了几千年来形成的淳朴、和睦、互助、勤俭节约等传统价值观，开始攀比和恶性竞争。最后，随着手机的普及，村民通过视频、电子图书等了解、观看、参与线上文化活动，对线下文化集体活动没有兴趣，认为这样既耗时又费力。一些青少年从出生就没有参加过传统文化活动，对乡村传统文化的认同感极低，加剧了传统文化的消失速度。

三、乡村文化振兴的政策启示

（一）培育提升乡村文化意识

乡村振兴不仅包括经济发展和社会进步，文化意识的培养也是其中应有之义。文化意识是乡村的精神财富，是乡村的灵魂所在，更是乡村居民对自身身份和价值的认同基础。乡村文化意识的培育能够有效提升乡村居民的凝聚力，增强归属感和认同感。然而，乡村人口的流失为乡村文化传承带来了挑战，尤其是乡村年轻人的流失，直接中断了乡村文化意识的培养。随着城镇化的加快，传统乡村文化面临着来自现代城市文化的冲击，传统文化面临着失传与衰退的可能，乡村文化意识的培养变得尤为重要。文化意识的培养能带给乡村居民文化自信与文化认同。文化意识是一种精神力量，能吸引年轻人回到乡村，参与到乡村文化振兴与文化意识培养的队伍中来，并在乡村居民的记忆中传承下去。

乡村文化意识的培养离不开教育，应加强乡村文化教育，提升文化素养，建立可持续发展的文化价值观，振兴乡村文化。提升乡村文化教育必须发挥学校教育的作用，在经济社会迅速发展的今天，要对乡村文化教育进行创新，在传统知识中加入具有当地特色的乡村文化元素，引领学生走进乡村实践，感受乡村文化的熏陶，帮助其培养乡村文化意识，建立文化自信。不局限于课堂书本，结合现代互联网，利用丰富的互联网资源，开展线上乡村文化教育，通过学习文化历史与先进的人物事迹来培养文化素养。加强乡村教师队伍建设，建立一批高知识、高素养的乡村教师队伍，加强乡村教师专业知识能力的打造，为乡村文化教育的开展提供保障。培育乡村文化意识，要大力开发乡村特色文化产业，助力乡村文化建设。面对逐渐同质化、发展趋同化的乡村文化产业，要大力开发不同地区具有不同特色的传统乡村文化产业。例如，陕北丰富的剪纸、泥塑等特色文化产业，要不断提升乡村文化产业品质，创新文化发展模式，形成具有乡村特色的品牌。乡村文化产业的发展要针对乡村文化底蕴，打造独特的乡村特色品牌、乡村特色产业和乡村特色风格，摆脱同质化的乡村文化产业发展模式，只有这样才能建立起不同地区不同的乡村文化，提升当地居民独特的文化意识。另外，乡村文化意识的培养离不开文化的传播，在大力发展数字经济的今天，乡村文化建设要以数字网络为支撑，利用互联网的优秀传播机制来创新乡村文化的传播路径，丰富群众对乡村文化的体验感。乡村文化具有浓郁的乡土人文气息，比起城市而言，更能展现出独特的意境，互联网与乡村文化的结合，更能提升乡村文化的传播力与影响力，传统乡村文化中的习俗、曲艺等非物质文化要素通过数字网络能够实现活态化传播。传统乡村音乐、舞蹈和戏曲等文化要素的传播在提升人们文化意识的同时，也在互联网上留下了乡村文化记忆的传承。

（二）完善文化建设体制机制

创新完善文化建设的动力机制，是推动乡村文化振兴的客观要求。一方面，要强化政府与社会的职责，按照政府主导与社会承办的运作体系进行文化建设的创新探索。政府部门要改变以往的作风习惯，由大包大揽地直接办文化转变为以政府规划、宏观调控以及引导重点投入为主要方式。社会的职责是进行承办，以乡镇乡村文化建设为中心，宣传乡村文化，吸引民间组织和民间资本进入乡村，感受乡村文化，通过政府主导与社会承办的动力机制振兴乡村文化建设。另一方面，要发挥乡村居民的主体作用机制，乡村居民是乡村文化建设的强大动力，要通过政府引导、社会支持方式帮助乡村居民自主经营乡村活动，发挥乡村居民的积极性、创造性和主动性。使新时代乡村治理观念深入乡村居民人心，着力推动乡村人才资源开发与乡村人才培训。只有乡村居民具备乡村文化建设的思想观念，才能真正发挥其主体作用，推动乡村文化建设。

创新完善文化建设的群众参与机制，是推动乡村文化振兴的根本要求。乡村文化建设的根基在基层群众，要为群众参与乡村文化建设搭建广阔的舞台，鼓励群众开展各种文化活动和文化展出，让人民群众的乡村文化热情在活动中得到发挥。开展群众间的乡村文化活动要打破过去相互割裂和相互封闭的格局，开展不同乡镇、不同行业间的乡村文化共建活动，让乡村文化活动遍布乡村的每一个角落。要开展群众喜闻乐见的乡村文化活动，要坚持乡村文化惠民、文化育民和文化富民，培育群众的乡村文化意识。乡村文化振兴离不开群众参与，随着新时代乡村文化振兴，群众不再是单纯的旁观者，而是要融入文化建设中，要重视群众对乡村文化建设热情的投入。

创新完善文化建设的人才培养机制，是推动乡村振兴的重要支撑。要从政治上引领乡村文化建设中人才的培养，乡村文化建设是推动乡村振兴的重要组成部分，乡村文化建设人才的培养要确保其思想政治上不跑偏，坚持把社会主义核心价值观融入乡村文化的建设过程中，坚持中国特色主题的乡村振兴之路。要从专业知识上引领乡村文化建设人才的培养，广大的乡村具有历史悠久的文化形式和独特的文化风格，许多乡村也具备深厚的红色文化底蕴，包含着新中国伟大的革命文化。文化建设的人才培养须具备专业的文化素养与技能，对乡村文化具有独特的见解，对乡村产业建设具有丰富的经验，以发挥乡村文化振兴的真正作用。

（三）优化乡村文化融合系统

马克思主义乡村文化建设思想是马克思主义中国化理论成果的重要组成部分，也是指导我国新时代乡村文化建设和发展的根本遵循。乡村振兴的大背景下，赋予了乡村产业、乡村旅游以及一些具有特殊红色文化的乡村资源与乡村文化的深度融合，为乡村振兴带来活力。

优化乡村文化与乡村旅游的融合对乡村振兴具有强烈的时代意义，乡村所承载的文化记忆，构成了一个民族的根与魂。乡村文化丰富了乡村旅游的内容，又为乡村的发展带来了更大的经济价值与文化价值。当前我国旅游产品种类丰富，群众旅游的审美提高，简单的游览难以满足游客的需求。乡村旅游要塑造当地独特的品牌，从乡村文化保护与传承的方向，通过现代技术的改造与优化，在保留乡村传统文化的同时，赋予乡村崭新的特点。要着重挖掘乡村的文化特色，打造不同的旅游品牌。多元的乡村文化丰富了乡村旅游的内涵。要从视觉上构建乡村特有的识别形象，以悠久的历史建筑、文化遗址、乡村景色给人深刻的乡村印象，使乡村旅游更具吸引力。

产业是乡村发展的根基，乡村要实现高质量发展，产业必须兴旺。乡村文化与乡村产业的融合发展，是推进乡村振兴的重要力量。第一，发展乡村文化产业就要开辟具有特色的乡村文化资源，如剪纸、皮影等传统文化需要传承与保护，也要与产业融合，通过挖掘特色文化资源创新乡村产业，提高乡村文化产业的知名度和影响力。发挥乡村特色文化资源的优势，打造特色文化产业。乡村特色文化资源是乡村产业发展的重要基础和核心竞争力，要充分挖掘和利用乡村的历史文化、民俗文化、民族文化、红色文化等资源，开发符合市场需求和消费趋势的特色文化产品和服务，如特色工艺品、特色美食、特色民宿、特色节庆等，形成具有地域特色和文化内涵的品牌效应。第二，推动乡村文化产业走出乡村，与不同乡村间的文化产业相互交流，共同发展，打造具有鲜明特色的乡村文化产业。利用各种文化活动和交流机会，增强乡村文化的互动性和参与性，积极组织和参与各种国内外的文化节、展览、演出、比赛、论坛等活动，将乡村文化作为重要的展示内容和交流话题，让更多的人有机会亲身体验和参与乡村文化，增进对乡村文化的理解和喜爱。创新文化产品，在促进乡村文化发展的同时，带来乡村的经济效益，振兴乡村文化产业。

我国大多数乡村中广泛分布着中国共产党在奋斗时期留下的红色资源，习近平总书记多次走访调研红色文化基地，强调要把红色文化的基因传承下去。红色文化是中国共产党领导人民进行革命、建设、改革过程中形成的一种独特的文化，包括革命历史、革命遗址、革命文物、革命人物、革命故事等多方面的内容，是我们国家的骄傲和灵魂。乡村文化是在乡村生活和生产中形成的一种多元文化，包括乡村风景、乡村建筑、乡村民俗、乡村艺术、乡村教育等多方面的内容，是我们国家的根基和特色。要将红色文化融入乡村文化振兴中，深入挖掘乡村红色文化故事，将每一处革命遗迹、每一件珍贵文物、每一段红色故事融入乡村文化振兴的行列中。利用乡村的自然环境和人文环境，建设和保护好红色文化基地，如革命旧址、纪念馆、纪念碑等，让它们成为展示红色历史和精神的重要场所。利用红色文化的教育功能和感染力，开展各种形式的红色主题活动，如红色讲座、红色培训、红色实践等，让乡村居民和外来游客都能接受红色思想的熏陶和启发。红色文化与乡村文化融合，是一种符合时代要求和乡村需求的文化发展模式，是一种有利于国家和民族的文化建设方式，是一种有益于乡村和居民的文化振兴途径。

（四）构建乡村文化治理体系

乡村文化治理是新时代国家治理的重要组成部分，其治理体系要符合国家现代化治理体系的基本要求，立足于促进乡村振兴的现实逻辑，同时满足乡村居民对文化的诉求。要满足乡村文化治理中的制度供给与需求，提供合适的文化服务和资源，促进乡村文化治理体系的创新和发展。要立足于乡村文化现实，将乡村文化治理体系深入到乡村文化内部，深入了解乡村文化的历史渊源、地域特点、传承方式，挖掘乡村文化的瑰宝，保护传统文化的独特魅力。探究乡村文化的来源、风格、意义，深入研究乡村的文化渊源，探讨乡村文化的发展脉络和演变过程，理解乡村文化在当地社会生活中的重要意义。同时，也要立足于乡村的发展现实，考虑乡村经济、社会、文化与环境，增强形成的乡村文化治理体系。

乡村文化治理体系的构建要具有乡土性，应该深深扎根于乡村社会的本土特色。乡村文化诞生于乡村社会中，与乡村建筑、乡村习俗、乡村历史、乡村故事融为一体，因此乡村文化治理体系的构建必须立足于乡村社会。建立非物质文化遗产保护制度，是构建乡村文化治理体系的重要一环。许多乡村文化的珍贵内涵并非以物质形式存在，而是蕴含在乡村的传统技艺、民俗习惯以及口头传承的故事中，确保这些宝贵的非物质遗产得以传承和发展，增强乡村文化治理体系的传统基础。要加强基础教育制度设计，将乡村学校的教育内容和教学方法的优化纳入乡村文化治理体系的整体规划。通过培养乡村青少年对乡土文化的认同和传承意识，可以实现乡村文化在新时代中焕发出生机与活力，营造乡村文化治理体系的社会基础。

本 章 小 结

　　文化是一个国家和民族的灵魂，乡村文化振兴事关乡村发展全局。本章通过分析陕北民俗文化、井冈山红色文化以及浦江文创旅游三个典型案例，得出乡村文化振兴需要综合考虑乡村的特点和资源，因地制宜制定适合的振兴策略。不同地区的乡村具有独特的自然环境、人文特色和经济基础，需要依托本地特色，打造乡村文化品牌，在创新中传承和发展。此外，针对我国在推动乡村文化振兴过程中面临的城乡文化发展不平衡、相关法律空缺、人才队伍力量不足等问题，提出应加大对农村文化的扶持投入、推进乡村法治建设、加强乡村人才的培养教育等措施。重视乡村文化发展和现代化进程的有机结合，使乡村文化具有现代性和可持续性。乡村文化是乡村的重要组成部分，保护和传承乡村文化不仅是守护历史，更是传承乡村的精神和价值观。这对于实施乡村振兴战略、全面建成小康社会、中国特色社会主义文化建设及实现中华民族伟大复兴的中国梦都具有重要的时代价值。

思 考 题

1. 乡村文化有哪些特征？
2. 为何要推动乡村民俗文化向乡村振兴转变？
3. 乡村民俗文化如何作用于乡村文化振兴？
4. 明月村文创旅游如何助力乡村文化经济价值转化？
5. 乡村文化振兴不同模式创新规律有哪些异同？

第六章　乡村生态振兴案例与分析

【学习目标】

通过本章的学习，应达到以下目标和要求：

1. 了解乡村生态振兴的形成背景。
2. 了解乡村生态振兴的基本思路。
3. 掌握乡村生态振兴的主要做法。
4. 了解乡村生态振兴的经验借鉴。

【本章导读】

　　本章主要学习乡村生态振兴的基础内容，第一节重点介绍新时代乡村生态文明建设背景、乡村生态振兴的措施；第二节重点介绍甘孜州生态示范区建设案例概况、长江三峡地区乡村生态振兴实践探索和四川省美丽乡村建设与生态旅游发展实践创新；第三节重点介绍乡村生态振兴的政策实施评价及其模式创新启示。

第一节　乡村生态振兴概述

一、新时代乡村生态文明建设

　　随着人类社会历史的不断发展，人与自然的关系也在不断变化，从对自然界的敬畏与崇拜，到对自然界的征服和控制，再到依存与和谐共生共荣的发展变化，人类文明正走向一个新的、更高层次的文明形态——生态文明。

　　生态文明建设以协调人与自然的关系、实现人与自然的和谐为基本立足点，其内涵有狭义和广义之分。狭义上的生态文明建设是指人要尊重和遵循自然规律，合理开发利用和节约自然资源，保护生态环境，实现自然生态再生产与经济社会再生产的良性循环和协调发展，最终实现人与自然的和谐共处；广义上的生态文明建设是指人类积极改善人与自然、人与人、人与社会等方面的各种关系，建立可持续生存和发展所进行的物质、精神、制度等方面的活动的总和，是人类为构建和实现生态文明不懈奋斗的社会实践动态过程。

随着工业化和城镇化的发展,自然资源过度消耗,造成人与自然之间关系的紧张。同时,由于农业生产方式和农民生活方式的不合理,化肥、农药等外部投入品的质量和数量得不到有效控制,生产生活产生的废弃物无法循环利用等原因,我国农村也面临着以牺牲环境来发展各类产业的问题,水污染、大气污染、土壤污染等农村生态问题日益突出,新时代美丽乡村建设任重而道远。

良好的生态环境是乡村的最大优势和宝贵财富。在全面推进乡村振兴中,必须坚持生态优先、绿色发展的原则,贯彻落实"绿水青山就是金山银山"的发展理念,在推动乡村经济高质量发展的同时,注重生态环境治理保护,实现乡村生态振兴。① 农村生态文明建设是对绿色发展理念的践行和落实,对推动乡村振兴战略实施,构建产业兴旺、生态宜居、乡风文明、治理有效、生活富裕的美丽乡村具有重要意义。乡村生态文明的成效决定了我国生态文明建设的进程,更关乎社会主义和谐社会的建设,生态兴则文明兴。

二、乡村生态振兴的措施

(一)生态扶贫与生态振兴

全面脱贫后,我国扶贫工作重心进入解决相对贫困、精神贫困、次生贫困的"后扶贫时代",② 与之前相比,后扶贫时代的贫困问题更加复杂、多维和隐蔽,解决起来难度更大。如何在这一时期巩固脱贫攻坚成果、促进共同富裕,值得深入研究。后脱贫时代乡村生态文明建设也向着乡村生态振兴转变,保护和治理生态环境,持续和充分发挥自然生态的经济效益和社会效益,推进乡村生态振兴,也是后扶贫时代治理相对贫困的重要路径选择。③

(二)生态扶贫向生态振兴转变策略

1. 要坚持党对乡村生态振兴的领导。

推动乡村生态文明建设向乡村生态振兴转变,要发挥党组织的领导优势,全面加强党的集中统一领导,做好领导体制衔接、工作体系衔接、规划实施和项目建设衔接、考核机制衔接。健全中央统筹、省负总责、市县乡抓落实的工作机制,构建责任清晰、各负其责、执行有力的乡村振兴领导体制,层层压实责任。充分发挥中央和地方各级党委农村工作领导小组作用,建立统一高效的实现巩固拓展脱贫攻坚成果同乡村振兴有效衔接的决策议事协调工作机制。脱贫攻坚任务完成后,脱贫地区开展乡村振兴考核时要把巩固拓展脱贫攻坚成果纳入市县党政领导班子和领导干部推进乡村振

---

① 涂雨杏.乡村生态振兴的困境与破解[J].当代县域经济,2023(5):79-81.
② 郑会霞."后扶贫时代"的贫困治理:趋势、挑战与思路[J].河南社会科学,2020(10):118-124.
③ 邓玲.后扶贫时代乡村生态振兴的价值逻辑、实践路向及治理机制[J].理论导刊,2021(5):77-84.

兴战略实绩考核范围。同时，党员干部要积极转变工作思路，引导群众参与生态环境保护，尤其要注重培养农民在生态振兴中的主体意识，自我发展意识，带动农民参与系统治理山水林田湖草等自然环境的工作，推进农副资源综合开发综合利用，增加农民收入，加快转变农村生产生活方式，实现乡村生态宜居。

2. 做大做强乡村生态特色产业。

将乡村的生态环境优势转化为生态农业、生态工业、生态旅游等生态经济的优势，那么绿水青山也就变成了金山银山，乡村生态特色产业助力乡村实现振兴，是实现乡村和农民致富最根本最长远的措施。生态振兴大背景下发展乡村生态特色产业要求充分考虑到乡村环境保护的问题，不同地区要利用自己独有的生态资源，培育相对稳定的特色产业，促进经济发展。因此，乡村生态产业发展要坚持因地制宜，宜种则种、宜养则养、宜林则林原则，充分利用生态、生产、品质和规模等优势，以及科技创新的优势，以市场为导向构建生态振兴新平台，才能发挥生态产业的最大社会效益，打造全省、全国，甚至是全球品牌，有效对接市场需求，将生态资源向多元化方向有效转化，推动生态振兴达到新高度，成为共同富裕的新动力。

3. 强化农民的主体意识。

农民是乡村振兴的主体，实现乡村生态振兴要充分发挥农民的作用。强化农民的主体意识首先要尊重和保障农民的知情权、参与权、表达权、监督权，以农民实际需求为导向，广泛听取农民的意见和建议，推动农民全程参与。加强对农民群众的宣传教育，通过乡村生态文明宣传机制、村规民约等作用，在乡村营造浓厚的生态文化氛围，使农民将乡村生态振兴的本质和要求内化于心，并付诸行动。建立农民绿色增收长效机制，强化农民参与乡村生态建设的物质支撑。实现绿色增收既是农民自我发展的前提，又是乡村生态振兴的应有之义。乡村生态振兴过程中，要指导和帮助农民进行绿色种植，鼓励和引导农民参与绿色农产品开发、加工、销售，培养农民的绿色发展理念，提升农民自身发展能力，让生态产业发展惠及农民，不断提高农民的收入和生活水平，吸引更多农民投身到乡村生态振兴中去。

第二节　乡村生态振兴案例概况

一、甘孜州生态示范区建设案例概况①

建设生态示范区是新时代中国探索新经济模式的一种尝试，也是建设美丽中国、

---

① 杨金，朱旭宏. 川西北生态示范区建设的意义与路径：以甘孜藏族自治州为例［J］. 大陆桥视野，2021（8）：45－47.

实现生态振兴的一大尝试。建设甘孜藏族自治州（以下简称"甘孜州"）生态示范区对于保护我国生态的大格局、促进四川省经济社会发展以及实现"一干多支，五区协同"的战略目标，发展经济，提高人们生活水平有着重要意义。

甘孜州位于四川西部，海拔较高，地域辽阔，是长江三条主要支流的上游，有相当重要的生态地位。从中国地形地貌图来看，甘孜州处于中国地形区的阶梯交界处，地势北高南低，是洪水、滑坡等自然灾害常发地区，也是我国的生态脆弱区。长期以来，由于受地理环境、历史等因素的限制，交通设施落后，受传统经济模式的桎梏，甘孜州采用依靠消耗生态资源来发展经济的模式，难以发展新兴产业，实现经济转型发展，近年来，随着资源开采越来越快，资源储存量在逐渐减少。

甘孜州环境优美，有着壮丽的自然景观，发展绿色经济，有利于利用可再生的资源，促进第三产业发展，形成以旅游业为主体、高原特色农业为辅的绿色经济模式。因而，建设甘孜州生态示范区，实现经济转型，由消耗生态发展经济转为依靠生态发展经济，对加快甘孜州区经济的发展起着相当重要的作用。

（一）依托特色旅游业，发展生态经济

首先，甘孜州将特色农副产品与旅游业的发展结合起来。政府动员和组织农民将农副产品以正当的价格在景区附近的特定地点售卖。这样既可以满足游客对于特色农副产品的需求，又可以提高当地人民收入。其次，发展"体验"式的旅游。主要内容是让游客体验藏文化中的服装制作、唐卡制作、跳藏舞、奏藏族乐器等活动，激发游客对于藏文化的热爱，从而成为当地旅游地区的"回头客"。传统的旅游业不注重游客的消费体验，忽略了游客自身就是"宣传媒介"，因而很多都是"一次性游客"，未能实现连环的经济效益。旅游业的发展应从消费者的需求出发，给游客更好的消费体验，这样才能让游客主动宣传并带动身边的亲戚和朋友下次再来游玩，实现"回头客"模式。最后，甘孜州将挖掘和培育本区域内独具特色的村落与旅游业相结合。就实际情况而言，甘孜州有红色景点泸定、有丹巴独居魅力的藏族村落、还有一些比较原始的村落等，这些都体现着中国优秀的传统文化，都是中国历史文化发展的见证。政府将带有红色革命元素、民俗元素、游牧元素的村落加以保护开发，打造成特色人文景观，促进了一批具有特色但经济相对落后的村庄更好更快地发展。

（二）加强监管，规定生态红线

建设甘孜州生态示范区，措施与监管并行。一是针对行政机关内部。首先，健全制度性监督。加强程序立法，完善民主决策，对公共资源的审批事项实行政务公开；其次，厘清监督部门和上级部门的关系，采用双向监督机制，形成上级和下级互相监督的双轨机制。二是针对普通群众。如果没有相关法律法规对普通民众进行约束，必定会有部分人为谋取自身的利益而产生乱砍滥伐、猎杀珍稀动物等行为。因此，应加

强生态立法，具体到每个事项，而不是笼统地一概而论。让相关执法部门有法可依，执法必严。充分利用人民群众的力量，实行"举报有奖""匿名举报"等政策。

（三）加强生态教育，提高公民的环保意识

意识指导行动。甘孜州地区不断提高建设生态示范区的宣传力度，提高公民的环保意识。政府帮助居民提高受教育水平，采用各种方法和途径加强宣传，将保护生态与公民自身利益的实现结合起来，提高他们的积极性、主动性。企业采用环保的生产线，使用清洁能源。学校经常性地开展环保讲座、环保活动，带动学生将环保理念带入千家万户，使环保理念深入人心。就每个公民自身而言，应主动自觉地学习当地政府与环保相关的政策及其他环保知识，并时刻以此规范自身行为。

二、长江三峡地区乡村生态振兴案例概况[①]

长江三峡位于重庆市、湖北恩施州、湖北宜昌市地区境内，西起重庆市奉节县的白帝城，经过恩施，东至湖北省宜昌市的南津关，跨重庆奉节、重庆巫山、湖北巴东、湖北秭归、湖北夷陵，全长 193 千米，沿途两岸奇峰陡立、峭壁对峙，自西向东依次为瞿塘峡、巫峡、西陵峡。秭归县位于湖北省长江西陵峡两岸，处于三峡工程坝上库首，是三峡库区的重要生态屏障。该区域农业资源丰富，被誉为"中国脐橙之乡""中国龙舟之乡""中国诗歌之乡""中国民间文化艺术之乡"。十八大以来，中共中央作出了"大力推进生态文明建设"的战略决策，在"十三五"规划中，提出要建设"三峡生态经济合作区"发展规划。秭归作为发展规划宜昌试验"一主轴三流域"的核心区，已于 2016 年 8 月 8 日启动了试点建设工作。在国家高度重视生态文明建设、大力推动生态保护和绿色发展的大背景下，秭归县努力建设三峡库区生态保护与绿色发展先行区，政府通过改革实现脱贫，因地制宜促进当地发展。

（一）大力发展绿色生态农业

秭归县一直以种植蔬菜作为主要经济作物。之前菜农为了提高蔬菜产量，过量使用肥料和农药，存在化肥用量偏高、施肥方式落后的问题。这些问题不仅降低了蔬菜质量，还造成了土壤污染，导致有些土地多年不能种植任何农作物。化肥和农药的过量使用也影响了农产品销售。当地政府深入实施果菜茶有机肥替代化肥行动，推广山区果园种植绿肥、"有机肥＋配方肥"模式。同时，依托种植大户和专业合作社，发展山区"果—沼—畜"生态循环农业，有效控制农业面源污染。在

---

① 郑利杰，王波，朱振肖，等．乡村生态振兴实践探索：以湖北长江三峡地区为例［J］．环境保护，2022，50（8）：64－67.

政府的支持下，秭归县根据地形种植各种高山作物，如有机蔬菜，大力发展绿色生态农业，注重生态环境保护。秭归县统筹推进生态保护与经济发展，聚焦长江生态，以农业绿色高质量发展为引领，以流域农业面源污染防治为重点，推进果菜茶有机肥替代化肥行动，集成总结一批农业绿色发展模式，以点带面辐射带动全县果菜茶种植标准化、生态化、产业化，在保护生态的前提下也增加了当地农民的收入，促进了乡村振兴。

（二）乡村旅游蓬勃发展

农旅富民，在保护优先的前提下，秭归县深入挖掘柑橘、茶叶文化，将柑橘、茶叶生产活动与旅游相结合，"农文旅"结合延长产业链，增加农业附加值，拓宽村民就业渠道，绿色经济红利持续释放。乡村旅游良好的发展势头也能带动当地一二三产业的融合发展，旅游业和相关产业的发展，为当地人提供了就业岗位和收入的增加。通过以农促旅，以旅带农，依托秭归县的青山绿水、田园风光、乡土风情等自然和人文资源，努力抓好"旅游＋现代农业"，促进旅游与农业的融合，加快农业经济结构调整，让传统农业向现代绿色农业转型。

三、四川省美丽乡村建设与生态旅游案例概况

乡村生态旅游是积极响应国家乡村振兴战略目标的重要举措。与传统乡村旅游不同，乡村生态旅游更加注重经济、生态以及社会三者的有效结合，符合国家提倡的宜居环境、兴旺产业以及美好生活的总体要求。同时，也顺应国家实行的"五位一体"发展建设的总体布局。总之，发展乡村生态旅游有利于乡村实现农村经济增长与保持良好的生态环境，是实现乡村振兴的重要路径。

在乡村振兴的大背景下，美丽乡村建设与乡村生态旅游在乡村环境保护、乡村文化传承和农村经济可持续发展等方面有共同诉求，二者存在相互依存、相互促进的内在关系。因此，要推动两者的耦合互动发展，不断促进美丽乡村建设与生态旅游的有效互动，才能更好地改善农村生态和生活环境，调整和完善乡村产业结构，促进乡村传统文化的继承和发扬，实现政策支持"三农"效率的最大化以及政府支持资金利用效率的最大化，从而助推乡村的可持续发展，最终实现乡村振兴的目标。

四川省坚持美丽四川·宜居乡村建设，不断推进乡村旅游与美丽乡村建设的耦合发展，坚持因地制宜、因势利导的原则，尊重当地自然生态环境和自然资源，对有潜力但尚未开发的资源进行有效保护，利用现有条件开展特色农业生产活动，提高农民的收入，实现农村增收致富的目标，在此基础上促进产业融合，形成具有一定规模和竞争力的"一村一品"。

（一）成都市郫都区战旗村美丽乡村建设概况[①]

战旗村位于成都市郫都区西北部，生态环境优美。该村依托自身优势发展生态旅游，通过绿色发展走上了乡村振兴之路。战旗村美丽乡村建设离不开农村环境整治，改善农村人居环境是实现乡村振兴的必然要求，战旗村在美丽乡村建设中是一个很好的典范。该村早在 2009 年便建立了"户集、村收、镇转、区处理"的农村生活垃圾治理模式，推行干湿垃圾分类，并配置了智慧居家馆，采用"互联网＋垃圾分类"的智慧分类模式，以智慧居家馆为载体，实现垃圾回收、计量、用户注册、系统积分，积分可以用来兑换日常用品。从战旗村的例子中可以看出，只有先改善农村人居环境，实现村容村貌"大变身"，才能筑牢美丽乡村的基础。

战旗村牢固树立"绿水青山就是金山银山"的绿色发展理念，坚定不移走好绿色生态发展之路，以都市农业观光旅游为切入点，以生态花卉为景观主题，配合特色林木种植，打造规模化的生态景观。塑造出"田成方、树成簇、水成网"的乡村田园锦绣画卷。让战旗生态底色更亮丽、生态经济更蓬勃、生活环境更宜居。2018 年 8 月，由战旗村自主建设的"乡村十八坊"正式建成，街道两旁的榨油坊、酱油坊、布鞋坊、竹编坊、郫县豆瓣坊等有序分布。同时战旗村利用互联网大数据、物联网等新技术，与多家知名品牌营销公司合作，搭建"人人耘"种养平台，实现农特产品"买进全川、卖出全球"精准营销。2019 年 3 月，战旗村景区被评定为国家 4A 级旅游景区。

战旗村通过美丽乡村建设整治了村庄环境，在给村民提供良好生活环境的同时，也利用良好的生态环境发展乡村生态旅游，将乡村生态优势转化为发展生态经济的优势，增加当地村民的收入。另外，战旗村生态旅游的发展也进一步改善了农村面貌，推动了美丽乡村建设，两者相互促进，助力农民脱贫致富，最终实现乡村振兴战略的总目标。

（二）泸州市龙马潭区双加镇生态产业园概况[②]

双加镇位于四川省泸州市，属于亚热带湿润季风气候，雨热同季，四季分明，年平均气温 17℃，全年无霜期长，植被覆盖率高，全镇水资源丰富，生态环境优越，是典型的城郊农业大镇，具备发展乡村生态旅游的先天优势。

双加镇有发展旅游业的良好自然资源和条件，该镇境内大多是丘陵地带，大部分地区地势较为平缓，并且境内水资源充沛，辖区内有四个大型水库，小水库及小池塘

① 罗攀. 以绿色发展引领美丽乡村建设：以四川战旗村为例［J］. 南方农机，2020，51（2）：222；邬晓霞，张双悦."绿色发展"理念的形成及未来走势［J］. 经济问题，2017（2）：30 － 34.
② 刘超. 乡村振兴背景下观光农业品质提升的路径探析：以泸州市龙马潭区双加镇"十里渔湾"为例［J］. 安徽农业大学学报（社会科学版），2019，28（6）：1 － 7.

也众多，水资源储存量达 267.8 万立方米。充足的水域资源能够带来独特的旅游模式，依据水资源进行旅游项目建设能够充分发挥双加镇的特色。此外，双加镇的气候非常适合农副产品的种植与生产，全年的温度在 18℃ 左右，是典型的亚热带季风气候，境内砂质土壤水分良好且肥沃，利于农作物生长，因此也是泸州市范围内重要的农副产品生产地区。

此外，双加镇还具有独特的交通区位优势。双加镇位于泸州主城郊区，路网四通八达，地处空港 2 公里经济圈，但同时存在农业体量小、可耕面积小、产业规模小等情况。为将区位优势转化为发展优势，近年来，双加镇在全区乡村振兴总体规划指引下，以全域发展为视角，全业融合为抓手，通过合作社、家庭农场、企业等多种经营主体和多种发展空间，形成了全域多点、多面乡村发展动能迸发的态势。

按照规划，以场镇为核心已初步建成"十里渔湾"和柑橘文化博览园。其中，整合各类项目资金 1.7 亿元，打造集水产养殖、垂钓竞技、果蔬采摘、生态种植、观光旅游于一体的"十里渔湾"，面积 8 平方公里，水产养殖面积 6 000 亩，年产值达3 200 万元；引进企业总投资 8 亿元，建设面积达 3 500 余亩，集生产加工、文化博览、康养度假等于一体的现代农业示范园区——柑橘文化博览园，2021 年正式开园迎客。

从高空俯瞰，双加镇宽阔的主干道、干净整洁的村道社道紧密交织，星罗棋布的家庭农场、产业园区、旅游景观色彩斑斓，灌溉水系、养殖鱼塘蜿蜒点缀，一派水清、岸绿、景美的人水和谐宜居新村图景。双加镇在现有资源的基础上积极发展与自身资源相关的休闲度假、民俗体验等旅游产品，通过旅游带动地方社会经济发展，将乡村生态旅游产业作为地方产业的主要内容和发展方向，带动双加镇经济社会朝着更好的方向发展。

第三节　乡村生态振兴案例分析

一、乡村生态振兴政策实施评价

党的二十大报告对全面推进乡村振兴做出新的战略部署，明确了"建设宜业宜居和美乡村"的目标任务，并指出尊重自然、顺应自然、保护自然，是全面建设社会主义现代化国家的内在要求。必须牢固树立和践行绿水青山就是金山银山的理念，站在人与自然和谐共生的高度谋划发展。良好的生态环境是农村的最大优势和宝贵财富，是农村可持续发展的必备条件，是建设宜居宜业和美乡村的重要内容，是乡村全面振兴的基本保障和重要标志。实施农村生态环境治理，有利于缓解社会主要矛盾、实现巩固拓展脱贫攻坚成果同乡村振兴有效衔接、促进农村绿色低碳发展和城乡一体化，加快推进乡村的全面振兴。[①]

进入新时代以来，以习近平同志为核心的党中央把农村生态环境治理摆在更加突出的位置。在习近平生态文明思想指引下，各地各部门贯彻落实中央新决策新部署，推动一系列科学的实践与探索，农村生态环境得到明显改善。我们要认真贯彻落实党的二十大精神，加强农村生态环境治理，全面推进乡村振兴。

十八大以来，党中央出台了一系列农村生态政策。根据政策目标，这些政策可分为生态扶贫政策和生态振兴政策。其中，生态扶贫政策进一步细分为生态综合扶贫政策、生态补偿扶贫政策、国土绿化扶贫政策、生态产业扶贫政策和生态环保扶贫政策等，在推动我国如期实现全面脱贫任务中扮演了不可替代的重要角色，发挥了重要的作用。生态振兴政策则进一步细分为生态振兴综合政策、生态环境振兴政策、科技支撑类政策和生态产业振兴政策等，有助于推动我国落实2030年前碳达峰、2060年前碳中和的重大战略部署和抓住乡村振兴发展机遇。[②]

然而，在取得巨大成就的同时，我国部分农村生态振兴政策在力度、目标、受众、措施等方面还存在欠缺，尤其是政策力度明显偏低，农村生态政策文件多为部委通知，缺乏顶层设计，使得政策绩效存在限度。一是政策效果存在偏差。譬如，在没有特别优越的自然条件或历史底蕴的前提下，照搬照抄，盲目打造风景区、旅游地，生搬硬套历史文化名人故事，忽视了本地旅游业发展的可行性和持续性。二是政策评估指标相对不够科学，最明显的就是政策评估指标适用性问题。过于详细的评价指标未必适合所有的村庄，为顺应"标准化"建设而设置的僵化的细则条款，很容易导致"千村一面"。不同村庄拥有不同的自然和社会条件，处于不同的发展阶段，是否能完全适用相同的评价体系，有待进一步商榷。三是农民的满意度相对较低。农民的满意度与其在生态振兴中的参与度和所得收益息息相关，现实中一些农民在生态振兴中参与不多，对政策的认知也不全面。例如，村庄环境的整治需要村民改变部分生活习惯，但整治村庄环境为村庄带来的效益并不能马上显现，村民没有得到明显收益，因此对美丽乡村建设的满意度也相对较低。在生态振兴政策下，乡村振兴取得了很大成就，但也存在一些问题，在分析问题和总结经验的基础上，提出以下建议：

第一，推动特惠性、短期性农村生态政策向普惠性、长期性转变。总结脱贫攻坚期间贫困地区生态振兴的相关政策经验，从全局考虑借鉴相关政策经验并转变为使全体农村接受的生态振兴政策。通过确定农村生态政策的类型、时效、受众等，依据农村生态环境发展的实际情况，采取差异化措施，对"特惠式"产业政策进行分类处理，促使其向"普惠式"政策转变。

① 习近平. 论"三农"工作 [M]. 北京：中央文献出版社，2022.
② 郭俊华，王阳. 中国式现代化视阈下农村生态政策优化调整研究 [J]. 西北大学学报（哲学社会科学版），2022，52（6）：147–161.

第二，为农村生态振兴政策实施提供良好的外部支持。为保障生态振兴政策的顺利实施和取得预期成果，必须在政策实施过程中为其提供良好的外部支持。应强化对农村生态振兴项目的人才、资金、技术和金融支持，加强供给型政策工具在生态振兴中的作用，直接推动生态振兴项目的开展；通过为农村生态发展制定约束性政策、为绿色农产品进行"三品一标"认证、为绿色农产品开展产销会、政府购买等产销对接模式、鼓励示范工程的建立、鼓励与龙头企业合作、给予生态振兴项目资金补助、聘请贫困户为生态保护人员等，加强需求型政策工具在生态振兴中的作用，从而拉动生态振兴项目的开展。

第三，充分体现农民主体性。农民在乡村生态振兴政策的制定和实施中扮演着重要角色，处于主体地位，因此要解决农民主体性缺失的问题。重视农民的意见和意愿，尊重农民的知情权、表达权和监督权，设置地方政府工作的负面清单，为农民诉求的表达打通渠道；充分调动农民参与乡村振兴的积极性，推动农民成为乡村振兴的主力军。如涉及本村发展的规划项目，要充分尊重农民的意见，使农民在参与的过程中逐步加深对相关政策的理解，提高政治素养，更有利于政策的实施；在乡村生态振兴中保障农民的利益，鼓励农民以土地经营权、林权、宅基地使用权等入股，参与产业发展，分享改革红利，让农民切实体会到生态振兴政策给自己生产生活带来的变化。[①]

二、乡村生态振兴模式创新启示

（一）完善生态振兴体制机制建设

第一，完善生态建设法治保障。首先，要完善生态法律法规，建立健全农村生态环境保护与生态文明建设的相关法律体系。针对农村生活污染、农业污染、工业污染及水资源浪费等问题，设立相应的法律法规以填补农村环境保护的立法空白，以法律保障农村地区的环境保护行动扎实推进。在立法过程中，要充分尊重农民的合理诉求，保障农民的生态权益，同时提供渠道保障农民全过程参与，并与时俱进地完善生态环境保护和生态相关立法内容体系，使立法更加及时、有效。各地区应根据自身发展需要，有针对性地健全当地环境保护法律法规，突出当地立法特色。[②] 其次，在执法过程中，执法人员应做到公正执法，及时执法、文明执法，加大执法监督力度，确保法律的权威性，杜绝"情大于法"现象。加大对破坏生态环境行为的处罚力度，进一步强化主体责任，从源头上避免污染发生。最后，要建立配套的监督管理制度，

---

① 赵卫卫，李媛媛. 从美丽乡村建设到乡村振兴战略：新时代我国乡村政策演进研究［J］. 湖北文理学院学报，2022，43（4）：24－30.

② 何水. 农村生态文明法治建设的困境与出路［J］. 中州学刊，2018（8）：68－74.

用监督管理制度来约束部分基层干群和农民不守法的行为。建立村民监督干部的机制，发挥村民监督作用，督促干部加大监督力度，细化落实各项涉及生态环保的法律法规。建立乡民互相监督、互相约束的机制，增强乡民自我管理能力，培养乡民自觉保护环境、自觉遵守生态环保法规的意识，逐步营造出自觉践行生态保护、自觉落实生态文明建设的氛围，带动村民环保意识的不断提高。

第二，建立健全环保工作机制和生态文明制度体系。首先，要建立健全生态建设考评机制，落实生态建设目标责任制考核，使其成为考核政绩的重要标准，通报考核结果，监督整改进程，真正把生态建设目标纳入地方政府整体工作。实行政府内部考核与公众评议、专家评价相结合的评估办法，在政绩考核中加入生态文明建设任务完成情况，将实现生态环境保护和可持续发展，包括财政转移支付、生态补偿资金安排等纳入综合考评。其次，要创新污染治理机制。传统农业生产大量使用农药、肥料来提高农产品产量，化肥农药的过量使用是农业污染的重要源头。针对农用薄膜、秸秆等农业废弃物，不能简单就地掩埋或焚烧，要采用科学方式进行处理，从源头杜绝环境污染。农业相关企业选址、建设应当依法依规，生产过程中要严格遵循生态环境保护原则，运用高新技术科学处理污水、垃圾等废弃物。最后，建立完善生态补偿机制和资源有偿使用制度，让生态保护者得到合理补偿、受益者付费、损害者赔偿。科学界定生态保护者与受益者权利义务，研究建立根据生态文明建设实际进行补偿的办法，推动开发与保护地区之间、上下游地区之间、生态受益与生态保护地区之间实行生态补偿，促进形成综合补偿与分类补偿相结合，转移支付、横向补偿和市场交易互为补充的生态补偿机制，加快形成生态损害者赔偿、受益者付费、建设和保护者得到合理补偿的运行机制。生态补偿应以政府转移支付为杠杆，结合使用资源者直接补偿的方式，探索生产项目补偿、劳动力就业补偿、接收生态移民、提供优质教育资源等多种补偿方式，撬动更多市场化资金参与生态补偿。建立生态补偿基金配套制度，专项资金专项使用，落到实处，实现生态文明建设和生态产业的持久性发展。

第三，创新社会公众参与机制。首先，完善公众监督制度，通过多元化媒体平台，加大宣传力度，营造有利于生态文明建设的社会环境；明确公众和社会组织进行生态文明建设的参与权、监督权和诉讼权，加快建立多方参与的决策机制；搭建公众参与的信息公开平台，政府相关部门定期通过网站、新闻发布会以及报刊、广播、电视等形式公开生态环境信息，保障公民的知情权。其次，注重引进和培养与生态保护、经济发展相适应，专业能力强的综合型人才，这在乡村生态建设中十分重要。在乡村生态建设体制机制创新过程中，必须考虑到创新人才的总体情况和特征，参照已有经验，充分激发人才创新活力。最后，充分调动企业和社会参与，建立多元生态融资体系。生态投资的资金密集性、生态工程的综合性决定了投融资渠道的多样性、投资主体的多元化。在建立以政府为主导的生态建设投入基本格局的同时，应发挥市场在生态融资中的作用。通过政府的专项政策，特别是各种激励政策，创造对生态建设投融资市场的有效需求。通过计算投资项目的生态价值和效益，转化为经济价值和效益，实现双赢。对于纯公共物品、介于非经营性和经营性之间的项目和一些投资周期较长、风险较大的建设项目，可以分别采用政府财政补款、以政府财政投资为主，引入社会资本和外来资本，组建多元化投资的法人实体，通过股票筹资或引入风险资本的形式运作。

（二）优化乡村自然生态系统

第一，统筹山水林田湖草系统治理，优化乡村生态安全屏障体系。统筹山水林田湖草系统治理，首先，必须遵循自然规律和系统性原则，把山水林田湖草作为一个相互联系、相互依赖的共同体，进行统一保护、统一治理，增强生态系统良性循环能力，维护生态自然动态平衡。其次，要打破行政区划、行业管理、部门管理和生态类别的界限，统筹考虑山水林田湖草系统保护和治理的实际需要，进行整体保护和综合治理，反对条块分割和地方主义。聚焦山水林田湖草系统保护和治理中的重点、难点问题，有针对性地予以治理和保护，尽快恢复其生态功能。最后，要健全完善山水林田湖草系统保护和治理的体制机制，不断提高山水林田湖草系统保护和治理能力和水平，强化绩效评估和考核，形成生态保护长效管理。[①]

第二，深入实施乡村生态保护修复重大工程，不断提升乡村生态承载力。明确责权利，大力推进对乡村荒山、荒丘、荒沟和荒滩的综合治理，允许承包者在遵守法律、规划和协议的前提下，宜农则农、宜林则林、宜牧则牧、宜果则果、宜鱼则鱼，开发利用，并提高植被覆盖率，防止水土流失和土地沙化。坚持农民自愿、政府引导、财政支出的原则，有序扩大退耕还林还草规模，健全退耕还林还草检查监督机制，巩固退耕还林还草成果。要保护和恢复乡村河湖、湿地生态系统，连通河湖水系，推进退田还湖还湿、退圩退垸还湖，遏制自然湿地萎缩和河湖生态功能下降趋势。要加强对矿产资源开发集中地区环境和生态的修复和治理，尤其是对损毁山体、矿山废弃地的修复和治理，尽快形成开发与保护相互协调、生态安全有保障的矿山开发新格局。

第三，因地制宜建设健康稳定的田园生态系统，推动农业发展转型升级。田园生态系统是整个乡村自然生态系统的重要组成部分，主要是指在以农作物为表征的农田中，按照生产经营的现实需要来调整生态结构、优化生态机能，实现能量转化和物质循环功能的生态综合体。[②] 建设健康稳定的田园生态系统，对于重塑农业生产体制机制、推动农业生产转型升级、提高农产品质量、增加农民收入、实现乡村的可持续发

---

① 张远新. 推进乡村生态振兴的必然逻辑、现实难题和实践路径 [J]. 甘肃社会科学，2022（2）：116 - 124.

② 渠涛，邵波. 生态振兴：建设新时代的美丽乡村 [M]. 郑州：中原农民出版社，2019.

展具有重要作用。要建设健康稳定的田园生态系统，一是要应对乡村生物多样性开展调查，因地制宜制定推动农业转型升级、农业绿色发展的生产开发方案；二是要完善田间生态基础设施，保护农田生态系统的稳定性、持续性；三是应积极构建田园生态系统建设机制，为田园生态系统提供资金、技术和人力保障。

（三）构建乡村生态政治体系

第一，坚定践行新时代党的组织路线。在推进乡村振兴实践中，要坚持党建引领，把党的建设落实到推进乡村振兴的方方面面。无论是乡村产业发展，还是农村环境综合整治，都要注重发挥党的基层组织的战斗堡垒作用，乡村振兴推进到哪里，党的建设就覆盖到哪里。发展产业"支部建在山头上，组织建在产业链上，产业布局在基地上"；一条沟、一条路、一棵树、一个农户都有党员挂包。要不断强化农村党组织的领导核心地位和政治功能，建立和完善乡村村规民约，落实"支部带村、生态美村"行动，加快构建自治、法治、德治相结合的乡村治理体系。建立部门协作配合机制，完善综合协调、分部门实施的生态保护管理体制，形成上下联动的工作机制和生态保护建设的工作合力。

第二，明确生态振兴责任主体职责范围。明确规范政府及相关部门应当履行的职责任务，设立以激励和惩戒为主要模式的法律调控机制，同时要出台可操作、能监督的具体的措施，督促政府及相关部门依法履职尽责、认真贯彻实施。政府首先应明确自身职责，协调处理好政府与非政府群众之间的关系，细化政府部门乡村振兴职责，尽快明确乡村振兴部门的权责职能；乡（镇）和村（社区）自治组织是承担乡村生态环境治理工作日常管理维护职责的主体，要明确乡村两级的职责，特别是村（社区）更要将具体职责落实到干部个人，而乡（镇）则主要承担监督和检查的职责；县（市）则负责根据国家法规落实操作规定并进行统筹领导，以此构建起县、乡、村三级联动的治理模式。

第三，充分发挥基层党组织的作用。首先，强化基层党组织对环境治理的核心领导，建立一支高素质的基层干部队伍，一支高素质的乡村基层干部队伍是做好乡村环境治理、推动乡村生态振兴的引领力量。同时要注重提高乡村基层干部的履职能力，基层党组织的核心领导为抓好乡村环境治理、促进乡村生态振兴、推动乡村各项事业健康发展提供保障。其次，要强化党员干部考核制度，注重基层党员干部环保意识和贯彻执行环境保护相关政策及法律法规能力的培养，提升党员综合素养，以引领示范带动村民遵守环保法规，积极投身乡村生态振兴事业。最后，充分利用现有资源条件，不断创新环境治理方法。借鉴先进地区的成功经验，参照乡村基层社会治理的模式，以网格化管理方法推进乡村环境治理。在实际工作中，根据本地现有的人才、资金条件，按照人员居住和自然地理环境分布特点，由基层党组织统筹领导，划分片区，设立网格、落实人员、制定目标、明确职责，在此基础上，运用现代通信技术，加快环境治理信息流通，及时反馈和处置问题。同时，将环境治理和综合服务相结合，不断提高乡村环境治理效率，促进乡村经济社会高质量发展。

本 章 小 结

党的二十大提出，要牢固树立和践行"绿水青山就是金山银山"的发展理念，站在人与自然和谐共生的高度谋划发展，以农村生态文明建设为抓手，以生态振兴赋能乡村振兴，建成宜居宜业新农村，切实回应农民群众对建设美丽家园、过上美好生活的愿景和期盼。本章重点聚焦习近平生态文明思想内涵和生态建设发展要求，对甘孜州生态示范区建设、三峡地区乡村生态振兴实践和四川省美丽乡村生态旅游发展案例进行分析，从乡村生态振兴的政策和发展模式，提出了乡村振兴的经验做法和启示路径。

思 考 题

1. 乡村生态振兴的思想基础是什么？

2. 乡村生态振兴有哪些创新模式？

3. 乡村生态振兴面临哪些现实难题及相应的优化路径？

4. 乡村生态振兴今后的发展方向及给我们带来的经验启示有哪些？

第三部分

国 外 篇

第七章　美国城乡共生型小城镇建设案例分析

【学习目标】

通过本章的学习，应达到以下目标和要求：

1. 了解美国小城镇建设的形成背景。
2. 了解美国小城镇建设的基本思路。
3. 掌握美国小城镇建设的主要做法。
4. 了解美国小城镇建设的经验借鉴。

【本章导读】

本章主要学习美国城乡共生型小城镇建设的基础内容，第一节重点介绍美国城乡共生型小城镇建设的发展历程、概况及对城镇化发展的作用；第二节重点介绍美国城乡共生型小城镇建设的主要做法；第三节重点介绍美国城乡共生型小城镇建设的经验、教训及对我国城镇建设的启示。

第一节　美国小城镇建设案例概述

一、美国小城镇建设的发展历程[①]

在工业革命之后，美国的城镇化得到了快速发展，整体上在第一次世界大战期间基本完成了城镇化建设，大致可以分为三个主要阶段：城镇化酝酿时期（1690~1830年），城镇化开始、加速及初步完成时期（1831~1920年）和城镇化新发展阶段——郊区化时期（1921年至今）。

（一）城镇化酝酿时期（1690~1830年）

1690年，美国超过2 500人的城市仅有4个，最大的城市波士顿也仅有7 000人。

---

① 王春艳. 美国城市化的历史、特征及启示 ［J］. 城市问题，2007（6）：92-98.

到 1820 年，城市数量增加到了 61 个，但城市人口比率反而有所下降。这 100 多年间，美国增加的人口更多集中在农村，农村人口的增速远远超过城市人口增速，主要原因是美国当时有大片的蛮荒之地有待开发，农村需要大量的劳动力。

（二）城镇化开始、加速及初步完成时期（1831~1920 年）

1831 年，工业化开始席卷美国。城市的工业发展起来了，自然就需要大量的工人，而工业的发展又带动了服务业等相关产业的发展，创造出了更多工作岗位。这种条件自然吸引了大批农民进城。美国城市人口比率从 1820 年的 7% 上升到了 1860 年的 20%，且在此期间，城市人口数量以每 10 年 57% 的速度增长。1860 年，10 万人以上的城市达到 9 个。最开始，美国的城市集中于东北部。后来随着交通运输的发展以及西进运动，促进了西部金属矿产的开发，在旧金山湾地区和科罗拉多州北部一带出现了大量的矿业城镇，带动了西部城市的崛起和发展。城市增加，吸纳的人口自然也跟着增加。

南北战争之后，从 1865 年到 1920 年，美国的工业化和城镇化更是加速发展，且基本同步进行。在此期间，美国的工业经济走向成熟，由农业社会顺利转变为工业社会，在东北部和中西部地区形成了制造业带，产生了大量的城市集群，人口超过百万人的特大城市也随之出现。相应地，从事制造业和服务业的人越来越多，从事农业生产的人越来越少。

（三）城镇化新发展阶段——郊区化时期（1921 年至今）

美国现代意义上的小城镇建设始于 20 世纪初。19 世纪 20 年代起，城市由于人口的过度集中，交通拥挤、居住空间狭窄、空气污染、资源紧缺等，产生了很多负面效果，也就是通常所说的"城市病"。大量中产阶级为改善生活环境，开始选择在城市郊区建房居住。出于成本、劳动力以及环境因素的影响，很多新兴产业也选择在郊区办厂经营。这个时期，汽车的发展为城市郊区化进一步发展创造了良好的条件，小城镇也开始不断发展壮大。

自 20 世纪 40 年代起，美国人口向大城市集中的速度放缓，农村人口主要流向中小城镇，甚至出现了大城市人口向中小城镇迁移的"郊区化"或"逆城市化"趋势。1950 年，美国郊区人口占总人口的 26%，1960 年增至 33%，1970 年增至 37%，1990 年上升为 48%。与此同时，居住在中心城市的人口比率反而不断下降，1950 年为 35%，1960 年为 33.4%，1990 年降至 29%。[①] 到 1970 年，美国中心城市人口有 6 400 万人，占总人口的 31.4%；而郊区及小城镇人口则达到了 7 600 万人，超过了

---

① 搜狐网. 美国的城镇化之路，中国正在重走一遍［EB/OL］.（2017 - 11 - 01）［2024 - 05 - 13］. https：//www. sohu. com/a/201602795_634545.

中心城市，占总人口的 37.2%。城市郊区特别是小城镇开始成为美国人口重心。到 2006 年，美国的小城镇数量在 4 万个以上，1/3 的人口居住在城市郊区小城镇中，在小城镇生活、工作已成为美国人生活的一种重要方式。①

城乡一体化发展策略——城乡共生型模式，以遵循城乡互惠共生为原则，通过城市带动农村、城乡一体化发展等策略来推动乡村社会的发展，最终实现工业与农业、城市与农村的双赢局面，以美国乡村小城镇建设为典型。美国是世界上城市化水平较高的国家，在乡村治理过程中，非常推崇通过小城镇建设来实现农村社会的发展。

二、美国小城镇建设发展概况

美国小城镇分布较为广泛，遍及全国各个角落，地理分布体现出多层次体系。由于地理位置不同，美国小城镇特点也各异，大致可分为三种类型。

（1）城市郊区的小城镇。这些小城镇位于大都市周围，承担着在大都市进行生产的人口居住以及高科技开发功能，经常被称为"卫星城"，具有明显的城市扩散特征。

（2）城乡之间的小城镇。这类小城镇布局在城市与乡村之间，是沟通城乡经济与社会关系的纽带，又是连接都市与都市之间的桥梁，生产性、经济性的功能尤为突出。由于具备特殊的地理区位，这些小城镇都有自身的特色产业和经济发展优势，有的在城市发展的起步阶段就在本地区发挥着经济中心镇的作用。

（3）农村地区的小城镇。这类小城镇一般分布在与城市相距较远的广阔乡村地带，是农村地区的经济活动中心。这些小城镇具有多重经济性能，第一、第二、第三产业不同程度地融合在一起，居民主要以农副产品加工、储运和地方特色产业为职业，还有的以农畜牧业为职业。

美国城镇化的发展距今已有 200 多年的历史，尤其在近一百年的时间，美国实现了由农业社会向工业社会的转变，实现了工业化、城镇化和农业现代化，成为世界上城镇化水平较高的国家之一。据美国人口调查局 2010 年公布的数据，美国共有 51 个州，3 043 个县（郡），35 153 个市（镇）。其中，300 万以上人口的城市（镇）有 13 个，20 万到 100 万人口的城市（镇）有 78 个，10 万到 20 万人口的城市（镇）有 131 个，3 万到 10 万人口的城镇有 878 个，3 万以下人口的小城（镇）达 34 000 多个。② 美国的城镇化历经百年建设，在空间布局上已形成了以大城市群建设为主体，以中小城市（镇）建设为重点，大中小城市均衡发展，层次分明、定位明确、功能互补，大、中、小城市（镇）相互配合、错落有致的城市群（带），构建起多层次的

---

① 张颖，王振坡，杨楠. 美国小镇规划、建设与管理的经验思考及启示［J］. 城市，2016（7）：72 – 79.

② 中国发展观察. 美国城镇化发展的经验与启示［EB/OL］.（2015 – 12 – 21）［2024 – 05 – 13］. https：//cdo. develpress. com/？p =3315.

城镇体系。

美国城镇化水平高度发达，但这并不体现在纽约、芝加哥等超级大城市上，而是体现在小城镇上。截至 2017 年，美国 10 万人以下的小城镇大约占城市总数的 99.3%，接近 35 000 个。① 这些小城镇围绕大城市布局，形成密集的城市群（带），美国城乡一体化的特征越来越明显，美国乡村和城镇的区别越来越小。

三、美国小城镇建设对城镇化发展的作用

（一）以大城市群建设为主体，构建多层次城镇体系

在城镇化进程中，美国打破区域界限，统筹区域资源利用、环境保护、产业布局和重大项目建设，着力打造大"都市圈"和"城市带"。依托大中城市，充分发挥中心城市的辐射作用，构建集聚度高、开放式、多层次的城镇体系，形成了国际性大都市、全国性中心城市、区域性中心城市、地方小城市和中心镇等不同层次的城镇体系。大都市区在 20 世纪出现后，很快成为美国城市发展的主导趋势之一。大都市区的数量不断增加，规模急剧扩大，大都市区人口在全国人口中的比例也迅速提高。1910 年，美国大都市区的数量仅有 58 个，大都市区的人口比例为 31%；而到 1940 年，大都市区的数量增加到 140 个，大都市区的人口比例上升到 48%，美国已基本成为一个大都市区化的国家。② 从地区分布看，全国形成了三大城市群：东北部城市群包括波士顿、纽约、华盛顿、费城、巴尔的摩等中心城市和一系列中小城镇，绵延700 千米，宽约 100 千米，是美国第一大城市群，都市化程度很高；第二大城市群分布于五大湖南部，从密尔沃基开始，经过芝加哥、底特律、克利夫兰到匹兹堡；美国西海岸的加利福尼亚州分布着第三大城市连绵带，北起旧金山湾区，经洛杉矶、圣地亚哥直到墨西哥边境。三大城市群成为美国的政治、经济、文化中心，在其辐射带动下，大量的小城市（镇）获得了快速发展，美国在城市空间布局上形成了层次分明、定位明确、功能互补的城镇体系。

（二）以中小城镇建设为重点，实现城镇的均衡发展

20 世纪 60 年代，美国政府实行了"示范城市"试验计划，开始对大城市中心区进行再开发。试验计划旨在分流大城市人口，充分发展小城镇。在整个 70 年代，美国 10 万人以下的城镇人口从 7 700 多万人增长到 9 600 万人，增长了约 25%。在小城镇建设中，美国注重整合各种要素，培育龙头城镇和城镇群，提升聚集效能，以点带

---

① 搜狐网. 美国的城镇化之路，中国正在重走一遍 [EB/OL]. (2017 - 11 - 01) [2024 - 05 - 13]. https：// www. sohu. com/a/201602795_634545.

② 刘恩东. 美国如何推进城镇化建设 [EB/OL]. (2015 - 06 - 10) [2024 - 05 - 13]. https：//leo. gdufs. cn/info/1016/1072. htm.

面，渐次连片。在城镇群向都市圈和城市带的发展中消除城乡差别，推进区域城乡一体化、公共服务均等化，实现均衡发展。

（三）以工业化、产业化、信息化为动力，积极探索内涵式城镇化发展道路

美国在推进城镇化建设过程中，不是简单地、孤立地进行城镇化建设，而是注重工业化、产业化、信息化与城镇化的并行发展。以工业化、产业化、信息化为城镇化发展的内在动力，积极探索城镇化内涵式发展道路。一是工业化引导大量的就业人口从第一产业转向第二、第三产业，通过人口和产业的集聚，为经济发展、社会民生奠定良好的产业基础。二是推进城镇化的良性内生增长模式，注重产业布局优化、产业转型升级、产业发展与城镇化的内在协调联动，为城镇长期、稳定、有序、健康发展注入内在活力。三是通过信息化、高新技术使用和对传统产业的信息化改造提升城镇化发展的水平。四是城镇化与工业化、产业化、信息化协调发展的同时，也为工业化、产业化提供了完善的基础设施和丰富的人力资本。

（四）以交通运输设施建设为基础和先导，夯实城镇化发展基础

交通运输是经济社会发展的基础性和先导性产业，在美国城镇化发展中，交通运输在促进经济要素跨域流动、支持城镇经济协调发展、保障城镇社会有序运行、引导城镇产业合理布局、完善城镇空间格局形态等方面具有重要作用。19世纪60年代，美国国会先后通过《太平洋铁路法案》和《现金补偿法》支持铁路建设，规定每修筑一定长度的铁路，铁路公司都将从政府得到数额不等的贷款，且铺轨两旁的土地即归铁路承建商开发利用。在这些政策的带动下，北太平洋铁路、南太平洋铁路、圣菲铁路等相继建成，贯通美国领土东西，深入西部腹地，带动了铁路沿线新城镇的建设。为推进郊区化，联邦政府在1916年通过《资助道路建设法案》，改善州际道路，完善公路系统；各州也发行巨额公路债券，带动城市向郊区发展。1956年通过《高速公路法》，在12年内拨款250亿美元修建了6.6万千米的州际高速公路。同时建立联邦公路信用基金，征收汽油和车辆轮胎等消费税，直接资助公路建设。交通先行，运输服务安全高效的综合交通运输体系，对于更好地引领和推动美国城镇化健康持续发展，实现区域性城镇化与城乡一体化的相互渗透和融合，具有重要作用。

（五）以市场机制为主导，充分发挥政府在城镇化中的宏观调控、指导协调作用

在城镇化初期和中期，美国奉行自由经济理论，主张由市场自发地调节经济关系，市场机制在美国城镇化和城市发展的过程中起主导作用。加之政治体制制约，联

邦政府调控手段薄弱，政府没有及时对以资本为导向的城镇化发展加以有效的引导，完全按照市场需求自由放任地推进城镇化，导致了过度的郊区化，造成城镇发展规划结构性失衡、城市无序扩张蔓延、土地资源浪费严重、生态环境破坏等一系列问题。按照工业化国家的经验，城镇化率达到50%是政府政策调节的最佳切入点。为此，美国政府进行了沉痛的反思和检讨，及时吸收借鉴国际先进经验，推行双轮驱动政策，既强调市场化的作用，也注意把自由市场和政府调控相结合，更加重视政府的宏观协调作用。一是为产业的发展和各种生产要素的流动营造一个社会化的市场环境和法治环境。二是为解决大都市区发展中面临的区域性矛盾和问题，实行有效的区域协调和管理。通过市县合并、建立权威的大都市区政府、组建半官方性质的地方政府联合组织等措施，有效地强化了政府在推进城镇化进程中的宏观调控和指导协调作用。三是通过立法和行政干预，加强了城市规划、产业规划布局，在城镇化建设中更加重视对环境的保护。四是20世纪末，美国政府提出了"精明增长"理念，要求城镇化沿着以人为本、绿色低碳、永续发展的路径深入推进，主要是强调土地集约利用、优先发展公共交通、混合土地使用功能、保护开放空间和创造舒适环境、鼓励公共参与、建设紧凑型社区等，通过政府行政、经济、法律杠杆发挥限制、保护和协调作用，实现经济、环境和社会的公平。

（六）以全面完善的农业政策体系，推动农业现代化与城镇化协调发展

在美国城镇化建设过程中，实现了农业现代化与城镇化的相互促进、同步协调发展，这主要得益于美国制定了全面完善的农业政策体系。一是秉持以农民为本的理念，尊重农民利益，对农业实行保护政策，用工业剩余反哺农业，妥善处理农民的困难和问题，不以牺牲农民利益为代价完成城镇化，保证农民利益不受损害，这就避免了一些国家在城镇化过程中出现的贫富差距拉大、社会混乱动荡的极端情况。二是出台《宅地法》，为农业发展提供法律制度保障。三是重视农业基础设施建设。进入21世纪以来，针对农村部分基础设施老化的情况，联邦农业部乡村社区公共设施、住宅和企业等三大类19个子项目，帮助农村地区改善供水和排水系统，修建供电设施以及远程教育和网络工程设施等。四是重视农业技术进步，通过颁布法案免费拨地建立高等院校、拨款兴建农业研究机构形成富有效率的农业科研和推广系统，为美国农业的快速发展作出了巨大贡献。五是平衡城郊发展，提高电器的普及，实现农村生活方式向城市化的转变，让农村居民享受到现代化城市的发达、便利，并实现生活质量、生活方式、生活观念的全面升级。2006年，启动乡村社区宽带网资助计划，帮助低收入社区购买宽带设备，建立社区活动中心，免费提供网络服务。

第二节　美国小城镇建设案例分析

一、构建大都市圈与整合要素培育龙头城镇，实现城乡均衡发展

在城镇化进程中，美国采取了一系列创新策略。首先，它打破了行政区域界限，通过整体统筹区域资源利用、环境保护、产业布局和重大项目建设，成功打造了大"都市圈"和"城市带"。这些都市圈和城市带以中心城市为核心，构建起了集聚度高、开放式、多层次的城镇体系。从 20 世纪初开始，美国的大都市区数量和规模持续增长，并在 20 世纪 80 年代发展较为成熟，成为美国城市发展的主导形态，逐步发展形成了东北部、五大湖南部和加利福尼亚州三大城市群，这些城市群不仅在国内具有重要地位，其规模也在世界范围内名列前茅。

其次，美国中小城市（镇）的兴起也值得关注。自 20 世纪 40 年代起，随着人口和产业向中小城市（镇）的聚集，美国的城市化进程进入了一个新的阶段。20 世纪 60 年代，政府推行的"示范城市"计划旨在分流大城市人口，促进小城镇发展。到 20 世纪 70 年代，10 万人以下的城镇人口约增长了 25%，而大城市人口则有所下降。① 截至 2017 年，美国 10 万人以下的小城市（镇）占城市总数的 99.3%，这些城镇的商业活动日益活跃，对经济发展起到了重要的推动作用。

在城镇化进程中，美国不仅注重大都市圈的建设，还致力于整合各种生产要素，培育龙头城镇和城镇群，提升聚集效能。通过合理配置资源，以点带面，渐次连片，成功地消除了城乡差别，推进了城乡一体化和公共服务均等化，实现了城乡的均衡发展。这些策略的实施不仅优化了城镇布局，还有效解决了大城市过度扩张带来的问题，促进了大中小城市在空间和产业布局上的相互依存和配套。

二、重视交通基础设施建设，推动城镇化在区域间的协调发展

交通运输是经济社会发展的基础性和先导性产业，在美国城镇化发展中，交通运输在促进经济要素跨域流动、支持城镇经济协调发展、保障城镇社会有序运行、引导城镇产业合理布局、完善城镇空间格局形态等方面具有重要作用。

美国深知交通先行对于城镇化的重要性，因此采取了一系列战略措施。在城镇化初期，美国城市主要集中在东部沿海地区，为了带动西部地区的发展，政府大力推动铁路网的建设。通过实施《太平洋铁路法案》和《现金补偿法》，政府为铁路建设提

---

① 中国发展观察．美国城镇化发展的经验与启示［EB/OL］．（2015 - 12 - 21）［2024 - 05 - 13］. https：//cdo. develpress. com/? p = 3315.

供了强有力的支持，使得北太平洋铁路、南太平洋铁路和圣菲铁路等重大项目得以顺利完成，从而带动了铁路沿线新城镇的崛起。

随着城镇化进程的加速，城市中心区的环境、交通和治安问题日益凸显。汽车的普及使得大批城市中产阶级开始迁往郊区定居，这为推进郊区化提供了契机。为此，美国联邦政府在 1916 年通过了《资助道路建设法案》，旨在改善州际道路，完善公路系统。各州也积极响应，发行巨额公路债券，以推动城市向郊区的发展。1956 年，美国更是通过了《高速公路法》，在随后的 12 年内拨款高达 250 亿美元，用于修建 6.6 万千米的州际高速公路。同时，通过建立联邦公路信用基金并征收相关消费税，直接资助了公路建设的顺利进行。

经过多年的努力，美国的高速公路网络已经相当完善。截至 2011 年底，美国高速公路通车里程达到了 88 730 公里，约占世界高速公路总里程的一半。这些高速公路不仅连接了所有 5 万人以上的城市，还形成了由 54 条共计 6.44 万千米的州际高速公路构成的公路主骨架，横贯东西、纵贯南北。[①] 这一安全高效的综合交通运输体系在推动美国城镇化进程中发挥着不可替代的作用，为经济要素的流动、城镇经济的协调发展、城镇社会的有序运行以及城镇空间格局的完善提供了有力支撑。

三、以科技为统领，探索工业化、城镇化、信息化同步发展之路

在推进城镇化进程中，美国没有简单地、孤立地进行城镇化建设，而是注重工业化、城镇化、信息化与农业现代化的同步发展。它们以新技术革命为统领，以工业化、信息化为城镇化发展的内在动力，积极探索"四化"互动的发展道路。

一是以工业化吸纳大量的农村人口，从第一产业转向第二、第三产业。通过人口和产业的集聚，推动城镇经济社会全面发展。特别是在西部开发过程中，美国政府顺应工业革命浪潮，利用蒸汽动力的改进，解决了西部交通运输问题。同时，联邦政府和各州政府适时制定合理的产业政策，选择并扶植农业、畜牧业和采矿业作为发展西部的带动产业，吸引大量劳动力和资金，不仅为西部工业化奠定了物质基础，而且为城镇化的人口聚集创造了条件。

二是注重产业布局优化，加快城镇产业结构升级。第二次世界大战期间，联邦政府将大部分军工企业建在郊区及西部地区。战后政府斥巨资支持原子能、微电子和航空航天技术发展，帮助西部城市的军事工业转变为民用工业。1981 年，里根政府出台《研究与发展减税法案》，增加教育研究费用，鼓励中小企业自主研发，其目的都是为城镇长期、稳定、有序、健康发展注入活力。

三是借力新技术革命，提升城镇化发展质量和水平。在全球化浪潮中，美国中西

---

① 共产党员网. 学习时报《美国如何推进城镇化建设》[EB/OL]. (2012 - 12 - 17) [2024 - 05 - 13]. https://news. 12371. cn/2012/12/17/ARTI1355701707103863. shtml.

部传统工业区出现经济滑坡和城市中心区产业空洞化现象。为此，政府采取一系列举措，包括放松管制，适当放宽或取消一些妨碍经济发展的规章制度；保护国内市场，严格控制国外钢铁产品进口；制定税收、补贴及信贷优惠政策，引导制造业从东北部向西部、南部地区转移；扶持国内制造业对外投资，支持老工业区向国外转移部分劳动密集型和耗能污染型产业。

四、城镇化与农业现代化协调发展：市场机制与政府调控的双轮驱动

在美国城镇化进程的初期，政府主要奉行自由经济理论，让市场机制在城镇化发展中发挥主导作用。然而，这种过度依赖市场自由放任的方式，导致了一系列问题，如城镇发展规划的结构性失衡、无序扩张、土地资源的浪费以及生态环境的破坏。当城镇化率达到50%这一关键节点时，美国政府开始深刻反思，并及时吸收借鉴国际先进经验，推行双轮驱动政策。

这一政策的核心在于既强调市场机制的作用，又注重政府宏观调控的协同配合。首先，政府积极为产业发展及各种生产要素的流动营造良好的市场环境和法治环境，为城镇化进程提供有力保障。其次，政府通过市县合并、建立大都市区政府以及组建地方政府联合组织等措施，强化了在城镇化进程中的宏观调控和指导协调作用，有效解决了大都市区发展中面临的区域性矛盾和问题。此外，美国提出了"精明增长"理念，强调以人为本、绿色低碳、永续发展的城镇化路径。这一理念注重土地的集约利用、公共交通的优先发展、混合土地使用功能、保护开放空间、创造舒适环境以及鼓励公众参与等方面。政府通过行政、经济、法律等多种手段，发挥限制、保护和协调作用，以实现经济、环境和社会的公平与可持续发展。

在推动农业现代化与城镇化协调发展的过程中，美国政府构建了完善的农业政策体系。这一体系以农民为本，尊重农民利益，对农业实行保护政策，确保农民在城镇化进程中不受损害。通过《宅地法》等法律制度的实施，为农业发展提供法律保障。同时，政府重视农业基础设施建设和技术进步，投入大量资金改善农村基础设施条件，推动农业现代化水平的提升。为了平衡城郊发展，提升农村居民生活质量，美国政府还采取了一系列措施。例如，提高电器的普及率，实现农村生活方式向城市化的转变；启动乡村社区宽带网络资助计划，帮助低收入社区改善网络设施等。这些举措不仅让农村居民享受到现代化城市的便利，还实现了生活质量、生活方式和生活观念的全面升级。

工业化、城镇化和信息化成果的应用为农业现代化提供了强大的支持。反过来，农业现代化的实现又进一步促进了工业化和城镇化的发展，形成了良性互动。通过这种市场机制与政府调控的协同配合以及农业政策体系的构建，美国成功实现了城镇化与农业现代化的协调发展。

五、最大限度调动社会各方面力量来推进城镇化

一是运用财政金融政策，有效解决城镇化建设资金不足的问题。各级政府通过财政投入和补贴，以及贷款贴息等优惠措施，吸引企业到城镇进行投资，促进城市新兴产业的开发；联邦政府设置专门金融机构，对边远地区的城市发展提供贷款支持。虽然工商企业的税收与城镇的财政无关，但随着越来越多的企业入驻小镇，企业的规模越来越大，不仅吸引中产阶级到小城镇购买住房，促进了小城镇房地产业的发展，而且增加了小城镇的财政税收，带来了小城镇的繁荣。

二是健全社会保障体系，着力解决住房和就业难题。首先，创新住房政策，缓解城区住房紧缺。随着城镇化推进和新移民涌入，美国大城市中心区住房短缺的现象日益严重。为此，联邦政府于 1934~1937 年建造 2 200 万套低造价公寓住房，用以清除贫民窟。① 其次，将资金以贷款形式拨付地方政府，建造低租金住房，为买房者提供信贷抵押保证和税收补助金。在解决就业方面，各级政府通过大规模市政工程建设，包括城市道路、电车、地铁、供水及排污工程等，提供大量公共管理和服务岗位。尤其是罗斯福政府创办公共工程局和工程振兴局，实施一系列以工代赈措施，改造中心城市和港口、启动住房建设工程等，创造了数百万工作岗位。此外，政府每年投入大量资金用于职业教育、失业者转岗培训及城镇化过程中失地农民的就业培训，通过多种途径帮助城镇居民就业。

三是鼓励动员社会民间团体参与城镇社区建设。20 世纪 60 年代，约翰逊政府成立经济机会办公室作为专门治理城市的机构，下设工作队、社区行动处和邻里服务中心深入社区提供服务，了解基层民众关切。2001 年，小布什政府设立"信仰依托和社区动议中心"，提供信息和相关资源，强化美国基层人民在社区建设中的作用，增进政府与私人慈善组织、NGO、企业界、邻里团体的合作，共同化解城镇化带来的社会问题。

六、注重以人为本和价值最大化，突出公平、民主和效率

美国把实现价值最大化和以人为本贯穿于城镇化建设全过程，体现在三个方面：

一是价值最大化的实现。作为最发达的资本主义国家，美国在其整个国家的发展中一直以价值最大化理念作为核心，企业家精神、品牌效应等的确立，就是价值最大化理念的外显。同时，价值最大化体现在公平基础上，在美国城镇化发展中，企业精神的引入又是以很多社会非营利团体的参与为前提的，两者制衡才能保证其城镇的发展不至于完全脱离社会公益性而单纯追求价值。

二是对公平、民主的把握。实现效率固然重要，但城镇化更需从根本上实现公

---

① 李军国. 美国城镇化发展的经验与启示 [J]. 中国发展观察, 2015 (12): 86 - 90.

平，这种公平的实现不能以新的不公平的产生为代价。事实上，美国小城镇发展的成功正是在民主公平的前提下群策群力实现的。

三是注重对效率的考量。城镇化无疑需要达到城乡均衡，实现农村与城市的平衡对接。美国在推进城镇化过程中，明确提出了小城镇的发展要有企业家精神，要建立品牌效应，要懂得合理利用资源，而且资源的利用要符合"跷跷板效应"，这些理念可以归结为一点，就是效率。效率的提升使美国的小城镇发展极其顺畅，一个城镇的发展甚至可以形象地描述为一个人的发展，即为美国小城镇发展的效率之路。

第三节　美国小城镇建设案例镜鉴

一、美国小城镇建设的经验做法

美国小城镇建设带动乡村发展。1960 年，美国推行的"示范城市"试验计划实质上是通过对大城市的人口分流来推进中小城镇的发展。在小城镇的建设上，美国政府非常强调个性化功能的打造，结合区位优势和地区特色，注重生活环境和休闲旅游的多重目标。

直至 21 世纪，小城镇有着良好的管理体制和规章制度，能够对全镇的经济社会进行统筹监管，保证小城镇发展的有序与稳定。由于美国城乡一体化已经基本形成，因此，美国小城镇建设能够很好地带动乡村的发展。

（一）严格编制实施小城镇规划

美国小城镇政府的主要职能之一是制定本地的城镇规划并具体实施操作。镇政府机构中一般没有专门的土地管理机构，但设有区划委员会，主要从事社区的区域规划工作，负责制定社区发展的基本原则和远景规划，以及小块土地的出售和其他土地的使用问题，并结合本地实际情况制定优惠政策，吸引投资，制定增减税收方案等。

小城镇规划编制严格遵守四个基本原则：一是尽可能满足人的生活需要；二是充分尊重和发扬当地的生活文化传统；三是最大限度地绿化和美化环境；四是塑造城镇不同的特点和个性特色。在编制过程中，还必须广泛征求市民的意见，增强公众对规划的了解和参与。拥有私人土地的地方和农场如果想要改变土地的用途，必须符合镇规划，而且要经过居民同意。在小城镇建设中，开发商必须承担开发区的公用基础设施建设，包括路网、供水、供电、通信等设施建设和开发区周围山地、河滩的整治绿化。

（二）注重区域小城镇协调发展

在小城镇发展路线上，美国主要依托大城市的影响，将大量小城市和中心镇分布在大中城市周围，在很多地区形成了大中城市与小城镇错落有致、相互配合的城镇体系，形成了一定规模的城市带。在这些城市带中，由小城镇充当的卫星城，有效地解决了传统上靠中心城市无限扩张空间增大城市规模造成的缺陷，抑制了大城市规模过度膨胀，同时推进大中小城市在空间和产业布局上形成相互依存和配套的有机体系。

（三）积极培育小城镇主导产业

美国各种类型的城市和小城镇，不仅在历史文化和市容市貌上各不相同，在产业发展方面也各具特色，这成为美国小城镇发展的特色和基础。例如，离西雅图市18千米的林顿镇，原是美国波音飞机公司的总部。在1998年波音公司迁移之前，这个小城镇一半以上的就业都是由波音公司提供的，其他产业也是为波音公司服务而建立的。尽管1998年波音公司总部迁出这个小城镇，但它的制造车间还在，飞机制造业提供的产值和就业仍占林顿镇的30%以上。[1] 再如，旧金山附近的帕洛·阿尔托是一个只有5.6万人的小城镇，依托毗邻斯坦福大学的优势，发展包括电子、软件和生物技术在内的高新技术产业，成为世界上最具活力的小城镇之一。[2]

小城镇发展必须依靠特色鲜明的主导产业，通过主导产业的积累和循环更替，推动城镇不断向前发展。因此，小城镇首先要解决的就是产业发展问题。因地制宜地培育具有竞争优势的主导产业是保持城镇活力、推动城镇质量提升的重要条件。小城镇要结合经济结构的战略性调整，合理定位城镇功能，着力培育本地区的主导产业，增强城镇可持续发展的能力。通过主导产业的崛起和形成，带动新产业的发展和配套设施建设，进一步促进城镇发展。

（四）突出以人为本理念管理小城镇

美国小城镇的管理十分注重居民生活要求，管理机构一般由三部分组成：一是民选机构，即民选的议员和市长参与城镇建设管理，他们的报酬一般很低。二是专职机构，即有固定工作人员，他们的工作内容包括水电管理、环境卫生、消防安全等，如一些城镇的警察局局长，还要兼管水电修理和环境卫生等工作，他们的收入比较高，属于中产阶层，议会还会聘请一位城镇经理，主要负责城镇的日常管理经营工作。三是中介机构，各城市根据各自的特点，成立各式各样的非政府组织，职

---

① 新浪网. 波音将总部从西雅图搬到芝加哥20年后，总部大楼成了"鬼城" [EB/OL]. (2021-10-09) [2024-5-13]. https://k.sina.cn/article_1621727903_60a99a9f020010js4.html.

② 新浪网. 硅谷是如何起飞的？[EB/OL]. (2022-05-07) [2024-05-13]. https://finance.sina.com.cn/tech/2022-05-07/doc-imcwipii8416875.shtml.

责是维护自己特有的权益。

（五）城乡高度协调融合发展

在推进城市化的同时，不能忽视农业和农村经济的发展，要采取城乡协调发展的政策措施。美国现有的乡村已不再发展成传统的城市，在保留乡村某些特征的同时，改善农业的生产条件和农村的生活环境，提高农民的收入水平和社会福利水平，消除城乡经济机会不平等现象，使城乡进入协调发展的良性循环。

（六）生态环保和建筑节能的刚性约束

在城镇化推进过程中，美国将生态环境保护作为城镇建设的重要内容，限制非常严格，规划审批的第一件事就是"环境监测"。对城市公园、绿地建设要求很严，"凡规划确定的绿地，不论土地权属，一律不得改变用途"。纽约、华盛顿特区等都制定了绿色建筑节能标准规范，为新建建筑制定了一系列可持续性的衡量措施，包括强制减少用水量、使用污染排放较低的油漆、地毯、地板和其他材料等，甚至对填埋处理的建筑垃圾减量提出定量化指标加以控制。在生态环保方面，美国还建立了密集的保护区，仅沿密西西比河就建立了8个国家公园和野生动物保护区。

（七）高度注重城市文化品位的提升

美国非常注重城市设计和特色塑造，虽然建国历史很短，但各级政府都十分重视对古建筑和历史文化遗产的保护，注重对历史文化的传承。在华盛顿国家公园广场两侧，依次分布着许多著名的博物馆，如国家档案馆、历史博物馆、自然博物馆、国家艺术馆、非洲艺术馆、印第安艺术馆和航空航天博物馆等，已成为华盛顿城市文化的一部分。在美国，对有价值的老建筑，即使是普通的民宅也会镶嵌历史建筑保护铭牌，并列入保护范围，保留其历史风貌。对于历史街区的改造，一般都采取保留原貌的方法，把临街的墙体整体保留。虽然房子内部改造得较为现代，但从外面看，依然是原汁原味的老建筑。

（八）健全城乡统一的社会保障体系

随着城镇化的推进和新移民的涌入，美国大城市中心区的住房短缺日益严重。为此，政府于1934～1937年建造了2 200万套公寓。联邦政府还将资金以贷款形式拨付给地方政府，建造低租金住宅，并为买房者提供信贷抵押保证和税收补助金。第二次世界大战后，为引导城市人口外迁，联邦政府于1944年颁布《军人修正法案》，安排1 600万老兵在郊区定居，并在对城市不动产征收高额税的基础上，实施《城市租金控制法》以控制市区房租。① 到 20 世纪 90 年代末，在全民住房自有率很高的基础上，政府重点帮助低收入家庭、残障人士、少数族裔等弱势群体解决住房难题。政府还通过兴建工程和投入教育来帮助城镇居民就业。在城镇化初期，政府通过兴建大规模市政工程来提供大量就业岗位。经济大萧条期间，罗斯福政府实施了一系列以工代赈的措施，包括改造中心城市和港口、清理贫民窟、启动住房建设工程等，提供了数百万个工作岗位。另外，美国政府每年投入大量资金用于职业教育、失业者转岗培训以及城镇化过程中失地农民的就业培训，帮助他们就业。

（九）加强政府干预与统一规划

在城镇化初期和中期，美国奉行自由经济理论，市场机制起主导作用，联邦政府调控手段较弱，导致过度郊区化，造成城镇发展规划结构性失衡、城市无序扩张蔓延、土地资源浪费严重、生态环境破坏等一系列问题。对此，在城镇化后期，美国政府通过立法和行政干预，加强了城市规划和产业规划布局，更加重视对环境的保护。20 世纪 90 年代，克林顿政府强调城市和郊区的兴衰与共，提出了"精明增长"运动，遏制郊区化无节制蔓延，平衡城郊发展，要求城镇化沿着以人为本、绿色低碳、永续发展的路径深入推进，主要是强调土地的集约利用、优先发展公共交通、混合土地使用功能、保护开放空间、创造舒适环境、鼓励公众参与和建设紧凑型社区等。

二、美国小城镇建设的教训

虽然美国创造了人类城镇化历史上的辉煌成就，但其在城镇化及城市发展中的一些教训也值得我们深刻反思、引以为戒。

（一）城市郊区化低密度无限扩张造成土地资源浪费

第二次世界大战以后，美国高速公路快速发展，市郊之间通勤率大幅提高，同时实行了鼓励居民到郊区定居的住宅抵押贷款保险和补贴制度，形成了"乡村住宅区"和"远郊多功能购物中心"的开发模式，导致大量低层、低密度住宅沿公路向郊区发展。城市大规模"摊大饼"式、非集约化向郊区扩张，不仅造成了交通拥堵、空气污染，还大幅增加了能耗和土地资源浪费。

（二）城市中心区出现空洞化

都市蔓延、郊区迅速扩张的另一个表现是中心城市发展缓慢。由于城市功能向郊

---

① 光明网. 国外城镇化建设：美国城镇化的"破"与"立"[EB/OL]. (2013 - 03 - 01) [2024 - 05 - 13]. http：//www. chinadaily. cn/dfpd/2013qglianghui/2013 - 03/01/content_16266852. htm.

区分散、产业向郊区外迁，郊区取代城市成为经济增长的中心，大大削弱了城市发展的基础，出现了破旧建筑集中的大片衰败"灰区"，市中心经济空洞化，呈现出颓败的景象。

（三）公共交通发展不尽平衡

美国的出行方式主要以私人汽车为主，公共交通系统发展不尽平衡。城市郊区化现象普遍，不利于形成有效的公交系统。公共交通在低密度社区运行效率低下，由于缺少足够的乘客，公共交通难以得到政府在政策和财政上更大的支持，致使公交服务质量进一步下降，使得更多的人转向私人交通，形成另一种不良循环。

（四）城市管理出现协调阻滞

美国大都市区内中心城市和郊区失衡发展，大量中产阶级住户迁往郊区，加速了权力重心的转移和地方治理的分散化。各大都市区内的郡、镇、市和学区等互不隶属，各自拥有独立的决策权，大都市、城市、小城镇和学区之间管理协调难度大。由于郊区化无序扩张和大都市管辖权的分散化、碎片化，协调起来很难，中心城市无法控制郊区的发展和维护自身地位，出现了管理分割、各自为政、协调协作阻滞等问题。

（五）能源资源消耗巨大

工业革命后的美国走向抛弃型社会——产品趋向短期甚至一次性使用。20世纪以来，美国城镇化最显著的特征之一就是城市郊区化的土地低密度开发扩张，这是以巨大的能源消耗为代价的。美国人过多地占有人类的矿产资源，人口仅占世界的6%，却消耗了全球35%的资源。[1]

三、美国小城镇建设对中国的启示

（一）城镇化发展不能以牺牲乡村和农业发展为代价

美国的城乡差别较小，大都市外围产业链上的村镇居民"幸福指数"高于市内居民，这是因为在城镇化进程中，美国联邦和地方政府以及立法机构出台了许多"为乡村提供发展机会"的法案，有效解决了城乡二元结构的问题。如20世纪60年代的《平权法案》和得克萨斯州21世纪初实施的《前百分之十法》，以及各州在消费税上向城郊和农村地区倾斜，促使消费和发展机会向远郊和农村扩散，使得美国城乡进入了协调发展的良性循环。国际经验表明，城市化水平高的国家，其农业也较为

---

① 姚宽一. 美国的城镇化与启示借鉴 [N]. 中国建设报, 2016 – 03 – 18 (005).

发达。在推进城市化的同时，不能忽视农业和农村的发展。城市化并不能自动解决农民问题，必须调整城市建设的思路，在城镇规划、住房建设、公共服务、社区管理等方面考虑到进城农民工的需要，为农民进城就业创造更多的机会。把解决符合条件的农业转移人口在城镇就业和落户作为推进城镇化的重要任务，逐步放宽中小城市和城镇户籍限制，让在城市有固定工作和住所的进城农民逐步融入城市。

（二）积极培育城市主导产业，走多元化城镇发展道路

城镇化发展好坏与产业发展有直接关系。城镇化发展首先要解决的就是产业发展问题。实践证明，因地制宜地培育具有竞争优势的主导产业，是保持城市活力、推动城市发展的重要条件。没有产业支撑，小城镇将失去发展的基础。美国在推进城镇化过程中，调动社会各方力量，注重发展小城镇，许多小城镇是依靠市场经济发展和居民自主选择发展，其发展建设主要依靠社会经济力量的推动，而不是政府力量，政府只是起引导作用。比如美国很多小城镇因为几所大学的原因而慢慢形成了如今的格局。在小城镇建设中，突出以人为本，几乎每个小城镇都因区位不同呈现不同的特色和定位，根据实际情况，确立小城镇发展方向。比如有的是卫星城，有的是大学城，过于偏远的小城镇干脆就发展旅游业。政府主要功能就是规划管理和社会公共服务。城镇的住宅区、商业区、工业区都是分区分块规划建设的，然后与州的交通规划等结合协调。一个项目的设计和批准，需要举行公众听证，如果公众意见太大，城镇的管委会无法通过，任何项目无法上马。在小城镇的交通、通信、排污等公共设施建设上，政府考虑得非常长远，至少可以使用 50~100 年，避免重复建设。

（三）重视城镇规划建设，强化政府对城镇化的科学指导

城市化是一场深刻的社会大变革，涉及经济结构调整、社会结构变迁、城镇合理布局、区域协调发展等一系列重大问题。如同市场经济需要适度的宏观调控一样，城镇化也必须要有适度的宏观调控和指导。美国每个城市都有自己的详细发展规划。规划必须通过专家的论证和市民的审议，一经通过确定，规划就具有法律效力，不得随意更改。而且在制定城市规划中有较强的创新意识和发展眼光，不仅充分考虑未来城市发展的新趋势，而且考虑到当前经济社会发展的要求，其立足高起点，编制出具有超前性、分阶段性和科学性的发展规划。基于市场化的适度政策干预对城镇化的健康、有序发展的重要性，要实现我国城镇化的可持续发展，必须在城市规划编制、城市发展方向、城市区域统筹协调等方面发挥重要作用。在编制规划过程中，既要强制安排和合理布局城市空间结构、人口密度和必要的基础设施，又要防止出现城市化快速进程中的"慢规划"，避免城市规划超前与滞后。

（四）把以人为本的理念贯穿于城镇化可持续发展的全过程

美国城镇化经验之所以成为各国效仿的对象，根本就在于其在推进城镇化之前，把握的不是城镇化需要以何种具体形式进行，而是城镇化需要在何种价值理念的指导下进行。美国城镇化发展之路虽然与我国城镇化发展之路并不完全相同，但其发展过程中核心理念与我们所提倡的"以人为本"的新型城镇化是一致的。然而，长期以来我国的城镇化发展之路是追求"以物为主"的城镇化，突出表现在"大广场、大马路、高楼大厦"，其结果是"钢铁建筑，水泥路面，千城一面"的现象。而忽略了城镇化的内核，即"人的城镇化"。推进农民工市民化的制度建设，应综合考虑我国政治、经济、社会、文化、生态等方面因素。

本 章 小 结

美国推行的城乡共生型小城镇建设模式是以遵循城乡互惠共生为原则，通过城市带动农村、城乡一体化发展等策略来推动乡村社会的发展，最终实现工业与农业、城市与农村的双赢局面。美国是世界上城市化水平最高的国家，在乡村治理过程中，非常推崇通过小城镇建设来实现农村社会的发展。城乡共生型模式产生于特殊的社会人文环境，多见于经济发展程度较高的发达国家，以农村完善的公共服务体系和发达的城乡交通条件为基础，能够全面提升国家的现代化水平。在城乡共生模式下，政府在追求经济目标的同时，更加重视乡村生态、文化、生活的多元化发展。本章重点对美国小城镇建设的形成背景、发展历程、建设思路、主要做法以及经验启示等做了重点分析和阐述，美国通过小城镇的个性化功能打造，结合区位优势和地区特色，注重生活环境和休闲旅游的多重目标，并配套良好的管理体制和规章制度，实现小城镇的经济社会统筹监管，保证小城镇发展的有序与稳定。由于美国城乡一体化已经基本形成，美国小城镇建设整体上有效带动了乡村的发展。

思 考 题

1. 美国小城镇建设对城镇化发展的作用？
2. 美国小城镇建设的发展特点表现在哪些方面？
3. 美国小城镇建设的经验做法和教训有哪些？
4. 美国小城镇建设发展对中国新型城镇化有哪些启示？

第八章　日本因地制宜型造村运动案例分析

【学习目标】

通过本章的学习，应达到以下目标和要求：

1. 了解日本造村运动的发展背景。
2. 了解日本造村运动的基本思路。
3. 掌握日本造村运动的主要做法。
4. 了解日本造村运动的经验借鉴。

【本章导读】

本章主要学习日本造村运动的基础内容，第一节重点介绍日本造村运动的基本概念、开端及发展背景等内容；第二节重点介绍日本造村运动的基本思路和主要做法；第三节重点内容为日本造村运动的经验分析及其对我国乡村振兴的启示。

第一节　日本造村运动案例概述

日本的造村运动始于 20 世纪 70 年代末，也被称作造町运动。随着日本城镇化在 1977 年达到 77% 之后开始逐渐放缓，造村运动开始兴起，并以振兴产业为手段，促进地方经济的发展，振兴逐渐衰败的乡村成为延续城镇化的重要途径。随着造村运动的发展，其内容扩展到整个生活层面，包括景观与环境的改善、历史建筑的保存、基础设施的建设、健康与福利事业的发展等；运动的地域也由农村扩大到城市，成为全民运动。

一、城市建设不堪重负，农村面临瓦解危机[①]

在第二次世界大战中，日本的国民经济遭受到空前严重的破坏和损失，社会陷入

---

① 陈磊，曲文俏. 解读日本的造村运动 [J]. 当代亚太，2006 (6)：29 – 35.

172

混乱状态。战争结束后，日本政府为加快经济发展速度，颁布实施了一套城市偏向政策，注重发展城市工业，将主要资本投向大城市区域，如东京、大阪、神户等。城市建设得以快速推进，日本的经济成功实现了长达十几年的高速增长，经济实力可比肩欧美等发达国家。在此背景下，城市人口急剧上升，1955~1970 年，从地方向大城市圈转入的人口每年都在 400 万人以上，其中转入首都圈的人口每年都在 200 万人以上，20 世纪 50 年代末到 60 年代前半期是地方人口转入大城市的高峰期。[①] 在城市人口快速聚集的过程中，日本城市规模迅速扩大，城市现代化进程加速，城市的管理和建设跟不上城市的人口增长速度，城市建设任务变得异常繁重。基础设施方面，城市道路、桥梁和隧道等都需要大量的修复和重建，给城市建设带来了极大的负担。并且，由于住房的需求，日本开始了大量的公共住房建设工程，此类建筑数量和规模比较大，建设的难度和成本都非常高。同时，大规模的城市建设也引发了一系列的问题，如交通拥堵、资源紧缺、环境污染严重等。日益膨胀的人口使日本的城市建设不堪重负，阻碍着日本的发展。

在日本工业化高速发展的背景下，非农经济尤其是工业部门对于劳动力需求旺盛，加之工业部门较高的工资报酬，工业和其他非农产业的就业人口急剧增长，日本出现了史无前例的农业人口向非农业部门的大规模转移。在 1955~1975 年经济高速增长的 20 年间，农村就业人口比重下降了 26.3%，第二产、三产就业人口比重则分别上升到 34.4% 和 51.7%，从而基本实现了就业人口的现代化转换。其中 1960~1965 年，从农业转移出去的劳动力年均多达 64 万人，1965~1970 年间均为 53 万人，1955~1970 年的 15 年间农业就业人口从 1 611.1 万人减少到 1 008.7 万人共减少了 602.4 万人。[②] 根据 1965 年日本全国的国势调查，与 1960 年相比，全国 46 个都道府县中，25 个县人口减少；3 376 个市町村中，2 574 个市町村人口减少，其中减少 10% 以上的有 897 个市町村，减少 20% 以上的有 117 个市町村，减少 30% 以上的有 36 个村，偏僻和边远山村甚至整村的村民出走，出现"废村"现象。[③] 也就是说，日本城市建设的劳动力主要是通过农村劳动力的大量转移而得到的。而农村则由于青壮年人口的大量外流，导致其就业人口中的主要构成是老年人和妇女，1980 年从事农业的人均年龄男性为 53.3 岁，女性为 51.0 岁。这些留守人群难以开展农业生产，抛荒或土地资源利用率低问题严峻，农业生产所面临的市场风险、灾害风险和社会风险不断增加。根据 1965 年日本农林省的人口调查显示，日本农业人口有不断离开农业生产的趋势。这个时期，日本全国的自耕农总数约为 600 万人，已经有 10% 的农民放弃了农业耕作，而只有 1.6% 甚至只有 1.1% 的农业人口愿意继续从事农业。由此

---

① 王涛. 日本东京都市圈的空间结构变动、规划变迁及其启示 [J]. 城市, 2013 (11): 12-16.
② 刘景章. 农业现代化的"日本模式"与中国的农业发展 [J]. 经济纵横, 2002 (9): 40-44.
③ 甘巧林，陈忠暖. 高速经济增长时期日本的农村与农业问题 [J]. 开发研究, 2000 (4): 55-56.

可以看出，农民的生产积极性不是很高，"谁来种地"即种田农民的代际传递问题凸显，从而导致农业生产力大幅下降，农村经济逐渐凋敝，农村面临瓦解的危机。在这种情况下，村民为了使自己能够自力更生，就自发组织参与政府开展的造村运动，目标是振兴农村。

二、推动城乡均衡发展，实现乡村自我完善

对大多数工业化国家而言，由城乡发展不平衡造成的农村人口减少和内生动力不足问题具有一定的普适性，这在被称为"赶超型现代化"的日本表现得尤为突出。如上文所述，20世纪50~70年代，由于日本实行了偏向发展城市的政策，工业化快速发展，城市化水平显著提升，城乡发展不平衡现象日益扩大。根据日本总务省统计局的数据，1970年，日本按行政区域划分的城市化率达到72.1%，按人口密集地区标准计算的城市化率达到53.5%。城市化进程中，城市聚集了大量的产业和商业，同时集中了先进的技术和大量的资本，尤其是金融、科技和文化等主要产业和行业都集中在城市，这都极大地促进了日本城市的经济发展；与此相反，日本农村地区的经济增长和进步相对较慢，整体发展水平不高。先进的技术和产业资源的缺失，再加上农村劳动力的大量外流导致的农村空心化现象严重，使得农村地区的发展受到极大的限制，最为显著的就是农村土地荒废和农产品滞销等问题，农民收入水平逐渐下降。农村建设需要大量的资金，而这些靠政府的拨款远远不够，因此，日本农村地区的基础设施建设滞后，缺乏公路、桥梁、供水、排水、电信等基础设施，而这些基础设施又是影响日本农村地区生活水平和发展的关键因素。由此，日本城乡之间的发展不平衡问题日益突出。这种不平衡的体制框架中弥漫着经济与行政原则和机制的矛盾因素，直接通过城乡经济的畸形市场联动表现出来，表现为两大部门产品交换的不对等，相对自由的市场交换制度异化为单极化的垄断性市场制度，其主要内容就是统购统销制度。第二次世界大战以后，日本为解决粮食严重匮乏问题，加大了农业生产中农药、化肥和农业机械的投入，农地生产率得到了显著改善，粮食产量不断创出新高。但是，日本政府采取粮食统购统销制度，压制农产品价格上涨。相对于快速提升的非农部门收入，农业相对收入下降，城乡收入差距不断扩大。1955年，农户家庭收入与社会平均收入的比例是77%，1960年下降到了68%。[①] 城乡发展不均衡不仅是资本主义市场经济制度不健全造成的必然结果，也是农村财政危机和社会危机产生的根源。这一问题引起了日本社会的高度关注，并促使日本政府研究相关政策以推动城乡均衡发展。

日本是自然资源严重匮乏的国家，在20世纪70年代爆发的全球石油危机，不仅引起了世界经济的衰退，更给日本的经济发展造成了极为沉重的打击。日本启动发展

---

① 曹斌. 乡村振兴的日本实践：背景、措施与启示 [J]. 中国农村经济, 2018 (8): 117 – 129.

各项目和技术都需要消耗大量的石油，石油短缺引起的价格上涨使得许多企业和项目难以启动，甚至交通运费也越来越昂贵。为此，不仅是个人不堪重负，国家更甚，兴建城市的政策逐渐受到质疑。因此，对于日本这种资源匮乏的国家而言，在制定国家经济不断增长的目标时，必须考虑能源是否充足。在能源问题直接制约经济正常发展的状况下，如何实现社会经济的可持续发展成为政府思考的重点问题。当时的日本，无论是中央还是地方，政府财政的作用越来越弱。日本政府开始考虑在不依靠国家财政支持，同时不消耗大量能源的前提下实现经济的发展。所以，当时的日本无论是为了推动城乡均衡发展，促进经济社会的稳定，还是要解决由于石油危机引发的一系列问题，减少资源的消耗，都需要发挥乡村地区的潜力，实现乡村的自我完善和发展。

三、迎接信息时代需求，提升农村人口收入

自 20 世纪 70 年代以来，信息技术的快速发展和互联网的兴起，加速了全球化的趋势。日本意识到在信息时代下全球化发展趋势的重要性，积极适应并把握全球化带来的机遇，以此推动国家的经济和社会发展。例如，日本政府为了促进电子、通信和计算机等行业的发展，在财政和税收等方面给予了优惠政策支持，还支持企业在新技术、新设备和新材料方面大力投资。这些措施为日本未来的发展奠定了坚实的基础。因此，为了迎接信息时代的需求，乡村地区也应发挥乡村资源的优势，提高乡村经济发展的潜力。造村运动的倡导者大分县前知事平松守彦认为，农村人口向城市流动的主要原因就是信息化时代的到来。一方面，人们对信息的需求不断增多，导致需要交流不同的信息而聚集；另一方面，在信息化时代，虽然信息量很大，但仍然存在难以获得自己需要的信息的问题。由于信息不对称，人们就要向信息流通的城市集中。从某种意义上讲，信息化越发达，城市化的进程也就越快。为防止农村人口外流，平松守彦提出了"磁场理论"：如果强磁场与弱磁场之间放一块铁板，铁板自然会被强磁场吸引。为了促进各地区均衡发展，就要把农村建成不亚于城市的强磁场，把青年人牢牢吸引在本地区。磁场的吸引力在于产业，必须立足本地区的条件，发展具有地方特色的产业，这也就是造村运动的开端。[①]

农村人口的收入是农村经济发展的基础条件。日本的农业体制属于小农经济，基本的生产单位以个体农户为主。因此，在日本经济高速发展的同时，农业生产却陷入了困境，农民的收入无法支撑生产生活的需要。据 1975 年统计，日本共有 477 万农户，其中不足 0.5 公顷耕地的农户占 41.3%，0.5 ~ 2 公顷耕地的农户占 52.2%，2 公顷以上耕地的农户只有 6.5%。[②] 显然，以分散的个体农户为主的经营方式，不仅

---

① 陈磊，曲文俏. 解读日本的造村运动 [J]. 当代亚太，2006（6）：29 – 35.

② 杨凌. 日本的造村运动对我国新农村建设的启示 [J]. 昆明理工大学学报，2007（3）.

不能充分发挥农业现代化的效能，反而降低了农业生产率，造成了严重的农业机械浪费现象。加之农业生产费用的不断提高和农民生活费用的日益上涨，单纯依靠农业生产难以维持生活，不少农民流入城市寻找生活出路。因此，如何提高农业生产率和寻找农业之外的致富途径，成为村民思考的主要问题。

第二节　日本造村运动案例分析

在日本的"造村运动"中，最著名的就是 1979 年由日本大分县前知事平松守彦提倡的"一村一品"运动。"一村一品"运动的具体做法是要求一个地方（县、町、村）根据自身的条件和优势发展一种或几种有特色且在一定销售半径内有名的拳头产品，以此振兴"1.5 次产业"。实际上，"一村一品"是以村为基础，在一定区域范围内根据日本内外市场需求，充分发挥本地资源优势、传统优势和区位优势，通过大力发展有特色、价值高、影响力大的拳头产品，推进规模化、标准化、市场化、品牌化建设，使一个村（或几个村）乃至更大的区域范围拥有一个（或几个）市场潜力大、区域特色明显、附加值高的主导产品或产业，从而大幅度提升农村经济整体实力和综合竞争力的农村经济发展新模式。"一村一品"运动有三项基本原则，即"立足本地、面向世界""自立自主、刻意创新""培养人才"。[①] 在实践中，这些原则得到了很好的遵循，取得了良好的效果。

一、培育优势产业基地

（一）以开发特色农产品为目标

立足本地资源优势，开发当地特色农产品，在形成规模效应的同时，把当地特色资源塑造成主导产业，推动优质产业基地建设。1979 年，依托政府指导和扶持，日本实施"一村一品"运动，因地制宜助推乡村发展。

以大分县为例，大分县地处日本九州岛东部，全县地形复杂，其中林地占全县面积的 70%，除了几处盆地外，几乎没有大的平原。这样的自然条件使大分县具有种类繁多但产量不大的农业特色产品，具有独特的比较优势。独特的资源禀赋和区位优势，奠定了大分县优势产业发展之路。1980 年，大分县举办农业节，设立"一村一品"，展示各市町村的特色产品（见表 8 - 1）。地区农产品展销部的销售额占整个展览会销售额的近半数，肯定了特色产品在本地大量出产的必要性。

---

① 李清泽. 日本大分县的一村一品运动发展情况 [J]. 世界农业，2006（3）：35 - 36.

表8-1　　　　　　　　　　　大分县各市町村"一村一品"一览

市町村	产品	市町村	产品
大分市	巽莓、黄瓜、韭菜	直川村、鹤见町	菊、白炭、香鱼、干海参、鱼干、活鱼、鹤见议、良橘
别府市	花卉、竹工艺品、黄杨工艺品、矿物质、朱栾腌菜	米水津村	赛皇后
中津市	西瓜、白菜	蒲江町	扇贝、甘薯、沙丁鱼、珍珠
口田市、佐伯市	梨、淡水鱼、木工艺品、	雪津町	圆椒、甘薯
月杵市	柚子、臼杵煎饼	潼町	甘薯、香菇
津久见市	赛皇后	清川村	灯芯草、甜瓜、丰后牛
竹田市	柚子、番红花、丰后牛	绪方町	芋头
丰后高田市	白葱、西瓜、丰后牛	朝地町	丰后牛、土当归
杵筑市	温室橘、茶叶、灯芯草、紫菜	大野町、千岁村	甘薯、茧、薏米仁、甜瓜
宇佐市	玉葱、黄瓜、草莓	犬饲町	甘薯
真玉町	白葱、西瓜	荻町	香茄、甜玉米、菊
姬岛村	对虾	直入町	芋头、公鱼、香菇
国东町	猕猴桃	九重町	丰后牛、鲜蘑菇、卷心菜、
武藏町	武藏葱、鲜蘑菇	玖珠町	丰后牛，吉四六酱菜、香菇
安岐町	温室广柑	前津江村	丰后牛、圆椒
山香町	丰后牛、夏秋黄瓜	中津江村	山苔菜、茶叶、香菇、竹笋
口出町	下鳢、红八朔枇、黄瓜	上津工村	丰后牛、鲜菇
野津原町	丰后牛、香菇、草莓	太山町	梅栗、李子、无籽柚子
挟间町	草莓、茄子	天彰町	萝卜、香菇
庄内町	草莓、丰后牛、梨	之先村	丰后牛
汤布院町	丰后牛、夏秋茄、卷心菜	本耶马溪町	茶叶、黄瓜
沌贺关町	甘夏、天然沸	耶马溪町	茶叶、牛乳、茧
上浦町	伊予柑、紫罗兰	山国町	茶叶、黄瓜、丰后牛
卞旺村	黄连、香菇、茶叶	院内町	柚子
字目町	番红花、香菇、甜瓜	安心院町	葡萄、鳖、葡萄酒、鲤鱼
大田村	丰后牛、鲜蘑菇、艾蒿茶	山国町	茶叶、黄瓜、丰后牛

资料来源：平松守彦. 一村一品运动［M］. 王翊，译. 上海：上海翻译出版公司，1985：76.

　　在培育特色农产品的基础上，抓住产地建设，综合推进整个产业发展，形成"一村一品"的发展模式。各地打造出以姬岛村、鹤见町、蒲江町等为代表的水产品产业基地，以大田村、国见町、野津原町、潼町等为代表的香菇产业基地，以佐伯市、庄内町、挟间町为代表的草莓产业基地，其中比较知名的就是大分县的畜牧综合产业基地。

大分县以久住饭田高原的广阔草原为首，各地都有适合畜牧生产的土地，因此进行了肉用牛种畜生产基地的建设，致力于提高肉用牛的产肉能力。主要以"肉牛认养"和"品牛喊叫大赛"为抓手，开启了优质畜牧产品"丰后牛"的发展计划。在畜牧业和畜牧加工的基础上，将畜牧业转化为休闲旅游产业。为了有效利用原先饲养耕牛留下来的大片草地，当地人自发开展了"肉牛认养"运动，以20万日元为一个认养单位，吸引居住在大都市的居民认养肉牛，并将当地的特色产品作为利息每年寄给认养肉牛的主人。① 此后，这种认养活动慢慢壮大，并发展为一年一度的"品尝肥牛大喊大叫大会"。每年秋天，饲养肉牛的农家邀请认养肉牛的主人（可以带小孩和朋友参加，实行人数限定收费制）到牧场聚会，现场烧烤品尝牛肉。酒足饭饱后，再根据抽签选出100人依次向着蓝天在噪声测定器前大喊大叫，把平常不敢、不愿说的一些心愿、牢骚、不满等喊出来。根据噪声大小、喊叫内容是否独特有趣等评选优胜者并发放奖品。凡聚会参与者都可以通过抽奖获得奖品，奖品是当地产的葡萄酒、调味品、大米、烧酒以及当地酒店住宿打折券等实用的东西，活动通常持续一周左右。由此当地的畜牧业得到发展，闲置的草地得到了再利用，旅游业得以促进，当地农产品也打开了销路。

（二）打造农产品产业链，培育综合性产业基地②

通过推进农产品产业链的形成，提高产品的附加值，开发具有核心竞争力的特色产品，培育综合性产业基地。例如，日本高知县马路村是日本最美村落之一，地理位置偏远，海拔1 000米以上，山地峡谷地貌，森林覆盖率高达96%。原先由于地理位置不佳，产业比较缺乏。后来生态立法的限制，让以伐木为生的马路村没有经济来源，大多数村民外出谋生。马路村以"柚子"为切入点，发展柚子的二次加工。马路村山高、林深、雨多、人烟稀少，水源无污染，所产柚子的营养成分比市场上其他柚子高很多，但是由于外观不好一直无法作为水果投放市场。从1975年开始，马路村通过加工柚子果汁、果酱走上了快速发展的道路。如今，为不断提高柚子产业的附加值，加工产品种类仍在拓展。除食品外，马路村还建立了一座完全以柚子加工废弃物为原料的化妆品工厂，通过与科研机构合作，已开发出柚子香皂、化妆水等护肤产品。马路村将单品做到极致，形成有核心竞争力的农特产品，已实现柚子的生产、加工、销售一条龙作业，并以柚子为核心，打造了一个柚子综合性产业基地。

---

① 平松守彦. 一村一品运动［M］. 王翊，译. 上海：上海翻译出版公司，1985.
② 尧水根. 日本"一村一品"运动初探［J］. 老区建设，2007（3）：63 – 64.

（三）采取适当的行政措施

培育产业基地离不开政府的支持，政府虽然不对特色产品的创造进行干预，但始终把培育优势产业基地放在重要的位置。

1. 政府提供技术方面的指导。

设立大分县农业技术中心、大分县畜产试验场、大分县农水产物加工综合指导中心、大分县海洋水产研究中心、大分县产业科学技术中心等设施，为县民提供生产、技术、研发等方面的支持。比如，大分县的香菇被公认为在日本首屈一指，在世界上也小有名气，其出口量占全国生产额的 20%，质量也被评为日本第一。能取得这样的成就，关键在于大分县于 1989 年就成立了县香菇研究指导中心，运用新的生物工程技术，开发新品种，并对农户进行技术培训，使全县香菇生产长盛不衰。[①]

2. 加大农村基础设施投入。

基础设施投资是社会先行资本，先行资本水平越高，直接生产的单位成本就越低。因此日本投入巨资加大农村基础设施，从而为培育优势产业基地创造良好的环境，其资金来源主要是通过财政支付。根据日本总务省统计局的数据，1985～2010 年，日本农业农村整备资金年均超过 1.2 万亿日元，其中农业生产基础设施投入保持在 6 000 亿日元左右。农村基础设施的改善，为农产品的基地建设提供了基础条件。

3. 通过财政转移支付补贴农业。

日本实行了各种各样的价格支持制度。如对大米实行成本与收入补偿制度；对土豆、甘薯、甜菜等实行最低价格保证制度；对牛肉、猪肉等实行稳定价格制度；对大豆、油菜籽、牛奶则制定目标价格差额补贴制度；对蔬菜、水果、蛋类等实行价格平准基金制度。尽管价格方法各异，其核心都是保证农民的产品能够销得出去，生产成本能够得到充分补偿，农业生产有利可图。

4. 建立农产品价格风险基金。

日本政府除直接进行农产品价格补贴外，还建立农产品价格风险基金，农民和政府各出资 30% 和 70%，由农林水产省负责管理，当农产品供过于求导致市场价格下降时，基金会大量收购以消化过剩部分，促使农产品价格回升，保护农民利益；当农产品供不应求导致价格上升时，基金会则卖出储备的农产品，促使价格回落。[②]

二、促进产品生产流通

（一）提高农产品的附加值，打造知名品牌

农业产业化经营能提高价值，减少生产环节的价格风险。政府应支持农民对农产

---

① 李海容. 二战后日本农业现代化发展的特点论析 [J]. 农业考古，2015 (3)：282－285.
② 李岩，申军. 日本的新农村运动初探 [J]. 农业经济，2007 (4)：22，54.

品进行简单加工或深加工，甚至鼓励农民自己将农产品送向市场（批发点、超市等），让农产品从生产到销售成为一条完整的产业链，既提高了加工价值，又增加了市场通路价值，从而增加农产品的附加价值，提高农民收入。

实施1.5次产业，提高农产品的附加值。所谓1.5次产业，是以农、林、牧、渔产品及其加工品为原料进行的工业生产活动，通过这个生产活动增加农产品的附加值。地方产业振兴的重点在1.5次产业，这是因为要把农产品生产的一次产业直接提高到加工业的二次产业是相对困难的，但是把农产品略作加工，提高一次产品的附加值则是可行的。[①] 与第一产业相比，1.5次产业具有如下优势：（1）生产专业化。传统日本农业具有零星分散、规模狭小等特点，而1.5次产业可以根据市场需求，对农产品进行较大规模的专业化加工、集中储运和销售。（2）高效增值性。1.5次产业投资少、成本低、周期短、见效快，通过改变农产品的物理、化学性质，提高农产品价值，满足消费者对农产品的各种需求。（3）直接满足最终消费需求。从社会总产品的再生产角度看，1.5次产业生产直接提供人们消费的产品。

没有形成品牌就没有广泛的销路，通过对农产品进行加工，将其包装后打造成全球知名品牌，进入国内及国际市场。例如，津久见市气候温暖，盛产柑橘，但当地柑橘品质较差，通过开发柑橘新品种"山魁"，逐步打开了市场；大分的麦烧酒过去是底层劳动人民的饮酒，经过包装和开发逐渐成为颇具地方特色的饮品，1985年的年产量达119吨，销售收入达500亿日元；[②] 竹田市利用臭橙进行加工，制作出了臭橙饮料、"臭橙酱油"等产品，这些产品颇受欢迎，臭橙的生产量大幅度增加。与此同时，大分县注重以市场为导向，瞄准国内外市场，打造知名品牌。为提高知名度，利用电视广播、召开产品展销会等形式，广泛开展促销活动。

为了促进农产品的附加值，大分县设立许多相关的研究指导中心，如农水产加工综合指导中心、菇类研究指导中心、海洋水产研究中心等，在栽种、采收和捕捞等方面给予技术指导和协助。同时，日本在全国建有农业科研体系和农业改良推广体系以及农协负责的推广服务体系。农业科研体系由公立科研机构、大学、民间三大系统组成。日本的农业科研经费绝大部分来自政府拨款。在农业技术推广方面，日本的《农业改良助长法》明确规定中央政府应向各都、道、府、县支付协作农业推广事业交付金。即国家将通过有关国税税种征收的财政收入以"交付金"形式支付给地方，地方以一定比例配套，共同作为地方推广事业经费，维持农业推广体系运行。

（二）发挥日本农业协同工会的作用

在农产品的生产领域，日本各级政府成立农业协同工会（中央、县、乡、村）

---

① 李乾文. 日本的"一村一品"运动及其启示 [J]. 世界农业，2005（1）：32 – 35.

② 卢向虎，秦富. 国外"一村一品"运动对中国发展现代农业的借鉴 [J]. 世界农业，2007（10）：16 – 19.

（以下简称"农协"），各级农协之间以及农协与农户之间紧密联系，深入农户，了解农户各种需求，逐级上报，中央农协根据各地汇报情况，制定不同的农业发展规划，收集市场信息，及时传递给农户，让农户及时了解市场行情，按照市场信息安排农业生产。农协设立专门的低息贷款基金，无抵押为农户办理各种贷款，让闲余资金动起来，为农业生产服务。同时，从农协中央会到基层农协，都对农业进行技术指导，组织项目协作，承接农业生产委托。① 农业经营指导工作由农协的近两万名营农指导员担任。营农指导员必须由农业专门学校毕业，取得国家认证资格，然后由农协作为专门人员雇用。营农指导员的指导范围包括农业生产指导，农田基本建设，因地制宜实行适度规模经营，统一品种、栽培、饲养标准，引进生产资金和优良品种，进行技术交流和技术培训等。

在农产品流通领域，农协系统的经济业务主要是购买业务和销售业务，日本农民生产的农副产品有80%以上是由农协销售的，90%以上的农业生产资料是由农协提供的。② 在采购原材料时，先由基层农协接受社员订货，再向县级农协订货，最后由全国农协把各地社员的零散需求集中为大批量的订货，直接与生产企业签订优惠的交易合同，以阻止中间商谋利。在农产品销售时，根据农民与农协签订的协议，收获季节农产品由农协上门收取，销售渠道为生产者→农协→批发市场→零售店→消费者。农产品销售收入由农协存入农户在农协开设的专用账户。农协经销农户产品实行收费服务，收取低于批发商的手续费。③ 在大分县，为了促进种植、生产、销售的一体化，农协创办了"吉四六酱菜厂"，使农户农业生产更具有计划性。农户将自己生产的蔬菜卖给工厂作为生产原料，酱菜厂腌菜用过的酒糟和酱油渣又返回畜产农家，变成牛饲料，促进了当地畜牧业发展。工厂本身也是当地妇女的工作场所。1978年吉四六酱菜厂销售额为1.6亿日元，1980年销售额就达到了3亿日元，并于该年创办第二家分厂。④ 为了提高大分县特产在其他县市的销售量，平松守彦本人也担任推销员，通过各种可能的渠道促销。例如，如今闻名遐迩的大分县特产名酒"吉四六"麦烧酒，当时并没有知名度。提起烧酒，当时大家只知道鹿儿岛、熊本与宫崎是有名的出产地。平松守彦将"吉四六"烧酒送到东京政治人物经常聚集的高级料理店，并将饮法传授给店主。在强力促销之下，大分县的"吉四六"开始广受欢迎，并极具知名度。

（三）实施"地产地消"模式

"地产地消"的基本含义是：当地生产的农产品在当地消费。因此，"地产地消"

---

① 颜毓洁，任学文. 日本造村运动对我国新农村建设的启示［J］. 现代农业，2013（6）：68 – 69.

② 韩秀兰，阚先学. 日本的农村发展运动及其对中国的启示［J］. 经济师，2011（7）：78 – 79.

③ 陈宽宏，程正志，龙智广. 日本、韩国及中国台湾地区促进农村经济社会发展的经验及启示［J］. 政策，2015（7）：69 – 72.

④ 曲文俏，陈磊. 日本的造村运动及其对中国新农村建设的启示［J］. 世界农业，2006（7）：8 – 11.

是在一定区域范围内进行的生产和消费，是一种地域流通，注重发展区域内农作物生产的多样性和农业可持续发展。日本农产品"地产地消"流通渠道可概括为五种类型。

1. 直销所型。

直销所是日本农产品"地产地消"流通的主要渠道类型，其渠道主体构成是"生产者（生产者团体）＋直销所＋消费者"。这种模式通常由特定主体（生产主体、行政主体）开设直销所，使生产者和消费者在直销所内直接面对面交易，形成相互信任的关系。生产者能够及时掌握消费者的需求，按照需求生产适销产品，最终将产品直接卖给消费者。现在，直销所是一个固定的销售场所，在农产品流通中发挥重要作用。以大分县为例，直销所包括三种类型：（1）路旁直销型。销售功能在产地完成，店铺基本设于路旁，例如，新妻店是建于大分市野津原町的农产品直销所，采用路旁直销型销售模式。该组织由嫁入农家的年轻女性于 1980 年创立，起初有 23 名会员，最初只是开展与生活有关的学习活动。1986 年，她们利用自筹资金建立名为新妻店的无人蔬菜贩卖所。1988 年，新妻店变更为有人在场的贩卖店。[①]（2）产地直送型。将在产地汇集的农产品直接销往其他地区。由竹田市新叶农业公社创办的商品试售店协议会采用产地直送型销售模式。在协议会中，650 名会员从事加工贩卖业务，包括农林水产品及其加工品的受托销售、生产指导，以及研修会和讲演会等。在竹田市农产品加工协议会的指导下，从会员那里收购的农作物及其加工品将在直营的 13 个直销所中销售。这种销售方式使部分农产品不再经过批发、零售等中间环节，提高流通效率，降低购物成本，提高农产品保鲜度。（3）本地经营型。以集体营农的生产方式为基础，与本地的加工店铺形成直销合作关系，由加工店铺向本地或外地销售商品。位于宇佐市安心院町松本集落的蝶螈谷，探索出本地经营型销售模式。[②] 该地2000 年将传统的小农分散经营模式转变为集体营农模式，以大豆为主要种植品种，并与本地的豆腐制作销售业者形成直销合作关系。豆腐制作销售业者在大分市内创立豆腐制作贩卖店，在销售来自蝶螈谷的大豆加工制品的同时，积极向市民宣传松本集落的自然生态。在不到 6 年时间内，使仅有大约 50 户农家的蝶螈谷拥有知名度，获得品牌效力。催生蝶螈谷绿色旅游业的同时，也使豆腐制作贩卖店进一步加强对大豆加工的投入力度。

2. 农超对接型。

这是指生产者、生产者团体、农协等生产组织与超市等量贩店直接通过建立契约关系，通过"产直"交易或开设"店中店""地产"农产品专柜的形式，销售"地产"农产品，其渠道主体构成为"生产者＋农协＋量贩店＋消费者"。主要包括"产

① 李凤荣. 日本农产品"地产地消"流通体系剖析 [J]. 世界农业，2014（7）：19-23.

② 冯川. 日本"一村一品"运动的推动机制与农村社会自主性 [J]. 世界农业，2021（10）：62-69.

直"交易型和"店中店"型。

3. 农餐对接型。

这是在"地产地消"政策推动下在一定地域内开展产消连携活动，由生产者、生产者团体、农协等与学校、医院、福利院、餐饮企业等大宗餐饮供应需求单位以契约方式明确供应关系，直接向其供应农产品。

4. 产品加工型。

为了增加"地产"农产品的附加值，提高农民收入，积极发展"地产"农产品加工业，开发特色农产加工品，延长农产品价值链，树立地域产品品牌，扩大知名度。产品加工型主要包括两种形式：一是加工业者连携型；二是自主加工型。加工业者连携型是通过生产者与加工业者签订供货协议，由生产者直接向加工企业供应农产品。自主加工型是由生产者自主开发生产农产加工品。

5. 观光农园型。

这是指通过开发绿色观光农园，建设餐饮、住宿、休闲活动设施，开展农村、农业、农家生活的各种体验活动，利用游客在田园和农村短期停留的机会，体验农村各种生产活动和农村文化活动，同时也能够购买本地的农村土特产品，促进农产品及农产加工品的销售。这种模式的销售量较少，但对消费者的教育意义较大。开展观光农园的主要目的是加强生产者和消费者之间的交流，以及加强城市与农村之间的交流，培养消费者。

三、开展农民职业教育

造村运动的倡导者——大分县前知事平松守彦认为，培养出具有国际水平的高素质人才，是使一个地区获得新生的关键。造村运动的最终目标是"造人"，要发掘本地年轻人的热情和积极性，培养出既具有实践能力又能扎根本地区的人才。这一时期，日本面临人口减少、耕地大量减少、粮食供应不足等一系列制约农业发展的严重问题。农民作为生产实践的直接承担者，日本政府对农民职业教育的关注度提高。日本是如何通过开展职业教育来培养懂技术、善经营的高素质农民的呢？在农民职业教育的发展过程中，日本逐渐认识到单纯依靠政府的力量是不够的，于是支持并鼓励其他力量的参与，使农民教育的供给呈现出主体多元化的特征。

（一）建设农民继续教育设施

1. 农业者大学校。[①]

农业者大学校是农林水产省创建的，是日本唯一的国立农民继续教育设施。校址设在东京都多摩市，占地 11 867 平方米。校内设施包括本馆、特别教室、图书馆、

① 李红，王静. 日本农民职业教育：现状、特点及启示 [J]. 中国农业教育，2012（2）：38 – 41.

学生宿舍、网球场、运动场、体育馆、体育活动室等。该校的入学资格是：（1）高中毕业或应届高中毕业生。（2）有 1 年以上农业实践经验。（3）应届毕业生考试合格后需先到农业第一线劳动 1 年，第二年入学。（4）年龄在 30 岁以下，毕业后确实从事农业者。学习年限为 3 年，每年定额招生 50 名。考试分为县知事推荐者考试和非县知事推荐考试两种方式。开设的课程包括：入门、基础课、农产、畜产、经济、社会、人文、综合课、国际、特别活动、特别讲座等。自建校以来，该校已为日本培养了大批活跃在生产第一线的高技术农民。

2. 农业大学校。[①]

农业大学校是道府县设立的农民继续教育设施，农林水产省对各道府县立农业大学校所需经费拨给补助金。一般设有培养部和进修部。培养部的招生对象是高中毕业生，学制 2 年，寄宿制。在校期间，可获得各种职业资格。各校招生名额不等，近年来学生有增加趋势。进修部以本地区农业骨干和务农青年为进修对象，根据不同情况，施以短期进修教育。以长野县农业大学校为例：长野县农业大学校设有指导学部和营农学部两个学部。指导学部设有农业、畜产、园艺、生活 4 个学科和 1 个专攻科。营农学部设有 1 个营农学科，包含果树、蔬菜花卉、畜产、中信农业、南信农业 5 个实科。另有果树、蔬菜和花卉、畜产、中信农业、南信农业 5 个研究科。教学内容特点是与当地农业紧密结合，实科和研究科专业性强。各学科和专攻科除专业课外，还开设心理学、教育学、社会学、法学、化学、数学、英语、经济学、物理学、历史学、地理学等公共课。从该校毕业后可参加多种职业资格考试。

3. 民间继续教育设施。[②]

日本国民高中协会营办的日本农业实践学园、财团法人农村更生协会营办的八岳中央农业实践大学校和财团法人农民教育协会营办的鲤渊学园构成了农民继续教育的三大培训基地。三个民间设施各有特色，均受到国家补助，在农民职业教育系统中起到了重要作用。日本农业实践学园，校址在茨城县东茨城郡内原町，占地 55 公顷。有学生宿舍、教室和园艺、酪农、肉牛、养猪、养鸡等教育实习设施，设有经营和生活两个部。各部分别设有本科、高等科、研究科。本科招收高中毕业生，学习 2 年。高等科招收初中毕业生，学习 3 年。研究科招收短大和大学毕业生，学习 1 年。该校重视农业经营与生活的实习和实践教学。八岳中央农业实践大学校，校址在长野县诚访郡原村，总面积 134 公顷。设施与农业实践学园相似。设有高等科、专修科、专修预科、研究科。高等科招收初中毕业生，学习 2 年。专修科招收高中毕业生，学习 2 年。专修预科招收高等科毕业生，学习 1 年。研究科招收短大、大学毕业生，期限

① 庞在玲，王庆永. 日本道府县农业大学校农民继续教育体系研究 [J]. 现代职业教育，2021（31）：58 – 59.

② 齐美怡，曹晔. 日本现代农业职业教育体系建设及对我国的启示 [J]. 职教论坛，2014（10）：85 – 90.

1 年。该设施不仅重视培养自耕农，还为县立农业大学校培养指导职员，是实践教学的典范。鲤渊学园，校址在茨城县东茨城郡内原町鲤渊，总面积 52 公顷。设有园艺、酪农、肉牛、养猪等教育实习设施和学生宿舍、教室等。进修课程分为本科和普及专攻科。本科设有农业科和生活营养科，招收高中毕业生，学习 3 年。普及专攻科招收本科毕业生，学习 1 年。除了这三个主要民间农业继续教育机构外，还有一些其他教育培训机构，如务农预备校。这是一种民间农业培训机构，主要存在于首都东京和一些主要城市，主要对刚开始从事农业的人员进行基础农业知识和技术培训，并在农户家中开展农业实践和实习，使他们尽快能够从事农业生产经营活动。

（二）实施协同农业改良普及事业

根据日本《农业改良助长法》规定，日本实施协同农业普及事业，该事业是中央和都道府县协作对从事农业者在农业以及农家生活方面给予技术指导。[①] 为此，设有普及职员和农业改良普及中心。

普及职员有两种：一种叫专业技术员，配备在都道府县的农业试验场和农业改良主管课内，主要负责对农业专门问题进行调查研究，与市町村、农业团体和教育团体等保持联系，指导改良普及员的工作。另一种叫改良普及员，配备在农业改良普及中心，其工作是直接接触农家：（1）培养专业农户，对专业农户和兼业农户给予经营指导；（2）根据农业劳动力高龄化、女性化特点，指导农民在生产劳动、栽培方式等方面实行合作化，提高生产效率；（3）面向农村青少年，实施各种教育活动，为他们提供学习机会；（4）为使农民扩大经营范围，在专业技术、经营诊断、资金等方面提供咨询服务；（5）指导农民建设主要产品生产基地，促进农产品流通；（6）提供有关信息资料，开展改善农民生活和普及农业知识和技术的普及活动。改良普及员既是技术人员，又是教育者。农林水产省对以上农业改良普及中心所实施的这些农业普及事业以及各种进修教育活动所需经费给予资助。

（三）农协积极开展农业教育活动[②]

日本农协是为农业产前、产中、产后等服务的民间团体，实际上是一个半官方组织。农协积极开展农业教育活动，在组织农业技术指导，普及农业科学知识方面，具有相当作用。各县的农协都设有审议有关农协教育基本事项的机构——教育审议会。各县的有关教育经费不等，最多的县每年达 3 亿日元以上。各个基层农协都配备有营农指导员，每个或几个基层农协设一所农业管理中心，在生产技术、经营管理和生活方面对农户进行指导。营农指导员是按照农户数量和城市与农村的不同配备的。按营

① 李毅. 国外农村人力资源体系发展经验研究［J］. 世界农业，2013（5）：128－131，156.
② 陈华宁. 国外农村人力资源开发模式及启示［J］. 国际经济合作，2009（3）：57－61.

农指导员的专业划分，蔬菜领域的占 26.3%，耕种领域的占 24.5%，这两者约占一半。其次是畜产、果树。① 营农指导员在经营与技术的指导方面，为地区农业发展发挥着相当作用。

农协的农业技术中心，负责为全国各地培训农业技术骨干。各县的农协，几乎都有进修设施，而且大部分设施都可住宿，配备有现代化的视听设备，如电视、录音机、录像机、计算机、幻灯机等。这些进修设施是农协会员进修学习和相互交流的场所，经常举办各种专题讲座或进修学习班。例如，就稻作问题或饲养肉牛问题等，聘请名教授、专家授课，然后大家一起讨论。另外，农协还经常组织农业技术教育现场研讨会，在农业生产第一线交流经验，参观学习。

（四）实施国内外留学制度培养

1. 国内留学制度。

日本的国内留学制度始于 1963 年，留学人员由社团法人全国农村青少年教育振兴会派遣。② 国内留学制度的主要做法是，将未满 30 岁的务农青年或即将务农的青年派到国内具有"指导农业士"（各县名称不同）称号的先进农户或农业生产法人那里去，与他们同吃、同住、同劳动，通过"传、帮、带"的方法，在农业实习和实践中学习和掌握先进技术和经验。期限 3 个月或半年不等。政府对接受留学生的农户等所需经费给予补助。近年来，国内留学不仅派遣到先进农户等去学习，而且还把这些年轻农户派遣到流通业、农产品加工企业等去学习和进修。

2. 国外留学制度。

国外留学是把优秀的青年农民作为实习生或进修生派往欧美等先进农业国家的农户或团体去学习和实习。社团法人全国农村青少年教育振兴会的派遣事业有：（1）农业者大学校毕业生进修，对象国是美国；（2）农村青少年进修生，对象国是荷兰、德国、法国、爱尔兰、澳大利亚、巴西、韩国等；（3）农村妇女海外农业进修生，派往美国、欧洲国家和新西兰。最新的农林水产省制定的《新农民培养综合对策实施纲要》中提到，在全国范围内，农林水产省提供先进的农业知识在线讲座，支持全国教师研修，促进农民线上交流和学习，其中具体项目包括组织海外研修，培养国际人才。③

现如今，日本文部科学省颁布的《学习指导要领》明确指出，农民职业教育不是单纯的技术教育，不应封闭在特定的教育领域，应当贯穿于教育的各个阶段与多个

---

① 晖俊众三．日本农业 150 年（1850～2000 年）[M]．胡浩，译．北京：中国农业大学出版社，2011.

② 李逸波，张亮，赵邦宏，周瑾．中日比较视角下的日本职业农民培育体系研究与借鉴 [J]．世界农业，2016（5）：186-193.

③ 徐梅焕，石伟平．日本农业职业教育"促进新农民"策略探析 [J]．比较教育研究，2023，45（12）：100-107.

方面，以加深全社会，尤其是青少年对农业、农村的理解。随着农业普及教育的推行，日本先后实施包括"教育农场促进项目""儿童农山渔村交流项目"等多个农业体验学习项目，以期通过农耕劳动和农村生活促进儿童对农业的认识。全国大部分公立小学都开办了农业体验学习，农业大学校也积极为中小学、高中生提供体验农业的机会。[①] 农业体验学习正在潜移默化地改变青少年对农业的看法。一项针对小学生的农业体验学习效果调查显示，体验学习后，七成以上的学生表示对农业感兴趣和关心，五成以上学生表示对本地区农业有了更深的理解，并有近五成学生表示有意愿未来从事农业工作。[②]

四、建立完善的融资制度

振兴乡村的产业，需要投入大量的资金，因此，必须有完善的融资制度来配合。通过创设合理的融资制度，提供农业低息贷款。在乡村发展过程中，日本形成了以合作金融为主体、政策性金融为支撑、商业性金融介入的农村金融体系，有力地推动了其乡村振兴运动。其中，以农协系为代表的合作金融以及由财政资金推动的政策性金融是日本农业金融体系的两大支柱。

（一）注重发展和壮大合作金融

日本农村的合作金融不是一个单独的系统，它是以日本农协为载体，区别于商业银行形式的合作金融组织。按照行政区划建立农协系统，在系统内设置了融资部门。分为三个层级，日本基层农协在市町村一级设立，直接为农户办理存贷款、票据贴现和债务保证等信贷业务，兼营保险、供销等其他业务；中间层县农协中央会在都道府县一级设立，通过成立信用农业协同组合联合会（简称信联会）组织都道府县区域内农业资金的清算、调拨和运行，扶持和指导基层农业协同组合资金运行及管理；最高层级——中央级，即农林中央金库负责整个农协系统在全国范围内的资金融通、划拨、清算，并遵照国家法令运营资金，它是各级农协内部以及农协组织与其他金融机构融通资金的渠道。[③] 这三级机构虽有上下级关系，但在经济上实行独立核算、自主经营和自负盈亏，同时上级负有对下级指导的职责。

合作金融机构坚持"需求追随型"的发展战略，提供借换型住宅贷款、农机仓储贷款、加工贷款、经营贷款、信用卡借贷、教育贷款等有针对性的产品，基本满足了会员的资金需求。按规定基层农业协同组合将贷款资金以外的资金（剩余资金）的 2/3 以上存到信联会。信联会对存款（大部分为 1 年定期存款），除了支付约定利

---

①　渡邉綾. 農業政策における学校教育 [C]. 日本教育学会第 79 回大会，2020：140 - 141.

②　山田伊澄. 農業体験学習の取り組み方と教育的効果の　関連性に関する分析 [J]. 農林業問題研究，2006（42）：101 - 104.

③　孙少岩，许丹丹. 浅析日本农村金融体系 [J]. 现代日本经济，2013（3）：21 - 28.

息之外，还支付称为"奖励金"的另一种利息。同时，信联会有将自身剩余资金的1/2 以上存入农林中央金库的义务，对此农林中央金库支付约定的利息和 0.8% 左右的奖励金给信联会，这对保障信联会稳定经营发挥了重要作用。农林中央金库虽然不直接经营对农村地区的零售业务，但通过支付优惠利率，吸收下级组织存款等方法发挥了较好的支农作用。此外，农林中央金库还经营全国农村金融系统清算，日本政府粮食采购资金收付、农业政策性金融机构委托贷款等业务。在融资方面，小规模融资由基层农业协同组合负担，中规模融资由信联会负担，大规模融资由农林中央金库负担。

农协金融机构遍布农村，服务工作细致周到，经常组织农协职工走访农户，坚持常年登门服务。因此，农协储蓄吸收了大量农村闲散资金，能够以优惠条件向农户发放贷款，而且一般不需要担保。农户贷款的用途并不限于从事农业生产，只要农民需要，都可以向农协贷款，主要包括：农业周转资金、生活资金和工商业周转资金等短期贷款、生产性的设备资金和非农业生产投资，还有消费型的房屋建设改造和耐用消费品添置等长期贷款。据统计，农协贷款余额中，对社员发放的农业和生活贷款占80% 以上，为农业产业化提供了良好的金融基础及资金保障。另外，政府向农业部门投入的贷款资金和利息补贴资金，也会通过各级农协的窗口发放给农户。[①]

（二）注重引导政策性金融

对于农业的政策性金融，在日本习惯上称为制度金融。它指的是建立在政府制定的制度基础上的金融。与农业有关的制度金融大致有两种类型：第一种是政府依靠自身的信用筹措到的资金（如邮政存款、年金等），通过政府金融机构直接进行贷款；第二种是以民间资金（主要是农协资金）为原始资本，政府以利息补贴、信用担保、损失补偿等方式进行间接援助。前者的典型是农林公库资金和农业改良资金，后者的典型则是农业现代化资金和灾害资金。在这些资金中，数量最大、政策金融色彩最浓的是农林公库资金。

农林渔业金融公库是日本农业政策性金融机构，由政府依据《农林渔业金融公库法》于 1953 年全资设立，负责对土壤改良、造林、林间道路、渔港等生产性基础设施建设提供贷款，以及对维持和稳定农林渔业的经营、改善农林渔业的条件所需资金提供贷款。20 世纪 70 年代中期，日本粮食生产过剩，扶持农产品加工和流通成为农业政策新重点。

农林渔业金融公库贷款的特征是期限长、利息低，贷款期限分 15 个档次，平均为 19 年，最长的可达 55 年，如强化林业经济基础贷款。[②] 农林渔业金融公库资金来源主要有资本金、借款、政府财政补贴以及已贷款回收额。农林渔业金融公库一般不

---

① 刘洁，张洁. 日本农村合作金融体系的构建及其对我国的启示 [J]. 现代日本经济，2013 (3)：29 - 36.

② 陆俊亚. 关于日本农村金融对"金融助力乡村振兴"的思考 [J]. 上海保险，2022，441 (7)：50 - 52.

直接办理贷款，有57%的贷款是委托农林中央金库、信用金库、信用农协、银行等机构办理的，并严格执行放贷审查、贷后管理制度。以强化农业经营基础资金为例，首先，农户要制定改善农业经营的具体计划，上报基层农业协同组合以认定其贷款资格。其次，将资金使用计划提交"特别融资制度推进会"讨论确定。该会议通过后，农林渔业金融公库支行负责审查所申报的贷款使用年限。最后，农林渔业金融公库根据各个机构审查意见的汇总，决定是否发放贷款并通知申请农户。同时，农林渔业金融公库的业务始终根据农业发展不同时期对投融资的需求进行调整，最初支持生产性基础建设，逐步扩展到对农业结构调整、农业现代化、农业改良、农产品加工流通等各领域的支持，但始终集中在改善农业生产条件和提高农业劳动生产效率上，使政策性金融对农业的支持和保护作用发挥到最大限度。[①]

综上所述，在日本农村金融体系中，合作性金融与政策性金融的市场分工十分明确，政策性金融是政府实现农业金融政策和目标的有力保证，主要解决偿还期限长、资金量大、收益低的资金需求。而大量的具体业务则由民间合作金融组织开展，主要为农村中的一般融资需求服务，而且比商业金融的融资门槛低，从而能更有效地满足农业资金的需求。合作性金融与政策性金融相结合的金融体系为农业发展提供了强有力的金融保障。

五、促进农村文化建设

农村文化建设承担着传承社会教化的功能，根深蒂固的传统文化认同赋予人以精神，农村长期形成的"向上"社会教化必然发挥其维系乡土社会秩序、传承农耕文明思想的重要作用。农村文化建设承担着维护社会规范的功能，以文化人、以德育人的基本特征规制着乡土社会的形态及其演化过程，农村长期形成的"向善"社会规范必然发挥其协调社会生活、维护社会稳定、保持社会均衡的重要作用。农村文化建设承担着厚植乡土情怀的功能，农村长期生活形成的内心深处对故土和乡情的记忆、怀念与向往，必然滋养乡贤们的乡愁及情系桑梓、泽润邻里的斗志。总之，乡村发展必须促进农村文化建设。

（一）传统文化的保护和传承

传统的民间艺术品，乡土色彩浓厚的民间节日，是永恒的宝贵财富。不管时代如何发展，都不能让它们消失，特别是不能让它们湮没在经济繁荣的阴影里。为此，在促进农村文化建设过程中，日本政府始终重视传统文化的保护和传承。

1. 重视文化遗产的保护。

为了保护传统文化，20世纪50年代，日本颁布了《文化财保护法》（1964年修

---

① 金仙玉. 日本农村金融发展的经验和启示［J］. 农业经济，2019（2）：88–89.

订)。《文化财保护法》是一部综合的文化遗产保护法，其中包括"有形文化财""无形文化财""民俗文化财""埋藏文化财""史迹名胜天然纪念物""重要文化景观""传统建造物群保存地区"等项目。在这部法律中，规定设立"人间国宝"制度。日本政府将乡村里在传统工艺或传统表演艺术上有"绝技""绝艺"的人认定为"人间国宝"。

日本政府注意保护"人间国宝"。一是给予资助，政府拨出可观的专项资金，录制其技艺和艺术，资助其传承技艺、培养后人。同时，为"人间国宝"提供各方面的生活保障、社会保障，使这些"人间国宝"没有后顾之忧和生活困境。在税收上给予优惠，减轻传统工艺企业的负担。日本政府有明确规定，被评为"人间国宝"的大师，必须进行收徒传艺，培养自己的传承人。为了保护非物质文化遗产，建立了覆盖乡村的保护乡村文化遗产的组织，负责搜集、整理、保护本地本村传统表演艺术和传统制作工艺，并加以开发利用。在村、镇建立了传统工艺作坊，从事传统工艺传承。这些作坊还被开发为旅游景点，供游人参观或体验工艺过程。二是给予社会上的尊重。将非物质文化遗产传承人中拥有"绝技""绝艺"者命名为"国宝"，"国宝"这个名称本身就是对非物质文化遗产大师的尊重，对他们社会地位的肯定。

2. 重视传统文化的传承。

面对传统文化衰退现象，村民们自行对社会生活进行检讨，重新省思其价值，并开展一系列措施。例如，1981年，三岛町发布《三岛町振兴计划》，提倡"生活工艺运动"，即由町民自己构想，描绘"明日的三岛町"。他们宣扬物品的创造并非为了赚取金钱，而是传承与创造文化的行为。所以他们积极学习三岛町的传统文化，并且将其运用在现代生活中。如盛饭用的勺子，以木制来取代塑料，而篓子、盛笼、手提包等也改以天然素材如山葡萄藤等编织而成，以感受自然的美与质感。三岛町每年12月到次年3月是冬季，积雪覆盖全町，厚达1.5~2厘米，居民无法从事农耕，便在家中制作生活器物。他们于每年的春天举办生活工艺展，让大家将冬天完成的工艺品一同呈现，相互交流，并颁发奖状。5~6月则在森林中举办"工人祭"，鼓励日本各地的工艺制作者前来展览与销售。三岛町1983年成立生活工艺研究所。同年开始发行《造村运动生活工艺讯息》，分送各地，并在东京举办"三岛町生活工艺品展"。1985年成立"木友会"，组织凝聚生活工艺者。1986年，建设完成了三岛町生活工艺馆，作为生活工艺传承与推广的基地，老人们也在工艺制作与创作中重新找到了自己的价值。

3. 注重农村节日文化的创意开发。

农业节是依托当地农业产业，将农业文化和民俗风情融入传统节日或主题庆典而开发的节日活动。从日本农村文化创意发展的实践来看，节日文化是一个重要的创意方向。日本各级政府积极举办和鼓励各民间团体举办丰富多彩的节日文化活动，继承和弘扬传统农村文化。除了合掌村的浊酒节、越后妻有的大地艺术节之外，日本各地还创意开发了各种与农业有关的节庆，如插秧节、菊花节、豆腐节、鲜花节、葡萄节、迎春节、萤火虫节等。[①] 这些节庆活动突出地方自然景观、历史文化、风土人情和农业特色，是"农业搭台、经济唱戏、文化传承"的一种创意模式。乡村节庆文化的创意开发增强了村民的文化认同感和凝聚力，促进了日本农村文化建设。

（二）注重农村公共文化设施建设

日本的公民馆是一种公共文化设施，它以社区居民为服务对象，以开展文化和教育活动为载体，以丰富居民文化生活为目的。从一开始，公民馆的宗旨就确立为："公民馆即公民的家。"公民馆的建设与日本战后经济的恢复同步进行。在经济恢复过程中，人们对精神文化生活的需求日益凸显。公民馆应运而生，致力于提高公民的公共道德，活跃公民的文化生活。在日本，每个町都有一个公民馆，相当于公共文化服务中心，提供大量的公共文化和教育服务。比如，1988年，政府给每个村1亿日元，在每个行政村建设一个文化场馆或剧场。[②] 此外，现在多数乡村都建有自己的博物馆和图书馆。

（三）开展多元文化活动

通过积极组织文化活动，引导村民广泛参与农村文化建设，让村民在参加文化活动的过程中学习先进思想和理念，同时丰富他们的精神生活。日本举办音乐节、文艺演出等活动，比如大分县每年都举办多个音乐节。主要包括：（1）作曲家滝廉太郎的音乐节在历史名城竹田市冈城遗址举行；（2）地区的高中生聚集在一起高歌《荒城之月》，并举行合唱比赛；（3）《城岛爵士乐音乐节》在别府市城岛举行。此外，为了展示乡村地区的文化成果，日本政府还举办各种比赛和展览会，如手工艺比赛、美食比赛等，增强文化认同感。

同时，日本农协也致力于农村文化建设。具体包括：（1）组织农民挖掘、保护和发展传统民间庆典和祭祀仪式；（2）引导农民改造农村基础设施，美化生活环境；（3）利用当地农村历史资源和独特的农村文化，发展观光农业、农村旅游和体验农业等新产业；（4）为具体事项设立专门的合作组织，如合掌村集落自然保护协会、大分县家乡工匠协会、小布施镇花卉创作促进协议等，致力于村庄保护、农村特色农产品创意开发、农村景观改造等。[③] 这些协会合作组织在农村文化的发展和振兴中发挥了重要作用，有效调动了当地居民参与农村文化建设的积极性，增强了农村文化建设的积极性。日本农协在农村文化的发展和振兴中发挥了重要作用。

---

① 王爱玲，赵静娟，郑怀国，等. 日本乡村文化的创意开发及其经验借鉴 [J]. 浙江农业科学，2012，62（3）：457－460.

② 刘佩芸，孟凡君. 日本社区教育活动特征及启示 [J]. 河北师范大学学报（教育科学版），2012，14（4）：59－61.

③ 酒井富夫，等. 日本农村再生：经验与治理 [M]. 北京：社会科学文献出版社，2019.

总体来看，日本在造村运动中，通过采取政治、经济、文化等不同层面的举措，加大了对农业生产和农民生活的基础设施建设力度，提高了村民收入，促进了农村经济发展，也促进了工业的进一步发展，而且农村通过重建和更新，在推动本地传统文化复兴的同时，也带动了旅游业等相关产业的发展。

第三节　日本造村运动经验镜鉴

当前，中国正处于工业化、城镇化、信息化和农业农村现代化快速推进阶段，但农业现代化依然是"四化"同步发展的短板，农业农村发展相对滞后已成为我国经济社会发展中"不平衡不充分"结构性矛盾依然突出。缩小城乡发展差距，实现城乡融合发展，是解决我国发展中"不平衡不充分"问题的必然要求。基于新时代我国社会主要矛盾发生转化的科学判断，党的十九大报告提出了实施乡村振兴战略，这是推动我国农业农村现代化的重大战略部署，是关乎全面建成社会主义现代化强国的全局性、战略性和前瞻性的重大历史任务。乡村振兴战略的提出，为新时代做好"三农"工作指明了方向。以此为契机，社会各界掀起了一股乡村振兴的研究与实践热潮，而农村改革发展也迎来了各种扶持政策密集出台的"窗口期"。然而，我国幅员辽阔，地域差异大，如何结合本地实际情况以形成有效的路径与模式，这是当下我们需要关注的重点问题。

中国与日本的农业环境及小农经营方式类似，可为我国提供研究样本。立足于我国基本国情和农情，科学总结和借鉴其经验，对于探寻我国乡村振兴的可持续发展道路具有启发价值。

一、强化法律法规支撑

新制度经济学家诺斯认为，政治制度和法律是促进经济增长的重要因素，制度的演进需要依靠正式的政治制度作保证。就乡村振兴而言，在法制的框架下进行规划和建设，有助于化解各利益相关者博弈行为所引致的矛盾与冲突，保证乡村振兴的各项工作得以顺利展开。

乡村发展是一个漫长的过程，实现乡村振兴往往需要十几年甚至几十年的时间。日本乡村得以振兴主要得益于坚持法律保障与乡村发展同步推进，特别重视涉农法律法规体系的建立和完善。日本采取基本法与普通法相结合的方式保障乡村振兴的稳定推行。1961年，施行《农业基本法》，该法第一条提出增加农民收入，使农民生活水平达到全社会平均生活水平，推进农业发展和提升农民地位。[①]另外，日本为保障基

[①]　张季风. 乡村振兴视阈下的城乡融合发展：日本的实践与启示 [J]. 中国农村经济，2022（12）：124–138.

本法得到有效执行，所定目标能够顺利实现，在不同发展阶段针对不同领域制定了相应的法律法规。例如，日本跟进修订和颁布的《离岛振兴法》《山村振兴法》《半岛振兴法》《促进特定农产村地区农林业发展基础整备法》《过疏地区自立促进法》等"地区振兴五法"，① 完善了乡村振兴法规体系。日本这种基本法与普通法相结合的方式，既明确了其在不同阶段推动乡村发展的政策目标，又保证了这些政策目标能够得到相应的普通法的支持，确保了政策执行与政策目标的一致性，使日本促进乡村发展的政策目标始终处于法律的约束之下，做到有法可依，保障了政策的稳定性。

日本乡村振兴经验表明，乡村发展需要以法治的方式来推进。一个远离法治的乡村，不可能是一个治理现代化的乡村。通过法治建设，树立法治农村理念，营造崇尚法治的氛围。要保障乡村振兴稳步推进，防止体制机制及不同利益集团掣肘，必须立足于国情，结合区域发展特色，完成乡村振兴战略的顶层设计，将"农业农村优先发展""工业反哺农业""城市支持农村"等理念通过立法予以固化、细化、实化，努力构建一套完备的、能够确保乡村振兴战略措施有效实施的法规体系。与此同时，在完善乡村振兴相关法律法规的过程中要注意以下几点：

第一，充分发挥人民代表大会及其常务委员会在立法工作中的主导作用，善于把党的政策转化为法律制度规范。政策转化为法律的前提是政策本身应当是成熟的，是经过实践检验并为人民群众所认同和接受，具有良好的实践基础。所以，为了确保法规有效管用，就要善于"把行之有效的乡村振兴政策法定化"。人民代表大会及其常务委员会在立法过程中，要充分发挥主导作用，既要保证及时将行之有效的政策转化为法律制度规范，又要把握好政策入法的第一道关口，实现相关政策与法律制度规范的有效衔接。

第二，要探索党的政策转化为法律制度的具体方法，在具体细化上下功夫。考虑到乡村振兴在财政、税收、金融等方面的扶持政策可能需要阶段性调整，在国家层面，及时调整和完善立法内容，在调整手段上介于政策措施和法律规范之间，引导性的规范比较多，需要依靠其他机制共同发挥作用，产生实际效果。乡村振兴是事关整体和全局性的战略，国家层面的立法重在制度设计，创设制度基础，并且为地方立法留下一定空间。在地方层面，无论是综合性立法还是专项立法，都应当结合当地乡村振兴的特点和需求，突出地方特色，予以具体量化。要致力于解决地方乡村振兴中的实际问题，针对性和可操作性应当更强一些，比如为坚持农业农村优先发展，在要素配置、资金投入、税收政策、基础设施、公共服务、干部配备等方面如何优先，有哪些具体的扶持和优惠政策等，都要规定清楚，能具体的应当尽量具体，能明确的应当尽量明确。

第三，要善于把"政策语言"转化为"法律语言"，提高法律法规的规范性。在

---

① 林兴. 日本乡村振兴政策体系的成效与问题［N］. 中国社会科学报，2022 - 02 - 21（007）.

立法过程中，不能照抄照搬政策语言，不能让法律法规成为"政策汇编"。要善于使用规范的法律用语，在将政策措施转化为法律规范时，要更多地使用设定权利义务的表达方式。即使对一些激励性条款，也要采取正向激励、定期评估考察等措施予以规范解决，尽量减少"提倡""引导""鼓励"等政策性词语。地方在制定有关法规时，可参考全国人民代表大会常务委员会法制工作委员会制定的立法技术规范，处理好"政策语言"转化为"法律语言"的问题。

二、重视农民主体地位

农民在乡村振兴过程中发挥着巨大的作用，因此，实施乡村振兴战略离不开农民的支持与参与。只有让农民认定乡村建设是他们自己的事业，才能激发他们推动农村建设的动力。日本在乡村建设中始终坚持农民的主体地位，例如，日本的造村运动就是"由下而上"，由地方自发性产生的运动。在准备和酝酿过程中，政府对共同事务、公共设施、产业与文化建设的议题提出实施方案，居民也参与施工建设，并参加政府举办的各种培训活动。日本政府通过有计划、分层次、有重点地开展农民职业技术教育，培养和发掘了一大批专业人才，村民也具备了从共同利益出发经营乡村产业与维护公共设施的能力。

当前，我国实施乡村振兴战略同样离不开农民的参与和推动。这要求我们必须重视和维护农民的主体地位，充分调动农民群众的积极性、主动性、创造性，激发他们投身到建设美丽乡村的浪潮中，形成乡村振兴的内在推动力量。日本的农民参与模式值得我们借鉴。结合日本的经验和我国当前发展的实际，新时代乡村振兴应从以下四个方面着手。

第一，重视农民的主体地位就要尊重农民。地方政府和社会各界要通过实地调查和与农民的交流转变对农民的态度，只有尊重农民，消除偏见，才能让农民意识到自己的主人翁地位。地方政府在日常工作中要认真贯彻落实党的群众观点和群众路线。在乡村振兴过程中，要真正尊重农民的意愿，充分听取他们的意见，想他们之所想、急他们之所急，得到他们最大程度的拥护，才能调动他们的积极性和主动性，使坚持农民主体地位的基本原则真正得以落实。[①] 基层政府要先从心理上认同农民的地位和作用，相信他们可以为乡村振兴做出巨大贡献。不仅要在思想上认识到农民的重要作用，还要在实践中发动农民群众，让他们在实践活动中切实体会到自己的主体地位。村干部要密切同农民群众的联系，虚心向农民群众学习，认真对待他们提出的意见和建议。贯彻落实国家方针政策时，既要坚持为了农民，也要坚持依靠农民。作决策时要从农民的实际需要出发，与他们频繁沟通，使决策符合乡村发展的实际情况，能真正解决他们提出的问题、满足合理需求，而不是盲目"替农民做决定"。

---

① 刘丹. 乡村振兴战略中农民主体性地位缺失研究 [J]. 山西农经，2022（16）：40–43.

　　第二，重视农民的主体地位，就要依托体制机制改革，全面、充分赋予他们作为乡村振兴主体的各种权利。新时代实施乡村振兴战略过程中，除了要赋予农民更充分的经济权利，还应注重赋予其他方面的权利，主要包括以下几个方面：一是赋予农民完整清晰的交易权和获益权。其中，农民的宅基地等土地资源的市场交易权是核心。可以探索使更多的乡村资源进入市场、进行交易，赋予农民将农村资源转化为财富的权利。二是全面落实农民的公民权。必须加大对乡村公共服务、基础设施的投入，真正做到基本公共服务均等化；改革现有财政体制，按照城乡公共服务和基础设施均等化要求进行财政配置；在就业、教育、医疗等方面做到城乡居民一视同仁，真正落实农民与城市居民同等的公民权。三是赋予农民乡村治理权，把乡村治理权交给农民，充分实现乡村自治。当前最重要的是，政府在乡村治理中要放权，积极吸纳农民全领域、全方位、全过程地参与乡村治理。还要通过落实和完善村民自治制度、村务管理和监督制度，培养农民有序参与意识。四是赋予农民与城镇居民同等的社会保障权。尽快建立包括农民在内的全国统一社会保障体制，探索建立与乡村经济发展水平相适应、与其他保障措施相配套的乡村养老保险制度和最低生活保障制度，逐步增加对乡村卫生事业的投入，提高乡村医疗服务水平，切实解决农民看病难、看病贵、因病致贫、因病返贫的问题。

　　第三，重视农民的主体地位，就要在推动乡村振兴实践中，尊重农民的选择，尊重农民的首创精神，改变过去单纯依靠行政权力自上而下的治理方式，改变农民在乡村振兴实践中消极被动的状况。在推动农村发展中，做到依靠农民群众，使他们真正成为乡村振兴的主体，从而进一步激发农村各类社会主体的活力，包括农民自组织，调动广大农民的积极性、主动性、创造性，使其投身于乡村振兴的伟大实践中。

　　第四，重视农民的主体地位，就要提高农民的综合素质。农民主体能力的培养依赖于他们自身综合素质的提高。一方面，培育新型职业农民，提高农民驾驭市场的能力。在农村空心化和农业劳动力老龄化的情况下，新型职业农民是构成各类农村新型经营组织的基本力量。而培育新型职业农民是一项复杂且长期的工作，因此应从制度政策、教育培训等方面全面建立新型职业农民培育体系，完善相关培训政策，加强对农民的农业技能和职业素质的培训，丰富培训模式，针对不同的培训主体需求构建多元化培训体系，提高农民职业教育和职业技术的质量。同时，要不断强化农民的市场竞争意识、掌握市场竞争策略和驾驭生产要素的能力，根据市场的供需变化调整产业结构，帮助农民掌握价值规律，从而增强农民自我发展意识和驾驭市场的能力。另一方面，提高农民文化素质，增强农民主体能力。农村基础教育主要是提高农民主体的基本文化素质，是增强农民综合素质的关键。为此，政府应通过加大对农村基础教育的投入力度，深化农村教育改革，为农民素质的提高提供经济保障和优质环境。同时，加强农民认知能力、理解能力和行动能力的培养，促进农民主体自身能动性和创造性的可持续发展，为提高农民综合素质和主体性水平创造条件。没有农民的参与和主体地位的发挥，就难以真正推进乡村振兴，结果只会流于形式，最终也会无疾而终。新时代实施乡村振兴战略过程中，政府必须重视农民在具体实践活动中的主体地位。

三、加强农村组织建设

农村组织已经成为实施乡村振兴战略的重要内容，中国农村主要存在着农民自治组织和农民合作经济组织两种类型。农民合作经济组织是农民自愿参加的，以农户经营为基础，以某一产业或产品为纽带，以增加成员收入为目的，实行资金、技术、生产、购销、加工等互助合作的经济组织。

在日本，农民有自己的地方性和全国性的行业组织，例如，在日本的农业生产领域，日本农协起到了非常重要的作用。它们负责制订农村事业发展计划，派专人对农民进行生产指导，组织农民进行技术交流，并依靠农协的作用来完善日本的融资制度。同时，日本利用农村合作经济组织来有效联结农民参与农村基层治理。一方面，引导农民通过农协参与乡村事务。按照日本农协章程规定，"农协成立需要有 15 名以上的农民作为发起人"。政府注重引导和鼓励市町村中有一定威望和经济基础的农村精英作为发起人，注册成立基层农协。[①] 目前，农协基本上覆盖了所有市町村，绝大多数农民都加入了各级农协。农民通过农协发表对相关乡村事务的看法，参与相关事务决策。这使得农民在基层治理中的主体性地位得到有效体现，有利于提高其参与基层治理的积极性。另一方面，农民通过"木纳"和"土地改良区"等来参与乡村事务。"木纳"是一种乡村社区形式，农民可通过"木纳"参与本社区内的水渠与道路维护、农业生产服务等活动。"土地改良区是一个具有公共性质的合作社，"农民可通过它参与本社区土地质量改善和维护等事项决策与实施。[②] 日本政府通过健全农村合作组织，为农民参与治理提供有效载体，大大提升了其参与治理的动力。与之相比，中国的农民组织相对较少，所以要进一步加强农民组织建设，以此保障乡村振兴的顺利进行。关于加强农村组织建设，日本农协参与乡村振兴的经验启示如下。

首先，健全农民组织发展的法律体系。农村组织充分参与乡村振兴的有效支撑是相关法律法规的保障。目前，中国在农民组织建设发展中存在着一些问题，例如，村民的自主参与意识较差，农村合作经济组织专业化程度依然不高，农民对农村合作经济组织的认识不足，农民组织内部管理机制不够完善。依法治国是我国基本的治国方略，农民的组织建设和发展离不开法律制度的保障，要保障农民的合法权益，就必须在现有的基础上健全农民组织发展的法律体系，为农民组织建设创造必要的内部条件。一方面，积极推进制定政府专门的农村组织法。深入贯彻关于"创新社会治理"

---

① 山口正彦，等. 日本农协 [M]. 董传河，译. 北京：科学普及出版社，1991.
② 关谷俊作. 日本的农地制度 [M]. 金洪云，译. 北京：生活·读书·新知三联书店，2004.

的最新方针政策，立足社会实际，对农村组织的类型、性质、权责等，统一规范和细化，明确农村组织在乡村建设中的合法身份，为其参与乡村发展开拓渠道；另一方面，推进地方性的农村组织法规建立。地方政府要根据各地区农村的实际情况，针对各种农民组织，制定适合的地方性法规，保障农民组织的合法地位，同时加强对农村组织的监督管理和规范，使农村组织与本地社会发展状况更加契合，进而更有效地促进农民组织健康有序的发展。

其次，加大对农村组织建设的支持力度。在农村组织建设中，地方财政的资金有限，农民组织是否能健康发展离不开政府的政策支持和财政资金的投入。很多地方没有明确关于农村组织建设的金融政策，农民只能自己筹集资金，组织建设受到制约。我们要从政策上给予优惠措施，通过减免税收、降低税收等政策来支持农民组织建设的发展。在财政上，为农民组织提供专项资金，解决当前农民组织建设中资金短缺的问题，特别是边远贫困地区和中西部落后地区，争取中央财政的大规模扶持。

最后，强化农村基层组织建设。农村基层组织是实施乡村振兴各项工作的领导核心。目前，我国农村基层组织建设中存在很多复杂的问题，农村基层组织的统筹规划能力较弱，部分村干部参加组织生活不积极，组织干部人才匮乏。农村基层组织代表着村集体的根本利益，因此，要加强农村基层组织的建设。一方面，要提升自身专业水平吸引人才，加大培育人才力度。例如，组织农村组织相关人员定期参加培训，参与专业技术培训和知识技能培养。另一方面，就必须破除陈旧观念，加大对农民组织的资金投入，完善乡村治理结构；① 从各地区的实际情况出发，把农民组织起来，增加农民的民主团队意识，通过为农民办实事，解决农民最关心的问题，尊重农民的意愿，引导农民组织起来。

四、统筹生态环境保护

日本在加强乡村生活基础设施建设的同时，积极开展农村生态环境的维护与改善工作，以满足归乡人员对生活环境的需求，为农村发展创造内源性的可持续发展条件。第一，在农村生活设施建设方面，日本提出由省级地方政府主导的"农村综合治理项目"，开发使用太阳能、风能等清洁能源，减少生态环境破坏和不可再生资源的消耗。第二，日本严格落实乡村生态环境的管理，从环境和健康两个层面对全国河流进行等级划分，制定严格的水质监测标准，对企业违法排污行为进行严格监管并给予严厉处罚。第三，保护和开发乡村景观资源。日本制定和实施"景观农业振兴区域规划"，要求农村修建生活和生产基础设施要以维护乡村景观为前提，并通过"美丽田园复兴"等项目，为乡村生态建设提供财政补贴。

良好的生态环境是农业农村健康、可持续发展的基础。因此，在实施乡村振兴的

---

① 孙培炎，卞文忠. 新时代农村组织发展路径研究 [J]. 经济师，2020（1）：40–42.

过程中，必须重视生态环境的作用。结合日本乡村生态建设的经验，我国统筹生态保护需要做好以下三个方面的工作。

第一，完善生态环境保护体制机制与制度体系建设。统筹生态环境保护必须从制度设计的顶层入手，做好乡村生态振兴的法律法规与政策体系建设工作。一方面，要加快制定乡村生态振兴发展规划。依据各地实际情况，系统谋划包括农业生产和居民生活等在内的环境建设与生态振兴思路、目标、任务和步骤，科学设计具有前瞻性、指导性和可操作性的乡村生态振兴实施方案，明确乡村生态振兴的施工图和线路表。例如，减少农业化学品投入、防控农业面源污染和建设农村生活垃圾收储运转处的软硬件体系等。另一方面，要切实完善乡村生态振兴制度体系。乡村生态资源与环境禀赋具有公共产品特性，也是农村最大优势和宝贵财富，是农民赖以生存与发展的物质基础。必须采取强有力的保障措施，构建完善的生态环境制度体系，确保乡村生态振兴有序推进，如约束性制度或激励性政策等。同时，加大对农村生态保护政策支持力度，构建实施积极有效的生态补偿机制，构筑农村生态保护的制度保障。

第二，培育和建设农村生态产业，要加大农村生态产品的开发力度。生态环境是最普惠的民生福祉，生态产品是最具价值的高档产品，尤其是在生态资源日益短缺和人们不断追求环境福利的情况下。借鉴日本发展乡村旅游业的经验，需要强化农村生态环境的保护与资源开发，在产业生态化和生态产业化的有机互动中，促使环境保护与资源开发充分融合。[①] 例如，利用幽静的自然环境、清新的田园风光、多样的地容地貌、洁净的水、空气、土壤等一系列良好的生态资源，加快生态元素与农业旅游、乡村休闲、健身康养等产业的有机融合，大力发展休闲采摘、旅游观光等生态产业，不断强化生态服务、开发生态产品和实现价值转化，切实拓展农村生态产业发展空间。

第三，要建设美丽乡村生态环境。人居环境整治和美丽乡村建设是乡村生态振兴的重要内容。一方面，要强化美丽乡村基础设施建设。在现代化社会里，生活宜居和宜居生活均需有强有力的物质条件支撑，需要合理导入并有效改良人们现有的生活方式和物质条件，尤其要引入现代物质要素、硬件条件和科技成果。[②] 可以说，乡村宜居宜业必须充分融合现代生态文明与现代物质文明的诸多元素，是一个有机融合的统一体。这就需要借助现代工业文明的物质资源，提升美丽乡村的硬件水平。例如，结合居家村落的地形地貌，因地制宜地实施和推进农村亮化、绿化、净化和硬化等工程建设，促使农村电网、路网、水网、排污管网、信息网络的互联互通，通过新建改建和完善升级等系列措施，为实现乡村宜居宜业和农民富裕富足奠定良好硬件基础。另一方面，要加大美丽乡村生态文化建设。在乡村生态振兴和美丽乡村建设中，农民是最广大、最根本和最直接的关联主体，他们的意识与观念、行为与习惯直接影响着美

---

① 牛宁，汪江华，杨雪. 日本乡村建设历程演进与经验启示［J］. 建设科技，2022（23）：79－82.

② 张俊飚. 探索乡村生态振兴新路径［N］. 中国社会科学报，2022－04－15（006）.

丽乡村建设效果，对乡村生态振兴的实现程度也具有至关重要的影响。必须从生态文明教育、绿色意识培养、行为习惯养成等角度出发，加大对美丽乡村的软件建设，通过文明素养和绿色理念内化方式，引导并激发广大农村群众以不同形式或在不同维度的不同环节上，积极主动地参与到乡村生态振兴工作中，促进共建共享乡村生态振兴和美丽乡村发展成果。例如，运用人们喜闻乐见的口号、标语、版画、戏曲、村规民约等各种"以文化人"的方式，将生态文明教育融入日常生活，进而构建资源节约、环境友好、生态保护的绿色理念，树立自觉践行绿色环保、低碳循环的生活方式，形成支撑美丽乡村建设、打造绿色整洁人居环境的文化氛围。

本 章 小 结

　　日本推行的造村运动是基于日本乡村发展特点所采取的一种有效措施。日本政府结合本国的地形特点和自然条件状况，培养了独具特色的农产品生产基地，有效提升了农产品的附加值。政府对农、林、牧、副、鱼产品实行一次性深加工的策略，并充分发挥日本农协的组织领导作用，在农产品的生产、加工、流通和销售环节建立产业链，促进产品的顺利交易。通过完善教育指导模式，开设各类农业培训班，建立符合农民需求的补习中心，提高农民的综合素质和农业知识。政府对农业生产给予大量补贴和投入，支持农村发展。造村运动振兴了日本农村经济，促进了日本农业现代化的实现。因地制宜型模式在具体的乡村治理实践中，应采取具体问题具体分析的思路，通过整合和开发本地传统资源，形成区域性的经济优势，打造富有地方特色的品牌产品。从当前农村发展的现状来看，很难找到适用于各地区的标准化乡村治理模式，因此，因地制宜型的乡村治理能够充分发挥本地优势，有利于提升乡村社会的整体效益。

思 考 题

1. 简述日本造村运动的主要做法。
2. 日本是如何培育优势产业基地的？
3. 农业协会在日本造村运动中发挥了哪些作用？
4. 简述日本造村运动对中国乡村振兴的启示。

第九章　法国综合发展型农村改革案例分析

【学习目标】

通过本章的学习，应达到以下目标和要求：

1. 了解法国综合发展型农村改革的建设背景。
2. 了解法国综合发展型农村改革的发展路程。
3. 掌握法国综合发展型农村改革的主要做法。
4. 了解法国综合发展型农村改革的经验借鉴。

【本章导读】

本章主要学习法国综合发展型农村改革的基础内容，第一节重点介绍法国推进综合发展型农村改革时代背景、发展历程、取得成效及对法国农村经济发展的作用；第二节重点介绍法国在推进综合发展型农村改革时的主要做法；第三节重点介绍法国综合发展型农村改革的经验、教训及对我国实施乡村振兴战略的启示。

第一节　法国综合发展型农村改革案例概述

一、法国的基本国情及农村改革的背景[①]

法国位于欧洲西部，北邻比利时、卢森堡，东北与德国接壤，东部与瑞士相邻，东南与意大利交界，南部毗邻摩纳哥，西南紧邻西班牙和安道尔，西北隔拉芒什海峡与英国相望。法国国土总面积550 000 平方千米，海岸线2 700 千米，陆地线2 800 千米，划为13 个大区、94 个省。法国是欧盟最大的农业生产国，也是世界主要农产品和农业食品出口国。法国已基本实现农业机械化，农业生产率很高，农业食品加工业是法国对外贸易的支柱产业之一。素有"欧洲中国"之称的法国，在政治、经济、文

---

① 李丽纯. 法国农村社会转型对中国新农村建设的启示 [J]. 世界农业，2006（4）：32 – 35.

200

化、社会生活等诸多方面与中国有着极为相似的特征。早在 19 世纪初，法国的资本主义生产方式就已经开始萌芽，但直到 19 世纪中叶，由于受封建传统思想影响，法国的农村经济发展比较缓慢，相关农业综合改革也相对滞后，主要表现为如下特征：

（一）小农经济的生产方式占主体

从土地占有形式来看，当时法国农村的土地分为资产阶级、贵族和农民三者共同占有，其中占总人数 89.4% 的农民只占土地总面积的 32.6%，农村人口的绝大多数属于小型土地占有，不利于农业的规模化经营。[1] 从生产经营方式来看，存在土地所有者直接经营、租佃制和收益分成制三种方式，其中占主体地位的是第一种方式。尽管这一方式相对于后两种而言在当时具有进步性，但农民的生产仍只局限于满足自身的日常消费，不具有商品经济的性质，当时法国的农村经济属于典型的小农经济发展模式。

（二）封闭而稳固的农业生产结构

与法国人喜爱面包和葡萄酒的消费结构相对应，当时法国的农业生产以谷物和葡萄为主。其中，以谷物为主的混作制导致法国传统的农业生产结构变得异常封闭且稳固，即生产者根据自己家庭生活的需要，在土地上混合种植以谷物为主的各种作物，这使得商品化农业生产的冲动非常微弱。尽管葡萄的生产具有较强的商品性，但由于葡萄的种植需要大量劳动力的精耕细作，因此特别适合于小生产经营，这在客观上限制了农业的社会化大生产。

（三）产权模糊的农村公社

农村公社是法国传统农业社会的构成细胞，当时法国农村人口的绝大部分都生活在这样一个与外部世界相对隔绝的农村公社里。农村公社里有属于集体的土地、森林和牧场，可供集体使用。此外，即使是公社成员个人所有的土地，由于是在公社的范围之内，其使用过程也要受公社有关规定的约束，如在作物收割后，必须把个人所有的土地向全体公社成员开放，允许集体放牧。这种具有模糊产权性质的公社的存在，一方面为贫苦农民提供了最基本的生存条件，另一方面也限制了富有者的发展，使得整个农村社会保持在一种低水平的平衡状态。

（四）思想观念保守的农民

长期闭塞的农村公社生活，加上落后的水陆交通条件，严重制约了法国农村社会的交往范围，导致其思想观念较为传统和保守。以婚姻状况为例，在全国农村中，公

---

[1]　李丽纯. 法国农村社会转型对中国新农村建设的启示 [J]. 世界农业，2006（4）：32 - 35.

社内部的通婚现象十分普遍。在 1811～1820 年，法国有近 1/3 的婚姻双方的原居住地不超过 1 千米，很少有超过 20 千米的居民联姻。此外，家长制统治、对贵族地主的依赖以及长久以来形成的夜间闲聊的生活习惯等，都制约着传统的法国农民向现代文明人的转变。

19 世纪中叶前，法国的农业和农村经济，实际上是陷入一种低水平恶性循环的怪圈中：即农业生产力落后→农业剩余有限→农业商品化滞后→农村封闭、农民保守→农业生产力更加落后。显然，要想打破这一循环怪圈，就必须在外力的作用下突破这一怪圈链条中的某一个环节，并引起其他各环节的连锁反应，进而使整个经济步入良性发展的轨道。

19 世纪中叶后，法国完成了工业革命，实现了现代化，成为工业大国，政局逐步稳定，然而农村贫穷落后的状况仍然没有得到改善。第二次世界大战后，法国的经济快速发展，工农业之间的差距进一步扩大，大量人口离开农村，流向城市，农村一片荒凉，出现了有地无人耕的景象，整个国家面临着粮食危机，粮食不能自给，只能依靠进口。[①] 随着时间的推移，农村地区面临着一系列的挑战和问题，因此法国政府积极推进综合发展型农村改革，以促进农村地区的可持续发展，促进乡村振兴。

综合发展型农村改革主要通过集中化、专业化、大规模的农村建设来满足农业现代化需要，从而促进农村地区的综合发展，以法国的农村改革为典型。法国的农村改革主要包括两方面内容，其一是发展"一体化农业"。所谓"一体化农业"，就是在生产专业化和协调化的基础上，由工商业资本家与农场主通过控股或缔结合同等形式，利用现代科学技术和现代企业方式，把农业与同农业相关的工业、商业、运输、信贷等部门结合起来，组成利益共同体，由其他部门和机构提供资金和技术来指导带动农业建设，实现对农业的支持和反哺。[②] 其二是开展"领土整治"。"领土整治"则是通过国家相关法律法规帮助和支持经济欠发达地区的乡村，实现农村社会资源的优化配置，旨在解决区域发展不平衡的问题，也包括山地、河流和海岸的治理以及生态环境的保护等。

二、法国农村改革的发展历程

1945 年之前，法国是一个农业人口占总人口近一半的国家，主要农产品依赖从殖民地进口。第二次世界大战之后，法国百废待兴，城市化进程由此开始。法国著名经济学家让·富拉斯蒂耶在其著作《光辉三十年》中，将 1945～1975 年描述为"光辉三十年"。第二次世界大战后的法国伴随着城镇化与现代化的快速推进，长期保持爆炸式经济增长，最终成为全球第五大经济体。然而，与之相伴随出现的是大量农民

① 许丹. 国外乡村建设经验及对我国新农村建设的启示 [D]. 哈尔滨：黑龙江大学，2009.
② 周建华，贺正楚. 法国农村改革对我国新农村建设的启示 [J]. 求索，2007 (3)：17－19.

持续外迁，农村空心化、人口老龄化、城乡人口失衡等问题愈发严峻，乡村危机显现。自此，法国通过各种政策干预寻求乡村可持续发展之路，使乡村逐步摆脱困境走向复兴，其大致可分为以下三个阶段：

（一）1946~1975年：发展现代农业，加强基础设施促进城乡均衡

更新技术设备，实现农业机械化。1946年，法国出台《莫奈计划（1947 - 1952）》，促进农业机械设备更新和规范化使用。1954年出台《现代化和机械化计划》，推广农业科技，实现农业现代化；设立农机购置补贴，鼓励农户购买和使用现代农业机械，凡购买拖拉机等大型农业机械的农户，可获得20%~30%的价格补贴，偏远地区的补贴标准甚至可以达到农机价格的40%~50%。

开展土地集中，实现农场规模化。自1952年起，法国开展土地修整、农田水利和交通网络建设，为规模化经营打下硬件基础。1960年出台《农业指导法》，规定将完成整治的土地出售或转租给具有管理经验和农业技术的青年农民。1962年出台《农业指导补充法》，建立农场退休机制，年长的农民可自愿退出或转让农场，青年农民逐渐成为农业生产主力军。1967~1997年，耕作面积小于20公顷的农户减少了60%；从事农业生产的人口占总人口比例由1962年的33.8%降到1990年的9.9%。[①]

实施乡村更新，基础设施便利化。乡村建设不仅包含完善基本服务设施，还包括乡村生态和居住环境的改善。1967年出台《乡村更新法》，规定在高效率农业的基础上，鼓励发展工业和服务业等非农产业，支持培训、旅游业等活动；成立乡村更新委员会，设立布列塔尼、奥弗涅等5个乡村更新区，覆盖27%的国土和13%的人口。[②]不同区域的乡村更新重点有所区别，比如布列塔尼大区主要侧重小块土地集中、乡村公共设施和道路建设；奥弗涅大区主要是复兴畜牧业、旅游业和造林等。

开展互助合作，实现农民组织化。法国南部为多山或高原地区，不利于农作物的规模化种植。1966年，法国成立农业合作社总会，帮助农户建立合作组织，提高农业用具使用效率，促进农业技术传播，对加入合作组织的农民给予低息贷款和价格补贴等优惠政策。

吸引企业进村，振兴乡村产业。为优化城乡产业布局，促进乡村功能转型和人口有序迁移，协调区域均衡发展，法国鼓励和引导发达工业区的企业落户西部农村地区。规定新办企业享有包括奖金、投资补贴、减免税等国家"开发津贴"，企业前5年减免营业税、公司税和红利税。从巴黎等大城市迁来的500平方米以上的工厂，提供60%迁建补贴，迁来的办事机构、行政管理机构和科研机构等可享受其投资费用10%~20%的补贴。

---

①② 宁夏回族自治区乡村振兴局. 法国乡村振兴的经验及启示［EB/OL］. (2021 - 10 - 11)［2024 - 05 - 14］. http：//xczxj. nx. gov. cn/ztzl/ggtpcg1/202110/t20211011_3078299. html.

设立国家公园，守护与开发同步。自 1963 年起，法国以保护自然空间（植物、动物）为目标陆续设立六座国家公园，在公园周边设置"边缘区"，建设社会、经济、文化设施。1967 年制定"区域公园"政策，主要针对自然文化遗产资源丰富但经济发展相对落后的乡村地区，在保护遗产与景观的同时，促进当地旅游业发展，扩大就业。

城乡融合发展，提高乡村生活品质。法国一方面缩小城乡基础设施和公共服务差距，另一方面加强中等城市和小城市建设，保障乡村人口和流动人口的生活品质。1970 年，制定《农村发展计划》，促进农村地区内部均衡发展；制定《乡村整治规划》，改善乡村地区公共设施，促进非农产业发展和乡村旅游。1972 年和 1975 年分别出台《中等城市政策》和《小城市政策》，通过城市美化和城市空间整治，提升生活质量，分散首都或大都市的人口压力。

（二）20 世纪 80~90 年代：振兴薄弱乡村

随着乡村更新等政策的实施，城乡差距有所缓解，但偏远乡村人口外流和地区不平衡的问题仍然存在。20 世纪 80 年代初，法国颁布《地方分权法》，将中央政府的部分权力和责任逐步过渡给地方政府，乡村发展政策更加凸显地方政府的积极性和创新性，注重地方特色，强化公众参与。

设立乡村振兴区，加大扶持力度。1983 年，法国出台《市镇联合发展与规划宪章》，着重对乡村交通、水电、教育等基础设施进行整改，提升乡村居民生活质量。1995 年，颁布《地区整治与发展引导法》，设立优先发展的农村地区，在此范围内，至少满足下列标准中的一项即列为乡村振兴区：一是总人口下降、劳动力下降或农业劳动力占比超过全国平均水平两倍的农村地区；二是人口密度小于或等于每平方公里 5 名居民的市镇。该项目一直延续至今，区域划定的标准转变为乡村中人均收入和人口密度低于前一期复兴区中位数的区域。振兴区涉及法国 11 688 个市镇 450 万居民。该区域可享受税收优惠，免征 5 年营业税、企业所得税和雇员社保等。

实施系列政策，振兴薄弱乡村。一是完善乡村基础设施和公共服务，提高乡村人口生活品质，重点加强通信网络、医疗卫生和文化服务建设。二是促进对环境影响小的第二、第三产业发展，促进当地人口就业，重点对乡村企业提供补助，协助企业与外界的信息交流。三是鼓励多样化住房供给，满足未来乡村居民的不同需求。四是合理开发当地资源，鼓励多样化生产和经营，大力发展乡村旅游，传承乡村文化，保护自然资源。五是建设基于共同利益的市镇联合体，实现区域的城乡统筹发展。

鼓励工商业发展，振兴乡村产业。1988 年，法国实施"贸易和手工艺重组业务计划"，鼓励工匠和贸易商修复房屋，通过开展培训、咨询和其他商业活动，增加就业岗位，活跃当地经济。1989 年，法国设立保护手工艺和商业的部际基金，鼓励在农村和市镇及新兴城市附近发展手工业企业，投资在 5 万~10 万法郎的企业可获得

8 000 法郎奖金，投资在 10 万~15 万法郎的企业可获得 1.2 万法郎奖金。[①] 鼓励发展适合农村需要的农产品、食品加工业和小型加工业，只要能对落后的农业地区和山区农村作出贡献，就可获得奖金支持。

激活乡村遗产，守护乡村独特价值。注重守护乡村原始风貌，通过"感官遗产"立法，保护鸡鸣犬吠等乡村原生风貌。实施农村遗产保护项目，保护对象为农村地区和 5 000 人以下城镇中的宗教建筑，以及有人文历史气息的水井、小作坊等平民设施，政府提供维修补贴。1989~1998 年，法国文化部为该项目投入约 2 530 万欧元，覆盖全国 10%~15% 的乡村。实施遗产经济政策，利用各地的遗产资源带动经济发展。遗产分为纪念性遗产、农村方言或特殊产业、人文或自然景观、民族相关遗产等类型。各地根据遗产类型设计项目方案，国家提供资金。比如，勃艮第地区的洛兹村拥有一座 18 世纪的教堂和一座 17 世纪的葡萄酒厂，当地利用酒厂和周边的葡萄园建起葡萄酒博物馆。精美的工具和器皿，过去山谷酿酒师的生活，让游客沉浸在葡萄酒的世界中。该村被认证为"法国特色小镇"。

建设最美乡村，开发与保护并重。1982 年，法国成立"最美乡村协会"，要求村庄人口不能超过 2 000 人且至少有 2 处受保护的遗址，入选的乡村可获得国家注册商标，通过米其林地图、旅游指南以及各类媒体进行宣传。比如，卢贝隆地区的戈尔德村，村里有 16 世纪的城堡和 12 世纪的修道院，前者一年四季都举办艺术展览，后者培育了一大片美丽的薰衣草花田，成为颇受欢迎的旅游打卡地。该村是法国著名的葡萄酒产区之一，根据法国农业"原产地命名控制"认证标准进行生产，利用地中海气候和海拔较高的优势，生产出的葡萄酒品质卓越且畅销。该村发展农业旅游，创办了兼顾农业生产与科普教育功能的教育农场。

（三）2000 年以来：制定《乡村发展计划》，实施卓越乡村等项目

2000 年以来，法国由振兴薄弱乡村转变为发展卓越乡村，发展思路由"补短"转变为"扬长"，更加注重城乡空间联系，缩小区域差距，促进乡村可持续发展。在欧盟乡村发展框架下，法国 2000~2020 年接续实施了三个为期 7 年的《乡村发展计划》。各个计划的投入资金约为 150 亿欧元。2000~2006 年的规划措施包括农场投资、安置青年农民、职业培训、农业环境、农产品加工与营销等 22 项。2007~2013 年的乡村发展措施有 33 项，重点加大了对农场生产和青年农民培训等方面的支持力度。2014~2020 年的乡村发展计划重点实施农业现代化、食品质量提升、生物多样性保护、水土流失和土壤管理等举措。

实施卓越乡村项目，挖掘乡村发展优势。该项目于 2005 年实施，明确乡村文化、

---

① 宁夏回族自治区乡村振兴局. 法国乡村振兴的经验及启示［EB/OL］. (2021 – 10 – 11)［2024 – 05 – 14］. http://xczxj. nx. gov. cn/ztzl/ggtpcg1/202110/t20211011_3078299. html.

旅游、生态资源、服务业和科技四大主题。项目对象为属于"乡村振兴区"且人口不超过 3 万人的乡村市镇或市镇联合体。由市镇编制项目规划，领土规划和区域委员会负责审批，获批项目可获得 62 万欧元资助。审批标准有四项：一是乡村治理有效，政府和社会等主体能够通力合作；二是乡村环境和谐，项目能够尽可能减小对当地乡村自然资源（水、生态多样性、景观）和物质空间（土地占用、建筑形式）的影响；三是乡村经济活跃，项目能有效创造乡村地区的就业；四是方案创新性，项目应具备有效的组织方式，具有地方特色。

实施明日小镇项目，促进城乡均衡发展。为应对当前经济、环境及新冠疫情引发的挑战，法国国土凝聚力局发起实施明日小镇项目，对象为人口在 2 万人以下的市镇，共涉及 1 000 个，总投入约 13 亿欧元。具体复兴计划由市镇提出，针对人口老龄化、公共设施老化和不足、企业倒闭等问题提出解决方案，中央政府建立知识网络，提供专业知识和技术指导，支持市镇实施项目。在中期和收尾阶段，从人口数量和结构、商业复兴、生态转型、数字化进程、循环经济、健康医疗等 10 个方面进行评估。

实施山区生态转型项目，促进乡村保护式开发。由于气候变化影响，阿尔卑斯山等山区面临可持续发展挑战，山区生态转型项目主要是解决山区经济发展、自然遗产保护以及应对气候变化三个问题。通过制定新的旅游业发展战略，应对生态和能源转型方面的挑战，实现乡村社区联合发展。具体措施有：实现旅游开发的多样化以及旅游报价的透明化和数字化；翻新建筑材料；保护和增强生物多样性和景观；管理乡村社区的能源需求；考虑景观的可达性和移动性；运用数字技术，加强遗产保护。

三、法国农村综合改革发展成效

经过几十年的不懈努力，法国的综合发展型农村改革取得了显著成效，不仅农业实力稳步增强，农村地区同样焕发出新的活力，主要成效表现为：

一是农业综合实力在世界名列前茅。据法国农业部相关数据统计，截至 2018 年年底，法国农业生产总值达 752 亿欧元，约占欧盟农业生产总值的 23%，是欧盟最大的农业生产国，甜菜、玉米、小麦、牛奶等各类农产品出口皆位居世界前列。法国农产品尤以加工程度高而出名，其农业与食品工业产值比高达 1∶4。[①]

二是农业规模化程度进一步提高。相较于 20 世纪 60 年代的家庭分散经营，农场、合作社、农业公司三类经营主体目前已经成为法国农业的主导者，占全国经营主体总量的 2/3，各主体经营面积一般在 200 公顷以上，规模经营农用地占全国农用地

---

① 汪明煜，周应恒. 法国乡村发展经验及对中国乡村振兴的启示 [J]. 世界农业，2021（4）：65－72.

总面积的 93% 以上。① 1988～2000 年，法国各类农业公司由 6.1 万家提高到 11.7 万家，平均产出规模由 100 万欧元提高到 158 万欧元，比同期非公司化经营农业单位的平均产出规模高出约 3.5 倍。② 据统计，法国 80% 以上的农民参加了各类农业合作社，遍布各地的合作社雇员超过 15 万人。③

三是乡村旅游业蓬勃发展。法国旅游局提供的数据显示，2018 年法国共接待游客总数达 8 932 万人次，创造直接经济收入达 668 亿欧元，其中乡村旅游的人数约占当年全国旅游总人数的 1/3，收入约占当年全国旅游总收入的 1/4。

四是城乡差距不断缩小。据法国国家统计局 2021 年公布的数据显示，法国农村家庭居民的平均年收入已高于整个消费群体一年消费的中位数 22 170 欧元。④ 从社会结构上看，农民的经济地位在整体上已不属于低收入阶层，而是至少属于中等收入阶层。除此之外，法国农民只需按规定缴纳每年约 500 欧元的医疗保险金，即可享受与城市居民同等的医疗福利待遇。

四、法国农村综合改革对农村经济发展的作用

法国农村综合改革是法国政府为了促进农村地区的经济、社会和环境发展而实施的一系列政策和措施，对法国农村的发展产生了积极的作用，主要体现在以下方面：

（一）促进农村经济增长

法国政府在农村综合改革期间，制定了一系列政策鼓励乡村产业多元化发展，支持农民创新创业。通过政策引导和财政支持，农村地区的特色产业、农产品加工业、旅游业等得到了快速发展，为农村经济增长注入了活力。

1. 特色产业发展。

法国农村改革的一个重要目标是促进乡村产业结构的调整和优化，发展特色产业，提高农民收入。政府通过设立专项资金，支持农村地区发展特色农产品种植、养殖业以及农村手工业等，为农民提供技术指导、市场信息和销售渠道等服务。特色产业的发展，提高了农产品的附加值，增加了农民收入。

2. 农产品加工业发展。

法国政府鼓励发展农产品加工业，延长农业产业链，提高农产品的附加值。政府通过财政支持、税收优惠等措施，引导农村地区发展农产品加工业。农产品加工业的

---

① 谭金芳，邓俊锋，胡明忠，等. 论法国发展现代农业的经验与启示 [J]. 河南工业大学学报（社会科学版），2016，12（2）：8-11.

② 法国农业经济概况 [EB/OL].（2016-04-13）[2024-05-14]. https：//www.pwsannong.com/c/2016-04-13/553460.shtml.

③ 法国国家统计局官网 [2024-05-14]. https：//www.insee.fr/fr/accueil.

④ 汪明煜，周应恒. 法国乡村发展经验及对中国乡村振兴的启示 [J]. 世界农业，2021（4）：65-72.

发展，为农村地区提供了更多的就业机会，促进了农村经济的发展。

3. 旅游业发展。

法国农村改革政策注重发挥农村的旅游资源优势，促进旅游业的发展。政府通过资金支持、政策引导等手段，鼓励农村地区发展旅游业。旅游业的发展，为农村地区带来了丰厚的经济收入，促进了农村经济的繁荣。

（二）促进农民收入增长

改革关注农民的切身利益，通过加大农业补贴、优化农业结构、提高农产品附加值等手段，增加了农民收入。此外，改革还促进了农村劳动力转移，为农民提供了更多的就业机会，进一步提高了农民收入。

1. 农业补贴政策。

法国政府通过实施农业补贴政策，保障农民收入。政府对农民进行直接补贴，降低农业生产成本，提高农民收入。同时，政府还对农业生产环节进行补贴，如农业机械购置、农田水利建设等，提高农业生产效率，增加农民收入。

2. 优化农业结构。

法国政府通过调整农业产业结构，促进农业可持续发展，提高农民收入。政府鼓励农民发展绿色农业、有机农业等新型农业，提高农产品的品质和附加值，增加农民收入。

3. 农村劳动力转移。

法国政府通过实施农村劳动力转移政策，促进农村劳动力向城市转移，为农民提供更多的就业机会。政府为农村劳动力提供职业培训、就业信息等服务，帮助农村劳动力在城市找到合适的工作，提高农民收入。

（三）改善农村基础设施和公共服务

法国农村改革注重农村基础设施建设和公共服务水平的提升。政府投入资金改善农村道路、水利、通信等基础设施，提高农村教育、医疗、文化等公共服务水平，使农村居民能够享受到与城市居民相当的生活条件。

1. 基础设施建设。

法国政府重视农村基础设施建设，投入大量资金改善农村道路、水利、通信等基础设施。同时鼓励农村地区开展村庄整治、农田水利建设等工作，提高农村基础设施水平，为农村经济发展创造良好环境。

2. 公共服务水平。

法国政府关注农村居民的公共服务需求，投入资金来提高农村教育、医疗、文化等公共服务水平。政府支持农村地区建设学校、卫生院、文化站等公共服务设施，提高农村居民的生活质量。

（四）保护农村环境和文化遗产

在进行农村改革的同时，强调环境保护和文化传承。通过制定严格的环保法规和实施生态补偿机制，保护农村生态环境。同时，政策还支持农村文化遗产的保护和传承，促进了农村文化事业的发展。

1. 环境保护。

法国政府重视农村环境保护，制定严格的环境保护法规，加强对农村环境的监管。政府还实施生态补偿机制，对农村生态环境保护给予资金支持，鼓励农民参与生态环境保护，提高农民的环保意识。

2. 文化遗产保护。

政府支持农村文化遗产的保护和传承，投入资金对农村文化遗产进行修缮、保护和展示。政府还鼓励农村地区开展文化活动，丰富农村居民的精神生活，促进农村文化事业的发展。

（五）促进城乡融合发展

法国农村改革政策鼓励城市与农村互动合作，推动城乡融合发展。通过政策引导，城市资本、技术和人才等资源向农村流动，促进了城乡要素的平等交换和公共资源的均衡配置，缩小了城乡发展差距。

1. 资本和人才流动。

法国政府通过政策引导，促进城市资本和人才向农村流动。政府鼓励城市企业和投资者到农村投资兴业，为农村发展提供资金和人才支持。同时，政府还实施优惠政策，吸引城市人才到农村工作，提高农村的人力资源水平。

2. 公共资源均衡配置。

法国政府重视城乡公共资源的均衡配置，投入资金改善农村基础设施和公共服务水平。政府通过加大资金投入，改善农村基础设施，促进农村公共服务体系与城市接轨。在此背景下，政府实施了一系列具体措施，如提高农村教育投入、改善农村医疗条件、加强农村文化设施建设等，以促进城乡公共资源的均衡配置。

第二节　法国农村综合改革案例分析

一、综合运用多种手段，大力推进均衡化"领土整治"措施

第二次世界大战前，法国农业以小农场为主，小农场不仅在数量上占大多数，而且在经济上也占据重要地位。尽管在法国的大城市和大工业区附近存在一些大农场和

集约化程度较高的专业化农业区，但就全国范围而言，法国的广大农村还很落后，存在工业地区和农业地区、经济发达地区和不发达地区、落后地区之间经济发展不平衡的状况。就全国而言，工业企业和工业人口的绝大部分集中在巴黎、里昂、马赛三大城市和东部、北部大工业区；农业人口的绝大部分分散在广大的西部、西南部、中部山区和东部山区的农业地区。①

为了缩小日益扩大的东西部贫富经济差距，法国于 1955 年正式颁布《国土整治令》，开展有利于农村地区经济发展的均衡化"领土整治"行动。其基本方针是通过综合运用计划手段、行政手段、激励手段、合同技术等多种管理手段和财政工具，加强对经济欠发达地区的经济干预，以装备落后农业地区现代化工业建设，减轻城市工业过度集中的压力，实现生产力的合理布局和农村社会资源的优化配置，加快农村社会的现代化建设，同时包括山地、河流和海岸的治理以及生态环境的保护等。为此，法国制定和实施了一系列领土整治和区域发展的措施，以在全国形成合理的经济活动布局。

（一）成立权威的管理专门机构

为了确保领土整治和区域发展政策的顺利实施，法国政府先后成立了相应的领导和管理专门机构，以指导和协调领土整治及区域发展。1963 年，法国政府专门设立了一个负责领土整治的机构，即领土整治和地区行动代表处，专为内阁总理服务，专门负责领土整治并担负部际间协调的使命，其内部不存在各部委的部门利益，只有国家的利益。这一机构的成立旨在达到三个目标：实现工业地方化、继续大规模国土整治工程、推进平衡城市建设。代表处在地方派出特派员来管理农业、工业、旅游业等，活动经费直接由国家财政拨款，主要用于三个方面：奖励开办新企业、部际基金委员会、农村整治基金。②

（二）制定系统的整治规划以及配套法律法规

为了确定领土整治规划的地位，法国政府制定了一系列系统的整治规划和法律法规。法国政府将全国 96 省中自然条件、经济发展相接近的省集中在一起，重新形成了 22 个领土整治规划行动区，作为国土规划地域空间单元。1955 年，法国政府先后颁布了《国土整治令》《领土整治与发展指导法》和配套性法律，明确提出"领土整治"这一概念。1999 年 6 月 25 日，法国政府又颁布了《领土整治与可持续发展指导法》。这三部最基本的法律在法国政府制定和实施领土整治规划时起到了指导和引领作用。

---

① 周建华，贺正楚. 法国农村改革对我国新农村建设的启示［J］. 求索，2007（3）：17 – 19.
② 周璇. 法国领土整治经验以及对我国的启示［J］. 商，2015（23）：68，73.

（三）进行全方位的综合开发

在领土整治过程中，法国中央政府高度重视，并根据不同发展阶段，在 20 世纪 50 年代至 90 年代分别采取了产业均衡、城市均衡、城乡均衡与振兴老工业基地、分权改革、人与自然均衡发展策略，实现了全方位的综合开发。

20 世纪 50 年代：产业均衡期。第二次世界大战结束后，法国政府的首要任务是国家重建和现代化建设。随着经济重建的推进，区域间的不均衡问题逐渐引起了政府的重视，于是正式开展领土整治和区域发展行动。主要是对巴黎的产业进行重新分配：一方面，对巴黎的新建企业进行严格审核，并对已布局的企业征收赋税以鼓励企业外迁；另一方面，对其他大区的企业进行补贴，引导工业投资向其他大区集中。

20 世纪 60 年代：城市均衡期。随着国民经济的全面复苏与发展，整治的重心也逐渐转向促进城市均衡发展。内容从发展大都市与新城的均衡发展，转向支持中等城市和小城市的发展。首先，在巴黎周边区域建设"八大均衡大城市"，与巴黎竞争抗衡；接着在近郊建设五座"新城"，既分散了巴黎的职能，又减轻了巴黎的重负。

20 世纪 70 年代：城乡均衡与振兴老工业基地时期。1974 年石油危机造成的能源冲击使得法国经济发展速度减缓，传统行业如钢铁和煤炭行业开始走下坡路。所以这一时期的领土整治重点主要集中在重振旧的工业基地和调整产业结构上。包括支持工矿业的技术改造、完善内部交通网络、开发沿海地区、发展乡村手工业和乡村旅游。

20 世纪 80 年代：分权改革期。1982 年的地方分权运动和此后的计划改革大大增强了地方政府的权力，为领土整治的发展提供了新的动力。在这一阶段，领土整治的主要方针是：一方面，大力推行权力下放，对计划工作体制进行改革，通过与地方签订合同来确定发展重点、项目和投资比例；另一方面，逐步对外开放，挖掘政策红利。

20 世纪 90 年代：人与自然均衡发展期。随着可持续发展观的建立，人与自然的平衡逐步成为领土整治的重要目标。从那时起，法国的领土整治规划逐步向"国土整治"方向发展，"整治"这一概念得到了更广泛的拓展，从缩小地区间差异扩大到教育、就业、培训、环境保护、生活品质等多个层面；"领土"的内涵也从乡镇、省、大区、国家扩展到周边国家和欧洲联盟区域内的新型集聚区，主张在区域间进行广泛的协作。

（四）改变农村地区的产业结构，促进农业产业现代化发展

在法国，城市与农村之间的差距非常明显。农村在发展中面临的最大威胁是人口外流、人口密度下降、人口老龄化等问题；同时，一些农村地区在战后出现了农业管理粗放、荒地面积扩大、经济发展迟缓的现象。因此，改变农村地区的产业结构、发展乡村工业、加快农业现代化进程，吸纳大量当地劳动力成为法国农村地区进行领土

整治的一项重要方针。在这一思想的指导下，从 20 世纪 60 年代开始，法国政府针对农村和山区制定了发展援助计划，具体内容包括：建立小规模工业的发展补助，对农村人口进行职业培训，发展基础设施以及对山区、农村地区进行开发援助等。

在法国，山区的经济发展水平较低，但它占据了法国 21% 的国土和 6.7% 的人口。山区也是法国最大的农业生产区，其耕地面积大约占全国农场总数的 15%，其中包括耕地 370 万亩，牧场 20 万亩，林地 430 万亩。① 同时，山区也是重要的旅游开发区。在此基础上，制定合理的山区开发与整治政策，对于实现区域间的均衡发展具有十分重要的现实意义。法国制定了一系列的山区开发政策，目的是开发山区的旅游资源、促进旅游业的发展，同时保持耕地、林地的完整，并采取相应的环保措施。这大大促进了山区的发展。如山区农业，因其天然环境的限制，需要较多的投入，而土地的可利用性却很小。因此，政府不仅建立了山区发展的专项补贴，还对到山区定居的青年、农村建设等给予补贴，并在农民退休、养老等方面也制定了相关法规。这将有利于农村和山区人口的稳定以及经济的发展。同时，利用山区独特的优势，开发了国家公园和地区自然公园，建设了冬季运动场，还推动了山区产业结构向第三产业的发展。

法国在实施领土整治的过程中，农业现代化也起到了一定的作用。推进农业现代化，不仅是要维持法国在农业生产上的领先地位，而且是在农业人口逐年递减的情况下维持较高的产量。对于一些以农业为主、生产手段相对落后的地区，更需要将农业现代化作为重点，来改变地区经济的落后状况。法国的西部、西南部、中部高原，地中海西海岸、科西嘉岛以及东部边缘地区，这些地方的农业现代化程度不高，工业基础薄弱，因此都得到了法国政府的特别资助，用于发展当地的农业现代化。

二、积极推进农业生产专业化，实现科技兴农

第二次世界大战结束后，为了建立可持续发展的农业，法国政府在农业教育上下足功夫，实施了一项名为"高学历农民"的工程，试图通过农业生产专业化使本国农业做大做强。具体而言，法国的农业专业化可分为三种类型，即：地区专业化、农场专业化和作业专业化。

（一）地区专业化

每个区域在自然条件、农业资源、经济特征等方面都存在差异，因此，法国各区域都突出了适合农牧产品的种植和养殖，对农业和畜牧业进行了合理的安排，从而形成了许多具有鲜明特色的农产品经济区和畜牧业加工区。

法国现已被划分为 8 个主要的农业产业区，每个产区都重点专攻一种或几种具有

---

① 黄威义. 法国领土整治的政策思想与实践 [J]. 西欧研究，1986（3）：16 - 21.

较高经济效益的农牧产品，重点发展水果、蔬菜、甜菜、谷物、林业和畜牧中的几项。例如，巴黎盆地专业种植小麦和谷物，其中，产区小麦的年产量占全国的三分之一以上，单产约比全国平均水平高出一倍；[1] 诺尔和庇卡底州及其周围的甜菜产区享誉世界，该产区的甜菜种植面积占全国的 70% 以上；布列塔尼畜牧业生产基地主要是饲养和加工牲畜，每年能为国家供应猪肉、牛肉、禽肉、鸡蛋等；北部的庇卡底州，其土豆产量超过国家总产量的一半；阿尔卑斯山地以种植粮食、葡萄和养殖奶牛为特色。现代农业的专业化生产，使法国出现了一系列享誉全球的知名品牌，比如布尔哥尼、波尔多、白斯肉鸡、洛克福尔奶酪、姆特兹格啤酒等，这些都是以其地理位置而得名的知名品牌。区域内的专业化生产与产业分工不仅凸显了每个区域的特有产品与特有的生产与加工技术，加强了区域竞争力，提高了法国现代农业在世界上的竞争力，而且也使法国的农产品供给多样化，以满足各种不同的市场需要。

（二）农场专业化

随着地区专业化对全国范围进行分工，法国的农场专业化也有了很大的发展，开始出现对某一类或几类农牧产品进行生产与管理的农场。在第二次世界大战之后，法国等主要资本主义国家的农场专业化大体上可以被划分为两种：一种是单一型的专业农场，也就是只生产和经营一种农牧产品的农场。按照经营内容的差异，单一专业化农场又可以分为谷物农场、畜牧农场、水果农场、蔬菜农场、葡萄农场等。另一种是混合型的专业农场，它生产并管理一种主要的产品，同时生产其他一些有关联的农产品。截至 2018 年，法国单一型的专业农场数量占全国农场数量的一半以上，例如，在家畜养殖方面，只饲养猪、牛、羊、鸡等品种中的某一种。在更专业化的农场中，养猪又可以被划分成专业养仔猪或肥猪，养鸡又可以被划分成专业养蛋鸡、肉鸡或雏鸡，养牛又可以被划分成专业养奶牛或肉牛等。混合专业化农场占据了全国农场总量的 40% 左右，[2] 一般情况下它们以某一类农牧产品为主要内容，延伸产业链，但是它们产品之间存在着高度的相关性。

在法国，农场专业化往往和地区专业化紧密相关。因为各个主要产区在经营类型和作业方式上都有各自的侧重，所以，在各个产区中的农场之间，也就形成了一定的分工关系。比如，在巴黎盆地和中部的专业农场更侧重于高机械化作业；在北部和西南地区，更多的是混合多元化经营兼畜牧业；而在南方，以蔬菜、葡萄园和园艺品为主的单一专业农场比较多。

（三）作业专业化

法国现代农业的一个主要特点是，将以往由一个农场承担的所有耕作、播种、田

① 余海鹏，孙娅范. 法国农业产业化及其经验启示 [J]. 农村合作经济经营管理, 1997 (11): 46-48.
② 逄锦彩. 日、美、法现代农业比较研究 [D]. 长春: 吉林大学, 2010.

间管理、收获、运输和储藏、市场营销等工作交给了外部公司来完成，使农场从自给型生产模式转变为商业化经营模式。由于农产品的商品化与技术密切相关，作业专业化也常被称为"工艺专门化"。所谓工艺专门化，是指农产品生产过程中的各个作业工序被分解成不同的环节和流程，由农业企业或农场专门生产核心的中间产品以完成整个工艺过程中最重要的一个环节，其他环节由各自承包或雇佣的专业化农业服务企业来完成。生产过程的专业化水平不断提高，大大促进了农业生产的集约化。第二次世界大战后，法国的大部分农业，不论是种植业还是畜牧业，都有了很大发展。作业专业化是一种最彻底的分工方式，它与现代农业生产力的发展水平是一致的。

同时，法国政府还规定农民必须接受职业教育，取得合格证书，才能享受国家补贴和优惠贷款，获得经营农业的资格。法国政府投入大量资金大力扶持农民职业教育，使农民享受近乎免费的职业教育，逐步构建了制度有保障、机构齐全、职业教育内容完整、培训方式多样的农民职业培训体系。

法国的农村职业教育具有以下特征：一是政府对农村职业教育给予了强有力的保障。法国政府颁布了一条法令：凡年满 18 周岁的农民，都要接受一年的农业技术培训（可以累积）。而年龄在 18 岁以下的人，则需要先进行三个月的农技培训，然后在农场或涉农企业实习三年，实习期满后通过考核，获得"绿色"学历。基于此学历，法国农民可以从政府获得低利率甚至免利息的贷款，用于购买土地、盖房子、购买农用机器等。二是以农民职业教育为主体，构建"农业职业技术学校—农业成人培训中心—农业职业教育中心"为主体的新型农业技术人员职业教育体系，强化各级农业科学研究与合作组织的建设（农业技术人员主要是在农业区开展农业科学知识的宣传与推广，设立农技推广站，在农闲时间为农户提供农业技术推广服务）。三是在农业技术培训的内容方面，强调培训的实效。农业技术培训的范围很广，通常针对农业生产如何适应市场和满足农民需求进行，具体内容包括：农业知识普及、新技术和新产品推广、农场管理、农产品加工和销售、良种培育技术等。四是法国职业教育在培训理念、培训方式等方面都有了新的发展，这也是其最大的特色。法国在职业教育的思想理念上，突出"以人为本"的特点，注重满足农民的个体需求，调动农民的主观能动性和主动性。此外，法国的职业农民教育还体现了"以学为本"的理念，注重为农民提供一个可以随时进行自我培训和学习的环境与条件。在培训手段方面，注重将现代信息技术应用于培训中，强调农民职业培训媒体的多样性，利用网络、视频会议等现代化远程技术手段为农民提供培训服务。在职业培训方式方面，将个人自主学习、传统课堂授课、生产实践训练和教师个别指导等多种方式有机结合，有效提升了职业培训的效果。

三、大力发展生态农业与生态旅游，玩转"农业+"经济

生态农业是指一种将现代科技与管理手段相结合，采取生态友好的方式，充分发

挥农业生态系统的服务功能，使其在生态与经济两方面都达到良好的循环，将环境可持续发展与经济效益最大化有机地结合起来的一种农业方式。1931 年，法国部分农民为了改良土地，自发引进了有机肥料，并培育出高品质的蛋白质麦粒，用于制作面粉、面包等，生态农业初露端倪。20 世纪 30 ~ 40 年代，瑞士和英国的生态农业对法国也起到了一定的促进作用，法国倡导生态农业的人士经常与瑞士生态农业联合会、英国土壤学会等机构进行沟通交流，汲取外国的成功经验。1958 年，法国西部成立了首个生态农业组织。借着"回归自然"的潮流，法国生态农业协会于 1961 年 6 月成立，对法国的生态农业作出了积极贡献。1964 年，自然进步成为法国第一个生态农业的标志。20 世纪 70 年代后期，法国先后成立了国家生态农业生产协会和国家生态农业企业协会。法国于 1981 年在法律中正式规定了与生态农业有关的标准；在 1985 年 3 月，又颁布了一项法规，正式命名为生态农业，并推出了生态农业标志，使其进入快速发展的轨道。

法国已经制定了 20 多项生态农业的技术标准，并制定了生态农业的相关法规和长远发展计划。与此同时，设立生态农业发展基金、生态农业专项补助等专项支持基金，并利用先进的展会，对有机农业进行推广和普及。同时，政府也会给予农户额外的补贴以及损失补偿，以提高农户参与农业生产的积极性。在生态农业 2022 规划项目中，法国政府又进一步加大了在政策上的扶持力度。比如，在向生态农业转型的过程中，农户可获得的税收抵免额度从过去的 2 500 欧元增加到了 3 000 欧元；另外，农业部还拨出了 500 万欧元的特别基金，用以赔偿受到污染的生态农场农户。①

生态农业旅游指的是以保护生态环境为目的，以文化为依据，运用可持续发展和生态学、旅游学、经济学等原理，对农业资源和文化实施的规划、开发和经营。它是以保护自然资源为核心，将生态农业建设、旅游开发和农业生产为一体的生态旅游活动。生态旅游的本质是生态旅游与生态农业、农业旅游的有机结合——以农业生态环境为基础，以保护自然资源为核心，推动农业、旅游业、生态等方面的协调发展。在生态旅游方面，注重对自然环境与人文环境的保护；在生态农业方面，注重发展科技含量高、环境友好、增值高的农产品；在农业旅游中，注重将现代科技与传统农业相结合，将农业生产与旅游者参与结合起来。生态农业旅游加强了农业生产过程中的生态保护和可观赏性，为旅游者提供了优良的生态环境与优质的服务。生态农业旅游将生态农业的经济效益与社会效益有机地结合在一起，既达到了"保护环境"的目的，又达到了各自的利益最大化。因此，该项目的旅游资源既有生态农业的特点，也有悠久历史的乡土文化，例如，农耕文化、民俗文化等。这种以可持续发展理念为基础，以生态学、旅游学、美学和经济学理论为指导的生态农业旅游开发和布局，虽然在活动内容上与传统农

① 法国生态农业发展和促进署. 法国生态农业资助项目、工具及机构［EB/OL］. (2018 – 05 – 31)［2019 – 04 – 17］. http：//www. agencebio. org/financer-son-project-bio – 0.

业旅游有很多相似之处，但它呈现出更加明显的生态环境保护和科技示范的特点。

法国的生态农业旅游具有多种形式，主要有以下几种：（1）教育农场。政府租用土地开办农业培训的农场，让学生在农田里体验真正的农业生活。农场主参与制订教学计划，教学内容主要集中在农业生产活动方面，通过游戏的方式让学生学会农业知识，提高认知能力，尤其是动植物与环境的关系。这种以农业为本的教学方法深受学生和家长的欢迎。（2）农场客栈。以饮食为基础的农庄，是以生态农业为基础的动植物产品的延伸。在农场客栈的管理规则中，对饮食标准、建筑结构以及餐具的使用都有严格要求。餐厅必须采用本地特产及烹饪方式，并能展现出地方风味。如果使用其他地方的食材，一定要标明来源，不能用罐装食品。（3）探索农场。这是为了满足游客的自我探索需求，让其在挖掘中对动植物养殖情况、文化和地理环境进行更深层次的认识，并熟悉农场的历史。（4）狩猎农场。提供广泛的打猎项目，包括训练猎犬、使用捕兽器等体育及文化活动。打猎时必须有一位职业打猎人作向导。（5）短期客栈。此类客栈为游客提供短期乡村生活休闲，以满足游客需求为原则，接待人数不得超过 25 人，必须由农场主本人经营及招待，以使游客了解农场的传统及生态环境。所提供的食品也要反映出当地家庭饮食的特点，并以本地出产的动物和植物为主要原料。（6）观光农场。主要是起到保护环境、文化、和景观遗产的作用，并结合当地经济发展情况对特色乡村和农业进行保护，保护区内适当接待游客观光游览。（7）家庭农场。它的主要用途是让旅游者在这里感受到悠闲的劳动，并为城市提供田园风光。

第三节　法国农村综合改革经验镜鉴

绿色发展和生态文明等理念在法国的各个领域得到了广泛应用，从而降低了相关政策的执行阻力和投资成本。然而，中国传统小农经营在未来一段时间内仍占多数，广大小农户的生产技术和文化水平总体偏低，这就造成了相应的政策在执行、管理、监管等方面的成本较高。

一、法国综合发展型农村改革的经验总结

虽然我国与法国的具体情况不尽相同，法国关于农业和农村发展的一些做法并不能完全适用于我国，但法国在农村改革中的一些有益做法仍值得借鉴。

（一）依托合作化政策，营造良好的农村发展环境

欧盟农业农村政策的主体是共同农业政策。欧盟共同农业政策（以下简称"CAP"）以实现粮食生产良性循环、自然资源的可持续利用、农村区域均衡发展为主题，其内

容包括：直接补贴、市场支持、农村发展、农业与环境、生物能源、气候变化、有机农业、产品质量、生物技术、森林资源、政府援助、食品安全、动物福利、植物健康、研究创新和教育培训等。这一政策源于西欧六国于 1957 年签署的《罗马条约》，其宗旨是为了应对第二次世界大战后欧洲经济遭受的重创，保障农民生计，提高农业生产率，稳定农产品市场。共同农业政策有两个支柱，第一支柱是直接补贴和市场支持政策，第二支柱是农村发展政策。在 CAP 制定初期，关于农村发展的概念并不明晰，直到 1997 年欧盟委员会通过了《欧盟 2000 年议程》，才正式确立把农村发展政策作为 CAP 的第二支柱，并一直沿用发展至今。[①]

1945～1975 年，法国经济快速发展，城市化迅速推进。为促进城乡稳定协调发展，法国适时地对其农业和农村政策进行了调整，经历了以提高农业生产力（1947～1959 年）、发展乡村经济（1960～1962 年）、推动乡村全面均衡发展（1963～1975 年）为重点的三个时期。1975 年以后，法国农业农村政策逐步与共同农业政策接轨。2009 年 8 月，法国内阁会议通过的《2010～2015 年法国农村发展实施条例》标志着法国农业农村政策与欧盟共同农业政策的全面接轨。依托共同农业政策，法国制定农产品补贴政策，确保农产品在合理价格下供应正常，从而稳定市场，这也间接提高了农民收入，维护了农民的基本利益。除此之外，CAP 每年都会给予各成员国稳定的资金支持，并赋予各成员更多的自主权，提高了农村地区的资金使用效率，从而促进了农村地区的总体经济发展（见表 9 - 1）。

表 9 - 1　　　　　　　　2021～2027 年欧盟主要成员国 CAP 资金预算　　　　单位：百万欧元

成员国	直接支付	市场支持	农村发展	总计
法国	50 034.5	3 809.2	8 464.8	62 308.6
西班牙	33 481.4	3 287.8	7 008.4	43 777.6
德国	33 761.8	296.5	6 929.5	40 987.8
意大利	24 921.3	2 545.5	8 892.2	36 359.0
波兰	21 239.2	35.2	9 225.2	30 499.6
罗马尼亚	13 371.8	363.5	6 758.5	20 493.8
希腊	14 255.9	440.0	3 567.1	18 263.1
匈牙利	8 538.4	225.7	2 913.4	11 677.5
爱尔兰	8 147.6	0.4	1 852.7	10 000.7
葡萄牙	4 214.4	1 168.7	3 452.5	8 835.6

资料来源：Heyl K, Döring T, Garske B, et al. The Common Agricultural Policy Beyond 2020：A Critical Review in Light of Global Environmental Goals［J］. Review of European，Comparative & International Environmental Law，2021，30（1）：95 - 106.

---

① 汪明煜，周应恒. 法国乡村发展经验及对中国乡村振兴的启示［J］. 世界农业，2021（4）：65 - 72.

（二）重视立法，加强乡村振兴制度保障

法国非常重视将农村建设的各项政策、目标和措施以法律形式纳入农村建设进程中，加强了农村建设的制度保障。表9-2列出了法国"光辉30年"以来制定和实施的关于农业和农村发展方面重要的法律法规。就农业发展而言，法国率先通过《农业指导法》明确了农业与其他产业在社会经济上的平等关系，并空前重视农民的主体地位及个人利益。随后通过《农业指导补充法》确立了农业的优先发展地位。从20世纪60年代至21世纪20年代，法国国会根据欧盟的要求，数次对《农业指导法》进行增补和修订，强调要发展以生态为主、多功能的可持续农业。在农村发展方面，法国先后出台了《土地指导法》《乡村整治规划》《乡村地区发展法》等一系列法律，以促进乡村用地的均衡调整和乡村功能的多元化扩展，并增加对乡村地区的投资，鼓励农户利用本地资源开展特色产业。与此同时，法国在1999年和2000年先后颁布了《可持续发展法》和《环境法典》，对农村生态环境保护提出了更高的要求。此外，法国作为欧盟成员国，其本国的农村发展政策也需要符合欧盟的农村法律体系，法国在2009年通过的《2010~2015年法国农村发展实施条例》标志着法国农业农村政策与CAP的全面接轨。这一系列的法律法规为法国乡村振兴指明了方向，并提供了有力的制度支持，从而使法国的农业和农村的发展做到了有法可依。

表9-2 法国各时期农业农村发展方面的主要法律法规

名称	时间	主要内容
《农业指导法》	1960年	大力发展农业生产，推广先进技术，保护和增加农民收入，建立乡村整治公司，开发山区和落后地区，调整家庭农场规模结构
《农业指导补充法》	1962年 1980年 1997年	建立农业结构改革行动基金，为退休农民发放退休金，加强对农村青年的职业培训，建立农业生产合作组织，加强与欧盟的政策协调，发展可持续型农业
《土地指导法》	1967年	加强土地管控，推动土地均衡化整改，协调城市发展与乡村空间保护的关系
《乡村整治规划》	1970年	在微观地区层面对自然群落进行规划，促进乡村地区的经济发展，改进农业生产设备，加强自然空间保护
《可持续发展法 环境法典》	1999年 2000年	加强农业环境保护，规定农药和化肥使用量，规范农业用水，关注动植物和草场保护
《乡村地区发展法》	2005年	加强乡村地区资金投入，鼓励发展特色产业

资料来源：汪明煜，周应恒. 法国乡村发展经验及对中国乡村振兴的启示 [J]. 世界农业，2021（4）：65-72.

（三）加强农业用地管理，推动农业生产的规模化、专业化和一体化

由于战乱造成的人口减少是法国的一个大难题，为了加快战后农业经济的复苏与发展，法国在土地利用上采取了一系列措施，使土地资源得到了充分利用，从而实现了农业生产的规模化、专业化与一体化。规模化主要表现在对家庭农场经营规模的控制，其基本指导思想是"适度促进土地集中经营，合理控制家庭农场规模"。[1] 为防止农业用地被无效分割，政府制定了相关法律，规定农场主去世后，留下的土地只能由一个子女继承，其他共同继承人可以获得现金补偿。另外，政府也设立了专业的流转公司，从那些不愿意再做农活的人手中买下土地，再出售给有一定规模的农户。在这一系列措施的推动下，法国的农业人均耕地从 1955 年的 13.3 亩增至 2000 年的41.7 亩，增长了两倍有余，其中 50 亩以上的大型农场，虽然数量仅占全国农场数量的 1/4，但其经营面积却高达全国农用土地的 3/4。通过横向比较来看，法国农场的平均耕地规模是欧盟的 3 倍，是日本的 35 倍，是中国的 85 倍。[2] 专业化主要表现在对农作物生产区域的科学布局上，按照"平原发展种植业，丘陵发展畜牧业，山地发展果蔬业"的生态适应性要求，法国对不同产区进行了合理划分，经过不断调整，最终形成了以巴黎盆地为中心的粮食生产区、西部高原畜牧区和南部山地果蔬区三大重要产地。[3] 一体化是在生产专业化和协调化的基础上，由工商业资本家与农场主通过控股或缔结合同等形式，利用现代科学技术和现代企业方式，把农业与相关的工业、商业、运输、信贷等部门结合起来，组成利益共同体，由其他部门和机构提供资金和技术来指导农业建设，实现对农业的支持和反哺。

（四）推进三产融合，深挖农村多元发展潜能

产业兴旺是解决农村一切问题的前提，法国各地的乡村基于当地的资源与社会需要，充分发挥自身优势，挖掘特色资源，发展特色产业，加速一二三产的融合，延伸农业产业链，提高农产品附加值，促进农业增效，农民收入增加，从而促进乡村经济的发展。例如，法国的红酒享誉世界，但真正为这些种植酿酒葡萄的乡村注入经济活力的，是由红酒所衍生出来的文化和旅游产业。这是一种基于葡萄种植，以乡村旅游为中心，集农业生产，观光休闲，科学教育，娱乐餐饮，商务洽谈等多种功能于一体的复合农场，它是以"三产融合"为核心的新型产业，也是一种发展乡村旅游业的范本。

法国是世界上较大的旅游业国家，对乡村旅游的重视程度很高，虽然投入乡村旅游

---

① 汪明煜，周应恒. 法国乡村发展经验及对中国乡村振兴的启示 [J]. 世界农业，2021 (4)：65 - 72.
② 张新光. 当代法国农业资本主义发展的主要途径和特征 [J]. 中国发展，2009，9 (1)：49 - 53.
③ 陈新. 国外乡村建设对我国欠发达地区乡村振兴的若干启示 [J]. 乡村科技，2019 (30)：8 - 10.

的资金不多，但其经济收入却占据了法国旅游业的四分之一，被誉为"农业＋工业"的典型代表。通常情况下，政府作为牵头人对区域进行统一规划，并出台相应政策来支持产业的发展，当地的乡村则会根据规划做好服务组织的建设以及环境整治工作，一起将乡村旅游发展成为可以持续吸引人的优质产业。法国乡村旅游的主要特点是：原始的乡村风光，丰富的土特产，以及"参与性农业"。它并不依赖于当地的生态环境来收取入场费，而是以餐饮、住宿等产业链所衍生出来的全方位配套服务为基础，以多元化、特色化的乡村旅游产品和服务来吸引不同的人群，以此来促进乡村经济的发展。

（五）强化人才培养，全面提升农村劳动力综合素质

人才是乡村振兴的关键。20 世纪 50 年代初期，法国在工业化和城镇化过程中，面临着农民就业难、农村劳动力大量流失等问题，于是法国政府从职业教育和科学研究两个方面进行了积极探索。在职业教育方面，法国十分重视推广农业教育，各大学招收的农科学生数量在逐年递增。根据法国农业部的统计，在 1975～2015 年，农学院的毕业生人数上升了将近 70%。此外，法国政府还对农民进行了一系列培训，要求他们具备从事农业生产的资格，通过技能培训后，可以得到国家的经济补助以及各类贷款优惠。在科学研究的革新上，法国有一支规模庞大、种类繁多的农业科研团队，由国家直接管理，每年的预算达到了 25 亿欧元，其中 90% 来自政府的直接拨款。研究课题紧跟市场趋势，承接真实的农村生产生活，始终追求创新突破。从数据上看，科技进步对法国农业生产的贡献已从第二次世界大战前的 25% 上升至 20 世纪 80 年代的 75%，并对粮食生产保障起到了日益显著的影响。法国注重人才的培育，不仅使农村劳动力的整体质量得到了持续提升，而且还将各种优秀人才吸引到乡村创业就业，有效缓解了农村劳动力的大规模流失。

二、法国综合发展型农村改革的经验教训

法国的综合发展型农村改革在推动农村地区经济、社会和文化发展方面取得了显著成效，但也存在一些教训，值得我国在实施乡村振兴战略时借鉴。

（一）政策实施过程中的官僚主义问题

法国在农村改革过程中，部分地方政府和行政部门存在官僚主义问题，导致政策执行效果不佳。一些地方政府在申请和分配资金时，过于重视行政程序，忽视了实际效果，导致部分资金没有得到有效利用。此外，官僚主义问题还导致信息传递不畅，使得农民和地方政府对政策的理解出现偏差，影响了政策的实施效果。

（二）政策覆盖面不足

尽管法国的农村改革取得了一定成效，但仍有部分农村地区未享受到政策优惠。

这些地区往往地理位置偏远，人口较少，基础设施和公共服务水平较低。由于政策资源有限，加上地方政府对这些地区的关注度不够，导致这些地区的农村发展相对滞后。

（三）农业现代化进程中的环境问题

在推进农业现代化过程中，法国农业面临的环境问题日益突出。一方面，为了提高农业生产效率，大量使用化肥、农药等化学品，导致土壤、水源和空气污染；另一方面，大规模的养殖业也带来了动物粪便处理和温室气体排放等问题。这些问题对农村地区的生态环境造成了严重影响，对农村居民的生活质量产生了负面影响。

（四）乡村产业结构单一

尽管综合发展型农村改革鼓励乡村产业多元化，但法国农村地区的产业结构仍然较为单一。许多农村地区的经济仍依赖于传统农业生产，缺乏有效的产业转型升级。这限制了农村地区的经济发展潜力，难以实现可持续发展。

（五）农村人口流失问题依然严重

虽然综合发展型农村改革在一定程度上改善了农村地区的基础设施和公共服务，但农村人口流失问题依然严重。许多年轻人仍选择离开农村，前往城市寻找更好的工作和生活条件。这使得农村地区面临着人口老龄化和劳动力短缺等问题，制约了农村地区的长远发展。

三、法国农村综合改革对中国乡村振兴的启示

（一）坚持农民主体地位，提升乡村振兴的内在动力

农村建设最大的推动力就是农民的积极参与。因此，中国在乡村振兴战略的实施过程中，一方面，要始终坚持农民的主体地位，充分尊重农民的意愿，有效保护农民的权益，增强农民的参与意识，充分调动广大农民参加农业生产和农村环境治理的积极性，从而推动农村建设的高效、可持续发展；另一方面，要重视提升农村弱势群体的社会资本和组织资本，将村民小组或自然村作为基本单元，实行村民自治，在处理村级事务的过程中，赋予村民相应的权利，形成具有活力的自治组织形式，提高政策措施的执行效率。为了进一步增强乡村振兴的内生动力，中国还需要提高农民的整体文化素养，构建高素质的农民培养体系，加速培育新型农业经营主体，加大对农民的职业培训力度，尤其是对年轻农民的培养，并鼓励和引导各种类型的人才回到农村就业创业。

1. 全面提升农民素质。

要真正发挥农民的主体性，使其成为新农村建设的主力军，需要全面提升农民素

质,只有这样,他们才能科学地管理自己的事务,更好地行使他们的权利。

首先,要加大对农民和农户的教育力度,提高农户的技术水平和对农业生产的认识。为满足市场的需要,还可以对农民进行工作技能培训、岗前培训等,让一些农民具备从事非农产业的能力。此外,要加强对农民科学知识的培训,提升农民的整体素质和文化水平。同时,还应对农民进行法治教育,增强他们的法律意识,使他们能够用法律的武器维护自己的权益。

其次,要加强对农村教育的关注。进一步健全农村义务教育制度,增加农村基础教育投资,让农村儿童有书读、有学上,接受好的教育。同时,加强对乡村教师的培训和乡村学校建设,积极引进优秀人才到乡村任教,使乡村教育充满生机和活力。

再次,大力发展农村中职教育。与新农村持续发展需要相适应,构建多层次的教育体系,比如通过成人教育、远程教育等形式,培养出一大批高素质的新型农民,以满足新农村建设的需要,促进新农村建设的发展。

最后,注重农村文化的构建。加强农村文化建设,既能丰富农民的精神生活,又能改变他们传统、保守的思想观念,形成积极的人生观和价值观。一方面,要注重农村文化设施的建设,在乡村中建立一些农民集体活动的场所,比如村民会馆、图书馆等,为农民的文化生活提供载体;另一方面,要定期举办丰富多彩的文化娱乐活动,比如演讲比赛、辩论比赛、花卉会、文艺表演、劳动技术竞赛等。

2. 积极推进农业合作社的发展。

我国农民虽然数量较多,但相对独立,实力较弱。要充分发挥农民的主体作用,必须提高农民的组织水平,积极推进农业合作社的发展,需做到以下几点:

第一,应在法律上强化对农民利益的保护。法国对农业合作组织的立法十分重视,一方面,明确了农业合作社的合法身份,并规定了其成立的法定程序,使之更为规范;另一方面,能处理好政府与农村合作组织的关系,为其发展提供保障。在20世纪80年代,我国的农业合作组织已经开始兴起,但迄今为止还没有一部专门针对农业合作组织的法律。因此,我们应加速在农业合作组织方面的立法,明确其合法地位,规范其设立程序和运作行为,让其更好地发挥功能。

第二,政府要在政策上给予农业合作组织扶持。对农业合作组织的税费给予适当减免或免除。为促进新型农村合作组织的建立,应对其给予适当的财政补助。同时,政府应设立专门的资金来扶持农民合作组织,在其发展、科技普及和低息贷款等方面给予适当支持。

第三,应加强对农业合作组织的管理。首先,反映在新建农业合作组织的注册登记问题上。由于这一领域缺乏相关法律和规定,以及规范的管理,目前我国存在的农业合作组织有些被注册成企业,有些被登记成社会团体,有些未进行登记,这种无序状况导致了农业组织职能不能正确定位,也不能真正发挥其作用。要解决这些问题,必须加强对合作社的监管,设立一个统一、专门的部门,对合作社进行登记和注册。

其次，政府应处理好与农业合作组织的关系，既不能置之不理，也不能过度干预。政府应起到引导作用，避免多部门指导的混乱情况，让指定部门在宏观上对农业合作组织进行指导，使其朝着为农民服务的方向发展。

3. 加强基层民主管理建设。

要充分发挥农民的主体作用，就要从农民的需求出发，多倾听群众呼声，解决农民急需的问题，从而更好地维护农民的权益，而这要通过加强基层民主管理建设来实现。

第一，加强民主选举制度的建设。基层政权是新农村建设的直接执行者，在农村基础设施的建设、国家有关政策的落实等方面起到了重要的作用。正是在基层组织的领导下，才能让广大农民参与到新农村建设中来。在新农村建设中，基层组织起着举足轻重的作用。

第二，健全村民自治制度。在新农村建设中，政府应该起到引导的作用，而不能对农民的一切事务都进行干涉，农民应该对自己村的发展计划和关系到他们切身利益的问题有自己的决定权。政府在制定农村建设计划时，要充分考虑到农户的意见。应深入乡村调查，以农户的意愿为依据进行规划设计。与此同时，基层政府在决定自己村庄的事情时，也应该倾听群众的意见，严格按照民主的步骤来执行，这样才能更好地发挥农民的权利。

第三，完善村务公开制度。过去，往往是一件事情结束之后才公布于众，村民未能行使对于本村事务的知情权。建设社会主义新农村，就要把农民作为主要力量，一定要充分发挥农民的民主权，使村民能够全面掌握村里的各项工作，让农民能够对村里的事情有一个清晰的认识，既要知道结果，也要知道过程，让农民能够更加积极地参与到自己的家乡建设之中。与此同时，村民也要充分发挥他们的民主监督权，从而去更好地规范基层机构的行为，促进社会主义新农村的建设。除了上述几点以外，还应该为农民们提供一个可以让他们能够表达自己利益的途径，比如，召开村民大会，让农民们能够将自己的意愿和要求都表达出来，并且提出自己的意见和建议。与此同时，在这个过程中，大会也需要对这些信息进行收集，然后反馈给政府，搭建起一座在政府和农民之间进行交流的桥梁。

（二）构建并完善城乡融合发展的体制机制和政策体系，推动城乡要素双向流动

法国在农村改革过程中，积极推动城市与农村的协调发展，并取得了显著的效果。改革开放后，中国在城乡统筹发展上也有了很大进展，但仍面临着城乡要素流动不畅，公共资源分配不合理等诸多问题。中国要实现乡村振兴，必须加速城乡一体化，构建并完善城乡一体化的社会保障体系，推动城乡基本公共服务（如医疗、教育、养老）的均等化，使人口不会因为城乡之间的基本公共服务差距而被单向地吸

引到城镇。

1. 继续拟定并出台乡村振兴各方面的政策。

相较于法国数十部关于乡村振兴的法令、条例、规划和政策法规，我国的乡村振兴规划仍处在起步阶段，尚未形成一套覆盖"三农"、乡村文化、生态、社会经济，全方位的、系统的、有规划的、有步骤的行动方案。

2. 构建城乡统一的要素市场，使劳动力双向流动，土地市场一体化和金融市场普惠化。

首先，在构建城乡劳动力市场的过程中，要坚持"同工同酬"的原则，通过法律手段保障农民工的合法权益，消除对他们的"歧视"，并积极吸纳城市中的优秀人才到乡村建设中来，促进城乡之间的双向流动。其次，就城乡土地市场的构建而言，要以实现"均等化"为大方向，率先构建城乡统一的建设用地市场，并在此基础上，逐步开展农村宅基地的市场化改造，使农地市场得到充分的激活。在构建城乡金融市场时，要以"普惠共享"为原则，扩大城镇金融机构的覆盖面，健全农村金融服务系统。

3. 深化改革破解以户籍制度为核心的城乡二元结构效应。

与法国城乡人口管理政策不同，城乡二元户籍制度是阻碍中国乡村振兴的一个根本性变量，这并非类似于法国人口管理的简单政策规定，而是一个将户口管理与居民就业、住房、教育、社会福利等相关联的"分割性"制度，这种"城市偏向"的政策体系和固化的"二元制度"也彻底导致了乡村发展的严重弱化与空化。[①] 要解决这一问题，应从制度层面上解决制约我国农村劳动力转移的制度性障碍。

4. 加快推进支农体制的进一步健全。

乡村振兴需要持续的资源投入，而这必然要改变过去不平衡的"城市偏向"制度。一是要加强对农业农村的各类投资，包括财政、社会资本、固定资产和金融等。例如，在财政支农方面，要继续深化金融支持农业的体制、机制、重点建设领域等，通过"资源整合""集中投入"等途径，保证农业发展基金的稳定增加；在社会资本的投资方面，要以乡村的地方特色资源为基础，吸引并鼓励社会资本进入具有资源禀赋的乡村，发展现代化种养业、农产品加工业和农业旅游业。此外，还要辅以贴息、奖补等方式，引导社会资本广泛下乡，并激发农民参与的内在积极性。二是要对农用土地保障政策进行进一步的优化和调整。

（三）以乡村一二三产业融合发展为切入点，加速乡村产业振兴步伐

法国乡村生态旅游是乡村一二三产业相互融合、相互促进的一个典型案例。产业

---

① 武小龙. 乡村建设的政策嵌入、空间重构与技术赋能 [J]. 华南农业大学学报（社会科学版），2022，21（1）：9 - 22.

的繁荣发展，不但能够帮助农民增加收入，助力脱贫攻坚，而且还能够带来人口的回流，在一定程度上缓解农村老龄化的问题。当前，中国农村经济发展面临着劳动力大规模流出、资源要素使用不当等严重矛盾，农村经济转型升级势在必行。各乡村要以当地资源环境的承载力、要素禀赋、乡村所在区域的社会需求特征为依据，对产业结构和经济发展方式进行调整，充分挖掘乡村特色资源，坚持走特色化乡村发展之路。中国应该紧紧抓住乡村一二三产业的融合发展这一关键点，坚持以农业为主，结合本地资源，发展特色农业，以土特产加工、销售、旅游等为依托，建立起一条完善的产业链，并注意提高产业的技术水平，发展高附加值的产业，促进乡村经济的繁荣。

第一，中国要坚持"宜农则农、宜工则工、宜商则商、宜游则游"的原则，推动农业"接二连三"地向产业融合的发展方向转型。[1] 要实现这一目标，需要进一步健全以市场需求为主导的要素双向流动市场，打破城乡二元结构的制度性壁垒，为产业再分配与多样化发展提供资源保障。

第二，数字技术已经成为推动农业生产、加工、经营、销售等产业链供应链融合的新引擎，发展数字农业是对乡村振兴的有效赋能。一是推广数字技术在农业生产中的应用。大力推广数字技术在农业生产中的应用，提高农业生产的精准化和智能化水平。同时，加强农民的数字技能培训，提高农民的数字素养和应用能力。二是促进乡村一二三产业的跨界合作。鼓励乡村一二三产业之间的跨界合作，通过数字技术的连接和整合，实现产业间的资源共享和优势互补。同时，加强政府、企业和农户之间的沟通和协作，共同推动乡村一二三产业的融合发展。三是创新农村金融服务模式。创新农村金融服务模式，为乡村一二三产业的融合发展提供充足的资金支持。通过发展农村电商金融、农业供应链金融等新型金融服务模式，降低农村产业的融资成本，提高农村产业的融资效率。

（四）以科技创新驱动高质量发展为导向，激发农村建设的活力

要激发乡村建设的无穷活力，就要坚持以科技创新驱动高质量发展为导向，充分发挥科技在乡村发展中的重要作用，吸引各类有知识、懂科技的高素质人才参与乡村建设。新时期的国际农业竞赛，其实就是一场农业科技实力的竞赛，中国要想赶上新一轮的科技革命与产业变革，就一定要坚持以科技为先导，带动乡村振兴。具体而言，需要做到"软硬兼施"。"软"就是要对农村的发展进行科学的全面规划，既要认识到农村的特点，又要根据实际情况循序渐进地进行；"硬"是指在乡村振兴的各个阶段，不仅要将先进的科技理念、科技产品、科技人员等与之相匹配，还应增加科研投资，积极鼓励和引导社会资金参与到农业科技创新中来。只有在科技的引导下，

---

① 茅锐，林显一. 在乡村振兴中促进城乡融合发展：来自主要发达国家的经验启示 [J]. 国际经济评论，2022（1）：155-173，178.

实现软硬结合，才能真正激发出乡村建设的无穷的活力。

1. 强化农业科技创新工作。

加强对农业基础问题的研究，以及对国际上的农业生物组学，合成生物学，动物免疫调节机理，营养代谢调节机理等方面的研究，加强科研力量的配置；在生物育种、现代信息、新材料和精细农业等方面集中力量，共同进行关键技术的研究，力争获得一批重要的自主创新成果，牢牢掌握科技自主权和发展主动权；以国家重大需求为导向，以"卡脖子"技术为重点，以提高农业科技创新的需求导向为目标，以粮食、耕地这"两大要害"为中心，加强品种选育、耕地质量提升等重要实用技术的研究与开发，以保证国家的粮食和生态安全为目标。

2. 加快健全我国农业科技创新系统。

要对农业科技体制进行全面的改革，加强农业科技的顶层设计，对创新力量进行优化，将"中央、地方、企业"的科技创新定位和分工弄清楚，将科技创新的脉络理清楚，重塑一个与新时代下与我国国情和农情相适应的新型农业科技创新体系。中央科研机构、高等院校应围绕国家战略需要的基础性、前沿性课题进行科研，推动科技的原始性创新；地方科研机构和大专院校要充分利用区域内的技术集成和成果转化的优势，重点进行区域内的重大科技成果的研究和开发及集成的推广和应用；农业科技企业要集中力量进行高科技的研究和开发，以促进高科技的产业化和应用。

3. 大力推进政、产、学、研深度融合。

促进人才、知识、技术、资本等创新要素在农业领域的有效结合。加强顶层设计，健全体制机制，以建设合作创新系统为重点；充分利用政府的引导力量、农业科研机构和农业大学的研发力量以及涉农企业的市场引导力量，把各个主体都融入农业协同创新网络的框架中；加快建立农业科技创新平台，为推动农业技术合作创新提供强有力的支持。

4. 完善农业技术服务体系。

推动农业科技推广体制机制的创新，建立一种新型的、以公益性和社会化为基础的二元科技推广系统，并逐渐加强其主体地位；对农业科技社会化服务内容进行充实和完善，对农业科技社会化服务的模式进行创新，鼓励社会化服务机构为小农户提供全过程、精准化和个性化的科技服务，推动高新技术成果的快速推广和应用。探讨构建由科研院所、高校与社会化服务主体共同构成的农业科技社会化服务联盟，将科技研发、人才培养与社会服务三大功能进行有机结合，从而提升社会化服务的水平，并提升科技含金量。加大对社会化服务的扶持力度，对新型农业社会化服务主体进行重点培育，鼓励、引导社会资本和各类企业开展农业科技社会化服务，并构建相应的奖补机制，支持农业社会化服务组织做大做强，推动社会化服务行业的繁荣发展。

5. 不断加大农业科技投资力度。

由于农业科研具有独特的生命属性、长周期属性、自然环境约束性、对市场的依赖性和与人体健康的高度关联性，因此，要制定出一套农业科研优先发展的政策制度，加强农业科技在大科技领域的地位。"十四五"期间，要不断加大农业科技投资，构建农业科技投资稳步增长的长效机制，实现农业科技投资比 GDP 增速更快的目标，到 2025 年，我国农业科技投资密度要达到 1.5%，[①] 进一步加强农业科技创新在我国经济社会发展中的重要作用。

本 章 小 结

　　纵观法国农村综合改革发展史，其农业的大规模发展是一个相对短暂的时期。早在 19 世纪初，法国的资本主义生产方式就已经开始萌芽，但在接下来的近半个世纪的时间里，由于封建传统的影响极为深厚，法国的经济社会发展十分缓慢，出现了一系列有关农业、农村和农民的问题。第二次世界大战后至 20 世纪 70 年代末期，法国在短短的 20 年内完成了农业的现代化，并跻身于世界上最先进的农业大国之列。法国的农业能够在如此短的时间里快速地走向现代化，一个原因是法国工业的高速发展。另一个原因是法国政府在其农业现代化进程中，适时地推行了"农村改革"。概括来说，法国通过对农村建设的集中化、专业化、大型化，推动了农村的综合发展，包括大力推进均衡化"领土整治"措施、积极推进农业生产专业化、大力发展生态农业与生态旅游。经过几十年的探索，已积累了一些发展的经验，包括依托合作化政策、重视立法、推进城乡融合、加强农业用地管理、推进三产融合、强化人才培养，形成了以满足农业农村现代化需求为核心的综合型发展模式。

思 考 题

1. 法国综合发展型农村改革对法国农村发展的作用？
2. 法国综合发展型农村改革的经验和教训有哪些？
3. 法国综合发展型农村改革对中国乡村振兴有哪些启示价值？

---

① 钱加荣. 强化农业科技创新在国家创新体系中的战略地位 [J]. 中国农村科技，2023 (7)：23 - 25.

第十章　德国循序渐进型村庄更新案例分析

第一节　德国村庄更新案例概述

一、德国村庄更新的建设背景①

（一）战后重建

20世纪50年代，欧洲开始战后重建。随着城市工业的扩大，城市成为社会经济发展的中心，农村经济逐渐衰落，工业发展对乡村带来了极大的冲击。1954年，德国政府颁布了《土地整理法》，明确了村庄更新的基本原则，通过乡村振兴，显著改

① 第二次世界大战结束后，德国于1949年分裂为民主德国和联邦德国。1990年10月3日，德国实现重新统一。为了便于案例分析，本章将其统一称为德国。

善乡村的基础设施和居民的生活水平。[①]

（二）应对工业化冲击

20世纪70年代初，德国工业化给城市带来了严重的环境问题，导致城市吸引力下降。城市居民开始被乡村地区优质的环境所吸引，纷纷搬离城市。在此情况下，乡村的建筑密度、交通设施和土地开发等出现了一系列问题，导致乡村逐渐失去了应有的吸引力。在此背景下，德国在1976年重新修订了《土地整理法》，通过新的法案重点保护乡村的特色。1984年，村庄更新被纳入联邦农业部负责的农业结构和海岸保护改善任务中。[②]

（三）可持续发展理念的影响

1987年，世界环境与发展委员会发布了一份名为《我们共同的未来》（Our Common Future）的报告，提出了可持续发展这一概念。自那时起，德国乡村更加关注乡村可持续发展的长远利益。乡村地区的生态、文化传统及旅游风貌等被提升到了与经济开发同等重要的地位。[③]

二、欧洲一体化和经济全球化的驱使

（一）欧洲一体化

20世纪90年代以后，在欧洲一体化框架下，农业和乡村政策整体发展布局不断凸显。1992年，在里约热内卢召开的联合国环境发展大会上，欧盟提出了新的农业政策。德国政府为了与欧盟提出的欧洲区域整体发展政策及其农业政策相适应，经过综合考虑，将村庄更新规划与欧洲区域整体发展相结合。德国政府努力构建乡村地区在区域内部新的角色和规划来促进农村结构改革。

（二）经济全球化

经济全球化加速，世界成为一个整体，大量年轻人外迁，导致德国乡村人才流失。人口老龄化和人口减少，德国是一个人口老龄化严重的国家，许多农村地区面临人口减少和年轻人外流的问题。这导致了村庄人口稀少，社会基础设施不足，社区活力下降等问题。同时，建筑破败、景观不协调、基础设施标准低、交通负荷、乡村地区自然潜力受损等问题严重，制约乡村发展，促使德国逐步加快村庄更新的步伐。从

---

① 刘成武，莫森岚. 国外土地综合整治助推乡村发展的经验及启示 [J]. 社会科学动态，2023（7）：36-42.
② 何山. 全球10个国家地区乡村振兴新模式案例 [J]. 今日国土，2022（12）：25-28.
③ 李晓夏，宋瑞亚. 乡村振兴中的现代生态农业发展：基于德国经验的分析 [J]. 湖北农业科学，2024，63（3）：34-40.

区域建设和乡村治理的角度考虑乡村发展，兼顾经济、社会、生态效益是德国村庄更新的主要内容。

三、德国村庄更新建设思路

德国至今大致经历了四个阶段的村庄更新：第一阶段为 20 世纪 50～60 年代，主要工作是第二次世界大战后的大拆大建；第二阶段为 20 世纪 70 年代，德国进入保护塑造阶段，重点是保护乡村的特色；第三阶段为 20 世纪 80 年代，进入整体发展阶段，将村落与乡村地区相互结合、协调发展；第四阶段为 20 世纪 90 年代至今，注重区域发展，主要是受到欧盟政策的影响，重构自身对乡村的定义与角色（见表 10－1）。

表 10－1　　　　　　　　　德国村庄更新的历史阶段及工作重点

项目	村庄更新开始	保护塑造	整体发展	区域发展
年代	20 世纪 50～60 年代	20 世纪 70 年代	20 世纪 80 年代	20 世纪 90 年代至今
重点	大拆大建	保护塑造乡村特色	村落与乡村地区发展相结合	结合欧盟政策重构乡村定义与角色

德国村庄更新计划已经取得了显著的成效。村庄的特色文化和独特风貌得以保留，村民的自我认同感和归属感得到了极大的增强。德国乡村地区的基础设施和服务（如房屋、道路、教育和医疗保健等）得到了显著改善。这些变化不仅提高了村民的生活质量，而且进一步缩小了城乡之间的发展差距。统计数据显示，2017 年年末约有 2 630 万德国居民生活在乡村地区，占总人口的 32% 左右，同时有大约 1 200 万个就业岗位分布在这些地区，占总就业岗位的 28% 左右。[①] 以德国巴伐利亚州为例，该州城乡同步发展，城市和乡村的国内生产总值已经基本相当。德国乡村凭借其优美的自然环境、完善的基础设施和产业结构，日益成为德国居民理想居住地的不二之选。德国推进村庄更新的主要做法如下：

（一）贯彻城乡等值化理念

为了应对 20 世纪 60 年代农村人口老龄化、乡村凋敝、农村生活水平下降的问题，采取了不以消除村庄为目的、不牺牲农村为代价追求城市发展的理念，坚持城乡发展空间一体化布局且长期固定，实行城乡公共基础设施均等化、城乡居民社会保障同步化、城乡发展机会均等化的策略。在推动乡村发展过程中，不以城市作为乡村的

---

① 中国农业银行三农政策与业务创新部课题组，李润平. 发达国家推动乡村发展的经验借鉴 [J]. 宏观经济管理，2018（9）：69－77.

目标，而是强调需要与城市一样美好宜居。通过乡村的机遇与代际公平、分配公平及程序公平三个方面，大大激发了城市的发展活力。

第一，机遇和代际公平。为了促进城乡之间居民在经济发展机遇和代际方面的公平，德国通过工商企业入驻乡村的方式，为乡村带来了大量的就业岗位，同时也增加了当地的财政收入，促进当地的经济发展。同时，通过教育提高人口的整体素质，通过文化传承和自然生态的保护，为当地的永续发展创造了条件。

第二，分配公平。为了促进分配程序方面的公平，在城乡之间公平分配公共财政支持项目。例如，德国保障了所有村庄水电气暖供应，与城市居民享受同样的公共服务配套设施。事关民生的医疗和教育补贴，城乡统一采用了相同标准。相关的基础设施，也尽最大可能延伸到农村地区。

第三，程序公平。程序公平主要体现在村民对事关村庄事务的决策和管理，以当地居民的意见为主，地方政府以管理者和提供服务的角色保障村民的意愿得以实施，从而充分结合了"自下而上"和"自上而下"相结合的决策方式。

1965 年，德国基于《联邦德国空间规划》制定了《城乡空间发展规划》，从而确定了"城乡等值化"的区域空间发展和国土规划战略目标，进而通过土地整治、产业升级等，充分利用土地要素资源，实现城乡居民在生活、工作和日常交通等方面的等值化。德国在村庄更新过程中一直重视乡村土地整治，并根据不同的发展阶段赋予其不同的功能。在早期，主要目标是推进农地整治，解决细碎化问题，提高农业的机械化和大规模经营水平。后来，德国开始把基础设施和公共事业建设作为乡村土地整治的重点。

自 20 世纪 70 年代以来，德国在乡村土地整治中更加重视景观和环境保护。由于不同发展阶段乡村衰落的内在逻辑不同，促进村庄更新的思路也必须相应调整。德国作为工业化的先行者，经历了城市化的完整过程，在不同的发展阶段所面临的乡村发展问题也不一样，因此其应对策略也有很大的差异。[①] 德国循序渐进型村庄更新注重综合规划、社会参与、环境保护、经济发展等多个方面的平衡，旨在实现乡村社区的可持续繁荣和居民生活的提升。具体表现在以下几个方面：

一是社区参与合作。德国的村庄更新强调社区居民的参与合作，政府、社会组织、居民等各方共同协作制定规划和决策，以实现乡村的可持续发展。

二是综合性规划。德国的村庄更新注重综合性规划，将各种不同的需求整合在一起，包括住房、交通、基础设施、环境保护、文化传承等，以实现全面可持续发展。

三是文化传承。德国的村庄更新注重保护和传承乡村的历史、文化和传统，保留古老建筑和乡村风貌以及传统乡土技艺，以有助于保持乡村的独特魅力。

四是可持续发展。可持续性是德国村庄更新的关键原则之一，通过节能环保建

---

① 叶兴庆，程郁，于晓华. 德国如何振兴乡村［J］. 农业工程技术，2019，39（21）：49 – 52.

筑、促进农村经济多样化、推广可再生能源等方式，实现社会、环境和经济的平衡发展。

五是基础设施和服务提升。德国的村庄更新注重基础设施和公共服务的提升，包括道路、供水排水、电力等，以提高居民的生活质量和便利性。

六是创新和数字化。德国鼓励在村庄更新中应用创新技术和数字化解决方案，以提高效率、增加就业机会，并促进数字化经济的发展。

七是可及性和可达性。德国致力于提高乡村地区的可及性和可达性，使其与城市之间的连接更加便捷，有助于促进人口流动和经济发展。

八是多功能用途。德国倡导乡村地区的多功能用途规划，例如，将空置农舍改建成住宅或创业空间，以适应多样化的社会工作生活需求。

九是金融支持和资助。德国政府提供各种形式的金融支持和资助，鼓励私人部门和社会组织参与村庄更新项目，从而为乡村可持续发展提供支持。

（二）坚持可持续发展

可持续性是德国村庄更新的主要思路，通过节能环保建筑、促进农村经济多样化、推广可再生能源等方式，实现社会、环境和经济的平衡发展。因此，可持续发展成为德国村庄更新的国策，也成为乡村居民的共同愿望。可持续发展体现在生态可持续、经济可持续和文化可持续三个方面。

1. 生态可持续。

德国政府高度重视生态空间的规划和保护，并以立法的形式严格实施。例如，德国《农业法》明确规定全国每公顷土地消纳的粪污不得超过 170 千克氮，所有的养殖户排污总量便据此确定，而且养殖户所产生的粪污必须自行消纳，或者通过付费的方式让第三方消纳。这种规定推动了养殖业和种植业的协调发展，并大大促进了当地生态的可持续发展。同时，德国大力推动生态友好型农业技术和相关产业，并通过专门的项目和资金发展有机农业和绿色农业。例如，20 世纪 80 年代末，慕尼黑郊区的赫尔曼斯多夫（Herrmannsdorfer）生态农场通过养销一体化的模式，在绿色产品生产、品牌宣传、技术培训、标准控制等方面得到财政资金的持续支持，现已发展成为欧盟地区的绿色农产品知名供应商，经济效益和品牌价值得到显著提升。

生态可持续还表现在对自然资源的合理开发和利用。德国的森林资源自 1990 年以来一直呈现出增长趋势（见图 10 - 1），总体保持在 3 600 万平方米以上的水平，但对森林资源的利用在 2010 年以后维持在一个较低水平，保障了森林资源的可持续发展，为乡村振兴的可持续发展奠定了重要基础。①

---

① 资料来源：CEIC 数据库。

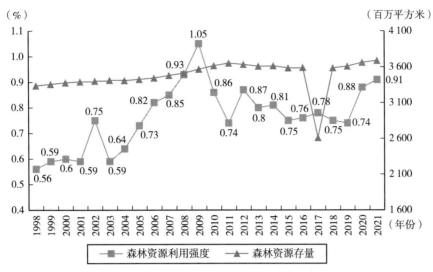

图 10 – 1　德国森林资源存量与利用强度

资料来源：联合国粮食及农业组织发布的《2022 年世界森林状况》、德国联邦食品和农业部网站以及德国《2021 年森林报告》。

2. 经济可持续。

通过打造村庄特色优势产业及其产业集群，从而保障乡村经济的生命力和竞争力持续增强，实现经济的可持续发展。例如，北威州的施特莱伦（Straelen）小镇，其主要优势有两点：一是与荷兰的距离较其他州具有地理位置优势；二是该州具有宽广的土地面积。因此，该地积极引入荷兰的优势产业花卉，通过种植适宜的品种，推动花卉种植业的发展壮大，为该地的经济发展注入强大动力。然而，小镇并未止步于此，其还通过引入其他产业来进一步丰富自身的经济结构。[①] 此外，德国政府也十分注重提高农村地区的生产效率，积极推广现代化的农业技术和装备，加强农村基础设施建设，以提高农村居民的生活水平。

3. 文化可持续。

第二次世界大战之后，德国经济得到快速发展，相关村镇的总体格局已经基本成型，每个村庄都有自身的历史积淀，有的甚至存在 100 多年的历史。当地在推动乡村的发展过程中，无论是政府还是当地居民，都十分注重对当地文化的保护和历史的传承。主要体现在保持古建筑的原始风貌，保护和传承当地有特色的文化项目。例如，北威州杜塞尔多夫郊区的宗斯（Zons）小镇，其核心区是修建于科隆大主教时期的古城堡，拥有 600 余年历史。经过保护与修缮，保持了原始风貌，当地政府还通过挖掘历史题材制作宣传片、恢复举办传统节庆活动等方式增强小镇的历史厚

① 王海英，张羽清，周之澄. 英国、德国乡村景观设计剖析及对我国乡村建设的启示 [J]. 江苏农业科学，2021，49（20）：9 - 16.

重感。① 此外，德国政府也通过各种方式来保护和传承乡村的文化遗产。在德国，每个村镇都有自己的传统手工艺、特色美食和文化活动。这些文化遗产不仅是乡村的重要组成部分，也是当地居民文化认同的重要来源。因此，德国政府通过提供资金支持、举办文化活动、推广传统手工艺等方式来保护和传承这些文化遗产。这些努力不仅有助于保护和传承乡村文化，也为乡村的发展注入了新的活力。除此之外，德国政府还鼓励当地居民参与到文化保护和传承的工作中来。例如，政府会提供专门的文化遗产保护培训课程，让居民了解如何保护和修缮古老的建筑和文化遗址。此外，政府还会举办各种文化活动，如传统手工艺展览、特色美食节等，让居民有机会展示和分享自己的文化和传统。这些举措不仅有助于增强当地居民的文化认同感和归属感，也为乡村的文化发展提供了有力的支持。另外，德国政府还注重将乡村的文化资源转化为经济发展动力。通过开发文化旅游项目、推出特色文化产品等方式，将乡村的文化遗产转化为具有市场竞争力的旅游资源和商品，促进当地经济的发展。例如，许多村镇通过开设手工艺工坊、特色餐饮店等为游客提供体验式旅游服务，让游客深入了解和感受乡村的文化和传统。这些举措不仅为乡村带来了经济收益，也为文化遗产的传承提供了新的动力。

总的来说，德国在乡村文化保护和传承方面采取了多种措施，包括保持原始风貌、保护和传承文化遗产、增强居民文化认同感等。这些努力不仅有助于保护和传承乡村文化，也为乡村的发展注入了新的活力，同时又促进了经济的可持续发展。

第二节　德国村庄更新案例分析

一、实施合理的规划管理制度

（一）实行平行管理制度

德国推行了平行管理制度，乡村和城市规划建设管理各自独立，职权互不干涉。城乡等值化理念要求城乡生活质量基本均等，但各自的具体发展模式却不尽相同。在德国的国土空间发展体系中，城乡之间的发展模式各不相同，乡村不是城市的补充或附庸，而是一个具有自身独立性，并与城市在经济和社会等方面有关联性。因此，德国的平行管理制度体现在规划和行政体制两个具体方面。在规划方面，乡村地区是一个独立决定其建设的个体，不会受到城市地区的影响，即乡村与城市具有平行的建设

---

① 刘荣志. 德国乡村发展的做法及启示：赴德乡村建设规划标准体系培训情况报告 [J]. 农村工作通讯，2019（6）：61-64.

管理体系。在行政体制方面，德国不存在类似于中央集权制国家的行政管理层级，城乡之间的政府不存在上下级关系，而是一种相互独立的平行关系。政府对农村地区的社会政治结构进行调整，出台政策规定村庄更新的原则。农业结构和海岸保护改善（GAK）框架规划制定了促进村庄更新的基本原则，作为州层面的责任，德国各州通过农业部门发布指导方针来实施 GAK 框架计划，其制定的原则在各职能部门以不同的方式被具体化和补充完善。通过这种平行管理制度，尤其是通过行政和规划两个方面的平行管理制度，使得德国村庄更新实践过程中具有直接高效的特性。[①]

（二）鼓励公民参与

德国乡村规划管理的重心在于高度关注地方自身的需求，以保护居民利益和平衡各相关方的利益为要点。在规划过程中，采取的是自下而上的公众参与模式，而非由政府和规划师主导的自上而下的方式。乡村规划师的首要职责是组织和协调村民充分表达自己的意见，并通过协商使规划结果更符合大家的期待。

德国乡村规划管理重视农村居民的自主行动和自我负责，充分尊重村民的意愿，并积极倡导他们参与村庄经济发展规划的制定、实施和监督。此外，德国通过实施一系列的乡村建设项目，农民的参与热情得到了有效激发，并且这些项目的实施还切实保障了他们的生活和生产利益。与此同时，农民协会不仅协调制定农业发展的优惠政策，还在为农民争取财政支持和技术支撑方面发挥了积极作用，充分体现了"源于此，用于此"的理念。[②]

在村庄建设的每个环节中，所有村民都能充分发挥主观能动性，掌握村庄建设的具体情况，并表达自身的诉求和建议，能够充分认可乡村发展并投身于村庄的建设发展，为乡村的更新作出贡献，增强乡村的宜居性和凝聚力。这些努力不仅有助于实现乡村的可持续发展，也为城市居民提供了学习和借鉴的机会。

二、切实加强立法保护

德国之所以能够取得乡村建设的成功，一个重要原因在于其对农业农村的高度保护和投入。在法律层面，德国形成了一套以《农业法》《土地整治法》《合作社法》等为核心的法律框架体系，以确保"三农"在国民经济发展中的独特地位。德国在1936 年便颁布了《帝国土地改革法》，该法主要是为德国的乡村发展建立统一标准。[③]此外，德国政府还设立了由农业部牵头，经济部、卫生部、交通部、环保部、内政部等共同参与的领导机制。在政策层面，德国农村发展最为显著的一个特色就是

①③ 王宏侠，丁奇. 德国乡村更新的策略与实施方法：以巴伐利亚州 Velburg 为例 [J]. 艺术与设计（理论），2016，2（3）：67-69.

② 赵鑫，张楠. 内生发展能力视角下的德国乡村振兴经验对我国脱贫地区的启示 [J]. 农村经济与科技，2021，32（17）：204-206.

种类繁多的扶持补贴政策，包括生态补贴、种植业补贴、休耕补贴、畜牧业补贴等。例如，2014年，德国农村从欧盟共同财政获得的资金高达288亿欧元。在巴伐利亚州和北威州，欧盟给予其成员每公顷农用地的保底补贴达280~320欧元，绿色生产补贴每公顷另增加120欧元左右。此外，2014~2020年，北威州获得的LEADER项目补助资金达7 000万欧元。①

（一）资源要素保护

村庄的生态空间在法律上受到严格保护，这涉及林地、水域和生物资源等与农村生产生活息息相关的自然元素。为了维护生物多样性，确保生态系统的稳定性，开采生态林地的行为是被禁止的，狩猎野生动物的行为也绝对严禁。人工建设鸟巢、水塘、洞穴、投喂站等设施以帮助生态空间的持续与稳定。此外，实施土地整理项目也是非常重要的。将原本细碎化的土地整合成大块的农田，更便于机械化和规模化经营，从而提高劳动生产率。②

（二）农业产业发展保护

为了确保农业经营者的收入，可以采取一些补贴措施。例如，如果经营者采取绿色生产方式，可以获得更高的补贴。欧盟每年给予德国的支农项目补贴资金高达数十亿欧元，德国联邦、州、市政府还会配套一定比例的补贴。农场主的继承问题是一个重要议题，因为它直接影响到农业产业的稳定性和未来的发展。德国政府为了确保农场的规模稳定以及农场主的收入不减少，规定每个农场主只能指定一个子女继承农场。如果农场主没有子女或因故无法找到合适的继承人，那么该农场必须转让给其他合适的农场主，同时不能改变农业经营属性，以此保证农业生产的稳定性和持续性。这些措施的实施，有助于德国农业产业的健康稳定发展。

（三）人才的培养与保护

德国非常注重对农业人才的培养和保护，明确要求所有农业从业者必须完成三年以上的职业教育，获得两个以上农艺技能，并成功通过考试以获得职业资格证书。对于农场主，要求则更高，需要取得农经专业本科及以上学历认证。为了培养和锻炼农业经营人才，德国在大学教育、生产实践、职业培训等方面都作出了相应的政策设计和制度安排。这些措施确保了农业生产经营者都具备符合产业发展要求的能力，并且能够适应市场挑战，从而强化了农业发展的人才基础。③

---

① 刘荣志. 德国乡村发展的做法及启示：赴德乡村建设规划标准体系培训情况报告 [J]. 农村工作通讯，2019（6）：61-64.

②③ 詹慧龙，刘洋. 德国乡村发展的做法与启示 [J]. 古今农业，2019（4）：1-5.

总体来说，德国政府和各联邦州已经建立了一套法律体系对乡村发展和农业生产进行规范，尤其是围绕如何确保乡村的内生发展构建一系列的法律框架。《建设法典》《空间秩序法》《规划法》及其他重要的法律规定，乡村的发展过程中，应以规划乡村基础设施为前提，逐步提升乡村生活空间的内生发展，并确保有法可依、执法必严。①

德国的乡村规划法律体系非常完善，不同层级的法规之间具有高度的衔接性。首先，联邦政府制定了全国性的村庄更新法律法规，为全国范围内的乡村发展提供了指导和支持。其次，各联邦州根据各自州域规划法和其他相关法规制定了相关规定，以适应各自州域内的乡村发展需求。再次，州内区域政府在州规划的基础上配合制定了各个区域的相关规划法规，以确保各区域内的乡村发展得到有效推进。最后，地方乡村政府必须遵守和执行联邦政府和州政府的有关法律，同时也有权制定符合本地实际情况的详细相关法规，例如给水法规、污水法规和道路法规等，但前提是不与联邦政府和州政府的规划相违背。

三、活跃社会文化建设

（一）举办乡村竞赛

德国政府不仅通过颁布《土地整治法》《农业法》和《联邦空间规划》等法律法规，还实施了村庄更新计划和欧盟引领项目等投资建设活动，以促进村庄更新和发展。此外，德国还注重为村庄更新营造社会氛围，其中最典型的就是举办村庄更新竞赛。② 为了营造村庄更新的社会氛围，从1961年开始每三年举办一次全国性的竞赛，主题为"我们村庄更美丽"。参赛村庄需要在美化绿色设施和鲜花方面下功夫，以提升村庄的吸引力和竞争力。竞赛分为四级平台，包括县、区、州和联邦，参赛村庄需要报名登记并提交汇报材料。评选委员会对参评村庄进行实地考察和评定，最终选出金银铜牌村庄；获得金牌的村庄可以晋级到更高一级的竞赛平台。在竞赛过程中，一些村庄通过发挥历史文化和自然资源优势，共同制定发展规划，改扩建幼儿园、小学，开设面向老年人、年轻人、中小学生、幼儿园的活动场所，修建污水处理设施，拓宽泄洪区域，严控大型工业企业入驻，建设美丽宜居小镇。这些村庄的成功经验为其他村庄提供了借鉴和启示，也促进了乡村的更新和发展。

1961～1997年，村庄更新竞赛的主题为"我们的乡村应更美"；1998～2007年，村庄更新竞赛添加了"我们的乡村有未来"的副标题，竞赛的方向发生了重大转变，

---

① 赵鑫，张楠. 内生发展能力视角下的德国乡村振兴经验对我国脱贫地区的启示 [J]. 农村经济与科技，2021，32（17）：204 - 206.

② 陈俊峰，冯鑫，戴永务. 德国乡村竞赛计划对我国乡村振兴的启示 [J]. 台湾农业探索，2018（5）：66 - 69.

从单纯注重外表的"美丽村庄"逐渐转变为强调村庄的内在品质"乡村生活品质"。这表明，除了重视鲜花和绿草等自然景观外，人们也开始更加关注村庄的经济、文化和传统等方面。这种转变使得更多的村庄开始关注经济、社会和环境之间的平衡发展，也为乡村的可持续发展奠定了基础。

巴伐利亚州的阿斯滕（Asten）小镇就是一个成功的例子。这个拥有 575 年历史的小镇处于冰川遗址地区，历史悠久、文化底蕴深厚。通过发挥历史文化和自然资源优势，共同制定发展规划，改扩建幼儿园、小学，开设面向老年人、年轻人、中小学生、幼儿园的活动场所，修建污水处理设施，拓宽泄洪区域，严控大型工业企业入驻，建设美丽宜居小镇。这些努力最终使阿斯滕小镇成功获得了巴伐利亚州的"银牌村庄"称号。更重要的是，阿斯滕小镇的成功经验不仅吸引了小镇居民的参与，甚至还吸引了邻近的匈牙利居民参与出资建设美丽村庄。这种积极的社会反响表明了村庄更新竞赛在营造浓厚的村庄更新氛围方面发挥了重要作用。[①]

从 2007 年至今，村庄更新的标题缩短为"我们的乡村有未来"，这也标志着竞赛进入了一个新的阶段。在这个阶段中，村庄更新竞赛继续营造浓厚的村庄更新氛围，在政府、企业和村民的共同努力下，德国的乡村逐步焕发出新的生机。这些努力不仅推动了乡村经济的蓬勃发展，也显著改善了村庄的环境，同时还提高了村民的生活质量和幸福感。[②]

（二）注重保持乡土文化特色

德国乡村的教堂和五月树是其特色文化。在乡村地区，人们常常可以欣赏到许多蕴含历史韵味和传统特色的风貌，例如，拥有几百年历史的古老教堂、拥有陡峭屋顶和醒目的木构架外墙的传统民居，以及作为幸福象征的五月树等。[③] 街边的小店也大多风格各异，其中很多已有数十年的历史。这些在现代生活中得以保留的地方历史文化基因，为乡村增添了纵深感和独特性。

然而，在第二次世界大战以后，德国乡村曾经历过一段盲目追求功能、简单复制城市的阶段。由于乡村有廉价的劳动力、便宜的地价以及国家相应的补贴，大量工业项目被引向农村地区，导致德国乡村一度陷入人口密集、交通拥挤、土地过度开发的困境。为配合工业设施的迁移而兴起的新村建设也陷入了片面追求功能化的陷阱，大量乡村原有景观和历史遗存遭到破坏。幸运的是，20 世纪 70 年代以后，德国认识到了乡村文化失落的后果，重新修订了《土地整理法》，将立足保持乡村原有文化形态

---

① 刘荣志. 德国乡村发展的做法及启示：赴德乡村建设规划标准体系培训情况报告 [J]. 农村工作通讯，2019（6）：61-64.

② 王畅，张晋石，王科. 德国乡村竞赛："我们的村庄有未来"对我国乡村建设的启示 [J]. 北京规划建设，2021（1）：126-129.

③ 于江. 乡村振兴的德国经验 [J]. 群众，2017（24）：63-65.

和重视生态发展的"村庄更新"计划列入条款。此外，丰富多彩的社会文化活动也有助于增强村民的凝聚力和社会责任感。例如，在格罗斯多巴夫，一共有 21 个社会团体，举办各种世俗节日、教堂活动以及适合不同年龄段的社区活动。这些社会活动所筹集的资金被用于乡村建设，为乡村发展提供了有力支持。

（三）加强文化成果的宣传和推广

文化建设对于一个地区的地域特征有着显著的贡献，同时也有助于增强社会凝聚力。德国巴登—符腾堡州多年来一直在探讨如何积极推动地区特有的建筑文化和形态建设。例如，州政府在 2016 年和 2020 年两次颁发"州建造文化奖"，表彰全州范围内的高质量改建或新建项目，包括建筑、规划和景观等领域。这一举措的初衷在于，不仅要让新兴的建筑文化意识在专业领域得到认可，还要在公众中得到展示和强调，进而激发人们对具有地域特色的现代建筑的好奇心和兴趣。此外，外部的推动力也有助于人们更好地认识到地方的优点和不足。因此，在考虑功能和设计之外，更加需要创造一种开放性的视角，为该地区的发展带来新的思路。这种新的视角也有助于发现当地市场和投资者没有发现的特殊之处，如拥有高质量的景观和建筑。①

四、以产业发展为引领

（一）以产业"逆城市化"增加乡村就业机会

德国在 1954 年和 1955 年先后颁布了《土地整治法》和《农业法》，旨在推动小规模农户退出后的土地流转集中，进而推动农业规模经营。同时，德国还通过完善乡村基础设施、改善生活水平等方式来提高农村整体水平。另外，德国还注重完善产业基础设施和功能区布局规划，从而增强了小城镇的产业配套与服务功能，吸引了越来越多的大企业将总部设在这些城市和小镇上。例如，贝塔斯曼集团、大众、奥迪、欧宝等大企业的总部都设在了居特斯洛、沃尔夫斯堡、因戈尔施塔特和吕瑟尔斯海姆等小镇上。这些大企业的到来，不仅带动了乡村现代化的发展，还促进了城乡的均衡协调发展。②

此外，德国政府还采取了一系列措施来鼓励和支持农村发展。例如，通过提供财政补贴和税收优惠等政策，鼓励企业在农村地区设立总部或生产基地，并为农民提供培训和创业支持，帮助他们提高技能和扩大经营。这些政策措施有效地促进了乡村经济的发展和就业机会的增加，吸引了大量人口前往农村地区。

---

① 克斯廷·戈特，蒋薇，丁宇新. 内生型发展导向下德国乡村地区存量空间的潜力激活：以巴登—符滕堡州 MELAP 项目为例 [J]. 国际城市规划，2020，35（5）：35－44.

② 叶兴庆，程郁，于晓华. 德国如何振兴乡村 [J]. 农业工程技术，2019，39（21）：49－52.

（二）充分运用欧盟"引领项目"（LEADER）促进乡村发展

欧盟的 LEADER 项目是一项重要的乡村发展计划，[①] 自 1991 年启动以来，大大推动了欧盟乡村地区的整体发展。起初，LEADER 项目只是一个区域性的农村发展实验，主要采用"自下而上"的策略，鼓励当地群众积极参与农村地区的发展决策和管理。这种方法的核心理念是调动社区的积极性和创造力，以实现农村地区的可持续发展。2007 年，LEADER 项目被正式纳入欧盟农业政策体系，此举进一步推动了 LEADER 项目的发展，使其逐渐成为欧盟乡村发展的重要力量。

随着时间的推移，LEADER 项目逐渐发展壮大，在各地成立了地方性行动小组，这些小组联合广泛的利益相关者共同推进农村社会发展。这种多元化的参与合作模式，有效推动了农村地区的创新和进步。LEADER 项目的成功，很大程度上归功于它充分调动了当地民众和各类专业服务主体的积极性。这种广泛的参与合作，不仅增强了项目的有效性和可持续性，也使得 LEADER 项目取得了显著的发展成效。2014～2020 年，LEADER 的方法从地区发展项目扩展到所有的欧盟结构投资资金项目中。这一扩展进一步强化了 LEADER 项目在整个欧盟范围内的影响力，使其成为一个更加全面、更加深入的乡村发展计划。

培训团在杜塞尔多夫调研的阿姆斯贝格（Amsberg）小镇就是一个 LEADER 项目实施的典型案例。该镇针对村庄养老、交通、旅游、环境、设施缺乏等问题，通过动员广大的村民充分发表意见并系统梳理和总结，将村民最为关心的问题汇总，据此作为欧盟 LEADER 项目的申请材料，并最终获得资助。通过该项目的资助，村民活动中心、养老院、博物馆、图书亭、共享汽车等公共服务设施得到了升级改造，大幅度改善了村庄公共服务的整体水平。[②]

（三）以生物资源利用促进产业融合

可持续发展一直是德国推动乡村发展的国家战略之一，而生物质资源的利用则是支撑这一战略的重要方面之一。德国联邦食品与农业部、联邦环境自然保护部与核安全部于 2009 年联合发布了一份名为《国家生物质能行动计划》的文件，进一步强调了生物质资源的重要性。德国联邦食品与农业部于 2013 年发布了一份新的国家生物经济政策战略，旨在促进生物能源和生物原料的开发与利用，同时加强生物废弃物的再利用。这一战略创造了更多的乡村就业机会，同时也大大提高了农业附加值，并有助于保护德国美丽的乡村生态环境。

---

① 欧洲推进建设智慧乡村项目 ［N］. 人民日报，2020－11－04（17）.
② 刘荣志. 德国乡村发展的做法及启示：赴德乡村建设规划标准体系培训情况报告 ［J］. 农村工作通讯，2019（6）：61－64.

　　一方面，德国政府通过提供装机设备和上网电价补贴，大力支持生物质发电厂的发展。为了有效利用生物质资源，德国政府还修订了《可再生能源法》，将生物质能源纳入竞标系统，为生物能源运营商提供更大的配额上网电价补贴支持。这些措施不仅有助于扩大农场的收入来源，还解决了农业废弃物带来的环境污染问题。德国政府设定目标，要求生物质能发电的装机容量每年平均增加 200 兆瓦。随着生物能源产能的大幅增加，未来乡村地区将迎来一项新的创收产业。通过这些政策措施，实际上是一种以城市反哺农村、以工业支援农业的方式，促进乡村的发展。生物能源的主要原料是作物秸秆、牲畜粪便等，这一举措不仅解决了农业废弃物的清洁化处理问题，还减少了温室气体的排放，成为优化乡村环境和保持自然生态的关键环节。

　　另一方面，生物质资源的利用不仅有助于解决农业废弃物问题，还可以通过多种方式推动农业产业链的整合与城乡融合发展。生物发电厂作为乡村地区的一种重要能源设施，通常由农场主合作投资建设。这种紧密的利益联结关系使得农场主能够从发电厂获得分红，从而增加了收入。同时，生物发电厂可以利用农作物秸秆作为燃料，产生的沼液又可作为生物有机肥料回馈给农田，这不仅降低了化肥和能源的投入，也促进了生态农业的规模化发展。

　　在农业加工产业链上，种植者与企业可以通过股权纽带建立紧密的合作关系。例如，甜菜种植者协会与糖料加工厂合作，监督甜菜的收购、扣杂、付款和利润分配等环节，形成了稳定的供销关系。这种互促互利的良性发展模式有助于实现资源共享和优势互补，提高整个产业链的效益。此外，生物质资源还可以通过生物发电厂转化为能源，满足周边社区的用能需求。农场主可以自主投资建设输热输气管网，提供沼气供暖、供应热水等不同能源形态，以满足周边社区居民的用能需求，并获得更大的生物能源收入。这种能源供应方式可以降低社区对市政能源的依赖，提供更廉价、更加生态的能源，推动德国生物资源利用产业的循环发展（见图 10 - 2）。

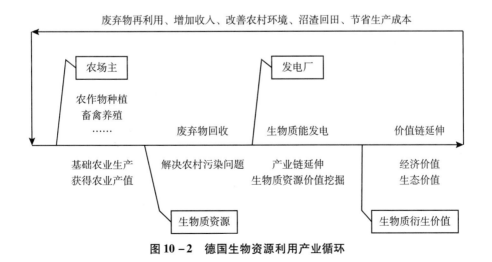

图 10 - 2　德国生物资源利用产业循环

五、遵循绿色发展理念

（一）塑造公共空间，搭建网络化合作体系

自 20 世纪 60 年代初以来，德国的村庄更新更加注重对文化价值的挖掘和功能改善。德国乡村地区的基础设施建设逐渐完善，尤其是高速公路和通勤铁路系统的优化，使得乡村地区与大城市之间的交通更加便捷。随着就业机会的增加，德国的乡村地区成为工作的首选之地。这些地区距离大城市 100~200 千米，拥有良好的通勤条件、美丽的风景以及完善的公共环境。同时，德国农地整治已经从单一的农业生产功能转变为农村多功能开发，强调土地整理对生态和景观环境的改善，减少对动植物生存环境的不利影响。在区域建设和乡村综合治理层面，全面考虑乡村发展，并兼顾村庄更新的经济、文化传统、景观特色、生态保护和社会活力价值，丰富乡村发展理念的内涵，提高乡村整体发展水平。

德国乡村地区的村庄更新和空间品质提升有着丰富的实践经验。在规划和设计过程中，教堂和教堂外广场常常被用作村庄的核心，不仅为村庄节庆活动和居民日常交流提供了聚集场所，还通过建立商店、理发店、缝纫店和社区活动中心等设施，为村民提供了便利的生活条件。同时，建造花园、塑像和喷泉等中心街区景观，进一步提升了乡村内部的居住和生活环境。德国各级政府间良好的合作是推动村庄公共事业发展的重要保障。各级政府需要有效合作，以实现人民生活质量的持续改善和提高。各级政府通过加强合作，共同保障学校、医院、基础设施等公共物品的供给、决策和管理。在阿尔卑斯山区，农业经营主体主要是以家庭为单位的小农场。这些农场生产的农产品并不直接面向市场销售，而是通过农民自发或政府引导组成的联合协会或合作社进行统一品牌打造和销售，从而提高农产品的增值能力，进一步保障农民的收益，形成农产品的有效供给。

此外，德国在塑造公共空间的过程中，结合乡村地区人口结构变化，特别是经济水平较高和旅游发达的乡村地区，需要发展与之相匹配的公共基础设施，通过对土地资源的合理利用，充分协调居住、工作、市政设施、教育设施、休闲娱乐、通信交流及交通各个方面的内容。①

（二）注重环境保护，生态化和现代化同步发展

德国的工业化导致乡村人口结构经历了重大转变，从传统的农业人口为主转变为

---

① 易鑫，克里斯蒂安·施耐德. 德国的整合性乡村更新规划与地方文化认同构建［J］. 现代城市研究，2013，28（6）：51-59.

非农业人口为主。这些非农业人口选择留在乡村，除了就业因素外，也因为德国政府采取了一系列措施来增强乡村绿色生态环境和特色风貌对他们的吸引力。为了留住这些人口，德国政府部门采取了多种措施。例如，1969 年德国颁布了《改善农业结构和海岸保护共同任务法》，通过提供补贴、贷款和担保等方式来支持乡村基础设施建设，并注重保护乡村景观和自然环境。1976 年，对该法进行了修订，突出了对乡村特色保护的重视。此外，1977 年德国国家土地整治管理局启动了一项村庄更新计划，以"农业—结构更新"为重点。该计划的主要内容是在保留原有特色的基础上整修房屋和强化基础设施，使乡村更加美丽宜居。这些措施不仅改善了乡村的居住环境，也促进了乡村经济的繁荣发展。[①]

鼓励乡村居民种植有机作物，促进当地消费，以减少对外地食材的依赖，让资源在地循环。柏多文是德国勃兰登堡州著名的有机农业村庄，其农产品主要销往柏林及其周边地区。在柏林围墙倒塌后，柏多文居民转变了农耕方式，采用有机耕种方式。这里农田上杂草很多，作物秆较稀疏，给鸟类等生物提供了足够的活动空间，这样的耕种方式有利于保持生物多样性。为了符合有机农产品协会得墨忒耳（Demeter）的规范，柏多文的农业实践从种子到果实，每一个环节都必须是有机、自制的，甚至不使用市面上卖的有机肥料。这种健康的农产品种植和销售吸引了大量都市人前来品尝。新鲜、有机的产品已经逐渐赢得了人们的认同和需求。为了吸引柏林及其周边的人来乡村，并对农业产生兴趣，当地会举办不同的活动。例如，布兰登堡田园派对，人们可以来农场参观，亲自了解农产品的制造过程，以及所使用的机器，还可以购买当地产品。在旅游业态上，乡村推出单车道连接农场和都市的方式，让人们可以骑单车前来，从而更深入地了解乡村生活。在亲身体验柏多文的村庄有机绿色生产过程之后，人们更加接受当地的农产品，并且促进有机绿色农业的普及。

德国南部阿尔卑斯山区的村庄更新实践表明，本土资源优势和生态环境保护是推动地方经济发展的重要基础。一些村庄的手工作坊利用当地特有木材，制作传统木鞋和现代家具，打造地方品牌，并建立了展览室和博物馆等文化场所，营造了浓厚的文化氛围。德国政府积极推动绿色生态农业的发展，通过制定一系列政策措施来保护生物多样性、风景名胜、历史文化和自然景观。同时，他们强调严格避免外源物污染或经营措施不当对农田内外环境的影响。在此基础上，村庄的自然资源和文化资源得以绿色协调发展，农业产业链得以延长，创新产品得以发挥区域特色优势。

1990 年，德国的欧豪村在无法忍受不良的生活条件下，决定实施生态改革，将现代建筑与自然环境相结合，使得乡村资源焕发出了生机勃勃的活力，成为知名的生态示范村。欧豪村过去在雨水排放方面存在一些问题，1990 年前，地下排水系统将

---

① 叶兴庆，程郁，于晓华. 产业融合发展　推动村庄更新：德国乡村振兴经验启事［J］. 资源导刊，2018（12）：50－51.

雨水和家庭废水混合在一起，导致可循环再利用的雨水被浪费。当地逐渐意识到了问题的严重性，并采取了行动来修复受损的土地、植物和碎石，形成了天然的集水和导水系统。与混凝土排水沟相比，这种自然排水系统更能够有效地利用资源，涵养地下水源。同时，道路两旁的绿带也能够吸收水分，使水分流入地下后得到再次利用。通过这种方式，欧豪村逐渐建立了更加完善的雨水排放系统，并充分利用了可循环再利用的雨水资源。这种自然排水系统的建立不仅提高了当地水资源利用效率，还有助于保护生态环境。[①] 因此，从每家每户的水龙头里流出来的水都是经过多次循环再利用的。此外，欧豪村低洼处被规划为湿地或滞留池，这样做不仅保育了水资源，而且复育了当地动植物。在环境保护方面，德国人擅长运用减法策略。丰富多样的自然文化遗产在当地人的热爱和呵护下得以保存下来。路旁典型的干砌石墙就采用了具有透水性的设计，石缝也成为小型生物的栖息地。原本由金属线制成的围篱缠绕着，现在则加种上了灌木，使原本过于人造的环境得以绿化。先前种植松树的地方，现在改种了本土果树如樱桃树，但同时也保留象征德国精神的老橡树，形成了兼容并蓄的生态景观。欧豪村在 1993 年赢得了德国联邦农村更新金牌奖，并在 1996 年被选为"欧洲生态示范村"，这一成就引起了欧洲各国的广泛关注。在 2000 年汉诺威举行的世界博览会上，欧豪村成为德国展示其在生态、生活质量和经济发展方面结合的典型。

（三）旧空间新利用，激活存量空间

在城市化进程中，由于乡村产业结构转型而闲置的房舍或农舍越来越多，激活乡村资源的重要一环是激活乡村闲置房屋资源。欧豪村这个有着 1150 年历史的村庄，曾面临许多房舍和农舍被闲置的问题。然而，更新计划实施后，当地居民重新利用这些老房子，比如将畜舍改建为家庭或农场咖啡馆，既节省了能源，又实现了空间的再利用。

在梅达巴镇，保护区的范围已经扩展到了建筑区的边缘，限制了小镇的扩张和建筑物的增加。由于少子化现象，该镇的房屋空置率逐渐上升，因此如何重新利用旧有建筑成为激活小镇的关键。1969 年，学校重组后，梅达巴镇的学校被停止运作。在闲置几年之后，有关方面将其改建成矿业博物馆，这一举措不仅有助于保护当地的生态环境，还有助于保存文化遗产。根据《科技发展政策报导》的数据，旧建筑每年每平方米消耗 20 至 30 升的加热用燃油。但是，通过采用热隔绝和更高效的能源系统，可以减少超过四分之三的用油量。为了帮助屋主更新他们的房子，德国政府自 2006 年起每年补助约 1.4 亿欧元，用于热隔绝、更换暖气系统及窗户。这种做法可

---

① 刘树英，米斯担·纳吉，安得烈·R. 杰姆斯，等. 德国生态村可持续实践发展趋势（一）[J]. 资源与人居环境，2018（7）：51-55.

以提升能源系统的运作效率，同时有效利用空间以减少社会资源的浪费。[①]

（四）发展再生能源，带动乡村经济发展

在全球化和农业转型的时代背景下，小农需要寻找新的生计出路。德国的迷你农村艾冰霍夫只有 29 个居民，再生能源成为这些居民未来的希望。这座拥有 750 年历史的小村庄坐拥 200 公顷的森林，居民利用被雷劈倒或遭虫害而死亡的树木作为原料，通过燃烧木片来发电，并且与德国市电并联，每度电售价 0.43 欧元，保价收购20 年。[②] 据估计，一立方米的干木片（水分低于 20%）可以发出 650 度的电，相当于六十多升的石油功率；而同样容量的湿木片（水分约占 40%）则可发出四百度的电，相当于四十多升的石油功率。北莱茵—威斯特法伦州的艾冰霍夫村庄正计划建设一座利用牛和猪粪便产生沼气的工厂，以实现发电自给自足，同时将剩余的电出售给周边村民获取收益。随着这一项目的成功实施，艾冰霍夫将成为该州第一个利用可再生能源的村庄。

六、大力鼓励地区合作

（一）鼓励合作，推动乡村共建共享

德国的合作化发展可以归纳为两个主要方面：生产经营合作化与乡村发展合作化。在生产经营合作化方面，德国政府积极推动和支持农场主创建农村合作经济组织，制定科学合理的管理机制，并专注于农业生产的各个环节，德国合作化模式鼓励各农场之间进行资源共享和互帮互助，实现专业化分工和规模化生产。在农业生产的第一环节，包括采购优质种子、施用生物肥料、进行疫病防控以及大型农机具共享等方面，各农场之间互相支持，共同应对农业生产中的各种挑战。此外，德国合作化模式在第二产业和第三产业环节也发挥着积极作用。通过强化资金融资能力、推动农产品加工和转化增值、降低交易成本、集中力量应对市场风险、区域公共品牌的打造、提升农产品附加值等方面的措施，德国合作化模式扩大了农民的利润空间。综上所述，德国的合作化发展不仅有助于提高农业生产效率，而且能够改善农民的生活水平和乡村发展的条件。

在乡村发展合作化方面，为了解决乡镇之间的发展差异以及小乡镇无法独立申报和实施乡村建设项目的问题，通过政府引导和农民自主倡导合作的方式，成功地建立了区域合作社团组织。例如，巴伐利亚州奥尔山跨地区乡镇联盟，是 13 个乡镇组成

---

① 德国再推 1300 亿欧元经济救助计划，俄罗斯计划投入 5 万亿卢布提振经济：全球宏观态势每周观察［EB/OL］.（2020 – 06 – 08）［2024 – 05 – 14］. https：//news. hexun. com/2020 – 06 – 08/201516170. html.

② 德国是如何做美丽乡村建设的？［EB/OL］.（2020 – 09 – 21）［2024 – 5 – 14］. https：//www. sohu. com/a/419952819_100011141.

的一种协会性质的组织。在解决土地整理、乡村发展、产业提升、自然环境保护、文化历史景观维护和能源供应等问题方面，联盟成员共同制定发展规划和商定项目方案，对接技术咨询机构，并联合申报项目。此外，联盟还致力于共同建设区域性服务机构，如影剧院、养老院、大型商超等设施。①

除了这种区域合作社团组织的成功实践，格罗斯巴多夫的农村地区也展示了地方合作的魅力。在农业企业数量减少的情况下，当地村民通过自发的形式成立了合作社，通过合作共同促进地方的发展，为合作项目积极筹集资金。通过开发并售卖清洁能源，带来了社区发展的新方向。社区的联盟内还建设了自行车环线的路网，进一步推动了当地旅游业和经济的发展。

（二）鼓励和引导联盟建设，提升乡村发展能力

通过鼓励和引导联盟建设，提升乡村发展能力。同时，联盟建设模式在德国不同州之间也开展了合作，通过组建州联盟，大大提升了区域内乡镇的发展水平和区域发展能力。联盟的组建方式分为跨地区乡镇联盟和地区乡镇联盟两种类型。

跨地区的乡镇联盟多是由一些位置相邻、资源优势相近的乡镇联合而成，这些乡镇间往往拥有独特的自然景观。这种联盟的形成有利于发挥各自的优势资源，提升整体发展能力。例如，巴伐利亚州奥尔山地区的联盟。位于阿尔卑斯山北麓地区，将休闲农业与有机养殖业相互协调发展，不仅保护了周边的自然景观，相关植被得以修复，更重要的是提升了当地的经济发展水平。

地区性的乡镇联盟，是在政府组织下，使面积、人口、资源优势并不突出的乡镇抱团发展的联盟，通过联合力量发展相关产业和公共事业。例如，博尔登地区就是通过联盟取得长足发展的例子。该地区各个乡镇的基础条件较差，人口少，土地资源少，农业用地少。通过加入联盟的形式，发展乡镇的社会事业，节约化生产，当地的经济发展水平、基础设施以及公共服务均得到了大幅提升。

七、积极提供财政支持

近年来，欧盟制定了一系列与农村发展有关的农业发展和区域整合政策，并根据不同地区的实际需要提供相应的资金和技术支持。此外，德国的城乡人口可以双向流动，土地交易和居住制度没有城乡差异。乡村地区90%的人口是非农业人口，这极大地促进了城乡融合发展。德国还制定了土地和税收等优惠政策，以吸引企业、高校、科研机构和个人到乡村地区发展，从而增加当地的就业机会。特别值得一提的是，个人所得税由居住地统一征收，统一安排支出。这样调动了居民的积极性，成为乡村建设的发展动能。例如，德国费尔堡主要使用太阳能和风能作为能源，村庄会议

---

① 詹慧龙，刘洋 . 德国乡村发展的做法与启示 [J]. 古今农业，2019（4）：1 - 5.

结合当地实际情况制定能源政策，决定能源税收，加大对乡村发展项目的投资，并将乡村发展项目纳入未来投资计划。①

八、高度注重创新工作

尽管德国的大部分乡村已经形成了具有特色风貌和生态宜人的生活环境，但乡村人口数量的减少仍然带来了诸多问题。以创新思路推动乡村"再振兴"成为时代话题。由于市场规模不足，基本生活服务的供应逐渐减少，导致生活便利性下降，进一步加剧了乡村人口的流失。特别是医疗服务缺乏，导致越来越多的老年人由乡村迁往城市。此外，年轻人对现代生活服务设施和就业机会有极强的需求，导致年轻人不愿意留在乡村。因此，德国开始关注如何"再振兴"乡村地区。

为了解决这些挑战，德国联邦食品与农业部于 2014 年 10 月 29 日发布了一项新的农村发展计划，旨在推动农村创新发展，使农村成为一个具有吸引力、宜居和充满活力的地区。该计划包括四个主要方面：未来导向的创新战略样本和示范项目、乡村提升项目、活力村庄和"我们的村庄有未来"的竞赛奖励、研发和知识的转移。

其中，未来导向的创新战略样本和示范项目主要包括为农村发展及利益相关者的核心问题提出解决思路，提出具有针对性和可行性的政策建议，关注的内容包含基本服务、社会发展以及企业发展基础设施建设等多个方面。乡村提升项目则主要向 13 个劣势区域提供每个区域 1 500 欧元的资金以此来支持促进其乡村发展，以帮助该区域面对人口变化、提升区域价值和保障乡村就业等问题。此外，德国联邦食品与农业部还成立了乡村战略司，专门负责促进乡村可持续发展，为乡村的进步发展提供有效支持。②

第三节　德国村庄更新经验镜鉴

一、制定清晰的乡村发展思路

（一）注重文化传承和自然保护

德国积极推动乡村的生态保护和环境治理，大力推广绿色农业，强化环境教育和管理，改善居住条件，保护绿水青山，展现优美的田园风光，由此形成了乡村的亮点。在乡村建设过程中，德国注重维护和发扬原有的风貌特色，合理利用土地资源，

---

① 王宏侠，丁奇. 德国乡村更新的策略与实施方法：以巴伐利亚州 Velburg 为例［J］. 艺术与设计（理论），2016，2（3）：67 – 69.

② 叶兴庆，程郁，于晓华. 产业融合发展　推动村庄更新：德国乡村振兴经验启示［J］. 资源导刊，2018（12）：50 – 51.

避免无序扩张，尽量保留绿色空间。同时，德国也注重保护当地传统的聚落形态、建筑风貌、特色景观和生态环境。对于历史遗迹和现存民居，德国会修缮和评估，并根据建筑的现状制定不同的发展策略，强化村庄建设，提高村民生活质量。

在现代化建设过程中，德国注重采用生态手段解决问题，要求新建设施与原有村庄风貌相协调，保护当地的文化和生态，并尽量保留乡村本来具有的特色。德国村庄更新注重保护地方特色，在开发建设时通盘考虑城市的空间布局，系统考虑建筑、道路和广场空间关系，尤其加强对古建筑的保护。例如，格罗斯巴多夫采用有机耕种的方式，将田野和大大小小的果园作为农业景观由景观保护协会负责管理。合理开发和保护森林资源，划定生物群落保护区，保证了村庄的可持续发展。

我国在借鉴德国乡村规划和推进村庄更新过程中，保留乡村原有的特色风貌，避免占用绿色资源和无序的扩张，保护当地传统的聚落形态、建筑风貌、特色景观和生态环境尤为必要。对于历史遗迹，应该进行修缮和保护；对于当地的民居，应根据不同的建筑特征运用不同的策略，逐渐完善旧村庄，大力提高村庄的居住环境。

（二）促进农业结构转型

考虑到经济的快速发展和社会的不断进步，政府需要适时调整当前的乡村治理目标、方式和手段，以实现农村社会的整体效益最大化。随着工业化快速推进，许多农村地区的农业经济已经受到影响，无法提供足够的保障，这就需要乡村地区加快经济转型，避免农业发展出现单一化。例如，从传统农业转向有机农业，发展绿色生态农业；充分利用当地的清洁可再生能源资源，大力开发并销售增收；开发当地特有的农业景观资源和乡村资源等。

为此，通过借鉴德国农业结构转型经验做法，在提高农业生产方式精细化管理、改善农村人居环境，加强自然资源保护等方面可以借鉴德国村庄更新的一系列措施。例如，推广农业绿色生产技术服务模式，推动农业高质量和绿色可持续发展。进一步加强环境治理，改善人居环境，留住清新自然的田园景观，彰显宜居乡村的独特风貌。这些措施将有助于改善农村环境，提高农民生活质量，促进农村的可持续发展。

（三）培育乡村发展的内生动力

培育乡村内生发展动力，实现乡村可持续发展，是德国乡村发展过程中的重要经验。德国巴登—符腾堡州阿克卡伦（Achkarren）乡村振兴示范项目的实施案例为我们提供了重要参考。比如，制定乡村内生发展目标：重塑村庄品牌；利用信息管理技术提高管理效率，并结合地区特色发展产业、文化；利用信息技术来改善现有的土地使用情况；结合地区特色来发展产业，促进经济多元化发展。[①] 结合用地条件塑造公

---

① 徐美银. 乡村振兴的国际经验与中国道路 [J]. 农业经济, 2020 (12): 30 – 32.

共空间，为居民提供舒适、安全、便捷的公共环境；基于建筑特征进行功能更新，保护历史文化遗产，提升乡村整体形象；促进公众参与建立睦邻友好关系，加强乡村社区的凝聚力和归属感。

德国乡村振兴的另一个关键经验是发挥农民协会的作用。德国农民协会成立于1948年，代表农业、林业和相关行业从业人员，主要任务是维护农民的权益、提供法律咨询、技术援助和市场开拓服务。此外，农民协会还关注农业产业的总体利益以及农民的政治和社会权利。农民协会经常将成员的具体意见反馈给立法机构和行政机构，在政府与农业企业和农户之间起到了协调和沟通的重要作用，对于推动农业和农村事业的发展起到了积极的作用。

中国也拥有广泛的农民合作社，这些合作社在乡村发展过程中扮演着不可或缺的角色。为了进一步发挥农民合作社在乡村振兴中的重要作用，首先，需要完善农民合作社的组织结构和运行机制，提高其协调和沟通能力。其次，需要加强农民合作社的技术培训和市场开拓能力，提高其整体竞争力。最后，需要发挥农民合作社在乡村治理中的重要作用，促进乡村社会的和谐稳定。通过这些措施的实施，可以进一步发展壮大农民合作社组织，使其在乡村振兴过程中发挥更大的作用。

（四）挖掘地方特色

乡村的内部结构（建筑及功能分区）和外部环境（风景、交通）是乡村规划过程中需要协调的两个重要方面。对于外部环境，要综合考虑区位、人口、现有基础设施等多种因素，同时需要考虑地标性建筑和对外连接的交通网络。其中，地标是当地村庄的特有标志和共同记忆，应将当地的文化和自然景观相融合，从而增强吸引力。在交通规划方面，应该同时考虑通行效率和保护原有乡村道路的原生品格以及村民的记忆点。宽直的道路能够提高通行效率，但可能会破坏原有乡村道路的特色；相反，弯曲的乡村道路可以增加当地景观的曝光度，提升游客的兴趣。而土地的综合利用与管理，需要通过不同的功能分区来实现，应包含服务、居住、工业和生态功能区。与此同时，功能分区的建设不能破坏当地的内部结构，维护当地的特色建筑，打造出传统与现代相互融合的乡村格局。

在乡村发展过程中，文化建设的地位不可忽视。它不仅能显著提升地区的地域特征，而且能够提升社会凝聚力。德国巴登—符腾堡州在这方面的经验值得借鉴。为了强调新兴建造文化意识的重要性和影响范围，州政府在2016年和2020年两次为整个州的高质量改建或新建项目（包括建筑、规划、景观等领域）授予了"州建造文化奖"。使其一方面在专业领域受到肯定，另一方面向公众充分展示了当地的发展成果并获得认同，进一步激发了公众对当地特色和建筑的好奇心。此外，来自外部的推动力让人们对自身的优势和劣势有了更加清晰的认识。表10-2为德国乡村对自我优势与劣势分析的框架。① 因此，在考虑功能和设计的同时，也应该创造一种开放的视角，这将为该地区的发展开启新的可能性。

表 10－2   德国地方文化建设的优劣势分析

优势	劣势
1. 具有吸引力的村庄 2. 临近各个周边城市中心 3. 较高的居住质量 4. 充满吸引力的自然和文化景观 5. 较高的休闲活动价值 6. 丰富的协会生活 7. 有经营中的乡村度假设施	1. 地区内部缺乏相互之间的联系（公共交通、休闲道路） 2. 人口发展问题 3. 农业企业的减少，同时影响到村庄与文化景观 4. 在农业生产与可再生能源之间的用地冲突问题 5. 大量的过境交通 6. 缺乏就近的市政设施 7. 缺乏针对年轻人和老人的社会服务设施 8. 当地工作机会不足/大量的通勤人流 9. 缺少地区整体形象

二、建设完善的基础设施

（一）加强基础设施建设，促进城乡之间公共资源的均衡发展

将基础设施覆盖到乡村，做到城乡公共资源的均衡配置是德国促进乡村基础设施建设的重要经验。乡村生活因此与城市一样便利，而且优美宁静的环境更胜一筹。在基础设施改善方面，德国不仅关注物质基础设施的改善，如建筑、交通和水域等，还注重技术性和社会性基础设施的改善，以及环境条件和经济结构的优化。此外，德国还通过制定相关政策阻止人口外迁，从而改善了社会结构。为了促进地方认同和社区意识，德国还加大了对村庄特色景观和历史遗迹的保护和修缮工作。正是这些便利的设施，使得德国的乡村具有强大的吸引力，留住了大量人口。德国在 20 世纪 40 年代开展村庄更新以来，基础设施建设和土地结构调整一直是其出发点。在 20 世纪 70 年代，德国的主要工作是保护和塑造乡村地区的特色形象，建设和完善各种乡村设施。20 世纪 90 年代以后，逐步建立起村庄内部的供水、排水、供暖、雨水处理、垃圾处理等设施。这些乡村基础设施的大力提升，为当地生活的居民带来了极大的幸福感，增强了吸引力，留住了大量人口居住在乡村。②

从德国通过提升基础设施建设的经验中，我国乡村振兴可以借鉴相应的措施，高度重视农村地区的基础设施建设和公共服务水平的提高，这是吸引人才和留住优质劳

① 易鑫，克里斯蒂安·施耐德. 德国的整合性乡村更新规划与地方文化认同构建 [J]. 现代城市研究，2013，28（6）：51－59.

② 王宏侠，丁奇. 德国乡村更新的策略与实施方法：以巴伐利亚州 Velburg 为例 [J]. 艺术与设计（理论），2016，2（3）：67－69.

动力的重要因素。政府应加大投入力度，逐步缩小城乡的基础设施差距，让农村地区也能享受到优质的教育、医疗、文化等资源。这不仅可以提高农村居民的生活质量，也能为乡村经济的发展注入新的活力。①

（二）加快推进乡村数字化建设发展

德国除了硬件基础设施之外，软件基础设施充分利用现代网络技术服务乡村振兴也是一个重要特点。我们应充分认识到，作为数字化发展的基石和载体，光纤网络等通信基础设施的建设和升级是乡村数字化的关键任务。除了乡村网络基础设施的拓展和完善，还需要重视智能化网络的发展。通过数字技术将政府部门、科研机构、企业等各方连接起来，可以形成一个区域性的数字化网络枢纽。这个网络枢纽能够推动智能交通、信息安全强化、数字化教育等任务的发展，实现城乡经济社会的智能化发展。同时，我们也需要认识到，城乡经济社会的发展是一个长期的过程，需要各方共同努力。在推进数字化发展的过程中，我们需要充分发挥智能化网络的优势，促进城乡经济社会的平衡发展。同时，我们也需要重视数字化教育的重要性，培养更多具备数字化技能的人才，为数字化发展提供强有力的人才支持。②

三、营造宽松的治理环境

（一）充分尊重农民的主体地位

在乡村治理过程中，德国充分尊重农民的主体地位，积极鼓励农民发表意见并参与建设是一个重要的有效经验。无论是大型工程，还是小型活动，都需要民主参与和集体智慧，以确保最终方案切实可行并获得广泛支持。对于那些由财政支持的涉农项目，政府往往只提供一个大致的方向或范围，具体项目的建设内容和实施标准则由农民和专业机构共同商议确定。这种决策方式既有自上而下的指导原则，又有自下而上的灵活性和民主性，能够充分激发农民的参与热情，并确保项目方案既切合实际又易于实施。

（二）赋予地方政府对应的责任和权利

德国的地方政府，包括县（市）、乡（镇）和村，都享有高度自治权，法律对其责任和权利有明确的规定，充分调动了地方政府的自主性。地方自治实体和社会组织拥有公共物品的广泛决策权。例如，村内的道路铺设、居民供排水等基本公共设施的

---

① 詹慧龙，刘洋. 德国乡村发展的做法与启示［J］. 古今农业，2019（4）：1-5.
② 李依浓，李洋. "整合性发展"框架内的乡村数字化实践：以德国北威州东威斯特法伦利普地区为例［J］. 国际城市规划，2021，36（4）：126-136.

建设，都是通过以下步骤实现的：第一步，当地协会和个人参与调研，了解并确定当地农户的实际需求；第二步，专业团队被聘请来制定翔实的规划设计，这个过程也需要与当地农民进行协商；第三步，项目的实施要通过公开招标的形式进行，并由农民进行监督。这种"由下而上"的决策过程，使得项目能够更好地反映当地的需求和实际情况，从而得到了当地居民的大力支持和配合。

除了上述决策方式外，还有完善的法律法规体系保障乡村的规划和发展。在平级行政制度的基础上，各州地方政府根据联邦政府颁布的相关法律体系，制定出有利于乡村发展的地方乡村规划，并修订出州内村庄更新的基本秩序。而各州内的乡村，则需要遵守这个基本秩序，在此基础上统筹规划。①

借鉴德国的经验，在乡村振兴过程中，我国可以充分采纳村民们的意见和建议，以维护其基本权益。各地的乡村建设必须在政府和专业的规划师的引导下，通过各种手段激励农民参与，提高他们的积极性和主动性。我们不能忽视我国幅员辽阔的现状，要充分考虑当地的实情，在政府引导下充分发挥农民的主体作用。同时，要高度重视民意民智民力的凝聚，提高乡村建设的质量和效能。②

四、构建完善的法律法规体系

（一）注重法律法规的顶层设计

德国推动村庄更新以来，从全国层面制定了一系列的政策制度，为村庄更新提供了法律保障。德国在 1936 年便颁布了《帝国土地改革法》，1969 年联邦德国颁布了《改善农业结构和海岸保护共同任务法》。如今，德国形成了一套以《农业法》《土地整治法》《合作社法》等为核心的法律框架体系，以法律的形式保障了村庄更新的特殊地位。德国政府在促进乡村发展方面，不仅制定了一系列倾斜政策，还通过相关政策为乡村发展提供资金支持。在政策引导和市场撬动的推动下，德国注重激发农村居民和其他市场主体的积极参与，为乡村发展提供基本政策和制度保障等。我国在乡村振兴过程中，可以借鉴德国的相关经验，从政策的设计方面，立法促进乡村振兴，尤其是随着乡村振兴的进程，相关的立法应当及时跟进，以保障乡村振兴的有序推进。

（二）完善的乡村规划法律体系

除了全国的法律外，不同层级的法律之间有效衔接也是德国乡村规划法规的重要

---

① 王宏侠，丁奇．德国乡村更新的策略与实施方法：以巴伐利亚州 Velburg 为例 [J]．艺术与设计（理论），2016，2（3）：67–69．
② 王畅，张晋石，王科．德国乡村竞赛："我们的村庄有未来"对我国乡村建设的启示 [J]．北京规划建设，2021（1）：126–129．

特征。联邦政府出台的是全国性的法律，是全国的指导性法律。各州需要根据实际情况，考虑到与国内其他法规的相容性再制定本州的具体法规。^①地方乡村政府需要执行和遵守联邦政府和州政府的规划规范，同时也有权制定符合本地方实际情况的详细相关法规，前提是不与联邦政府和州政府的规划规范相违背。

　　法律法规是保障"乡村振兴战略"稳步推进的基石。为了实现乡村地区的可持续发展，我国需要制定完善的法律法规体系，如何在全国法律统一的框架下，对乡村振兴过程中涉及的土地整理与利用，建筑与景观规划、产业发展、文化传承与生态建设等具体内容进行立法规划，各省份制定与本省份实际情况相适应的《乡村振兴管理办法》，从而为乡村振兴提供系统的法律保障。^②

（三）有效的城乡管理制度

　　德国有效的管理制度主要体现在规划体制和行政体制两方面的创新。在德国的乡村地区建设问题上，作为一个独立的存在，不受城市地区建设的管制。此外，德国不存在类似于中国上级市（县）管辖乡（村）的行政管理层级，乡村政府与城市政府之间是相互独立的平行关系。同时，德国乡村地区的发展并非孤立的，而是与城市地区形成了紧密的联系。在德国的国土空间发展体系中，乡村地区和城市地区的发展模式各具特色，体现出规划和行政两方面的创新。在这种平行的体制下，乡村规划过程中更加高效。乡村地区积极争取上级政府的关注，以争取参与区域整体发展的机会。本地社会团体和个人积极参与村庄更新项目的竞选和决策，投身于本地乡村发展的长期建设中。

　　我国乡村地区拥有互助合作的传统和机制。为了充分发挥这一优势，可采取宣传、培训等方式，按照不同年龄和职业群体的生活习惯和工作需求，营造城乡共同发展的氛围。通过这样的方式培养本地居民参与乡村振兴的能力，促进本地经济的繁荣和社会的和谐稳定，从而为我国乡村振兴提供"自下而上"的内生发展动力。^③

五、促进工业与乡村协同发展

　　德国在等值化理念指引下，制定了许多包括空间规划和区域发展的政策，带动工商企业纷纷落户小城镇。此举不仅促进了乡村经济的发展，也大大提高了乡村基础设施和公共服务水平。这种做法使乡村地区不再只是农业的代名词，而是成为其他产业

---

　　① 王宏侠，丁奇. 德国乡村更新的策略与实施方法：以巴伐利亚州 Velburg 为例［J］. 艺术与设计（理论），2016，2（3）：67 - 69.

　　② 陈俊峰，冯鑫，戴永务. 德国乡村竞赛计划对我国乡村振兴的启示［J］. 台湾农业探索，2018（5）：66 - 69.

　　③ 李依浓，李洋. "整合性发展"框架内的乡村数字化实践：以德国北威州东威斯特法伦利普地区为例［J］. 国际城市规划，2021，36（4）：126 - 136.

特别是工业企业的聚集地，为区域发展注入了新动能。① 然而，在当前背景下，我国的工业园区、创新基地等主要还是布局在大中型城市，这进一步增加了大城市的负担，也造成了乡村地区的空间浪费和资源外流。因此，可以借鉴德国经验，完善乡村的交通等基础设施建设，大力统筹城乡区域及产业规划，积极引导和鼓励工商企业和产业园区离开大中城市，向乡村迁移，提高农村基础设施和公共服务的建设效益，同时为乡村的持续繁荣奠定坚实基础。

本 章 小 结

德国乡村振兴的经验已经先后被复制到欧洲及以外的国家和地区（如日本和韩国），或者被借鉴成为内容更加丰富的乡村战略（如加拿大城市近郊复兴）。德国的乡村振兴战略是在20世纪50~60年代德国实施的"乡村再发展"战略基础上，以提高乡村生活质量和工作环境为主要目标，基于法律框架下大众参与的振兴规划，其以土地整治为核心，是围绕乡村基础建设、农业发展、人居环境、乡土文化等四方面内容进行重大乡村战略调整的长期方案，同时是在特定发展阶段对于乡村发展方向的再判断、功能的再定位。德国村庄更新过程中，始终遵循等值化理念和可持续发展理念，通过立法、全局规划、产业发展、文化建设、区域合作以及财政支持等具体做法，形成了一种典型的循序渐进型乡村更新模式。

思 考 题

1. 德国循序渐进型村庄更新经历了哪几个阶段，各阶段的主要特点是什么？
2. 德国循序渐进型村庄更新有哪些具体做法？
3. 德国循序渐进型村庄更新对中国乡村振兴有哪些启示价值？

---

① 张俊杰，欧阳世殊. 整合性乡村更新实践及其对中国新型城镇化的启示：以德国韦亚恩为例 [J]. 热带地理，2016，36（6）：985-994.

附录：课后读本

［1］曹铁毅，邹伟. 双重组织化：规模农户参与社会化服务的绩效提升路径：基于"家庭农场服务联盟"的案例分析［J］. 农业经济问题，2023（3）：111－122.

［2］汉考克，阿尔戈津. 案例研究：入门实用指南［M］. 3版. 李超平，徐世勇，杨付，译. 北京：北京大学出版社，2013.

［3］姜宝，曹太鑫，康伟. 数字政府驱动的基层政府组织结构变革研究：基于佛山市南海区政府的案例［J］. 公共管理学报，2022，19（2）：72－81，169.

［4］李小云，林晓莉，徐进. 小农的韧性：个体、社会与国家交织的建构性特征：云南省勐腊县河边村疫情下的生计［J］. 农业经济问题，2022（1）：52－64.

［5］刘守英，熊雪锋. 经济结构变革、村庄转型与宅基地制度变迁：四川省泸县宅基地制度改革案例研究［J］. 中国农村经济，2018（6）：2－20.

［6］麦克纳布. 公共管理案例研究方法［M］. 郭春甫，张岌，译. 北京：社会科学文献出版社，2022.

［7］孙柏瑛，齐子鉴. 岗编分离：吸引专业人才投入乡镇基层治理的四川样本［J］. 中国行政管理，2021（11）：108－114.

［8］谭智佳，张启路，朱武祥，等. 从金融向实体：流动性风险的微观传染机制与防范手段：基于中小企业融资担保行业的多案例研究［J］. 管理世界，2022，38（3）：35－59.

［9］解学梅，韩宇航. 本土制造业企业如何在绿色创新中实现"华丽转型"：基于注意力基础观的多案例研究［J］. 管理世界，2022，38（3）：76－106.

［10］殷. 案例研究：设计与方法［M］. 5版. 周海涛，史少杰，译. 重庆：重庆大学出版社，2017.

［11］赵晶，刘玉洁，付珂语，等. 大型国企发挥产业链链长职能的路径与机制：基于特高压输电工程的案例研究［J］. 管理世界，2022，38（5）：221－240.

［12］中国小康建设研究会主编. 全国乡村振兴优秀案例［M］. 北京：中国农业出版社，2020.

［13］周立，奂云霄，马荟，等. 资源匮乏型村庄如何发展新型集体经济？基于公共治理说的陕西袁家村案例分析［J］. 中国农村经济，2021（1）：91－111.

［14］庄玉乙，胡蓉. "一刀切"抑或"集中整治"？环保督察下的地方政策执行选择［J］. 公共管理评论，2020，2（4）：5－23.

参 考 文 献

［1］埃利特. 案例学习指南：阅读、分析、讨论案例和撰写案例报告［M］. 刘刚，钱成，译. 北京：中国人民大学出版社，2010.

［2］巴比. 社会研究方法［M］. 10 版. 邱泽奇，译. 北京：华夏出版社，2005.

［3］曹斌. 乡村振兴的日本实践：背景、措施与启示［J］. 中国农村经济，2018（8）：117 – 129.

［4］常明杰. 从嵌入到融入：政府主导、市场机制协同与乡村人才振兴：基于济南市选聘"乡村振兴工作专员"的案例分析［J］. 农村经济，2022（7）：129 – 135.

［5］陈华宁. 国外农村人力资源开发模式及启示［J］. 国际经济合作，2009（3）：57 – 61.

［6］陈俊峰，冯鑫，戴永务. 德国乡村竞赛计划对我国乡村振兴的启示［J］. 台湾农业探索，2018（5）：66 – 69.

［7］陈宽宏，程正志，龙智广. 日本、韩国及中国台湾地区促进农村经济社会发展的经验及启示［J］. 政策，2015（7）：69 – 72.

［8］陈磊，曲文俏. 解读日本的造村运动［J］. 当代亚太，2006（6）：29 – 35.

［9］陈向明. 质的研究方法与社会科学研究［M］. 北京：教育科学出版社，2002.

［10］陈新. 国外乡村建设对我国欠发达地区乡村振兴的若干启示［J］. 乡村科技，2019（30）：8 – 10.

［11］陈遥. 打造村干部"雁阵"推动乡村高质量发展：泰州市村干部队伍建设实践［J］. 安徽农业科学，2019（9）：243 – 245.

［12］崔玮，沈海滨. 乡村振兴协理员：进村支农 助力振兴［J］. 中国人力资源社会保障，2022（6）：62 – 63.

［13］邓玲. 后扶贫时代乡村生态振兴的价值逻辑、实践路向及治理机制［J］. 理论导刊，2021（5）：77 – 84.

［14］丁世华. 数字文化治理赋能乡村文化振兴［J］. 湖北文理学院学报，2020，41（4）：33 – 38.

［15］费孝通. 乡土中国［M］. 上海：上海人民出版社，2013.

[16] 风笑天. 社会学研究方法 [M]. 2 版. 北京：中国人民大学出版社，2005.

[17] 冯川. 日本"一村一品"运动的推动机制与农村社会自主性 [J]. 世界农业，2021（10）：62-69.

[18] 逄锦彩. 日、美、法现代农业比较研究 [D]. 长春：吉林大学，2010.

[19] 甘巧林，陈忠暖. 高速经济增长时期日本的农村与农业问题 [J]. 开发研究，2000（4）：55-56.

[20] 高海. 农村集体经济组织与农民专业合作社融合发展：以党支部领办合作社为例 [J]. 南京农业大学学报（社会科学版），2021，21（5）：75-85.

[21] 戈特，蒋薇，丁宇新. 内生型发展导向下德国乡村地区存量空间的潜力激活：以巴登—符滕堡州 MELAP 项目为例 [J]. 国际城市规划，2020，35（5）：35-44.

[22] 官倩. 乡村振兴视域下农村社区公共文化服务建设探析 [J]. 辽宁行政学院学报，2020（3）：91-96.

[23] 关谷俊作. 日本的农地制度 [M]. 金洪云，译. 北京：生活·读书·新知三联书店，2004.

[24] 郭俊华，王阳. 中国式现代化视阈下农村生态政策优化调整研究 [J]. 西北大学学报（哲学社会科学版），2022，52（6）：147-161.

[25] 韩秀兰，阚先学. 日本的农村发展运动及其对中国的启示 [J]. 经济师，2011（7）：78-79.

[26] 郝文强，王佳璐，张道林. 抱团发展：共同富裕视阈下农村集体经济的模式创新：来自浙北桐乡市的经验 [J]. 农业经济问题，2022（4）：303-316.

[27] 何得桂，邓涛. 习近平乡村振兴重要论述所蕴含的方法论及启示 [J]. 江南论坛，2023（5）：8-12.

[28] 何山. 全球 10 个国家地区乡村振兴新模式案例 [J]. 今日国土，2022（12）：25-28.

[29] 何水. 农村生态文明法治建设的困境与出路 [J]. 中州学刊，2018（8）：68-74.

[30] 黄威义. 法国领土整治的政策思想与实践 [J]. 西欧研究，1986（3）：16-21.

[31] 黄欣卓，李大宇. 中国场景公共管理案例研究的方法论与写作实践："如何构建中国场景的案例研究"青年研讨会会议综述 [J]. 公共管理学报，2022，19（1）：159-163.

[32] 晖俊众三. 日本农业 150 年（1850-2000 年）[M]. 北京：中国农业大学出版社，2011.

[33] 简新华，王懂礼. 农地流转、农业规模经营和农村集体经济发展的创新.

马克思主义研究, 2020 (5): 84 - 93.

[34] 金仙玉. 日本农村金融发展的经验和启示 [J]. 农业经济, 2019 (2): 88 - 89.

[35] 井润田, 孙璇. 实证主义 vs. 诠释主义: 两种经典案例研究范式的比较与启示 [J]. 管理世界, 2021 (3): 198 - 216.

[36] 酒井富夫, 等. 日本农村再生: 经验与治理 [M]. 北京: 社会科学文献出版社, 2019.

[37] 李凤荣. 日本农产品 "地产地消" 流通体系剖析 [J]. 世界农业, 2014 (7): 19 - 23.

[38] 李海容. 二战后日本农业现代化发展的特点论析 [J]. 农业考古, 2015 (3): 282 - 285.

[39] 李红, 王静. 日本农民职业教育: 现状、特点及启示 [J]. 中国农业教育, 2012 (2): 38 - 41.

[40] 李华林. 宁乡: 一二三产业融合探出条条大路 [J]. 发明与创新 (大科技), 2017 (6): 18 - 19.

[41] 李军国. 美国城镇化发展的经验与启示 [J]. 中国发展观察, 2015 (12): 86 - 90.

[42] 李丽纯. 法国农村社会转型对中国新农村建设的启示 [J]. 世界农业, 2006 (4): 32 - 35.

[43] 李丽君. 乡村振兴背景下我国乡村建设的实践及经验启示 [J]. 当代农村财经, 2023 (7): 12 - 14.

[44] 李乾文. 日本的 "一村一品" 运动及其启示 [J]. 世界农业, 2005 (1): 32 - 35.

[45] 李清泽. 日本大分县的一村一品运动发展情况 [J]. 世界农业, 2006.

[46] 李晓夏, 宋瑞亚. 乡村振兴中的现代生态农业发展: 基于德国经验的分析 [J]. 湖北农业科学, 2024, 63 (3): 34 - 40.

[47] 李岩, 申军. 日本的新农村运动初探 [J]. 农业经济, 2007 (4): 22, 54.

[48] 李依浓, 李洋. "整合性发展" 框架内的乡村数字化实践: 以德国北威州东威斯特法伦利普地区为例 [J]. 国际城市规划, 2021, 36 (4): 126 - 136.

[49] 李毅. 国外农村人力资源体系发展经验研究 [J]. 世界农业, 2013 (5): 128 - 131, 156.

[50] 李祖佩, 钟涨宝. 乡村振兴战略背景下的村社集体: 实践境遇与再造路径: 治理视角下对四类发展典型村的实证分析 [J]. 公共管理学报, 2022 (3): 1 - 12.

[51] 林德斯, 林德斯, 厄斯金. 毅伟商学院案例写作 [M]. 4 版. 赵向阳, 黄

磊，译．北京：北京师范大学出版社，2011．

［52］林兴．日本乡村振兴政策体系的成效与问题［N］．中国社会科学报，2022 - 02 - 21（007）．

［53］刘超．乡村振兴背景下观光农业品质提升的路径探析：以泸州市龙马潭区双加镇"十里渔湾"为例［J］．安徽农业大学学报（社会科学版），2019，28（6）：1 - 7．

［54］刘成武，莫森岚．国外土地综合整治助推乡村发展的经验及启示［J］．社会科学动态，2023（7）：36 - 42．

［55］刘丹．乡村振兴战略中农民主体性地位缺失研究［J］．山西农经，2022，（16）：40 - 43．

［56］刘建华．宁乡：积极探索乡村振兴新路径［J］．小康，2020（36）：73 - 75．

［57］刘洁，张洁．日本农村合作金融体系的构建及其对我国的启示［J］．现代日本经济，2013（3）：29 - 36．

［58］刘景章．农业现代化的"日本模式"与中国的农业发展［J］．经济纵横，2002（9）：40 - 44

［59］刘佩芸，孟凡君．日本社区教育活动特征及启示［J］．河北师范大学学报（教育科学版），2012，14（4）：59 - 61．

［60］刘荣志．德国乡村发展的做法及启示：赴德乡村建设规划标准体系培训情况报告［J］．农村工作通讯，2019（6）：61 - 64．

［61］刘树英，纳吉，杰姆斯，等．德国生态村可持续实践发展趋势（一）［J］．资源与人居环境，2018（7）：51 - 55．

［62］龙井然，杜姗姗，张景秋．文旅融合导向下的乡村振兴发展机制与模式［J］．经济地理，2021，41（7）：222 - 230．

［63］卢向虎，秦富．国外"一村一品"运动对中国发展现代农业的借鉴［J］．世界农业，2007（10）：16 - 19．

［64］陆俊亚．关于日本农村金融对"金融助力乡村振兴"的思考［J］．上海保险，2022，441（7）：50 - 52．

［65］罗攀．以绿色发展引领美丽乡村建设：以四川战旗村为例［J］．南方农机，2020，51（2）：222．

［66］茅锐，林显一．在乡村振兴中促进城乡融合发展：来自主要发达国家的经验启示［J］．国际经济评论，2022（1）：155 - 173，178．

［67］米勒，萨尔金德．研究设计与社会测量导引［M］．风笑天，译．重庆：重庆大学出版社，2004．

［68］宁乡市现代农业产业园［J］．湖南农业，2018（12）：5．

[69] 牛宁，汪江华，杨雪．日本乡村建设历程演进与经验启示 [J]．建设科技，2022（23）：79 – 82.

[70] 庞在玲，王庆永．日本道府县农业大学校农民继续教育体系研究 [J]．现代职业教育，2021（31）：58 – 59.

[71] 裴佩，张微微．以村民自治促进社会治理创新 [J]．四川党的建设，2017（10）：34 – 37.

[72] 彭雷，王永．特色农业托起泗洪产业转型新高地 [J]．群众，2020（22）：40 – 42.

[73] 平松守彦．一村一品运动 [M]．中译本，上海：上海翻译出版公司，1985.

[74] 钱加荣．强化农业科技创新在国家创新体系中的战略地位 [J]．中国农村科技，2023（7）：23 – 25.

[75] 渠涛，邵波．生态振兴：建设新时代的美丽乡村 [M]．郑州：中原农民出版社，2019.

[76] 曲文俏，陈磊．日本的造村运动及其对中国新农村建设的启示 [J]．世界农业，2006（7）：8 – 11.

[77] 山口正彦，等．日本农协 [M]．董传河，译．北京：科学普及出版社，1991.

[78] 申云，景艳茜，李京蓉．村社集体经济共同体与农民农村共同富裕：基于成都崇州的实践考察 [J]．农业经济问题，2023（8）：44 – 59.

[79] 申云，潘世磊，吴平．新型农村社区"三社联动"治理：模式转换与创新路径：基于多案例比较分析 [J]．农村经济，2021（6）：87 – 95.

[80] 孙培炎，卞文忠．新时代农村组织发展路径研究 [J]．经济师，2020（1）：40 – 42.

[81] 孙少岩，许丹丹．浅析日本农村金融体系 [J]．现代日本经济，2013（3）：21 – 28.

[82] 谭金芳，邓俊锋，胡明忠，等．论法国发展现代农业的经验与启示 [J]．河南工业大学学报（社会科学版），2016，12（2）：8 – 11，19.

[83] 唐权，杨振华．案例研究的 5 种范式及其选择 [J]．科技进步与对策，2017（1）：18 – 24.

[84] 涂雨杏．乡村生态振兴的困境与破解 [J]．当代县域经济，2023（5）：79 – 81.

[85] 汪明煜，周应恒．法国乡村发展经验及对中国乡村振兴的启示 [J]．世界农业，2021（4）：65 – 72.

[86] 王爱玲，赵静娟，郑怀国，等．日本乡村文化的创意开发及其经验借鉴

［J］. 浙江农业科学, 2021, 62 (3): 457 – 460.

［87］王炳. 乡村教师队伍建设的政策分析: 基于湖南省泸溪县落实《乡村教师支持计划》的案例研究 ［J］. 中国教育学刊, 2017 (2): 35 – 40.

［88］王博, 王亚华. 县域乡村振兴与共同富裕: 内在逻辑、驱动机制和路径 ［J］. 农业经济问题, 2022 (6): 1 – 9.

［89］王长征, 冉曦, 冉光和. 农民合作社推进乡村产业融合的机制研究: 基于生产传统与现代市场的共生视角 ［J］. 农业经济问题, 2022 (7): 1 – 13.

［90］王畅, 张晋石, 王科. 德国乡村竞赛: "我们的村庄有未来" 对我国乡村建设的启示 ［J］. 北京规划建设, 2021 (1): 126 – 129.

［91］王春艳. 美国城市化的历史、特征及启示 ［J］. 城市问题, 2007 (6): 92 – 98.

［92］王海英, 张羽清, 周之澄. 英国、德国乡村景观设计剖析及对我国乡村建设的启示 ［J］. 江苏农业科学, 2021, 49 (20): 9 – 16.

［93］王宏侠, 丁奇. 德国乡村更新的策略与实施方法: 以巴伐利亚州 Velburg 为例 ［J］. 艺术与设计 (理论), 2016, 2 (3): 67 – 69.

［94］王慧. 日本的农业教育体系 ［J］. 高等农业教育, 2001 (3): 91 – 93.

［95］王弢, 马雪雁, 王新华. 农村基层党组织 "枢纽型" 人才开发模式研究: 以农村党建助理员和乡村振兴协理员为例 ［J］. 北京农业职业学院学报, 2020 (3): 63 – 69.

［96］王涛. 日本东京都市圈的空间结构变动、规划变迁及其启示 ［J］. 城市, 2013 (11): 12 – 16.

［97］王伟. 统筹协同推进产业振兴 ［N］. 经济日报, 2023 – 01 – 09 (005).

［98］未西寅. 日本乡村文化建设的 "四大工程" ［J］. 中国乡村发现, 2022 (2): 142 – 145.

［99］魏后凯. 高质量持续推进乡村产业融合发展 ［J］. 农村工作通讯, 2022, 817 (5): 30 – 32.

［100］温涛, 朱炯, 王小华. 中国农贷的 "精英俘获" 机制: 贫困县与非贫困县的分层比较 ［J］. 经济研究, 2016, 51 (2): 111 – 125.

［101］邬晓霞, 张双悦. "绿色发展" 理念的形成及未来走势 ［J］. 经济问题, 2017 (2): 30 – 34.

［102］武小龙. 乡村建设的政策嵌入、空间重构与技术赋能 ［J］. 华南农业大学学报 (社会科学版), 2022, 21 (1): 9 – 22.

［103］习近平. 论 "三农" 工作 ［M］. 北京: 中央文献出版社, 2022.

［104］徐美银. 乡村振兴的国际经验与中国道路 ［J］. 农业经济, 2020 (12): 30 – 32.

［105］许丹．国外乡村建设经验及对我国新农村建设的启示［D］．哈尔滨：黑龙江大学，2009.

［106］薛谭．"医联体"模式下基层卫生人才培养机制研究：以苏北医院医疗集团为例［D］．江苏：扬州大学，2020.

［107］颜毓洁，任学文．日本造村运动对我国新农村建设的启示［J］．现代农业，2013（6）：68－69.

［108］杨光．培养文化人才推动乡村振兴：对湖北省恩施土家族苗族自治州乡村文化人才培养的实践与思考［J］．民族大家庭，2021（2）：50－53.

［109］杨金，朱旭宏．川西北生态示范区建设的意义与路径：以甘孜藏族自治州为例［J］．大陆桥视野，2021（8）：45－47.

［110］杨凌．日本的造村运动对我国新农村建设的启示［J］．昆明理工大学学报，2007（3）.

［111］尧水根．日本"一村一品"运动初探［J］．老区建设，2007（3）：63－64.

［112］叶兴庆，程郁，于晓华．德国如何振兴乡村［J］．农业工程技术，2019，39（21）：49－52.

［113］易鑫，克里斯蒂安·施耐德．德国的整合性乡村更新规划与地方文化认同构建［J］．现代城市研究，2013，28（6）：51－59.

［114］殷．案例研究：设计与方法［M］.5版．周海涛，史少杰，译．重庆：重庆大学出版社，2017.

［115］应国瑞．案例学习研究：设计与方法［M］．张梦中，译．广州：中山大学出版社，2003.

［116］应小丽．乡村振兴中新乡贤的培育及其整合效应：以浙江省绍兴地区为例［J］．公共治理，2019（2）：118－125.

［117］于江．乡村振兴的德国经验［J］．群众，2017（24）：63－65.

［118］余海鹏，孙娅范．法国农业产业化及其经验启示［J］．农村合作经济经营管理，1997（11）：46－48.

［119］约翰·梅尔，何宝玉，王华，等．农业经济发展学［M］．北京：农村读物出版社，1988.

［120］詹慧龙，刘洋．德国乡村发展的做法与启示［J］．古今农业，2019（4）：1－5.

［121］张季风．乡村振兴视阈下的城乡融合发展：日本的实践与启示［J］．中国农村经济，2022（12）：124－138.

［122］张俊飚．探索乡村生态振兴新路径［N］．中国社会科学报，2022－04－15（006）.

[123] 张俊杰，欧阳世殊. 整合性乡村更新实践及其对中国新型城镇化的启示：以德国韦亚恩为例 [J]. 热带地理，2016，36（6）：985 – 994.

[124] 张萌，付长亮. 我国农技推广高效协同创新研究：基于机制视角 [J]. 中国农机化，2021（1）：219 – 224.

[125] 张新光. 当代法国农业资本主义发展的主要途径和特征 [J]. 中国发展，2009，9（1）：49 – 53.

[126] 张远新. 推进乡村生态振兴的必然逻辑、现实难题和实践路径 [J]. 甘肃社会科学，2022（2）：116 – 124.

[127] 张宗芳. 乡村文化振兴下农村社区的文化治理研究 [J]. 云南农业大学学报（社会科学版），2022，16（4）：60 – 66.

[128] 赵卫卫，李媛媛. 从美丽乡村建设到乡村振兴战略：新时代我国乡村政策演进研究 [J]. 湖北文理学院学报，2022，43（4）：24 – 30.

[129] 赵鑫，张楠. 内生发展能力视角下的德国乡村振兴经验对我国脱贫地区的启示 [J]. 农村经济与科技，2021，32（17）：204 – 206.

[130] 郑会霞. "后扶贫时代"的贫困治理：趋势、挑战与思路 [J]. 河南社会科学，2020（10）：118 – 124.

[131] 郑建军，唐全华，周璐. 宁乡市休闲农业产业发展路径探析 [J]. 湖南农业科学，2019，408（9）：88 – 90，95.

[132] 郑利杰，王波，朱振肖，等. 乡村生态振兴实践探索：以湖北长江三峡地区为例 [J]. 环境保护，2022，50（8）：64 – 67.

[133] 中共中央文献研究室. 十二大以来重要文献选编（上）[M]. 北京：中央文献出版社，2011.

[134] 中国农业银行三农政策与业务创新部课题组，李润平. 发达国家推动乡村发展的经验借鉴 [J]. 宏观经济管理，2018（9）：69 – 77.

[135] 钟华美. 文旅融合背景下乡村旅游产业融合发展理论分析 [J]. 资源开发与市场，2020，36（4）：421 – 426.

[136] 周彬. 乡村振兴战略背景下农村社区文化建设路径研究 [D]. 长沙：长沙理工大学，2021.

[137] 周建华，贺正楚. 法国农村改革对我国新农村建设的启示 [J]. 求索，2007（3）：17 – 19.